_____ 님께

"비트코인은 단순한 자산이 아니다.
그것은 금융 혁명의 불씨이며
새로운 경제 질서를 형성하는 기초이다."

코페르니쿠스가 지동설로 우주의 중심 개념을 뒤흔들었듯,
사토시 나카모토는 비트코인으로 기존 금융 시스템을
송두리째 바꾸어 놓았다. 본 도서는 단순한 투자 전략서가 아니다.
그것은 금융과 경제의 본질을 탐구하는 철학적 여정이며,
디지털 자산이 가져올 패러다임 전환의 기록이다.

이는 10여 년간의 연구와 실천이 담긴 글로써,
당신에게 기존 질서에서 벗어나 새로운 기회를 바라볼 용기를 주길 바란다.
비트코인의 철학과 원리를 깊이 이해하는 순간,
당신은 더 이상 과거의 금융 시스템에 머무를 필요가 없다는
사실을 깨닫게 될 것이다.

우리는 지금, 디지털 금융 르네상스의 서막에 있다.
당신은 이제 어떤 길을 선택할 것인가?

박 한 일   드림

디지털 신화의 수호자: 비트코인의 철학적 초월

이 작품은 기술과 신화의 경계를 허무는 우주적 비전이다. 심연의 청색 속에서 마주한 두 말의 형상은 디지털 시대의 새로운 가치 수호자로 존재한다. 그들의 몸체를 장식한 복잡한 패턴은 블록체인의 암호화 알고리즘을 시각적으로 표현한 것이다.

어둠 속에서 빛나는 비트코인들은 기존 금융 체계를 초월한 새로운 패러다임의 탄생을 암시한다. 중앙의 말이 지닌 비트코인은 디지털 자산 생태계의 지존으로서의 위상을 신화적 언어로 재해석한 것이다.

이 작품은 기술 혁신과 신화적 상상력의 융합을 통해, 우리가 경험하는 금융 혁명이 단순한 기술적 변화가 아닌 인류 문명의 가치 체계를 근본적으로 재구성하는 우주적 사건임을 웅장하게 표현한 것이다.

클라우드 마이닝으로 다시 쓰는 자본주의 연대기

비트코인 문명의 개혁자들

박한일 지음

추천글

이알 아브라모비치 (MineBest CEO)

마인베스트는 비트코인 채굴 인프라 구축을 통해 글로벌 시장에 진출하며 지속 가능한 에너지 활용과 최첨단 기술을 접목한 친환경 채굴을 선도해왔습니다. 박한일 대표와 저의 인연은 2015년 말 시작되었으며, 우리의 파트너십은 비트코인 산업의 성장과 함께 더욱 깊어졌습니다. 박한일 대표는 신뢰라는 가치를 바탕으로 비트코인 생태계의 발전을 위해 헌신해왔으며, 이 신뢰는 마인베스트와의 파트너십의 근간이 되었습니다. 박한일 대표가 강조하는 비트코인의 '신뢰의 가치'는 곧 비트코인 채굴 산업의 본질이며, 이는 글로벌 금융 질서를 바꿀 강력한 원칙입니다.

박한일 대표의 책은 이러한 지속 가능한 비트코인 채굴 산업의 방향성을 제시하며, 채굴의 효율성을 극대화하는 기술적 통찰을 강렬하게 전달합니다. 특히 그는 클라우드 마이닝을 통해 일반 대중과 중소기업이 기술적 장벽 없이 비트코인 네트워크에 참여하도록 이끄는 모델을 강조합니다. 그의 통찰은 비트코인이 가진 금융 주권 회복과 경제적 자율성의 가치를 더욱 선명하게 드러내며, 독자들에게 비트코인의 본질을 꿰뚫는 시각을 선사할 것입니다.

이 책은 비트코인 클라우드 마이닝의 과거, 현재, 미래를 아우르며 금융 질서를 어떻게 뒤흔들고 있는지 명확하게 보여줍니다. 또한 클라우드 마이닝을 통해 비트코인의 탈중앙화 가치를 실현하고, 기존 금융 질서의 한계를 넘어 금융 민주화의 비전을 제시합니다. 이 책을 통해 비트코인의 미래 비전과 클라우드 마이닝 산업이 만들어갈 기회를 깨닫는 귀중한 계기가 되기를 바랍니다.

조지 (IMine CEO)

비트코인은 새로운 경제 질서를 열어가는 원동력이며, 클라우드 마이닝은 그 혁신의 중심에 있는 핵심 기술입니다. 박한일 대표의 책은 비트코인 클라우드 마이닝 산업의 현재와 미래를 날카롭게 통찰한 걸작입니다. 특히 4장에서 다룬 비트코인 채굴 산업의 구조, 클라우드 마이닝의 진화, 그리고 지속 가능한 채굴의 미래 비전은 산업 종사자들에게 깊은 공감을 자아냅니다.

클라우드 마이닝은 자본과 인프라의 한계를 뛰어넘어 누구나 비트코인 생태계에 참여할 수 있는 혁신적 모델입니다. 박한일 대표는 클라우드 마이닝이 가진 확장성, 효율성, 친환경 채굴 기술을 강조하며, 기존의 중앙화된 채굴 구조를 벗어난 새로운 질서를 명확하게 설명합니다. 이 책은 비트코인과 클라우드 마이닝 산업을 이해하고자 하는 모든 이들에게 강력한 나침반이 될 것이라 확신합니다.

저에게서도 그는 단순한 비즈니스 파트너가 아니라 클라우드 마이닝 산업의 미래를 함께 개척하는 혁신적 동반자입니다. 저는 포르투갈 출신으로 유럽 대륙의 끝자락에서 살아왔지만, 대륙의 시작인 한국에서 박한일 대표를 만난 것은 단순한 인연이 아니라 운명이라 생각합니다. 우리의 파트너십은 국경을 뛰어넘는 신뢰의 상징이며, 이 신뢰가 비트코인 채굴 산업을 더욱 공고히 하는 기둥이 되었습니다. 박한일 대표의 노력은 기술 혁신을 넘어, 글로벌 경제 질서를 재편하는 큰 흐름을 이끌고 있습니다. 저와 마찬가지로 독자들도 그와 함께 금융의 자유와 기술적 진보를 직접 느꼈으면 합니다.

김형중 교수 (호서대학교)

비트코인이 투자 수단을 넘어 점차 금융 상품으로 진화하고 있습니다. 2024년 미국의 증권거래위원회는 비트코인 현물 ETF를 승인하였고, 트럼프 대통령 2기에는 미국의 전략자산으로 입지를 굳히고 있습니다. 과거 폄하되던 비트코인이 글로벌 경제 위기, 인플레이션, 금융 붕괴와 같은 위험 상황에서 개인과 기업의 자산을 보호할 수 있는 강력한 대체 자산으로 떠오르면서 새로운 경제 모델이 되고 있는 것입니다.

박한일 대표는 바로 그 점을 주목하고 있습니다. 그는 글을 통해 비트코인의 철학과 기술적 원리를 서술하는 동시에, 비트코인이 경제 질서에 미칠 영향을 설명합니다. 특히 비트코인이 제공하는 탈중앙화 금융은 기존 금융 시스템이 안고 있던 비효율성과 불균형을 해소하는 혁신적 대안입니다.

이 책은 비트코인을 단순한 기술 혁신으로 보지 않고, '개인의 금융 주권'을 되찾는 도구로서의 본질을 강조합니다. 독자들이 이를 통해 금융 패러다임의 대전환을 깨닫고, 다가올 경제 변화에 준비할 통찰력을 얻을 수 있기를 기원합니다.

임명수 대표 (핀테크투데이)

비트코인은 신뢰 기반의 금융 네트워크이자 새로운 경제 질서의 기초가 되고 있습니다. 박한일 대표는 비트코인의 초기 단계부터 그 잠재력을 간파하고, '참여적 공증자'라는 독창적 개념을 통해 비트코인의 신뢰 구조를 이야기합니다.

그의 책은 클라우드 마이닝을 통해 개인과 기업이 비트코인 네트워크의 핵심 공증자 역할을 수행하며, 금융 질서에 주체적으로 참여할 수 있는 방식을 설명합니다. 특히 클라우드 마이닝이 단순한 수익 모델이 아닌, 네트워크의 신뢰를 강화하고 금융 민주화를 실현하는 도구라는 점을 확신합니다. 소규모 투자자와 스타트업이 자본에 의존하지 않고 경제적 주체가 되는 기회를 제공하는 새로운 모델임을 강조합니다.

박한일 대표는 이러한 통찰력을 가지고 독자들에게 다가갑니다. 비트코인이 기존 금융 질서를 넘어, 더 많은 이들에게 경제적 자유와 금융 참여의 기회를 제공할 수 있도록 설득력 있게 설명합니다. 그의 바람대로 많은 독자들이 비트코인이 제공하는 기회를 인식하고, 미래 경제의 중심에 설 수 있기를 기대해봅니다.

정주필 대표 (블록체인투데이)

박한일 대표는 비트코인의 본질을 '참여적 공증자'라는 개념으로 정의한 선구자입니다. 그는 누구보다 먼저 비트코인 네트워크의 가치를 인식하고, 금융 민주화를 실현하는 핵심 기제임을 간파했습니다. 그리하여 클라우드 마이닝을 통해 공증자 역할을 수행해 왔습니다. 그런 그의 노력과 발자취가 이 한 권의 책에 집대성되어 있습니다.

이 책에서 박한일 대표는 '비트코인은 금융 민주화의 도화선'이라는 강렬한 메시지를 던지고 있습니다. 비트코인이 개인과 기업이 중앙 권력의 통제에서 벗어나 자산을 보호하고 성장의 기회를 얻을 수 있는 혁신적 플랫폼임을 강조합니다. 이는 금융 역사상 가장 큰 권력 이동이자 패러다임의 전환입니다. 그는 비트코인을 통한 자산 보호, 금융 기회의 확장, 개인의 금융 주권 회복이라는 강렬한 메시지를 들고 독자들에게 비트코인 혁명의 필연성을 제시합니다.

박한일 대표의 설명처럼 비트코인은 더 이상 선택의 문제가 아닙니다. 그것은 시대적 흐름이며, 금융의 자유와 주권을 되찾는 거대한 물결입니다. 박한일 대표의 저서는 그 거대한 물결에 올라타고자 하는 모든 이들에게 가장 선명한 등대가 되어줄 것입니다.

박창규 교수 (건국대학교)

박한일 대표님의 출간을 축하드립니다.
박한일 대표의 도서를 읽고 다시 한번 비트코인에 관해 더 깊이 관찰하고 탐구하게 되었습니다. 저 또한 패션과 IT가 결합하면서 '개인화된 라이프 스타일'이라는 탈중앙화 토크노믹스 기반의 새로운 패러다임을 경험하고 있습니다. 이제 비트코인은 금융 시스템의 경계를 넘어서 다양한 산업과 결합하며 새로운 패러다임을 만들어가고 있습니다. 특히 클라우드 마이닝, 비트코인 기반의 탈중앙화 금융(DeFi), 스마트 컨트랙트 등은 자본과 거래의 흐름을 완전히 새롭게 설계하는 원동력이 되고 있습니다.
IT와 패션의 융합이 '개인의 개성'을 찾는 혁신이었다면, 비트코인은 '개인의 금융 자율성'을 실현시키는 찬란한 초석입니다. 박한일 대표의 도서를 읽다 보면 독자들은 비트코인이라는 매개체를 통해 미래지향적 세계관을 마주할 것입니다. 비트코인의 기술뿐만 아니라 역사적·철학적 의미까지 깊이 있게 사색하고, 자본이 아닌 참여를 기반으로 경제 기회를 확대하는 클라우드 마이닝을 바르게 바라보는 계기가 되었으면 합니다.
기존의 통념을 깨는 박한일 대표의 행보에 찬사를 보내며, 비트코인이 촉진하는 사회적 평등과 경제적 포용의 의미를 모두가 깨닫는 시간이길 바래봅니다.

김형주 회장 (한국블록체인협·단체연합회)

생소하게 여겨졌던 비트코인은 어느새 금융의 새로운 생태계를 이루어가고 있습니다. 비록 변동성이라는 제약을 가지고 있지만 비트코인의 가치를 부정하는 목소리는 크게 줄어들었습니다. 그만큼 세계 곳곳에서 비트코인이 대체 자산으로 자리를 잡고 있다는 방증입니다. 그러한 가운데 박한일 대표는 색다른 시각을 가지고 우리에게 다시금 비트코인의 의의를 되돌아보게 합니다. 비트코인이 단순히 투자나 자산의 개념을 넘어 금융 시스템의 불평등을 해소하고, 소외된 계층과 중소기업이 금융의 중심에 서게 하는 도구가 될 수 있다는 것입니다.
그가 말하는 클라우드 마이닝은 사회적 약자가 자본에 의존하지 않고 경제 주체가 되는 기회를 제공한다고 분석합니다. 이는 곧 새로운 개념의 복지가 아닐까 싶습니다. 도서에는 비트코인을 통해 경제적 포용성과 사회적 기회의 확장을 이루는 방법을 제시하고, 새로운 금융 질서에 어떻게 편입할 것인지 생각하게 해줍니다. 자신의 미래 경제를 고민하는 독자분들이라면 읽어보시길 추천합니다.

CONTENT

추천글 • 007
프롤로그 • 015
박한일 대표 출간 취지 및 인터뷰 연재 기획 • 018

1부 비트코인의 과거와 현재 - 기술, 철학 그리고 혁명

Chapter 1 비트코인의 탄생과 철학적 기반 • 055
　　Section 1 | 사토시 나카모토의 비전과 암호학적 기반 • 057
　　Section 2 | 사이퍼펑크 운동과 비트코인의 탄생 • 063
　　Section 3 | 비트코인의 철학적 기반 – 탈중앙화와 자유 • 068
　　Section 4 | 비트코인과 금융 시스템의 충돌 • 075

Chapter 2 비트코인의 기술적 혁명 • 081
　　Section 1 | 블록체인 기술의 원리와 작동 방식 • 083
　　Section 2 | 작업증명(PoW)과 채굴의 경제학 • 090
　　Section 3 | 스마트 계약과 디지털 자산의 진화 • 096
　　Section 4 | 비트코인의 보안과 암호학적 기반 • 103

Chapter 3 비트코인과 금융 시스템의 충돌 • 109
　　Section 1 | 중앙은행과 비트코인의 대립 • 111
　　Section 2 | 비트코인과 CBDC(중앙은행 디지털화폐)의 공존 가능성 • 117
　　Section 3 | 비트코인이 금융 시스템에 미친 영향 • 123
　　Section 4 | 비트코인과 글로벌 금융위기 • 128

Chapter 4 비트코인의 사회적 영향 • 133
　　Section 1 | 비트코인과 소유권의 혁명 • 135
　　Section 2 | 비트코인이 가져온 경제적 포용성 • 139
　　Section 3 | 비트코인과 개발도상국의 금융 혁명 • 144
　　Section 4 | 비트코인과 메타버스 경제의 탄생 • 147

2부 비트코인의 미래 – 기술, 경제, 문명의 전환

Chapter 5 비트코인과 기술의 미래 • 155
  Section 1 | 양자 컴퓨팅 시대의 비트코인 • 157
  Section 2 | AI와 채굴의 미래 • 166
  Section 3 | 블록체인 기술의 진화와 확장성 • 171
  Section 4 | 비트코인과 웹 3.0의 융합 • 176
  Section 5 | 우주 경제와 비트코인의 가능성 • 180

Chapter 6 비트코인과 경제의 미래 • 185
  Section 1 | 비트코인과 글로벌 금융 시스템의 재편 • 187
  Section 2 | 탈달러화와 비트코인의 역할 • 190
  Section 3 | 비트코인과 자산 토큰화의 미래 • 195
  Section 4 | 비트코인과 포용적 자본주의의 등장 • 199
  Section 5 | 비트코인과 소득 불평등의 해결 • 203

Chapter 7 비트코인과 문명의 미래 • 207
  Section 1 | 비트코인과 디지털 문명의 진화 • 209
  Section 2 | 비트코인과 탈중앙화된 사회의 가능성 • 213
  Section 3 | 비트코인과 집단 지성의 실현 • 219
  Section 4 | 비트코인과 인류의 경제적 자유 • 224
  Section 5 | 비트코인이 빚어낼 신(新)문명적 가능성 • 229

Chapter 8 비트코인과 글로벌 금융의 미래 • 233
  Section 1 | 비트코인과 기축통화의 다원화 • 235
  Section 2 | 비트코인과 국제 금융 질서의 변화 • 241
  Section 3 | 비트코인과 신냉전 시대의 통화 전쟁 • 246
  Section 4 | 비트코인과 글로벌 경제의 안정성 • 251
  Section 5 | 비트코인과 미래 금융 시스템의 비전 • 255

3부 비트코인과 인류의 미래 – 새로운 패러다임의 시작

Chapter 9   비트코인과 인류의 진화 • 263
  Section 1 | 비트코인과 경제적 자유의 확장 • 265
  Section 2 | 비트코인과 디지털 르네상스 • 270
  Section 3 | 비트코인과 미래 문명의 기반 • 275

Chapter 10   비트코인과 지속 가능한 미래 • 281
  Section 1 | 비트코인과 친환경 에너지의 융합 • 283
  Section 2 | 비트코인과 지속 가능한 경제 시스템 • 288
  Section 3 | 비트코인과 미래 세대를 위한 금융 시스템 • 294

Chapter 11   비트코인과 새로운 경제 패러다임 • 299
  Section 1 | 탈중앙화 시대의 도래 • 301
  Section 2 | 비트코인을 바라보는 중앙은행의 미래 • 306
  Section 3 | 비트코인과 디지털 금융 이해력 • 311
  Section 4 | 비트코인과 미래 경제의 비전 • 316

4부 비트코인 채굴산업(클라우드 마이닝) – 지속 가능성에서 찾은 미래 혁신

Chapter 12   경제적 측면 (Economic Aspect) • 323
  Section 1 | 비트코인 채굴의 경제성 • 325
  Section 2 | 반감기와 수익성 • 329
  Section 3 | 산업화와 규모의 경제 • 333
  Section 4 | 글로벌 시장 경쟁 • 338
  Section 5 | 채굴 수익의 변동성 • 342
  Section 6 | 지역 경제에 미치는 영향 • 348
  Section 7 | 채굴 장비 산업 • 353

Chapter 13 기술적 측면 (Technical Aspect) • 359
　　Section 1 | 작업증명 VS 지분증명 • 361
　　Section 2 | 해시레이트와 최신 채굴 하드웨어 • 365
　　Section 3 | 채굴 풀의 영향 • 370
　　Section 4 | 에너지 효율과 채굴 기술 • 374
　　Section 5 | 채굴 소프트웨어와 프로토콜 혁신 • 378

Chapter 14 법적 및 규제 측면 (Legal and Regulatory Aspect) • 385
　　Section 1 | 미국의 비트코인 채굴 규제 • 387
　　Section 2 | 중국 정부와 채굴의 이중성 • 393
　　Section 3 | 러시아와 '스탄' 국가들의 움직임 • 396
　　Section 4 | 국가별 세금과 과세 정책 • 401

Chapter 15 환경적 및 사회적 측면 (Environmental and Social Aspect) • 405
　　Section 1 | 비트코인 채굴과 환경변화의 연관성 • 407
　　Section 2 | 채굴 도시 프로젝트 • 415
　　Section 3 | 전력망과 채굴의 공존 • 420

Chapter 16 지정학적 측면 (Geopolitical Aspect) • 425
　　Section 1 | 비트코인 채굴에 대한 패권 경쟁 • 427
　　Section 2 | 주변 국가들의 심상치 않은 움직임 • 432
　　Section 3 | 그 밖의 채굴을 둘러싼 패권 경쟁 • 440

Chapter 17 클라우드 마이닝 (Cloud Mining) • 445
　　Section 1 | 클라우드 마이닝의 세계 • 447
　　Section 2 | 기술적 이점과 접근성 • 452
　　Section 3 | 사기 및 다단계(MLM) 위험을 피하기 위해 • 455
　　Section 4 | 클라우드 마이닝 계약 유형과 수익 모델 • 461
　　Section 5 | 클라우드 마이닝 미래 사업 전망 • 465

에필로그 • 469
부록　　1. 비트코인 15년사: 문명의 전환점을 이끈 100대 사건들 • 481
　　　　　2. 비트코인 용어 사전 • 508

Prologue
비트코인과 금융의 새로운 패러다임

2016년 비트코인이 25만 원대에서 거래되던 시절, 나는 처음으로 이 혁명적 기술을 접했다. 당시에는 그저 단순한 디지털화폐로 보였지만 사토시 나카모토의 백서를 읽고 블록체인의 원리를 이해하는 순간, 금융 패러다임의 거대한 전환이 다가오고 있음을 깨달았다. 나는 비트코인을 단순한 투자 자산이 아니라 금융 질서의 변화를 예고하는 신호탄으로 보게 되었다.

이후 나는 실천자로서 비트코인 혁명을 직접 체험하고 있다. 채굴 장비를 설치·운영하고 네트워크 커뮤니티(참여적 공증자)에서 활동하며, 블록체인의 보안 강화를 위해 기여해왔다. 비트코인은 순환적 사업 모델을 기반으로 한 지속 가능한 비즈니스 모델을 창출하며, 네트워크 참여자가 이에 따른 보상을 받을 수 있는 경제 구조를 형성하고 있다. 이는 채굴자, 개발자, 사용자, 투자자가 상호 이익을 공유하며 네트워크 안정성과 성장을 함께 만들어가는 체계이다.

따라서 나는 비트코인의 발전이 사회적·문화적 변화를 이끄는 도구로써 자리 잡을 것이라 확신한다. 이미 많은 기업과 기관이 블록체인 기술과 비트코인을 연구하고, 새로운 경제 구조를 탐색하고 있다. 점진적으로 중앙화된 금융 시스템에서 벗어나, 개인과 기업이 직접 거래의 주체가 되는 탈중앙화 경제로의 변화가 가속화되고 있다.

비트코인 네트워크의 발전은 금융 거래뿐만 아니라 디지털 신원, 스마트 계약, 가치교환의 효율성을 높이는 방향으로 확장되고 있다. 이는 기존의 금융 체계에서는 불가능했던 자동화된 신뢰 네트워크를 구축할 수 있도록 한다. 이러한 기술적 확장은 사회·경제적 핵심 인프라로 자리 잡을 것이다. 그러므로 나는 이 금융 혁명의 일부가 되어 참여적 공증자로서 새로운 경제 패러다임을 만들어갈 것이다.

● 비트코인의 미래와 메시지

그 미래를 받아들이며 이 책을 통해 비트코인의 철학, 기술적 구조, 경제적 영향 그리고 미래 금융 패러다임의 변화를 담아내고 있다.

1부에서는, 비트코인의 탄생 배경과 기술적 혁신, 철학적 의미를 깊이 있게 탐구한다.

2부에서는, 비트코인이 미래 금융 시스템과 경제 구조에 미칠 영향을 전망한다.

3부에서는, 비트코인이 단순한 자산을 넘어 인류 문명에 어떤 변화를 가져올지 조명하며 새로운 경제 패러다임을 위한 논의를 펼친다.

4부에서는, 비트코인 채굴산업(클라우드 마이닝)과 지속 가능성에서 찾은 미래 혁신을 탐구한다.

이 책은 단순한 비트코인 투자 가이드가 아니다. 이것은 금융의 본질을 탐구하고, 개인이 경제적 자유를 되찾기 위한 실천적 방법을 제시하는 문서이다. 기존 디지털 자산은 변동성이 크고, 중앙화된 플랫폼에 의존하는 경우가 많았으며 금융 시스템과의 연계성이 부족했다. 그러나 비트코인은 금융의 미래이자, 개인이 금융 주권을 되찾을 수 있는 혁신적 패러다임이다.

  우리는 더 이상 금융 시스템의 변화를 기다릴 필요가 없다. 새로운 경제 패러다임은 개별 사용자의 참여와 자율적인 금융질서 구축으로 형성될 것이다. 이 과정에서 블록체인 기술과 비트코인의 확장성은 매우 중요한 역할을 한다.

  '우리는 법정화폐 시스템의 지속 가능성을 고민해야 하는가? 탈중앙화 금융(DeFi)은 전통 금융을 대체할 수 있는가? 중앙은행과 정부의 개입 없이 금융 시스템이 지속 가능할까?' 이 질문들에 대한 답을 찾는 과정에서 이미 독자들은 금융의 패러다임이 변화하는 현장을 목격했다. 그리고 이 변화 속에서 우리는 선택해야 한다.

  '기존 질서에 머무를 것인가 아니면 새로운 금융 시대의 개척자가 될 것인가?'

  어떤 미래를 맞이하는가는 곧 당신의 몫이다.

*2025년의 여명(黎明)에
격동의 금융 혁명을 함께 준비하며,*

박한일 올림

박한일 대표
출간 취지 및 기획 인터뷰

저자 박한일

비트코인 채굴과 Cloud Mining(클라우드 마이닝) 분야의 선구자이자, 블록체인 기술에서 '참여적 공증자(Participatory Notary)'라는 개념을 창시한 글로벌 리더. 비트코인의 근본 가치인 탈중앙화 정신과 금융의 미래를 내다본 통찰력으로 국내외에서 널리 인정받고 있다.

그는 (주)아이담 회장, (주)희팍 대표이사, (주)퍼블렛 대표이사로 재직하며 비트코인 생태계 발전에 이바지하고 있다. 고려대학교 정보보호대학원 블록체인 전략 전문경영자 과정을 수료하고, 호서대학교 블록체인 최고 전문가 과정을 통해 블록체인 전문가로서 입지를 굳혔다.

"디지털 마이닝"에 대한 경험을 통한 개인과 기업들에게 새로운 기회를 제공

박한일 대표는 지난 10여 년간 비트코인을 연구하고 실천하며 쌓아온 내공을 바탕으로, 이를 **'인문학, 경제학, 금융학을 아우르는 절대 지성의 비트코인 세계관'**으로 정리하고 있다. 이는 박 대표가 지난 10년 동안 직접 경험하고 연구하며 축적한 지식과 통찰을 담은 결과물인 것이다. 비트코인이라는 혁신적 기술이 어떻게 금융과 경제 시스템을 바꿀 것인지에 대한 거시적 전망과 실질적인 전략을 동시에 제시한다.

특히, 박한일 대표가 꾸준히 고집해온 "클라우드 마이닝"에 대한 경험과 철학은 책의 중요한 축을 이룬다. 기존의 중앙화된 금융 시스템에서 벗어나 누구나 공정하게 참여할 수 있는 금융 혁신으로서의 비트코인을 조명하며, 클라우드 마이닝이라는 개념이 어떻게 개인과 기업들에게 새로운 기회를 제공할 수 있는지에 대한 깊이 있는 분석을 담아낼 예정이다.

우리는 핀테크 투데이(FinTech Today)에서 총 9회에 걸쳐 인터뷰를 진행했으며, 내용은 다음과 같다.

▶ 「핀테크 투데이」 9부작 기획 인터뷰

Ⅰ. 비트코인과의 첫 만남과 철학
- 2016년 2월, 비트코인을 처음 접하게 된 계기와 초기 인식의 변화
- 비트코인을 연구하며 가장 흥미로웠던 점
- 비트코인을 패러다임 전환의 도구로 보는 이유

Ⅱ. 시장 분석과 미래 전망
- 비트코인의 반감기와 크립토 윈터, 가격 변동성
- 기관투자자의 영향과 글로벌 규제 환경
- 비트코인의 장기적 안정성과 제도권 편입 가능성

Ⅲ. 비트코인 채굴의 본질과 경제성
- 기관 투자자들의 채굴 시장 참여가 미치는 영향
- 비트코인 채굴의 본질과 경제적 의미
- 개별 채굴 방식과 클라우드 마이닝의 차이점

Ⅲ. 비트코인 채굴의 본질과 경제성
- 기관 투자자들의 채굴 시장 참여가 미치는 영향
- 비트코인 채굴의 본질과 경제적 의미
- 개별 채굴 방식과 클라우드 마이닝의 차이점

Ⅳ. 클라우드 마이닝과 채굴의 미래
- 클라우드 마이닝의 장점과 단점
- 개인 투자자들에게 적합한 모델인지 여부
- 클라우드 마이닝 산업의 중앙화 문제와 해결 방안
- 지속 가능한 클라우드 마이닝 모델의 기술적, 경제적 전망

Ⅴ. 주요 사건과 경험
- 지난 10년간 가장 인상 깊었던 사건과 그 의미
- 2021년부터 2024년까지의 시장 변화와 중요한 사건들
- 직접 겪은 비트코인 관련 위기와 극복 경험

Ⅵ. 비트코인의 기술적 혁신과 발전
- 비트코인 블록체인의 기술적 차별점
- 스마트 컨트랙트, 확장성 솔루션 등 혁신 기술
- 비트코인 외 주목할 만한 암호화폐 프로젝트

Ⅶ. 비트코인 투자 철학과 원칙
- 비트코인을 장기적으로 보유하는 철학
- "Not your keys, not your coins" 원칙의 중요성
- 금융의 탈중앙화가 현실이 될 가능성

Ⅷ. 비트코인의 글로벌 역할과 미래 도전과제
- 비트코인의 글로벌 기축 자산 가능성
- 향후 10년간 가장 큰 도전과제

Ⅸ. 비트코인 초보자를 위한 조언과 미래 세대 메시지
- 비트코인을 처음 접하는 사람들이 알아야 할 핵심 개념
- 초보 투자자들이 흔히 저지르는 실수와 해결 방안
- 미래 세대를 위한 비트코인의 의미와 메시지

이후 이 연재는 <비트코인의 모든 것>이라는 칼럼 카테고리로 정리되어 독자들과 지속적으로 소통할 예정이다. 칼럼은 비트코인이 만들어갈 새로운 금융 질서 속에서 개인과 기업이 어떻게 적응하고 대비해야 하는지를 심층적으로 탐구하는 장이 될 것이다.

 2016년 2월 처음 비트코인을 접하게 된 계기가 무엇인가요?

나는 원래 세상의 변화를 읽는 데 진심인 사람이었다. 금융이든, 기술이든, 새로운 흐름이 나타나면 남들보다 먼저 경험하고 연구해야 직성이 풀렸다. 내가 비트코인을 처음 접한 건 2016년 2월이었다. 당시 비트코인의 가격은 약 430달러, 한화로 50만 원 정도였다. 아직도 기억난다.

"이게 정말 화폐가 될 수 있을까?"

비트코인을 처음 마주한 나의 첫 반응이었다. 정부도, 중앙은행도 개입하지 않는 화폐라니! 기존 금융 시스템에서는 상상조차 할 수 없는 개념이었다. 처음엔 아무리 혁신적이라 해도 그게 단지 투기 수단에 불과하다면 오래갈 수 없다고 생각했다. 하지만 그저 호기심으로 끝낼 나도 아니었다. 비트코인의 핵심 기술인 블록체인과 그것이 가져올 가능성을 탐구하기 시작했다.

1 비트코인의 차별성과 패러다임 전환

비트코인이 기존 금융 시스템과 다른 점은 **탈중앙화, 금융 패러다임 변화, 디지털 희소성**이다. 기존 금융 시스템에서 돈이 움직이려면 반드시 중개자가 필요했다. 하지만 비트코인은 은행 없이도 개인간(P2P) 거래가 가능하고, 모든 거래 기록이 블록체인에 투명하게 기록되며, 어느 누구도 이를 조작할 수 없다. 이거야말로 기존 금융 질서를 완전히 뒤엎는 혁신이다.

2 디지털 희소성과 가치 저장 수단으로서의 비트코인

비트코인의 총발행량은 2,100만 개로 한정된다. 나는 이 부분에서 확신을 가졌다. 기존 화폐 시스템은 정부가 필요할 때마다 돈을 찍어낼 수 있지만, 비트코인은 추가 발행이 불가능하기 때문에 지속적 가치 성장이 보장된다.

이것이야말로 디지털 시대의 '금(Gold)'이 아니고 무엇이겠는가? 실제로 금의 가치는 공급이 제한적이기 때문에 유지된다. 비트코인도 같은 원리다. 하지만 금과 달리, 비트코인은 인터넷이 연결된 곳이라면 어디서든 거래가 가능하고, 훨씬 더 유동성이 뛰어나다.

 비트코인을 연구하면서 가장 흥미로웠던 점은 무엇인가요?

하나만 꼽자면, '이 시스템이 정말 중앙 없이 작동할 수 있을까?'라는 의문이었다. 기존 금융 시스템은 중앙화된 구조를 기반으로 운영되었다. 은행, 정부, 금융기관이 모든 것을 관리했다. 하지만 비트코인은 그 모든 틀을 깨는 혁명적인 발상이었다.

    은행을 신뢰하기 때문에 우리는 계좌에 돈이 있다고 믿는다. 하지만 비트코인은 신뢰할 중앙 기관이 없다. 대신 블록체인이라는 기술을 이용해 누구도 조작할 수 없는 회계 시스템을 구축했다. 모든 거래는 블록체인에 기록되고, 그 기록은 누구나 검증할 수 있다. 게다가 이 데이터는 전 세계 수천, 수만 개의 노드가 분산적으로 저장한다. 참여적 공증자로 이루어진 이 시스템은 금융 민주화의 시작이었으며, 신뢰를 중앙이 아닌 네트워크 자체에서 찾을 수 있다는 점에서 혁신적이다.

1 디지털 희소성과 가치 창출의 혁신

    비트코인의 총발행량은 2,100만 개로 제한되어 있다. 역사적으로 지속적 성장이 가능한 자산은 시간이 지나도 가치를 유지했다. 금과 은이 대표적인 예다. 반면, 무제한 발행이 가능한 법정화폐는 시간이 지나면서 인플레이션으로 가치를 잃었다. 비트코인은 코드와 프로토콜로 통화 정책을 고정하고, 공급량을 제한하여 희소성을 부여해 이 문제를 해결했다. 이는 기존 금융 시스템과 근본적으로 다른 가치 저장 모델을 만들어냈다.

2 블록체인의 검열 저항성과 금융 패러다임 변화

    비트코인의 또 다른 흥미로운 점은 '검열 저항성(Censorship Resistance)'이었다. 기존 금융 시스템에서는 정부나 기관이 특정 계좌를 동결하거나 송금을 차단할 수 있었다. 하지만 비트코인은 탈중앙화된 블록체인 네트워크에서 작동하며, 특정 개체가 이를 통제하거나 검열할 수 없다. 개인의 금융 주권을 강화하고, 전 세계 누구나 제한 없이 사용할 수 있는 금융 시스템을 창출한다는 점에서 혁신적이다.

Q3 비트코인을 단순한 투자 자산이 아닌 패러다임 전환의 도구로 보시는 이유는 무엇인가요?

    투자할 수 있는 자산은 많다. 주식, 부동산, 금, 원자재… 그런데 왜 굳이 비트코인인가? 나는 비트코인이 금융 시스템의 신뢰 구조를 근본적으로 바꾸는 혁신적 도구라고 생각한다.

우리는 태어나면서부터 돈이란 국가가 발행하는 것이라고 배웠다. 정부가 돈을 찍고 중앙은행이 그 가치를 조절하며, 은행이 우리의 자산을 보관해 주는 시스템. 하지만 비트코인은 이러한 기존 시스템을 깨고, 디지털 희소성을 기반으로 금융 주권을 개인에게 돌려주는 새로운 패러다임을 형성했다

1 비트코인은 신뢰의 구조를 바꾼다

기존 금융 시스템은 은행과 정부를 중심으로 신뢰를 구축했지만, 비트코인은 코드와 네트워크 합의로 이를 분산화했다. 은행 없이도, 정부 없이도 작동하는 완전한 탈중앙 네트워크. 비트코인은 누구도 조작할 수 없고, 누구도 멈출 수 없는 금융 시스템이다.

금융 위기와 경제 불안이 반복될 때마다 기존 금융 시스템의 한계가 드러났다. 2008년 금융 위기, 2023년 실리콘밸리은행(SVB) 파산 등은 중앙화된 금융 시스템의 취약함을 드러냈다. 반면 비트코인은 네트워크 참여자들의 합의로 작동하며 중앙 권력에 의존하지 않는다. 개인이 금융 주권을 온전히 가질 수 있도록 한다.

2 비트코인은 디지털 시대의 자산 소유권을 혁신한다

비트코인은 지속 가능한 비즈니스 모델을 바탕으로 개인이 금융 주권을 소유한 최초의 글로벌 네트워크. 기존 금융 시스템에서는 정부가 법정화폐의 발행량을 조절하여 인플레이션을 유발할 수 있었다. 하지만 비트코인은 개인이 직접 소유하고 관리할 수 있는 디지털 자산으로, 어떤 정부도 임의로 압류하거나 통제할 수 없다. 이는 금융 소외 지역에서도 개인이 금융 시스템에 접근할 수 있도록 하는 강력한 도구가 된다.

"비트코인은 아직 시작도 안 했다"라고 하셨는데,
그 근거는 무엇인가요?

비트코인은 아직 시작도 안 했다는 말을 들으면 사람들은 반문한다. "이미 1억 5

천만 원을 넘었고, 글로벌 기관 투자자들이 들어오고 있는데 어떻게 시작도 안 했다고 하십니까?" 하지만 나는 확신한다. 지금 우리가 보는 것은 그저 서막일 뿐이다.

전 세계 금융 시장의 총 규모는 500조 달러 이상이다. 그중 주식 시장이 120조 달러, 부동산 시장이 280조 달러, 그리고 금 시장이 약 15조 달러 규모다. 그런데 비트코인의 현재 시가총액은 약 9000억(1400조 원) 달러 수준이다. 즉, 비트코인은 아직 글로벌 금융 시스템 내에서 극히 일부일 뿐이다. 만약 비트코인이 디지털 금(Digital Gold)으로 자리 잡아 금 시장의 절반만 가져가도 6~7조 달러 수준, 주식과 채권 시장 일부까지 흡수하면 10조 달러 이상도 가능하다. 지금까지의 성장은 도입기였을 뿐이고, 본격적인 금융 패러다임 변화는 이제 막 시작된 것이다.

1 비트코인의 채택률은 여전히 초기 단계다

현재 비트코인 보유자는 약 4억 명 정도로 세계인구의 20분의 1 수준이다. 현재까지도 비트코인은 초기 혁신가(Innovators)와 일부 얼리 어답터(Early Adopters)들만 사용하고 있는 단계임을 알 수 있다. 혁신 기술이 대중화되는 '기술 채택 곡선(Adoption Curve)'을 보면, 본격적인 확산 단계(Early Majority)에 접어들기 전까지는 진정한 성장이 시작되지 않는다. 비트코인은 이제 막 그 저변확대의 임계점(Tipping Point)을 향해 가고 있다.

2 기관 투자자들의 본격적인 유입은 이제 시작일 뿐이다

비트코인 현물 ETF 승인(2024년 미국 SEC 승인)으로 인해 기존 전통 금융권의 자금이 비트코인 시장으로 유입될 문이 열렸다. 하지만 지금까지 기관 투자자들이 운용하는 자산 중 비트코인이 차지하는 비율은 1%에도 미치지 않는다. 전통 금융권이 본격적으로 움직이려면 시간이 걸린다. 자산 배분 전략이 바뀌고, 펀드들이 포트폴리오를 조정하면서 점진적으로 유입될 것이다. 그리고 이 과정이 진행될수록 비트코인의 시가총액과 가격은 기하급수적으로 성장할 가능성이 높다.

3 비트코인은 금융과 경제의 새로운 표준이 될 가능성이 크다

지금까지 비트코인은 주로 '투자 자산'으로 여겨졌다. 하지만 향후 가치 저장 수단, 디지털 준비자산, 탈중앙 금융(DeFi) 기반 자산으로서의 역할이 더욱 커질 것이다. 특히 법정화폐 시스템이 무너지는 순간 비트코인은 생존을 위한 필수 자산이 된다. 지금도 이미 일부 국가에서는 정부 통제가 심해질수록 비트코인의 필요성이 높아지고 있다. 튀르키예, 아르헨티나, 레바논처럼 극심한 인플레이션을 겪는 나라들에서는 사람들이 법정화폐를 믿지 못해 비트코인으로 재산을 보관하고 있다. 향후 글로벌 금융위기, 경제 불안정성이 커질수록 비트코인은 더욱 강력한 대안으로 떠오를 것이다.

4년 주기 반감기와 크립토 윈터가 비트코인 가격에 미치는 영향에 대해 설명해 주세요.

비트코인의 가격 변동에는 4년 주기 반감기(Halving)가 핵심적인 역할을 한다. 이 반감기는 비트코인의 수요와 공급을 조절하는 가장 강력한 경제적 메커니즘이다. 비트코인은 네트워크 설계상 매 21만 개의 블록이 생성될 때마다(약 4년마다) 채굴 보상이 절반으로 줄어들도록 되어 있다. 이는 새로운 비트코인의 공급량이 시간이 지날수록 줄어든다는 것을 의미하며, 희소성이 증가함에 따라 가격 상승을 유도하는 원리가 된다. 다음 자료는 지난 15년 동안의 비트코인 반감기 데이터다.

- 2009년: 블록당 50 BTC
- 2012년: 블록당 25 BTC (1차 반감기)
- 2016년: 블록당 12.5 BTC (2차 반감기)
- 2020년: 블록당 6.25 BTC (3차 반감기)
- 2024년: 블록당 3.125 BTC (4차 반감기)

비트코인 가격은 반감기 발생 후 12~18개월 안에 급격히 상승하는 패턴을 반복해왔다. 이는 공급 감소로 인해 시장에서 희소성이 강화되면서 수요가 가격을 밀어 올리는 경제적 구조 때문이다.

1 반감기 후 강세장과 크립토 윈터의 순환

반감기가 발생하면 공급량이 줄고, 기관 및 대중 투자자들의 관심이 증가하면서 가격이 급등하는 경향이 있다. 하지만 비트코인은 여전히 투기적 성향이 강한 자산이기 때문에 가격이 단기간에 급등하면 결국 시장 과열과 거품 형성이 발생하게 된다. 이후 거품이 꺼지면서 크립토 윈터(Crypto Winter), 즉 장기적인 약세장이 찾아온다.

크립토 윈터는 시장이 급등 이후 조정을 거치며 투자 심리가 냉각되는 시기로, 반감기 이후 1~2년 안에 발생했다. 이 시기는 많은 신규 투자자들에게 손실을 안겨줄 수도 있지만, 장기적인 시각에서는 저가 매수의 기회가 될 수 있다. 실제로 과거 크립토 윈터 동안 비트코인을 매수한 투자자들은 다음 강세장에서 큰 수익을 거두었다.

❷ 장기적 상승 트렌드와 투자 전략

비트코인의 가격 흐름을 보면, 반감기는 장기적 상승 트렌드의 일부라는 점을 알 수 있다. 단기적으로 보면 크립토 윈터는 투자자들에게 고통스러운 시기일 수 있지만, 장기적으로 보면 시장이 보다 성숙해지고 강한 기반을 다지는 과정이다. 과거의 반감기 주기 도표가 그 증거다.

> 2012년 반감기 이후, 2013년 강세장 도래
> 2016년 반감기 이후, 2017년 강세장 도래
> 2020년 반감기 이후, 2021년 강세장 도래

단기적인 시장 변동성에 휘둘리지 않고, 장기적인 시각에서 접근하는 것이 비트코인 투자 전략의 핵심이다.

최근 전통 금융권과 암호화폐 시장의 융합이 가속화되고 있습니다. 이에 대해 어떻게 평가하시나요?

10년 전만 해도 글로벌 은행 CEO들은 단언했다.
"비트코인은 범죄자들이나 쓰는 사이버머니에 불과하다."
"비트코인은 거품이며 곧 사라질 것이다."

하지만 비트코인은 사라지긴커녕 시간이 지날수록 더 강해졌고, 이제는 금융권이 먼저 손을 내밀고 있다. 이제 우리는 전통 금융과 비트코인의 융합이 가속화되는 시대를 살고 있다. 블랙록은 비트코인 현물 ETF 승인을 받았고, 골드만삭스는 비트코인 선물 거래를 제공하며, 피델리티는 고객들에게 비트코인 매매 서비스를 지원하고 있다. 이제 금융권이 비트코인을 받아들이는 것은 선택이 아니라 생존의 문제다.

1 전통 금융의 적응과 비트코인의 독립성

나는 여기서 중요한 두 가지 흐름을 본다.

첫째, 비트코인은 전통 금융에 흡수되는 것이 아니라 전통 금융이 비트코인에 적응하고 있다. 많은 사람들이 비트코인이 제도권으로 들어오면서 기존 금융 시스템과 융합될 것이라고 말한다. 하지만 본질을 보자. 금융권은 비트코인을 없애지 못하니까 받아들이는 것이다. 비트코인을 ETF 상품으로 포장하고, 기관들이 보유할 수 있도록 시스템을 만드는 것은 비트코인을 억제하기 위한 전략이기도 하다. 하지만 비트코인은 그런 시스템 안에 갇힐 자산이 아니라는 게 문제다.

둘째, 비트코인은 새로운 금융 패러다임의 중심으로 이동 중이다. 글로벌 경제 위기가 닥칠 때마다 비트코인으로 자본이 유입되는 현상을 보라. 아르헨티나, 튀르키예, 레바논 같은 하이퍼인플레이션 국가에서 비트코인은 생존을 위한 필수 자산이 되고 있다. 예전에는 금이 그 역할을 했다. 하지만 이제 디지털 시대다. 비트코인이 바로 새로운 금융 시스템의 안전판 역할을 하게 될 것이다.

2 비트코인의 탈중앙화와 금융권의 도전

그렇다면 질문이 남는다. 전통 금융이 비트코인을 완전히 통제할 수 있을까? 나는 아니라고 본다. 비트코인의 핵심은 탈중앙화다. 정부와 은행이 통제할 수 없는 시스템이다. ETF를 통해 기관들이 비트코인을 보유할 수 있게 되었지만, 여전히 온라인에서는 개인간의 독립적 P2P 거래가 이루어지고, 비트코인의 철학을 지키려는 흐름은 사라지지 않는다. 금융권이 비트코인을 받아들이면 받아들일수록 비트코인의 정체성이 더욱 강화될 것이다.

3 비트코인의 금융 패러다임 전환

비트코인은 길들여질 수 없는 자산이다. 오히려 비트코인의 성장이 기존 금융의 구조를 변화시키고 있으며, 중앙화된 금융 시스템이 점차 분산형 금융 모델로 나아가도록 유도하고 있다. 전통 금융이 비트코인을 받아들이는 순간, 비트코인은 기존 금융을 재편하기 시작한다.

 글로벌 규제 환경이 변화하는 가운데, 비트코인이 제도권에 안착할 가능성에 대해 어떻게 보시나요?

비트코인은 태생부터 체제 밖의 존재였다. 정부, 중앙은행, 금융기관은 비트코인의 탈중앙화 특성을 원하지 않았다. 그들은 필요할 때 찍어낼 수 있고, 손쉽게 감시할 수 있는 시스템 속의 화폐를 원한다. 하지만 비트코인은 그런 시스템에 속하지 않는다. 단 한 명의 관리자도 없고, 코드만이 신뢰의 역할을 대신하는 금융 혁명. 바로 이것이 비트코인의 본질이다.

비트코인의 가격이 폭락할 때마다 사라질 것이라는 예측은 수도 없이 쏟아졌지만, 몇 년이 지나면 또다시 사상 최고가를 갱신하며 돌아왔다. 시간이 흐를수록 사람들이 깨닫기 시작했다. 이것은 금융 패러다임을 변화시키는 혁신적 도구라는 것을.

1 규제 환경의 변화와 비트코인의 제도권 편입

이제 정부와 규제 당국의 태도는 변했다. 미국은 비트코인 현물 ETF 승인을 했고, 유럽연합은 MiCA(암호자산시장법)를 도입했다. 한국과 일본, 싱가포르도 암호화폐 거래소 운영 기준을 법제화하며 규제 체계를 정립하고 있다. 이제는 비트코인을 '금지'하는 것이 아니라, '관리'하는 방향으로 패러다임이 전환하고 있다.

2 기존 금융 시스템과 비트코인의 충돌

그렇다면 비트코인은 기존 금융 시스템에 완전히 흡수될 것인가? 나는 그렇게 보지 않는다. 금융권이 원하는 것은 비트코인을 제도권 내에서 통제 가능한 상품으로 만드는 것이다. 하지만 비트코인의 철학은 통제와 반대되는 곳에 있다. 이것이 기존 금융 시스템과의 가장 큰 충돌 지점이다.

정부가 바라는 미래는 분명하다. CBDC(중앙은행 디지털화폐)를 통한 금융 시스템의 중앙화. 중국의 디지털 위안화, 유럽의 디지털 유로, 미국의 디지털 달러가 그 방향성을 보여준다. 하지만 사람들이 원하는 미래는 다르다. 정부가 발행하는 화폐가 아니라, 개인이 온전한 금융 주권을 가질 수 있는 시스템. 그 대안으로 비트코인이 존재하는 것이다.

3 공존의 가능성과 새로운 금융 패러다임

결국 금융의 미래는 두 개의 흐름으로 나아갈 가능성이 크다. 하나는 정부가 발행하는 디지털화폐로 완벽하게 추적 가능하고 중앙에서 통제되는 화폐 시스템. 다른 하나는 비트코인과 같은 검열 저항적인 자산, 어떤 정부도 통제할 수 없고, 개인이 직접 소유하는 가치 저장 수단. 이 둘이 충돌할 것인가? 아니면 공존할 것인가? 나는 점진적인 공존의 가능성이 크다고 본다. 비트코인이 글로벌 금융 시스템의 중요한 한 축으로 자리 잡을 것이며, 정부는 이를 인정할 수밖에 없는 시대가 오고 있다. 과거 금본위제에서 달러 패권 체제로 넘어왔듯이, 우리는 지금 또 다른 금융 패러다임 전환의 초입에 서 있다.

4 비트코인의 독립적 금융 질서 구축

하지만 한 가지는 분명하다. 비트코인은 기존 금융 시스템의 일부가 되기 위해 태어난 것이 아니라, 기존 금융 시스템을 대체하거나 보완하기 위해 존재하는 것이다. 정부는 이를 길들이고 싶겠지만, 비트코인은 그리 쉽게 길들여지는 자산이 아니다. 비트코인은 기존 금융 시스템과의 긴장 속에서도 독립적인 금융 질서를 구축할 것이다.

추가적으로, 비트코인의 규제 환경 변화는 제도권 편입을 넘어서 금융 혁신의 방향성을 결정하는 중요한 변곡점이 되고 있다. 주요 국가들이 비트코인과 디지털 자산을 제도권 안에서 수용하는 방식은 다양하며, 금융 시장의 안정성과 기술 혁신을 동시에 고려하는 움직임이 확산되고 있다. 이는 금융권과의 긴장 속에서도 비트코인이 독립적인 경제 모델로 정착할 가능성을 시사한다. 비트코인은 제도권에 편입되는 것이 아니라, 제도권이 비트코인을 받아들이는 방향으로 가고 있다.

Q8 비트코인의 가격 변동성은 필연적인가요? 안정성을 높일 수 있는 방법이 있을까요?

비트코인을 이야기할 때 가장 많이 듣는 질문 중 하나가 바로 이것이다.
"비트코인은 너무 변동성이 크지 않습니까?"
나는 이 질문을 받을 때마다 웃으며 답한다.
"지금 우리가 보는 이 변동성은 비트코인이 성장하는 과정에서 반드시 거쳐야 할 단계일 뿐입니다."

비트코인은 이제 겨우 15년 된 자산이다. 금융시장에서 15년이면 갓 태어난 신생아와 같다. 금(Gold)은 5,000년 동안 인류가 가치 저장 수단으로 사용해왔고, 주식시장은 200년, 달러 역시 100년이 넘는 역사를 가지고 있다. 반면, 비트코인은 아직 걸음마를 떼는 단계다. 지금의 가격 변동성을 보고 비트코인이 실패했다고 말하는 것은 마치 1990년대의 인터넷이 느리고 불안정하다고 해서 '인터넷은 결코 성공할 수 없다'고 단정 짓는 것과 다름없다.

1 변동성이 줄어드는 패턴과 시장 안정화

사실 비트코인의 변동성은 과거보다 점차 줄어들고 있다. 2013년, 비트코인의 가격은 단기간에 50배 이상 상승했다가 85% 폭락했다. 2017년에도 비슷한 패턴이 반복되었고, 2021년 강세장에서도 급등 후 급락이 이어졌다. 하지만 패턴을 보면 알 수 있다. 폭락의 강도가 점점 줄어들고 있으며, 유동성이 증가하면서 장기적인 안정성을 확보해가고 있다. 이는 금융 자산으로서의 신뢰를 확보해가는 자연스러운 과정이다.

비트코인의 변동성을 줄이는 가장 큰 요인은 기관투자자의 본격적인 유입이다. 과거에는 개인 투자자들이 시장을 주도하며, 소수의 트레이더들이 가격을 급격히 움직이곤 했다. 하지만 이제는 블랙록, 피델리티, 골드만삭스 같은 글로벌 금융기관들이 비트코인 시장에 참여하고 있다. 이들은 단기적인 투기가 아니라 장기적인 자산 배분 전략 속에서 움직인다. 기관 투자자들의 유입이 지속되면서 비트코인은 점점 더 견고한 금융 자산으로 변모할 것이다.

2 비트코인의 안정성을 높이는 핵심 요소

최근 승인된 비트코인 현물 ETF는 시장의 안정성을 높이는 또 하나의 핵심 요소다. 과거에는 비트코인을 매수하려면 직접 거래소를 이용해야 했고, 보관과 보안 문제가 따라왔다. 하지만 이제 ETF를 통해 전통 금융 시스템 안에서 비트코인을 간접적으로 보유할 수 있게 되었다. 이는 비트코인의 유동성을 증가시키고 시장의 신뢰를 높인다. 또한 보다 많은 투자 자금이 안정적으로 유입될 수 있는 환경을 조성한다.

기술적 발전도 비트코인의 안정성 확보에 기여하고 있다. 라이트닝 네트워크와 같은 확장성 솔루션이 실용화되면서 거래 속도가 향상되고, 거래 비용이 낮아지고 있다. 이는 시장 내 변동성을 줄이는 역할을 하며, 비트코인이 실생활 결제 및 금융 인프라로 자리 잡을 가능성을 더욱 높인다.

3 글로벌 규제 환경과 비트코인의 미래

비트코인의 안정성을 높이는 또 다른 요소는 글로벌 법적 프레임워크의 정비다. 각국 정부와 금융기관들은 비트코인 규제를 명확히 하고 제도적 안전망을 갖추는 등, 기존 금융 시스템과의 조화를 이루려 노력하고 있다. 이러한 제도적 발전은 비트코인의 장기적인 안정성과 채택률을 더욱 높일 것이다.

나는 비트코인이 궁극적으로 '디지털 금(Digital Gold)'으로 자리 잡을 것이라 확신한다. 금이 수천 년 동안 가치 저장 수단으로 인정받으며 변동성이 점차 줄어들었던 것처럼, 비트코인도 시간이 지나면서 더욱 견고한 금융 자산으로 자리 잡게 될 것이다. 비트코인의 변동성은 금융 자산으로서의 성장을 의미하는 신호다.

Q9 기관 투자자들의 참여가 비트코인 생태계에 미치는 긍정적·부정적 영향을 분석해 주신다면?

비트코인은 기존 금융 시스템의 틀을 거부하며 탄생했다. 나카모토 사토시가 설계한 이 네트워크는 중앙은행과 법정화폐의 한계를 극복하고, 개인이 금융 주권을 가질 수 있도록 만들어졌다. 하지만 시간이 흐르면서, 비트코인은 점점 전통 금융과 교차하며 새로운 국면을 맞이하고 있다. 과거에는 정부와 월가가 이를 외면하거나 규제하려 했지만 이제는 블랙록, 골드만삭스, 피델리티 같은 글로벌 금융기관들이 비트코인을 사들이고 있다. 이것이 비트코인에게 긍정적인 신호일까? 아니면 그 본질을 위협하는 요소일까? 나는 이 변화를 두 가지 방향에서 바라본다.

1 기관 투자자의 유입과 비트코인의 성장

초기의 비트코인은 변동성이 높고 제도권 금융과의 괴리가 컸다. 하지만 기관 투자자들의 유입은 시장의 유동성을 증가시키고, 변동성을 완화하는 데 기여하고 있다. 비트코인 현물 ETF가 승인되면서 이제 법적 제도권 내에서 비트코인을 보유하는 기관과 연기금이 증가하고 있다. 이는 비트코인을 글로벌 금융 상품으로 인정하는 과정의 일부다.

비트코인은 2,100만 개로 한정된 공급량을 가졌다. 기관 투자자들의 지속적인 매수는 비트코인의 희소성을 더욱 강화할 가능성이 높다. 이는 반감기와 맞물려 가격 상승 압력을 증가시킨다. 이러한 변화는 비트코인의 주류화와 제도적 수용을 강화하는 데 기여할 것이다. 그러나 이 과정에서 비트코인의 본질적 가치인 탈중앙화와 금융 주권이 훼손되지 않도록 주의해야 한다.

2 기관 투자자 유입의 부작용: 탈중앙화의 위협

비트코인의 핵심 철학은 탈중앙화(Decentralization)와 금융 주권(Financial Sovereignty)에 있다. 하지만 기관들이 비트코인을 대량 보유하는 과정에서 중앙화된 금융 시스템과의 융합이 진행되고 있다.

- ETF의 구조적 한계: 기관 투자자들이 직접 비트코인을 보유하는 것이 아니라 ETF를 통해 간접 투자하는 방식이 증가하면, 결국 비트코인의 소유권이 금융 대기업들에게 집중될 위험이 있다.
- 수탁 서비스의 집중화: 대형 금융사들이 대규모로 비트코인을 보관하면서 특정 기관이 공급을 조절할 가능성이 커지고 있다. 이는 기존 법정화폐 시스템과 다를 바 없는 중앙집중적 구조를 초래할 수 있다.

- **정부와의 협력 가능성**: 기관 투자자들은 규제 리스크를 최소화하기 위해 정부와 협력할 가능성이 크다. 이 과정에서 비트코인의 검열 저항성(Censorship Resistance)이 약화될 우려가 있다.

나는 이 흐름을 '금융 패러다임의 절충'이라고 부른다. 비트코인은 기존 시스템과 완전히 독립적으로 존재할 수 없으며, 그렇다고 기존 시스템에 완전히 흡수될 수도 없다. 핵심은 균형을 찾는 것이다.

 비트코인 채굴의 본질과 경제적 중요성은 무엇인가요?

비트코인을 제대로 이해하려면, 채굴(Mining)의 역할을 깊이 파악해야 한다. 많은 사람들이 채굴을 단순히 비트코인을 얻기 위한 과정 정도로 생각하지만, 이는 피상적인 시각이다. 채굴은 비트코인 네트워크의 심장부이며, 보안과 신뢰를 유지하는 핵심 기둥이다.

비트코인은 중앙은행이 발행하는 화폐가 아니다. 그렇다면 누가 시스템을 유지하는가? 바로 채굴자(Miner)들이다. 그들은 블록을 생성하고, 거래를 검증하며, 네트워크를 보호하는 역할을 한다. 이러한 보상 구조가 채굴자들에게 지속적인 인센티브를 제공하며, 결과적으로 비트코인 생태계를 유지하는 동력이 된다. 이 과정에서 방대한 연산 능력이 필요하고 그 대가로 비트코인 보상을 받는다. 쉽게 말해, 채굴자들은 비트코인 경제에서 '디지털 중앙은행'과 같은 역할을 수행하지만 기존의 중앙은행과는 근본적으로 다르다. 누구나 참여, 통제가 가능하고 오직 수학적 연산 능력과 알고리즘에 의해 유지되는 시스템이다.

1 비트코인의 보안성과 네트워크 안정성

비트코인 채굴은 네트워크를 보호하는 강력한 보안 메커니즘이며, 작업증명(Proof of Work, PoW) 방식을 통해 보안을 유지한다. 특정 기관이 아니라 분산된 채굴자들이 지속적으로 참여하기 때문에 네트워크는 본질적으로 안전하고 검열 저항성을 유지할 수 있다. 이러한 네트워크를 장악하려면 엄청난 연산 능력과 전력을 소비해야 하며 이는 경제적으로 불가능에 가깝다. 즉, 채굴이 활성화될수록 비트코인 네트워크는 더욱 강력하고 안정적인 금융 시스템이 된다.

> ▶ 네트워크 보안 유지 → 51% 공격을 방지하기 위해 채굴자들의 참여 필요
> ▶ 분산 네트워크 강화 → 해시파워(연산력)가 분산될수록 비트코인의 보안성이 증가
> ▶ 신뢰할 수 없는 환경에서도 신뢰 가능 → 모든 거래가 블록체인에 기록되며 검증됨

2 채굴이 만든 독립적인 금융 시스템

비트코인 채굴은 국가의 통화 정책과 무관하게 작동하는 독립적인 경제 시스템을 형성한다. 즉, 비트코인의 채굴 과정은 전 세계 모든 사람이 동일한 규칙 아래에서 경제적으로 독립할 수 있도록 돕는다.

> ▶ 국가 개입 불가 → 중앙은행이 공급량을 조절할 수 없음
> ▶ 개인이 금융 주권을 가질 수 있는 환경 조성 → 누구나 채굴에 참여 가능
> ▶ 새로운 경제권 형성 → 기업과 개인이 기존 금융 시스템과 무관하게 경제 활동 가능

기존의 개별 채굴 방식과 클라우드 마이닝의 가장 큰 차이점은 무엇인가요?

비트코인 채굴은 초창기에는 누구나 참여할 수 있는 개방형 시스템이었다. 그러나 CPU만 있으면 가능했던 채굴 방식은 시간이 지나면서 점점 고도화되었고, 현재는 대규모 자본과 고성능 채굴 장비(ASIC)를 필요로 하는 산업으로 변모했다. 그러나 이것이 개인이 채굴에 참여할 수 없다는 뜻은 아니다. 오히려 클라우드 마이닝이 등장하면서 더 많은 사람들이 비트코인 네트워크에 기여할 기회를 얻게 되었다.

1 개별 채굴 - 높은 장벽, 높은 보상

과거에는 개인 컴퓨터로 채굴이 가능했지만, 지금은 연산력(Hash Power) 경쟁이 심화되면서 대규모 인프라를 갖춘 채굴 팜(Mining Farm)들이 시장을 주도하고 있다. 개인이 직접 채굴을 하려면 막대한 초기 자본과 지속적인 운영 비용을 감당해야 한다.

- ▶ 채굴기(ASIC) 비용 → 한 대당 수백~수천만 원의 투자 필요
- ▶ 전기료 및 냉각 시스템 운영 부담 → 지속적인 관리 및 공간 확보 필수
- ▶ 채굴 난이도 증가 → 단독 채굴로는 안정적인 수익 확보가 어려움

하지만 비용만 감당할 수 있다면 개별 채굴은 높은 보상을 약속한다. 가장 큰 장점은 채굴된 비트코인을 온전히 자신의 지갑에 직접 보관할 수 있다는 점이다. 이는 비트코인의 금융 주권을 지키는 가장 근본적인 방식이다.

2 클라우드 마이닝 - 누구나 채굴에 참여할 수 있는 기회

클라우드 마이닝은 채굴기를 직접 소유하지 않고도 채굴 네트워크의 일부가 되는 방법이다. 과거에는 채굴이 소수 대형 채굴기업의 전유물이었다. 하지만 클라우드 마이닝은 개인이 채굴기업에 일정 비용을 지불하고 연산력을 임대하는 방식으로 참여할 수 있도록 만들었다.

- ▶ 초기 투자비용 절감 → 채굴기를 직접 구매하지 않고도 채굴 가능
- ▶ 운영 부담 없음 → 전기료, 유지보수 등의 운영 비용 부담 감소
- ▶ 지리적 제한 없이 채굴 가능 → 누구나 글로벌 채굴 네트워크에 참여 가능

이러한 방식은 비트코인 채굴 참여의 문턱을 낮추고, 네트워크의 보안성과 분산성을 강화하는 역할을 한다.

3 클라우드 마이닝은 비트코인의 탈중앙화를 유지하는 데 기여할 수 있다

클라우드 마이닝의 최대 위험은 중앙화 가능성이다. 일부 대형 채굴기업이 클라우드 마이닝을 독점하게 된다면, 비트코인의 탈중앙화 철학에 반하는 행보를

보일 것이다. 이를 방지하기 위해 다음과 같은 해결책이 필요하다.

- ▶ 분산된 클라우드 마이닝 인프라 → 특정 기업이 독점하지 않고, 다양한 기업과 개인들이 채굴에 기여할 수 있도록 설계
- ▶ P2P 기반의 클라우드 마이닝 모델 도입 → 중개자 없이 개인 간 해시파워 거래 가능
- ▶ 스마트 계약 기반 채굴 운영 → 투명한 계약과 자동화된 수익 분배 시스템 구축

클라우드 마이닝은 비트코인 네트워크의 참여적 공증자로서 역할을 확장해야 한다. 이를 위해서는 완전한 투명성과 개방성을 갖춘 운영 방식이 필수적이다. 또한, 개별 사용자가 더욱 쉽게 채굴 네트워크에 참여할 수 있는 시스템이 필요하다.

클라우드 마이닝이 일반 투자자들에게 적합한 모델이라고 보시나요? 혹은 특정한 조건에서만 유리하다고 생각하시나요?

초창기에는 개인이 자신의 컴퓨터를 사용해 손쉽게 비트코인을 채굴할 수 있었다. 하지만 오늘날은 연산력 경쟁이 심화되면서 대규모 채굴 팜과 기관이 주도하는 산업으로 변모했다. 높은 초기 투자비용과 지속적인 운영 부담이 일반 투자자들에게 주요 진입 장벽으로 작용하고 있다. 이러한 상황에서 클라우드 마이닝(Cloud Mining)은 일반 투자자들에게 비트코인 네트워크에 참여할 수 있는 현실적인 방법을 제공한다. 하지만 클라우드 마이닝이 모든 투자자에게 적합한 것은 아니다.

1 클라우드 마이닝이 유리한 경우

클라우드 마이닝이 적합한 투자자들은 다음과 같다.

- ▶ 장기적인 채굴 수익을 원하는 투자자 → 클라우드 마이닝은 단기적인 투기보다는 꾸준한 채굴 보상을 목적으로 하는 투자에 적합하다.
- ▶ 채굴 운영의 기술적 부담을 원하지 않는 투자자 → 직접 채굴기를 구매하고 관리하는 과정이 번거로운 경우 클라우드 마이닝이 대안이 될 수 있다.
- ▶ 전력비, 장비 유지보수, 채굴 환경 등 인프라 문제를 고려하기 어려운 투자자 → 클라우드 마이닝을 통해 복잡한 운영 요소를 신경 쓰지 않고 채굴 참여 가능.

이러한 투자자들에게 클라우드 마이닝은 비트코인 네트워크에 기여하면서도 높은 초기 비용 없이 채굴에 참여할 수 있는 기회를 제공한다. 기관 중심으로 독점되는 채굴 환경에서 개인들이 참여할 수 있도록 문을 열어주는 역할을 한다는 점에서도 의의가 있다.

② 클라우드 마이닝이 불리할 수 있는 경우

그러나 모든 사람이 클라우드 마이닝을 해야 하는 것은 아니다. 다음과 같은 투자자들에게는 클라우드 마이닝이 적합하지 않을 수 있다.

- ▶ 단기적인 수익을 목표로 하는 투자자 → 채굴은 본질적으로 장기적인 수익 모델이며, 즉각적인 이익을 원하는 투자자에게는 적합하지 않다.
- ▶ 비트코인의 완전한 소유권을 원하는 투자자 → 클라우드 마이닝을 통해 채굴한 코인은 플랫폼의 정책에 따라 일정 기간 동안 접근이 제한될 수 있으며, 직접 비트코인을 보유하고 싶다면 매수를 고려해야 한다.
- ▶ 운영이 불투명한 클라우드 마이닝 서비스에 투자할 경우 → 많은 클라우드 마이닝 서비스들이 불투명한 운영을 하거나 수익 구조가 명확하지 않다. 따라서 신뢰할 수 있는 플랫폼을 선택하는 것이 필수적이다.

건전한 클라우드 마이닝 모델은 더 많은 사람들이 비트코인 네트워크에 기여할 수 있도록 돕는 역할을 한다. 하지만 운영이 불투명한 회사들이 많아지면서 개인 투자자들이 피해를 볼 위험이 높아졌다. 따라서 온체인 검증 시스템과 투명한 운영 구조를 갖춘 플랫폼을 선택해야 한다.

클라우드 마이닝으로 비트코인을 안정적으로 채굴하기 위해 고려해야 할 핵심 요소는 무엇인가요?

클라우드 마이닝은 개인 투자자들이 채굴 인프라를 직접 운영하지 않고도 네트워크에 참여할 수 있도록 하는 혁신적 방식이다. 하지만, 이 모델이 안정적으로 작동하려면 몇 가지 중요한 요소를 반드시 고려해야 한다.

1 채굴 계약의 투명성과 신뢰성

클라우드 마이닝의 가장 큰 위험은 불투명한 운영 구조다. 많은 신규 투자자들이 '월 수익 보장' 같은 과장된 마케팅에 현혹되어 장기 계약을 체결한 후 손실을 입는다. 이를 방지하려면 온체인 데이터 검증과 스마트 계약 기반의 자동화된 채굴 운영 방식이 필요하다.

> ▶ 온체인 검증 시스템 → 채굴 성능, 유지보수 비용, 전기료를 블록체인 상에서 실시간 확인 가능
> ▶ 스마트 계약 활용 → 불투명한 운영 방지를 위한 자동화된 계약 시스템 적용
> ▶ 해시레이트 투명성 확보 → 사용자가 계약된 연산력을 실제로 보유하는지 검증하는 시스템 구축

2 데이터센터 위치와 채굴 인프라의 안정성

클라우드 마이닝 서비스는 대규모 데이터센터에서 운영된다. 하지만 해당 센터가 어느 국가에 위치해 있는지, 해당 지역의 전기 비용과 규제 환경이 어떻게 변화할 가능성이 있는지를 분석하는 것이 중요하다.

> ▶ 저렴한 전력과 친환경 에너지를 활용하는 지역 → 미국 텍사스, 노르웨이, 아르헨티나 등
> ▶ 정책 리스크가 높은 지역 회피 → 중국처럼 채굴 규제가 강한 지역에서는 채굴 금지 가능성 존재
> ▶ 안정적인 전력 공급 인프라 → 정전이나 정책 변화로 인해 운영이 중단되지 않는 지역 선택

❸ 친환경 채굴과 지속 가능한 비즈니스 모델

비트코인 채굴은 에너지를 소비하는 구조이지만, 중요한 것은 이 에너지가 어떻게 사용되느냐이다. 클라우드 마이닝이 지속 가능하려면, 친환경 채굴 모델을 도입해야 한다.

> ▶ 재생에너지 기반 채굴 → 태양광, 수력, 풍력 등 지속 가능한 에너지원 활용
> ▶ 탄소 배출권 연계 마이닝 → 친환경적인 방식으로 채굴할 경우 추가 인센티브 제공
> ▶ POS(지분증명)과 하이브리드 모델 적용 → 비트코인 채굴의 POW(작업증명) 방식과 POS(지분증명)를 결합하여 에너지 효율성 극대화

이러한 방식이 적용된다면, 채굴 산업은 지속 가능성을 갖춘 새로운 경제 모델로 발전할 수 있다.

❹ 보안과 해킹 리스크 관리

클라우드 마이닝은 투자자가 직접 채굴기를 소유하는 게 아니라, 전문 업체에 채굴을 위탁하는 방식이다. 때문에 보안 문제가 중요한 리스크 요인이 된다. 과거 몇몇 클라우드 마이닝 플랫폼이 내부 해킹, 계약 위반, 혹은 단순한 폰지 사기(고객 돈을 받은 후 실제 채굴을 하지 않는 방식)로 인해 큰 피해를 준 사례가 있다. 안전한 투자를 위해 클라우드 마이닝 보안 시스템을 구축할 필요가 있다.

> ▶ 데이터 암호화 및 보안 프로토콜 강화 → 플랫폼 내부 해킹 방지
> ▶ 다중 서명 지갑 사용 → 사용자 자산 보호 및 거래 보안 강화
> ▶ 스마트 계약 기반 보증 시스템 구축 → 계약 이행 여부를 자동 검증하여 사기 방지

❺ 장기적 수익성 분석과 시장 변동성 고려

비트코인 채굴 난이도는 시간이 지날수록 증가하기 때문에, 단순히 현재 수익성을 보고 계약을 체결하는 것은 위험하다. 반감기(4년 주기), 채굴 난이도 조정, 비트코인 가격 사이클을 종합적으로 분석해야 한다.

- 단기 계약(6~12개월)과 장기 계약(3년 이상) 조건 비교 → 기간별 수익성 분석 필요
- 채굴 난이도 조정과 수익성 변화 모니터링 → 네트워크 해시레이트 증가 추세 반영
- 비트코인 시장 사이클 분석 → 강세장과 약세장 주기를 고려한 계약 체결 전략 필요

  클라우드 마이닝 산업이 점점 중앙화되고 있다는 우려도 있습니다. 탈중앙화 철학과의 충돌 문제를 어떻게 해결할 수 있을까요?

현재 클라우드 마이닝 산업은 중요한 전환점에 서 있다. 채굴의 대형화와 중앙화가 가속되면서 개인들의 채굴 참여가 어려워지고 있으며, 이 과정에서 클라우드 마이닝이 대안으로 부상했다. 그러나 오늘날 채굴 시장을 보면 어떠한가? 대규모 채굴 팜과 특정 기업들이 해시파워(Hash Power)를 집중적으로 보유하면서 채굴 시장이 점점 중앙화되고 있다. 초기에는 누구나 쉽게 채굴에 참여할 수 있었지만, 현재는 대규모 자본과 인프라 없이는 경쟁이 어려운 환경이 조성되고 있다. 클라우드 마이닝 역시 일부 기업들이 채굴 인프라를 독점하며 중앙화 우려가 커지고 있다. 이러한 흐름이 지속된다면, 비트코인이 거부했던 기존 금융 시스템과 다를 바 없는 결과를 초래할 수도 있다. 이 문제를 해결하기 위해서는 두 가지 접근이 필요하다.

1 투명한 운영 구조 확립 - 온체인 검증 시스템 도입

클라우드 마이닝의 운영 투명성을 높이는 것이 필수적이다. 채굴된 비트코인의 흐름, 해시파워의 배분, 장비 운영 상태 등을 온체인(On-chain) 검증 시스템을 통해 실시간으로 공개해야 한다.

- ▶ 스마트 계약 기반 운영 → 채굴된 비트코인의 배분 및 수익 분배를 자동화
- ▶ 탈중앙화 원장 기록 → 사용자가 직접 네트워크 상태를 확인 가능
- ▶ 검증 가능한 해시파워 분배 시스템 → 특정 기업이 해시파워를 독점하지 않도록 설계

블록체인이 '신뢰를 코드로 대체하는 기술'이라면, 클라우드 마이닝도 동일한 원칙을 따라야 한다.

❷ 개인 채굴자 참여 확대 – 분산형 클라우드 마이닝 도입

이를 해결하기 위해서는 완전히 탈중앙화된 클라우드 마이닝 모델이 필요하다. 개인 채굴자들이 다시 네트워크에 참여할 수 있도록 시스템을 개선해야 한다.

- ▶ DAO(탈중앙화 자율 조직) 기반 마이닝 풀 → 특정 기업이 아닌 개별 노드들이 공동 운영하는 탈중앙화 마이닝 풀 도입
- ▶ 소규모 채굴 노드 활성화 → 개인이 쉽게 운영할 수 있는 채굴 기술 개발
- ▶ P2P 클라우드 마이닝 → 개인이 직접 연산력을 제공하고 보상을 받는 방식 도입

이러한 방식이 정착된다면, 클라우드 마이닝은 탈중앙화된 채굴 네트워크로 발전할 수 있다. 또한 기존의 채굴 방식 외에도 POS(지분증명) 기반의 보완 모델이나, 채굴자들에게 추가 인센티브를 제공하는 새로운 경제적 구조가 필요하다. 이러한 모델을 적용하면 채굴 참여자들이 지속 가능하게 운영할 수 있으며, 클라우드 마이닝의 경제적 안정성을 높이는 데 기여할 수 있다.

지난 10년 동안 비트코인 시장에서 가장 인상 깊었던 순간은 언제였나요?

지난 10년간 비트코인은 수많은 위기와 도전을 맞이했지만, 그때마다 더욱 강해지며 기존 금융 시스템을 재편하는 핵심 자산으로 자리 잡았다. 그중에서

도 가장 인상 깊었던 순간을 꼽으라면, 나는 2020년 3월의 '검은 목요일(Black Thursday)'을 선택할 것이다.

1 2020년 3월 - 검은 목요일과 금융 시스템의 붕괴

그날 글로벌 금융 시장이 붕괴했다. 코로나19 팬데믹의 충격으로 인해 다우존스는 하루 만에 10% 이상 폭락했고, 글로벌 시장이 패닉에 빠졌다. 비트코인 역시 단 하루 만에 50% 넘게 급락하며 4,000달러 선까지 추락했다. 시장에서는 비트코인의 존재 자체를 의심하는 목소리가 커졌다. 그러나 이후 어떤 일이 벌어졌는가? 비트코인은 이 위기 속에서 자신의 진정한 가치를 증명했다.

> ▶ 미국 연준(Fed) → 무제한 양적 완화를 선언
> ▶ 각국 중앙은행 → 제로 금리 정책 및 대규모 유동성 공급
> ▶ 비트코인의 희소성 부각 → 법정화폐는 무제한으로 발행되었지만, 비트코인은 2,100만 개로 제한

법정화폐가 무제한으로 증가하는 가운데, 사람들은 새로운 대체 자산을 찾기 시작했다.

2 2020년 10월 - 기관투자자들의 본격적 유입

팬데믹 이후 시장은 점차 회복되었고, 비트코인은 글로벌 금융 시스템에서 대체 자산으로 자리 잡기 시작했다. 특히 기관 투자자들이 비트코인을 포트폴리오에 포함하면서 시장의 패러다임이 바뀌었다.

> ▶ 마이크로스트래티지(MicroStrategy) → 4억 2,500만 달러 규모의 비트코인 매수 선언
> ▶ 페이팔(PayPal) → 비트코인 결제 지원 발표
> ▶ 스퀘어(Square) → 기업 차원의 비트코인 매입 시작

3 비트코인은 위기 속에서 더욱 강해진다

4,000달러까지 추락했던 비트코인은 단 1년 만에 6만 달러를 돌파하며 사상 최고가를 기록했다. 그러나 단순한 가격 상승보다 중요한 것은, 비트코인이 글로

벌 금융 시스템의 대체 자산으로 자리 잡았다는 점이다. 비트코인은 위기의 순간마다 시험을 받았지만, 그 시험을 통과할 때마다 더욱 강력한 금융 패러다임의 중심으로 성장했다. 비트코인은 위기 속에서 더욱 강해진다.

 본인이 직접 겪은 비트코인 관련 위기와 이를 극복한 경험을 공유해 주실 수 있을까요?

비트코인을 이야기할 때, 사람들은 주로 '언제 가장 큰 수익을 냈는가?'를 묻는다. 하지만 진짜 중요한 질문은 이것이다.
'언제 가장 큰 위기를 겪었고, 어떻게 살아남았는가?'
나는 수많은 변동성과 금융 시스템의 충돌을 직접 경험했다. 그리고 그 과정에서 비트코인은 금융 패러다임을 바꾸는 대체 자산이라는 확신을 얻었다.

1 2018년, 크립토 윈터(Crypto Winter)와 장기적 확신

2017년 말, 비트코인은 20,000달러까지 치솟으며 세상의 관심을 받았다. 하지만 얼마 지나지 않아 시장은 급격한 조정을 겪으며, 2018년 내내 하락세를 겪었다. 단 몇 개월 만에 3,000달러대까지 폭락하여 다수의 투자자들이 떠났다.

나는 고민했다. '이제 끝인가?' 하지만 이내 깨달았다. 비트코인의 가치는 단기적 가격 변동이 아니라, 탈중앙화 금융 혁명의 철학과 기술에 있다. 그렇다면 내가 해야 할 일은 명확했다. 버티는 것, 그리고 비트코인의 본질적 가치를 믿는 것. 나는 계속해서 네트워크를 연구했고, 비트코인의 보안성과 탈중앙화 원칙이 유지되는 한 시장이 다시 회복될 것이라는 확신을 가졌다. 그리고 2020년, 비트코인은 다시 10배 넘게 상승하며 나의 신념을 증명했다.

2 2022년, 중앙화 시스템의 붕괴와 탈중앙화 철학의 검증

그러나 2022년, 또 한 번의 위기가 찾아왔다. FTX의 붕괴는 시장 전체를 뒤흔들었고, 사람들은 또다시 '비트코인은 이제 끝났다'라고 외쳤다. 하지만 나는 다르게 생각했다. 비트코인이 실패한 것이 아니라, 비트코인의 철학을 왜곡했던 중앙화된 세력이 실패한 것이다. 루나(LUNA), 3AC(Three Arrows Capital), FTX… 이들이 공통적으로 저지른 실수는 무엇인가?

- ▶ 과도한 레버리지와 중앙화된 통제
- ▶ 비트코인의 철학을 배반한 중앙화된 구조
- ▶ 투명성이 부족한 중앙 시스템

그들은 비트코인을 기존 금융 시스템과 다를 바 없는 구조로 만들었다. 그리고 신뢰가 무너졌을 때, 모든 것이 붕괴한 것이다. 나는 또 한 번 확신했다. '내 키를 내가 보유해야 한다(Not your keys, not your coins).'라고. 그리고 모든 자산을 자기 주권(Self-Sovereignty) 원칙에 따라 스스로 관리하며, 비트코인 네트워크에서 살아남는 법을 배웠다.

3 위기의 순간마다 비트코인은 나를 시험했다

매번 깨달은 것은 같았다. 비트코인은 사라지지 않는다. 위기는 단기적이지만, 비트코인의 철학은 영원하다. 시장에서 살아남는 자만이 금융 혁명을 경험할 수 있다.

나는 이제 흔들리지 않는다. 왜냐하면 이미 수많은 겨울을 겪어봤고, 그 속에서 비트코인이 더욱 강해진다는 것을 직접 목격했기 때문이다. 비트코인은 나를 시험했고, 나는 버텼다. 그리고 비트코인은 다시 나를 증명했다.

비트코인 외에도 주목할 만한 암호화폐 프로젝트가 있다면 어떤 것인가요?

블록체인 기술이 발전함에 따라 새로운 시도들이 등장하고 있고, 일부는 금융과 기술의 혁신을 이끌 가능성을 보이고 있다. 하지만 그 어떤 것도 비트코인을 대체할 수 없다는 것이 나의 결론이다. 다만 기술적 확장을 고려할 만한 몇 가지 프로젝트가 존재한다.

1 이더리움(Ethereum) - 프로그래머블 블록체인의 선두주자

비트코인이 '디지털 금'이라면, 이더리움은 블록체인 기반의 탈중앙화 응용 프로그램 플랫폼이다. 이더리움의 핵심은 '스마트 컨트랙트(Smart Contract)'로, 기존 금융 및 법률 시스템에서 필요했던 신뢰 중개자를 제거하고, 코드 기반의 자동 계약을 실행할 수 있도록 한다.

> ▶ DeFi(탈중앙 금융) → 은행 없이 금융 서비스를 제공하는 시스템 구축
> ▶ NFT(대체불가토큰) → 디지털 자산 소유권을 명확하게 증명하는 기술
> ▶ DAO(탈중앙화 자율조직) → 기업과 커뮤니티의 운영 방식 혁신활용

이더리움은 현재 확장성 문제와 높은 가스비(Gas Fee) 문제를 해결하기 위해 이더리움 2.0 업그레이드를 진행하고 있으며, 이는 블록체인의 효율성을 더욱 높일 것이다.

2 코스모스(Cosmos) - 블록체인의 인터넷

코스모스(Cosmos)는 다양한 블록체인을 연결하여 확장성을 극대화하려는 프로젝트다. 이는 IBC(Inter-Blockchain Communication) 프로토콜을 통해 블록체인 간 원활한 상호 운용성을 지원하며, 여러 개의 독립적인 블록체인이 협력할 수 있다는 강점이 있다.

> ▶ 상호운용성 강화 → 서로 다른 블록체인이 쉽게 데이터를 공유할 수 있음
> ▶ 확장성 극대화 → 단일 네트워크의 한계를 넘어 다중 체인이 협력하는 구조
> ▶ 자체 거버넌스 모델 → 중앙화된 기관 없이도 체인 간 연결과 운영 가능

3 폴카닷(Polkadot) - 멀티체인 패러다임

폴카닷(Polkadot)은 서로 다른 블록체인들이 병렬로 운영될 수 있는 멀티체인 구조를 제공한다. 기존의 블록체인은 개별적으로 운영되어 서로 간의 연결이 어려웠지만, 폴카닷은 Relay Chain(중앙 네트워크)을 활용해 서로 다른 블록체인이 협업할 수 있도록 한다.

- ▶ 파라체인(Parachain) 시스템 → 개별 체인들이 폴카닷의 보안 네트워크를 활용해 작동
- ▶ 확장성과 보안성 동시 해결 → 개별 체인이 자체적으로 운영되면서도 중앙 네트워크의 보안을 공유함
- ▶ 체인 간 애플리케이션 실행 가능 → 단일 블록체인이 아닌, 블록체인 생태계를 형성

4 AI 블록체인 - 인공지능과 블록체인의 결합

최근 등장한 AI 기반 블록체인 프로젝트들도 주목할 만하다. AI와 블록체인의 융합은 데이터의 검증, 분산된 연산 처리, 스마트 계약 최적화 등의 가능성을 열어준다. 대표적인 프로젝트로는 싱귤래리티넷(SingularityNET)이 있으며, 이는 AI 모델을 블록체인 상에서 배포하고 활용할 수 있도록 한다.

- ▶ 탈중앙화된 AI 네트워크 → 특정 기업이 아닌, 오픈 소스 기반 AI 운영
- ▶ 데이터 투명성 보장 → 블록체인 기술을 활용한 데이터 검증
- ▶ 스마트 컨트랙트 최적화 → 자동화된 AI 모델 적용 가능

블록체인의 발전과 확장성을 고려할 때 이더리움, 코스모스, 폴카닷, AI 블록체인 기술과 같은 프로젝트들은 비트코인의 한계를 보완하고 새로운 가능성을 열어갈 것이다. 비트코인은 금융을 바꾸었고, 블록체인은 그 이상의 변화를 준비하고 있다. 핵심은 '어떤 기술이 끝까지 살아남을 것인가'이다.

"Not your keys, not your coins" 라는 원칙을 여러 번 강조하시는데, 이를 실천하기 위해 투자자들이 반드시 알아야 할 점은 무엇인가요?

비트코인은 금융 자유를 의미한다. 은행 없이도, 정부의 허락 없이도 자산을 보유하고 이동하며 보호할 수 있다. 그러나 자유에는 책임이 따른다. 비트코인을 소유한다는 것은 단순히 숫자를 보유하는 것이 아니라, 개인 키를 소유하는 것을 의미한다(Not your keys, not your coins). 만약 당신이 비트코인의 개인 키를 보유하지 않는다면, 그건 당신의 자산이 아닐 수도 있다. 이 원칙을 이해하지 못한다면 결국 큰 대가를 치를 것이다.

1 개인 키를 직접 보유해야 하는 이유

비트코인은 오직 당신의 개인 키를 통해서만 보호될 수 있다. 거래소를 신뢰하는 것은, 은행에 돈을 맡기고 필요할 때 돌려받을 수 있다고 가정하는 것과 같다. 은행 시스템이 무너질 때, 당신의 돈은 보호받을 수 없다. 다음과 같은 방법을 통해 개인 키를 직접 보유할 수 있다.

- ▶ 하드웨어 월렛(Ledger, Trezor) 사용 → 온라인 해킹 위험 최소화
- ▶ 시드 문구(Seed Phrase) 안전 보관 → 개인 키 분실 시 복구 가능
- ▶ 거래소에 장기 보관하지 않기 → 트레이딩 목적이 아니라면 반드시 본인 지갑으로 이동

2 금융 자유에는 책임이 따른다

비트코인 세계에서 한 번 잃어버린 개인 키는 복구할 수 없다. 따라서 철저한 보안 조치가 필요하다.

비밀번호와 시드 문구를 오프라인 환경에서 안전하게 보관하라.
가족이나 신뢰할 수 있는 사람에게 비상 대책을 마련해 두라.
하드웨어 월렛의 백업을 유지하라.

나는 지금까지 수많은 사례를 보았다. 비트코인을 오래 보유했지만 개인 키를

분실해 복구하지 못한 사람들, 거래소가 파산하면서 한 푼도 찾지 못한 사람들이 존재한다. 그들은 말했다.

"나는 비트코인을 가지고 있었다."

하지만 실질적으로 그들은 비트코인을 소유했던 게 아니다. 비트코인은 당신의 키와 함께 있을 때만 당신의 것이다. 이 원칙을 이해하지 못한다면, 비트코인의 철학을 제대로 이해한 것이 아니다. 자유를 원한다면 책임질 준비도 되어 있어야 한다.

 초보 투자자들이 흔히 저지르는 실수와 이를 피하기 위한 조언이 있다면?

비트코인을 처음 접한 사람들은 단기적 사고방식에 빠지기 쉽다. "조금 올랐는데 지금 팔아야 하나?", "지금보다 더 오르면 어떡하지?"라는 생각에 빠져 단기 차트에 매달린다. 그러나 비트코인이 단기적 투기 상품이 아닌 것을 이해하지 못하면 시장 변동성에 휩쓸려 손해를 보기 마련이다. 그래서 나는 이 실수를 피할 수 있도록 세 가지 핵심 사항을 강조하고자 한다.

1 단기 매매는 비트코인이 아닌 당신을 시험할 것이다

비트코인을 단기 트레이딩의 도구로 여기는 것이 가장 큰 실수다. 비트코인은 전통 주식시장과 달리 24시간 365일 변동성이 크고, 예측 불가능한 가격 움직임을 보인다. 짧은 기간 동안 50% 이상 폭락할 수도, 몇 달 만에 10배 이상 상승할 수도 있다. 이런 변동성을 활용해 수익을 낼 수 있다고 믿는 순간, 당신은 시장의 희생양이 될 가능성이 높다.

비트코인의 철학과 기술을 이해하고 장기적으로 보유하라. 가격 변동에 흔들리지 말고 비트코인을 금융 혁명의 일부로 바라보라. 비트코인은 법정화폐 시스템의 붕괴에 대비한 방패이다.

❷ 거래소에 비트코인을 보관하는 순간, 당신의 금융 주권은 사라진다

많은 투자자들이 "내 비트코인은 안전한 거래소에 보관하고 있다"라고 착각한다. 몇 번을 강조해도 모자람이 없는 말은, 거래소에 보관하는 순간 당신의 자산은 온전히 당신의 것이 아니라는 사실이다. 역사적으로도 중앙화된 거래소는 보안 취약성과 운영 리스크로 인해 수많은 투자자들에게 큰 손실을 안겨주었다.

> ▶ 2013년 마운트곡스 해킹 → 85만 개의 비트코인 증발
> ▶ 2022년 FTX 파산 → 수십억 달러 규모의 고객 자산 동결
> ▶ 2023년 일부 거래소 출금 제한 → 투자자들은 자신이 소유한 코인을 찾을 수 없었음

비트코인 네트워크는 탈중앙화 금융 시스템을 지향한다. 그러므로 당신이 해야 할 일은 간단하다. 비트코인을 직접 보관하는 것이다. 거래소는 단순한 트레이딩 도구일 뿐 장기 보관소가 아니다. 하드웨어 월렛을 사용하고, 개인 키(Private Key)를 반드시 보호하라.

❸ 비트코인의 본질을 모르면, 결국 시장에서 탈락할 것이다

비트코인은 정부가 신뢰를 잃을 때, 사람들이 선택할 수 있는 최후의 대안이다. 그리고 이 흐름을 이해하는 사람들만이 비트코인의 가치를 지키고 성장할 수 있다. 비트코인을 그저 투자 자산으로만 보지 말고, 금융 시스템의 변화로 여겨라. 비트코인의 역사와 기술, 경제적 의미를 공부하라. 단기 변동성이 아니라 장기적인 관점에서 비트코인을 바라보라. 비트코인은 당신을 시험할 것이다. 단기 매매에 흔들린다면 당신은 실패할 것이다. 거래소에 맡긴다면 당신은 게임에서 탈락할 것이다. 그리고 비트코인의 본질을 이해하지 못한다면 결국 손해를 볼 것이다. 이 모든 것을 극복한 사람만이 비트코인의 진정한 가치를 누릴 것이다.

마지막으로, 비트코인과 함께 살아갈 미래 세대를 위한 메시지를 남겨 주신다면?

역사는 늘 변화를 거부하는 세력과 변화를 만들어가는 세력의 싸움이었다. 금본위제가 무너지고 달러가 패권을 쥐었을 때도 그랬다. 인터넷이 처음 등장했을 때, 많은 이들은 "이건 사라질 기술이다"라며 비웃었다. 하지만 역사는 어디로 흘러왔는가? 기술은 거부할 수 없는 흐름이 되었고, 변화를 읽지 못한 자들은 뒤처졌다. 지금 비트코인 네트워크는 똑같은 길을 걷고 있다.

기존 금융 시스템은 비트코인을 인정하지 않으려 한다. 정부는 규제를 강화하고, 중앙은행은 CBDC(중앙은행 디지털화폐)를 만들며 비트코인을 대체하려 한다. 월가는 비트코인 ETF 승인을 통해 금융 시스템 안으로 비트코인을 끌어들이려 하지만, 그 본질은 비트코인의 금융 시스템 재편을 막으려는 시도일 뿐이다. 비트코인은 결코 사라지지 않는다. 그것은 중앙은행이 아닌, 우리가 만들어가야 할 금융 패러다임의 핵심이다.

나는 이 질문을 미래 세대에게 던지고 싶다. 당신이 원하는 세상은 어떤 모습인가? 정부가 필요할 때마다 돈을 찍어내고, 그 부담을 국민들에게 전가하는 세상인가? 은행이 고객의 돈을 담보로 삼아 자신들만의 이익을 챙기는 시스템을 그대로 유지해야 하는가? 개인의 금융 주권이 존재하지 않고 자산이 언제든지 동결될 수 있는 사회인가? 그렇다면 기존 금융 시스템을 받아들이면 된다. 그러나 당신이 스스로 자산을 지킬 수 있는 디지털 경제의 자유를 원한다면, 비트코인을 이해하고 그 혁신을 지켜내야 한다.

비트코인은 지금의 법정화폐 시스템이 무너질 때, 당신의 자산을 지킬 수 있는 방패이다. 금융의 권력이 중앙에서 개인으로 이동할 때, 당신은 그 중심에 서 있을 것이다. 나는 비트코인 네트워크가 미래 세대를 위한 가장 강력한 무기라고 믿는다. 이것을 이해하고 변화를 받아들이는 자가 다음 금융 혁명의 주인공이 되며, 미래를 지배할 것이다.

인터뷰를 마치면서
비트코인을 향한 도전과 약속

 박한일 대표는 이번 출간과 연재를 준비하면서 **"비트코인을 이해하는 것이 곧 미래 금융을 이해하는 길이다"**라는 강력한 메시지를 전달하고자 한다. 그는 전 세계를 무대로 활동하는 글로벌 혁신가로써 비트코인의 본질을 더 많은 사람들과 공유하고, 디지털 금융 혁명의 중심에서 함께 성장하기 위해 다시 한 번 도전의 길을 선택했다.
 "다 함께 비트코인 부자가 되는 그날까지!"
 이 도전은 박한일 대표만의 도전이 아니다. 우리 모두가 함께 만들어 가야 할 새로운 금융 혁명의 길이다.
 이 혁명의 길을 함께 걷는 이와 함께 걷고자 하는 모두에게 응원과 격려를 보낸다.

1부

비트코인의 과거와 현재
기술, 철학, 그리고 혁명

BITCOIN

Chapter 1
비트코인의 탄생과 철학적 기반

비트코인
문명의
개척자들

SECTION 1
사토시 나카모토의 비전과 암호학적 기반

2008년, 글로벌 금융위기가 지속되는 혼란 속에서 사토시 나카모토는 중앙 기관의 통제 없이 개인 간 금융 거래를 가능케 하는 비트코인 백서를 발표했다. 기존 법정화폐 시스템이 정부와 금융기관의 신뢰를 기반으로 운영되었다면, 사토시 나카모토는 신뢰를 수학적 알고리즘과 네트워크 합의로 이루어진 시스템으로 대체하고자 했다. 그는 블록체인과 작업증명(PoW)이라는 암호학적 신뢰 메커니즘을 적용해 누구도 임의로 조작할 수 없는 탈중앙화된 금융 시스템을 설계했다.

01 중앙은행 시스템의 한계와 신뢰 붕괴

우리가 사용하는 원화, 아니면 세계적으로 사용하는 달러를 어떻게 신뢰할 수 있는가. 원화와 달러는 국가에서 인증한 돈으로, 공식적인 재화다. 그리고 이는 법정화폐 시스템을 통해서 유지된다. 법정화폐 시스템은 정부와 중앙은행이 발행과 공급을 모두 조절하기에 국가 경제 운영의 중추역할을 했다고 해도 과언이 아니다.

그러나 2008년 글로벌 금융위기는 이러한 법정화폐 시스템이 얼마든지 무너질 수 있다는 사례로 나타났다. 당시 대부분 대형 금융기관들은 무리한 금융투자로 인해서 부실화를 겪어야 했고, 정부는 대규모 규제금융을 투입해 시장을 어떻게든 부양하려고 했다. 그 방법으로 달러 등 법정화폐의 무제한 발행을 실시했고, 이는 곧 인플레이션이라는 결과로 나타났다. 그래서 2008년 글로벌 금융위기는 단순한 인플레이션 사건이 아닌, 기존 금융 시스템에 대한 본질적인 의구심을 제기하게 된 사례가 되었다.

이렇게 문제가 심화되니 다양한 전문가들이 시스템을 보완 또는 변화시켜야 한다고 주장했다. 그러나 사토시 나카모토는 아예 본질적인 변화를 촉구하였다. 그는 법정화폐 시스템의 보완이나 개선이 아닌, 이미 오랫동안 유지하였던 중앙화된 금융 시스템에서 벗어나 탈중앙화 시스템을 이루어야 한다고 주장하였다. 그가 제시하는 탈중앙화 시스템은 수학적 보안성과 네트워크 참여자의 합의를 통해서 이루어지는 시스템이었다. 사토시 나카모토는 비트코인을 설계해 우선 한정된 공급량을 설정한 뒤, 누구도 이 통화정책을 변경시키지 못하도록 구체화하였다. 사토시 나카모토가 제시한 시스템은 통화정책을 변경할 순 없었다. 그러나 기존 화폐가 직면한 인플레이션 문제에서 상당히 자유롭고, 무엇보다 개인이 금융의 주권을 완전히 소유할 수 있는 가능성을 제시하였다는 점에서 차별성을 지닌다.

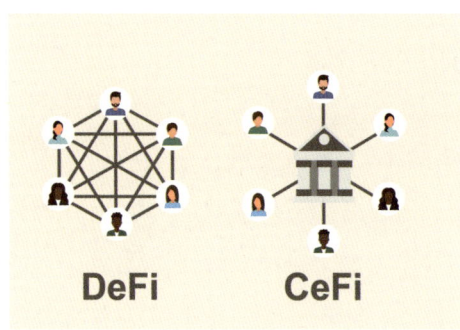

02 사토시 나카모토의 문제의식과 비트코인의 탄생

2008년 10월, 사토시 나카모토는 <비트코인: P2P 전자 화폐 시스템

(Bitcoin: A Peer-to-Peer Electronic Cash System)>이라는 백서를 발표한다. 이 백서를 통해 그는 기존의 금융시스템에서 벗어나 금융기관의 통제와 개입 없이 개인들이 서로 직접 거래할 수 있는 시스템을 설계했다. 사토시 나카모토는 이를 안전하게 유지할 수 있는 기술적 기반으로 블록체인을 제시했고, 누구나 신뢰할 수 있는 금융거래 환경을 형성했다.

그렇다면 법정화폐 시스템과 사토시 나카모토가 제시한 탈중앙화 시스템인 비트코인은 어떻게 다른가. 비트코인의 설계 원리는 크게 셋이다. 첫째, 누구나 네트워크에 참여할 수 있으며 거래에 대해 어느 누구도 검열하지 않는다. 이는 국가나 은행이 거래를 제한할 수 없다는 점에서 강력한 검열 저항성을 가진다. 둘째, 비트코인은 발행량이 2,100만 개로 제한되어 있다. 정해진 수로 거래해야 한다는 점에서 무제한으로 찍어내는 일반적인 돈과 다르다. 곧, 인플레이션의 영향을 받지 않는다. 셋째,

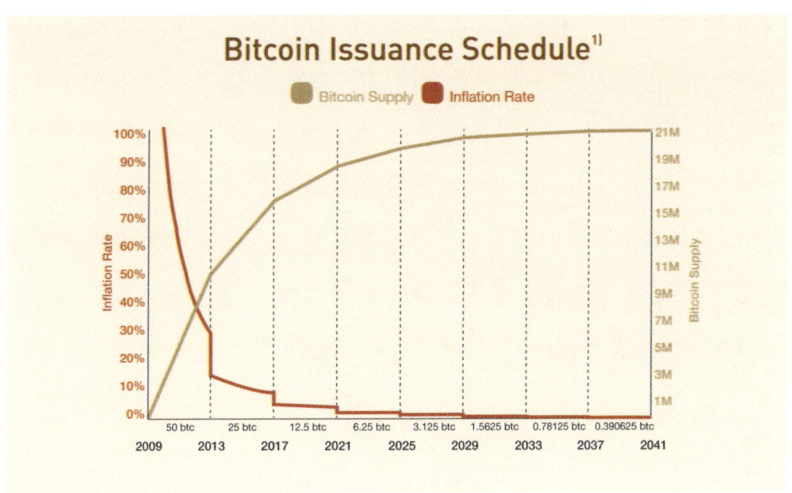

1) 출처:https://coinpannews.com/wp-content/uploads/2024/02/10-3.png

중개기관 없이 개인 간 P2P 거래가 가능하다. 은행이 금융거래를 통해서 얻은 이익 중 상당수는 바로 수수료다. 따라서 비트코인은 기존 금융 시스템이 요구하는 높은 수수료와 승인 과정을 생략할 수 있다.

03 블록체인과 작업증명(PoW)의 혁신적 설계

이제 사토시 나카모토가 제시한 비트코인이 기존의 시스템에 혁명적 바람을 불러일으킬 개념이라는 걸 알았다. 하지만 여전히 탈중앙화 시스템이 무엇인지 선뜻 머릿속에 그려지지 않을 것이다. 우선 탈중앙화 금융 시스템은 보안성과 신뢰성을 갖춘 금융시스템으로, 이를 가능하게 하는 핵심 기술은 무엇보다 블록체인과 작업증명(PoW) 방식이다.

제4차 산업혁명의 핵심 기술로 자주 선정되었던 블록체인은 네트워크 내 모든 참여자가 거래 내역을 공유하는 분산원장 기술을 핵심으로 한다. 이 기술을 통해 블록체인은 데이터를 특정 중앙 서버에 저장하지 않는 대신, 수천 개의 노드가 동일한 장부를 보관하는 방식으로 운영된다. 만약 거래 내역을 임의로 조작하려면 네트워크 전체를 변경해야 한다.

작업증명(PoW)을 간단하게 설명하면 보안을 유지하는 핵심 요소를 의미한다. 비트코인 네트워크에서는 채굴자가 수학적 연산을 수행해 새로운 블록을 생성한다. 여기에 블록체인을 추가해야 하는데, 이 과정에서 엄청난 연산력이 필요하다. 그리고 거래를 조작하기 위해서는 전

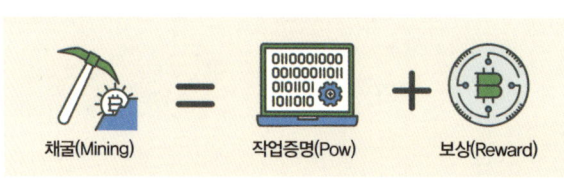

체 네트워크 해시파워의 과반 이상을 장악해야 한다. 이는 경제적으로 엄두를 내기 어려운 구조다. 이러한 일련의 과정을 하나의 메커니즘으로 형성하는 개념이 작업증명으로, 이를 통해 비트코인은 신뢰 가능한 검열 저항 시스템을 유지한다.

04 비트코인의 검열 저항성과 금융 패러다임 전환

앞서 살펴보았던 대로 비트코인은 기존 금융 시스템과 전혀 다른 패러다임을 제시하는 상징물과 같다. 기존 시스템에서 금융거래가 이루어지려면 은행과 정부의 승인이 반드시 필요했고, 정해진 시스템에 따라 개인이 활동해야 했다. 모든 것이 정해진 루트로 이루어지는 만큼, 자유로운 거래는 제한될 수밖에 없다. 그러나 비트코인은 완전히 독립적으로 운영된다. 요점은 다음 세 가지다.

정부 개입 불가	법정화폐는 국가가 발행하고 조절하지만, 비트코인은 네트워크 합의에 의해 운영된다.
P2P 금융 혁명	개인이 직접 금융 시스템의 주체가 될 수 있으며, 누구든 거래가 가능하다.
글로벌 경제적 자유	국경과 중앙기관의 제약을 받지 않고, 누구나 디지털 금융 시스템에 접근할 수 있다.

05 글로벌 도입과 국가·기업의 반응

비트코인이 세상에 나타난 지 벌써 15년, 전 세계 금융기관은 새로운 도전을 받아야 했다. 이제 금융시스템이 변화하고 있고, 그동안 비트코인은 점점 주류 경제권으로 도약하고 있다. 당장 엘살바도르가 2021년에 비트코인을 법정화폐로 채택하며, 세계 최초로 국가 차원에서 디지털화폐를 활용할 수 있게 되었다. 대부분 엘살바도르의 선택에 회의적인 태도를 보였으나, 결국 엘살바도르가 비트코인을 선택함으로써 얻은 경제적 가치를 무시할 수 없게 되었다. 지금은 여러 국가는 물론 기관 투자자 사이에서도 비트코인 투자는 당연시되고 있다.

비트코인에 관한 세계적인 관심에 대응하고자 세계 각국 정부는 암호화폐 규제를 강화하고 있다. 동시에 각국별 중앙은행 디지털화폐(CBDC)를 도입하고 있다. 중앙은행 디지털화폐는 결국 중앙화 금융시스템을 통해서 발행되는 만큼 비트코인과 전혀 다른 원리로 설계되었다. 그러니 비트코인과 CBDC는 근본적으로 다르다. 이렇게 디지털화폐 투자에 관한 관심이 높아지고 이에 대한 규제가 나타나는 한편, CBDC를 만들고 있다는 점에서 비트코인은 새로운 금융 패러다임의 중심으로 자리 잡고 있다.

Park's 조언

비트코인은 단순한 디지털화폐가 아니다. 그것은 금융의 미래를 재설계하려는 도전의 상징물이자, 개인이 금융 주권을 되찾을 수 있는 혁신적 시스템이다. 이제 중요한 것은 우리가 기존 시스템을 신뢰할 것인지, 아니면 새로운 금융 질서를 향해 나아갈 것인지 선택하는 것이다. 비트코인은 변동성을 가진다. 그러나 그것은 성장의 과정일 뿐, 더 큰 금융 혁명의 신호탄이다.

SECTION 2
사이퍼펑크 운동과 비트코인의 탄생

인터넷이 막 보급되던 시절, 정부와 기관의 감시에 맞서 암호학으로 개인의 자유를 지키겠다는 혁신운동이 있었다. 이들이 바로 사이퍼펑크(Cypherpunk)다. 이들은 단순히 이론적 논의로만 그치지 않고 실제 코드와 기술을 통해 검열을 회피하고 사적 금융을 보호하려는 움직임을 나타냈다. 그 치열한 탐구와 실험은 이제 꽃을 펴 탈중앙화 통화라는 새로운 지평을 열었다. 해커들과 암호학자들이 공유하던 은밀한 이상은 비트코인으로 현실화되었고, 전통적인 금융 질서를 넘어서는 거대한 경제 패러다임 변화를 불러일으켰다.

01 사이퍼펑크의 뿌리와 철학

1980년대 후반부터 1990년대 초반, 세계는 인터넷 보급을 통해 디지털 시대로 접어들기 위한 노력을 기울였다. 글로벌 기업을 중심으로 보편적인 인터넷 보급이 이루어지면서 새로운 시대가 나타날 것이라고 예견하는 전문가들이 많았다. 그러나 모두가 이러한 흐름을 반기는 것은 아니었다. 인터넷이 보급되면 다양한 사람들이 디지털 공간에서 자유로운 활동을 할 수 있겠다고 확신했으나, 다른 한편으로는 개개인의 사생활이 디지털 공간에서 너무나 자유롭게 노출될 수 있다는 문제가 나타났기 때문이다. 그리하여 프라이버시를 지키는 것이 진정한 자유이며,

그 자체가 근본적인 권리라고 주장하는 이들이 점차 등장했다. 사이퍼펑크 운동의 시작이었다.

당시 미국 정부는 암호기술을 군사 등급으로 지정해서 해외 수출을 엄격히 제한하였다. 그러나 사이퍼펑크 운동가들은 국가 권력이 개인 자유에 개입 또는 침해하는 행위에 맞서야 한다고 주장하면서, 당시 인터넷 메일링 리스트를 통해서 최신 암호 알고리즘(RSA, PGP 등)을 활발히 공유하였다. 사이퍼펑크 운동가들은 "코드로써 자유를 지킨다"는 구호 아래 군사급 암호 도구의 오픈소스 개발을 이끌었다.

사이퍼펑크의 철학은 현재에도 여전히 이어지고 있다. 그리고 이제는 기술적 실험에서만 그치는 것이 아니라 탈중앙화된 금융 구조를 어떻게 발전시켜야 하는지 고민의 범위를 확장하고 있다. 이 고민은 전자현금(e-cash)과 같은 개념을 낳기도 했고, '정부나 은행 없이도 개인 간 자율적 교환이 가능한 돈'이라는 발상으로 발전하면서 비트코인의 청사진을 준비하는 토대가 되었다. 유럽위원회(EC)는 '사이퍼펑크의 디지털 권리 운동이 없었으면 암호화폐의 철학적 기초도 없었을 것'이라 평가했다.

02 암호학 혁신의 결실: 비트코인

사이퍼펑크는 누구의 개입도 없는 프라이버시와 개인의 자유로운 활동을 핵심 가치로 여긴다. 비트코인은 이를 바탕으로 중앙은행과 정부 등 권위적인 중개 없이 암호학적 메커니즘만으로 **이중지불**을 막을 수 있다는 파격적인 설계를 핵심으로 두었다.

비트코인은 작업증명을 통해 네트워크를 자율적으로 운용한다. 이 방식으로 네트워크가 보안성 및 투명성을 유지하는 것은 물론, 누구의 지시도 없이 해시파워의 경쟁 및 합의를 통해서 블록을 생성하고 검증한다. 이를 통해 비트코인은 철저히 통화정책을 지키는 한편, 개인 간 거래를 자유롭게 해

준다. 또한 누구나 실명 대신 지갑 주소를 사용해 자금을 주고받을 수 있고 2,100만 개라는 제한된 발행량을 통해서 '디지털 희소성'이라는 전례 없는 가치까지 탄생시켰다. 2024년 버클리대학 연구진은 <탈중앙화 거버넌스> 논문을 통해 '비트코인은 개인의 금융 주권을 획기적으로 확장하는 한편, 국가 통화 주권과 정면으로 맞선다'고 분석했다.

03 국가·기업 사례: 새로운 도입과 확장

비트코인이 처음에 등장할 때만 하더라도 철학이나 개념이 부족한, 그저 해커나 기술자가 가볍게 설계한 장난감으로 여겨졌다. 심지어 그러한 시선은 여전히 나타나고 있다. 그러나 이제 그것은 소수의 의견에 불과하다.

---

2) 출처: https://wiki1.kr/images

지금에 와서는 비트코인의 가치를 의심하는 사람보다 그렇지 않은 사람이 더 많고, 나아가 비트코인은 글로벌 무대의 중심 자리를 노리고 있다. 당장 비트코인이 어떻게 활용되고 있는지 몇몇 사례만 봐도 알 수 있다.

- **엘살바도르**는 2021년 비트코인을 법정화폐로 채택해 세계적 이목을 끌었다. 파나마와 온두라스 등 중남미 국가들도 암호화폐 활용 전략을 검토하는 한편, 전통적으로 경제 구조의 핵심을 이루었던 달러 의존도를 줄이는 한편 해외 송금 비용을 낮추는 방안을 모색 중이다.
- **일본의 라쿠텐**은 블록체인 연구소를 설립하여 자사 포인트 시스템과 비트코인을 연동하는 실험을 진행 중이다.
- **프랑스 항공사** 일부는 비트코인 결제 시 추가 마일리지 혜택을 내세워 글로벌 고객을 유인하는 사례를 선보이기도 했다.

OECD 금융·혁신리포트에 따르면 다양한 국가·기업이 비트코인을 포함해 디지털화폐를 이용하는 흐름이 나타나고 있다고 한다. 이 보고서에 따르면 디지털화폐를 사용할 경우 **금융 포용성**을 높일 수 있고, **운영비용**을 절감할 수 있기에 디지털화폐를 확보하려는 움직임이 더 활발해질 전망이라 분석했다. 물론, **가격 변동성**과 **자금세탁 규제** 등 제도적 문제도 여전히 존재한다. 하지만 **혁신은 언제나 규제를 넘어가는 속성**을 지닌다.

04 결론: 도전과 확장

사이퍼펑크 운동가들이 외치는 디지털 공간에서의 프라이버시 지키기, 나아가 '암호를 통한 자유'는 비트코인을 발전시키는 계기가 되었다. 그리고 이제 비트코인은 전 세계 금융 지형에 깊은 균열을 일으키고 있다. 과거에는 소수의 해커나 암호학자만 주목했던 이탈적 아이디어가 이제는 국가와 글로벌 기업, 그리고 수많은 투자자가 몰려드는 거대한 경제운동으로 확장되었다.

이 과정에서 갈등은 불가피할 것이다. 비트코인은 탈중앙화 금융 모델을 제시하며 법정화폐와 중앙은행 시스템에 정면으로 도전하고 있기 때문이다. 그리고 심각한 변동성과 작업증명 과정에서 발생하는 에너지 소비, 기업 및 국가가 자행하는 불법 자금 세탁 가능성 등은 해결해야 할 숙제다.

하지만 역사는 증명한다. 기술적 도전은 혁신의 문을 열고, 불가능처럼 보이던 상상력을 현실로 만든다. 비트코인은 단순한 '코인'이 아니라, 분산원장을 기반으로 한 새로운 자율 경제의 상징이다. 전통 금융 시스템과 공존의 길을 찾든, 치열한 충돌을 겪든 이 거대한 파도는 이미 시작되었다.

Park's 조언

비트코인은 사이퍼펑크 정신의 결정판이다. 사이퍼펑크 운동가들은 '암호가 곧 자유'라고 외쳤다. 탈중앙화된 세상을 만드는 것은 정부나 은행이 아니라, 이 시스템을 선택해 직접 참여하는 개인들이다. 그러니 이제 결단해야 한다. 새로운 금융 질서를 받아들이고 행동할 것인가, 아니면 기존 체제에 안주할 것인가? 당신의 답이 미래를 바꿀 것이다.

SECTION 3
비트코인의 철학적 기반 – 탈중앙화와 자유

금융은 오랫동안 중앙권력의 중심이었다. 화폐 발행이나 계좌 관리, 그리고 유동성 조절 등 모든 결정권은 언제나 정부나 중앙은행이 담당했다. 그러나 비트코인이 등장하면서 중앙권력이 없어도 신뢰를 담보할 수 있다는 도전적 아이디어가 실현되었다. 지금까지 금융의 중심은 정부와 중앙은행이었지만, 비트코인이 나타나면서 개인은 소외된 주변인이 아닌 주체적 존재로 거듭났다. 이제 개인 스스로 자산을 관리하고 미래를 설계할 수 있는 자유가 나타나고 있다. 자율과 책임이 맞물린 이 패러다임 전환은 과연 우리에게 어떤 의미를 던져줄 것인가?

01 화폐와 권력: 무제한 발행의 그림자

우리가 지폐를 얻으려면 어떻게 해야 하는가. 당연히 은행을 찾아가야 한다. 그러나 은행은 자기 마음대로 화폐를 발행하지 않는다. 중앙은행의 승인을 얻어 발행한 지폐를 얻을 뿐이다. 그렇다고 중앙은행도 무조건 지폐를 발행하지 않는다. 중앙은행 또한 정부와 논의하여 금리나 물가 등을 고려해 지폐를 발행한다. 그러니 우리가 사용하는 지폐, 나아가 화폐는 정부와 중앙은행, 그리고 금융기관의 관리를 받는다. 이는 너무나 당연하다.

그런데 역사적으로 살펴보면 화폐는 온전히 화폐의 가치만 지니지 않는다. 때로는 권력과 상당히 밀접한 관계를 형성해 심각한 문제를 발생시키기도 한다. 1971년 미국에서 금본위제를 폐지해 달러가 무제한 발행할 수 있게 되면서, 당시 미국이 겪었던 재정적자를 화폐 발행으로 충당하는 정책이 나타났다. 이른바 '디폴트 없는 부채 경로'가 형성된 것이다.

실제로 국제결제은행(BIS)의 최근 보고서에 따르면, 지난 50여 년간 글로벌 중앙은행 자산 규모는 초기와 비교했을 때 약 60배 이상 확대되었다. 자산 규모가 확대되는 이유는 그만큼 자산의 가치가 높아졌기 때문이지만, 이면을 본다면 그만큼 달러를 추가로 발행하였기 때문에 가능한 일이었다. 여기에 미국 연방준비제도(Fed)가 2023~2024년 사이에 약 2조 달러 추가 발행을 검토했다는 보도가 있었다. 이렇게 달러를 계속 찍어내면 경제 금리가 변화할 수밖에 없다. 달러를 발행하니 달러 가치는 계속해서 하락하는데 물가는 꾸준히 올라간다. 이에 대한 심각성이 제기되는 것은 결코 놀라운 일이 아니다.

그렇다면 이 문제를 해결하기 위해서는 어떠한 방법을 선택해야 하는가. 다양한 방법이 있겠으나, 당시에는 중앙은행이나 정부가 위기를 방지한다는 목적으로 양적 완화(QE)를 추진하였다. 결국 자산시장이 왜곡되고, 소득 양극화가 심화되는 결과를 초래하였다. 아르헨티나, 베네수엘라, 레바논 등 여러 국가들이 인플레이션 위기를 겪으면서 통화 가치가 하락하니 자국 화폐를 신뢰하지 않는 국민들을 어렵지 않게 볼 수 있다. 화폐를 계속 찍어내는 구조를 타파해야 하는데, 정부나 중앙은행은 이를 계속 유지할 수밖에 없다. 그리하여 현재 금융체제가 지속되는 한 개인은 계속 소외된 위치에 놓이게 된다.

02 탈중앙화: 신뢰를 재설계하다

지금까지 금융시스템을 유지할 수 있었던 구조적 배경에는 중앙화를 유지하기 위한 정부와 중앙은행의 협력이 있었다. 이는 경제적으로 반드시 필요하다고 여겨졌던 관계였으나, 오히려 그 관계가 공고해질수록 개인이 화폐의 가치를 온전히 받을 수 있는 진입장벽이 높아졌다. 비트코인이 제안하는 탈중앙화(Decentralization)는 중앙화된 기관 없이도 거래 안정성과 투명성을 확보한다는 점에서 혁신적인 발상이다.

비트코인에 대해 접근할 때 탈중앙화가 중요한 가치를 지녔다는 점을 이미 모두가 이해하고 있을 것이다. 여기에는 블록체인 기술이 특히 중요한데, 이 기술로 분산원장을 통해 전 세계 노드가 동시에 거래 내역을 검증하고 저장함으로써 은행 또는 결제 네트워크와 같은 중개자 역할을 대체하게 되었다. 비트코인을 거래하는 네트워크에서는 참여자 모두가 거래를 투명하게 확인하며 특정 주체가 임의로 거래를 중단하거나 검열하기 어렵다.

유럽연합(EU)은 비트코인을 비롯한 디지털화폐 거래를 통해서 나타나는 시장의 혼선

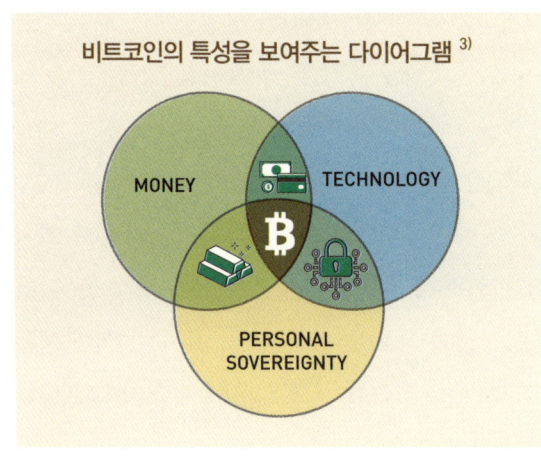

3) 출처: thecryptoc0up1e.twitter.com

을 방지하기 위해 MiCA(Markets in Crypto-Assets) 규정을 제정하였다. 해당 규정은 '완전한 중앙관리'가 아니라 '투명성과 감독'을 강화하는 쪽에 초점이 맞춰져 있다. BIS 데이터에 따르면, 약 10여 개 국가가 중앙은행 디지털화폐(CBDC)를 시험 단계에 진입시켰다. 한계점이라 하면 블록체인의 탈중앙화 이점을 완전히 다루지 못하였고, 여전히 중앙집권적 구조를 지니고 있는 형태가 다수 발견되었다. 하지만 바꾸어 말하면 금융기관에서도 비트코인이 촉발한 분산형 구조의 가치에 관심을 가지며 이를 어느 정도 인정하고 있다.

03 자유의 재정의: 비트코인이 열어준 길

많은 이들이 비트코인을 디지털화폐의 일종으로만 생각한다. 비트코인은 가장 대표적인 디지털화폐라는 점에서 상징성을 지니지만 거기에만 국한되지 않는다. 비트코인은 기술 혁신, 나아가 개인이 금융을 통해 진정한 자유를 누릴 수 있다는 가능성을 열어주는 수단이다. 자국의 통화 가치 폭락으로 인해 생존이 위협받던 아르헨티나의 시민들은, 스마트폰만 있으면 거래할 수 있는 비트코인에 주목함으로써 자산의 가치를 지키고자 했다. 그리고 나이지리아나 케냐 등 금융기관의 은행계좌 관리가 아직 체계적이지 못한 국가에서는 비트코인을 통한 국제 송금 사례가 점차 늘고 있다.

비트코인은 금융의 자유를 일상에서 체감하게 만든다. 기존의 금융 시스템에서 우리는 주거래은행을 만들고, 중앙은행과 정부의 관계에 대해 이해해야 한다. 그러나 비트코인을 이해한다면 주거래은행 없이도 국가의 허락 없이도 자기 자산의 주인이 될 수 있다. 블록체인 전문 리서치 업체인 TokenInsight의 분석에 따르면, 2023년 글로벌 암호화폐 P2P 거래량은 전년 대비 200% 이상 증가했다. 이를 디지털화폐에 대한 관심으로만 분석해서는 안 된다. 왜냐하면 이 중 상당 부분이 경제적 자유를 찾기 위해 비트코인을 채택한 개인 간 거래였기 때문이다.

여기에 일본의 대형 전자상거래 기업인 라쿠텐(Rakuten) 또한 자사 포인트와 디지털화폐 간의 교환을 지원함으로써 '전통 포인트 경제'와 '비트코인 경제'가 자연스럽게 만나는 생태계를 만들고자 했다. 독일 프랑크푸르트 지역에서는 일부 스타트업이 임금의 일정 부분을 비트코인으로 지급하기 시작했다. 개인이 원하는 형태로 자산을 소유·이용할 수 있는 실험이 확산되는 사례들이다.

---

4) 출처: 인투더블록의 연도별 차트[https://storage.cobak.com]

04 균형점과 미래 전망: 비판과 수용의 접점

그렇다면 비트코인은 탈중앙화를 이룬 완벽한 대체제인가. 그렇다고 보기는 힘들다. 여전히 비트코인에 쉽게 접근하지 못하는 이유는 다양한 문제와 우려가 있기 때문이다. 국제기구에서도 디지털화폐에 대해 논의할 때 가격 변동성과 거래 속도에 대해 주목했다. 국제통화기금(IMF)은 일부 개발도상국의 암호화폐 도입이 거품을 조장하거나 범죄 자금의 흐름을 감추는 통로가 될 위험성이 있다며 경고했다.

혹자는 아직 비트코인은 실물자산을 대체하기에 부족하다고 주장한다. 하지만 이미 많은 국가에서 자발적으로 디지털화폐 관련 규제와 법안을 마련하고 있다. 이는 디지털화폐의 활성화를 억제하는 조치가 아니다. 전통적인 금융기관 또한 디지털화폐 시장의 활성화에 주목하고 이에 동참하려고 한다. 그리고 비트코인이 무조건 극단적 혁신만 상징하는 것은 아니다. 국경을 초월한 자금 이동, 전 세계 누구에게나 열려 있는 화폐의 가치를 지니고 있다는 점에서 기존 금융 시스템이 쉽게 모방하기 힘든 비트코인만의 강점을 가지고 있다.

무조건적으로 중앙화된 금융 시스템을 배척하거나 또는 비트코인이 지닌 자유를 옹호하는 것은 아니다. 결국 핵심은 '균형'이다. 중앙화된 시스템이 주는 안전망과 탈중앙화된 시스템이 주는 자유가 양립할 수 있는 지점을 찾는 것이 중요하다. 투자자가 비트코인을 자산 포트폴리오의 일부로 편입하더라도, 이를 뒷받침할 제도적·기술적 안전장치가 필요하다. 현재 여러 국가의 정부가 이에 대해 논의하고 있다.

그러나 다른 한편으로는 비트코인을 비롯한 디지털화폐의 거래를 시도할 때 탈중앙화라는 원칙을 지켜나가며, 새로운 사용 사례와 인프라를 구축해 사람들의 신뢰를 더욱 확대해야 한다. 금융기관, 기술 기업, 그리고 정부까지 모두가 비트코인을 어떻게 바라보고 수용하느냐에 따라 미래 금융의 지도가 달라질 것이다. 다가올 10년은 금융의 주권이 중앙기관에서 개인에게 옮겨지는 거대한 전환의 시기가 될 가능성이 높다.

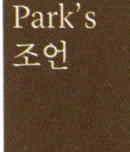

Park's 조언

많은 사람들이 비트코인을 거래하는 행위가 진정으로 비트코인을 소유하는 행동이라고 여긴다. 단편적인 시각으로 비트코인의 가치를 이해해서는 안 된다. 스스로 금융의 중심에 선다는 마음가짐 가지고, 그에 따르는 책임까지 감수하는 과정을 받아들여야 한다. 기술은 방향을 제시할 뿐, 그 미래를 구체화하는 것은 결국 우리의 의지다.

SECTION 4
비트코인과 금융 시스템의 충돌

만약 비트코인이 지금보다 많은 거래량을 가진다면, 그래서 전통적인 시스템에 대한 도전이 더 발생한다면 은행과 정부는 이를 어떻게 지켜볼 것인가. 전통적인 시스템과 비트코인이 추구하는 시스템은 근본적으로 방향성이 다르기 때문에 충돌할 수밖에 없다. 이 마찰은 단순히 기술의 혁신이 아니라, 우리가 화폐와 권력을 어떻게 바라보고 선택할 것인지에 대한 근본적인 물음을 던진다.

01 중앙 통화체제 vs 분산 네트워크

이제 많은 전문가가 비트코인이 지닌 가치가 본질적으로 전통적인 금융시스템과 다르다는 것을 인정한다. 그리하여 그 가치에 대해 깊이 이해하려는 움직임을 보이고 있다. 비트코인을 투자 종목으로만 판단하여 접근해선 안 된다. 비트코인이 가지고 있는 것은 가능성이다.

이 가능성에 주목하는 이들이 적지 않다. 금융기관 또한 마찬가지다. 2024년 영국 중앙은행(BoE)의 경우 자국의 CBDC 프로젝트 로드맵에서 '분산원장 기술(DLT)이 법정화폐 시스템을 보완할 수 있다'는 가능성을 언급했다. 이는 비트코인이 촉발한 분산 금융 혁신에 대한 제도권의 관심을 방증한다. 다만 중앙 통화체제 입장에서는 비트코인의 부상이 부담스러울 수밖에 없다. 무제한 발행이 가능한 법정화폐와 달리, 고정된 발행량과 네트워크 규칙을 따르는 비트코인은 전통적인 통화정책 수단을 약화시킬 수 있기 때문이다. 만약 기존처럼 국가가 재정정책을 펼친다면 비트코인을 통제할 수 있을까? 그렇지 않다. 탈중앙화된 네트워크로 형성한 비트코인은 자발적 합의에 의해 움직이기에 통제 또한 어렵다.

02 글로벌 규제·협력 동향: 대립에서 절충으로

과거에는 비트코인의 가치에 대해 모두가 회의적인 반응을 보였다. 그러나 지금은 어떠한가. 각국 정부나 국제기구가 암호화폐 시장을 제도권으로 편입하려 시도하고 있다. 실제로 2023년 IMF 발표에는 '디지털화폐에 대한 명확한 규제가 부재할 경우, 금융시장 안정성이 위협받을 수 있다'는 경고가 담겼다. 이에 호응하듯 EU는 MiCA(Markets in Crypto-Assets) 법안을 2024년 시행하는 것을 확장하여 디지털화폐 사업자에게 자본 요건과 공시 의무를 부과함으로써 제도적 안정성을 확보하려 한다.

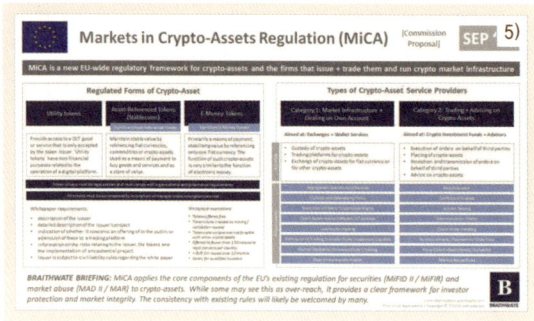

처음에는 정부나 금융기관이 비

---

5) 출처: https://images.squarespace-cdn.com

트코인을 비롯한 디지털화폐에 무조건적인 억압을 시도하려고 하였다. 그러나 이제는 규제와 기술 도입을 절충하는 노선을 택하기 시작했다. 예컨대 아랍에미리트(UAE)는 '프리 존(Free Zone)'을 조성해 암호화폐 스타트업을 적극 유치하고 있으며, 일본은 자국 대형 기업들의 블록체인 비즈니스를 장려하기 위해 세제 혜택을 부여했다. 이러한 움직임은 전통적인 금융 시스템이 비트코인의 혁신성을 전면 부정하기보다는, 효율적 제도를 설계해 상호 공존하거나 활용하려는 의도가 있음을 시사한다.

그럼에도 갈등의 불씨는 여전하다. 전통적인 금융 시스템과 분산 네트워크가 공존하기 위해서는 넘어야 할 산이 남아 있다. 나이지리아는 eNaira(중앙은행 디지털화폐)를 도입하면서 비공식 암호화폐 시장을 규제하려는 시도를 펼치기도 했다. 그런데 나이지리아 시민들은 "정부 통제보다 자유로운 비트코인이 더 믿을 만하다"며 반발했다. 이를 단순한 경제적 이슈로 여기지 않아야 한다. 비트코인이 활성화되는 과정에서, 기존 체제와 분산 네트워크 간의 긴장감은 계속 나타날 것이다.

03 비트코인으로 읽는 금융 충돌: 자유와 권력의 재해석

비트코인이 지닌 자유를 우리는 어떻게 받아들여야 하는가. 개인이 금융 주권을 온전히 행사하는 자유란 대체 무엇인가. 중앙은행이나 정부가 금리를 조정, 화폐 발행 변화 등 정책을 나타내거나 하다못해 시중은행에서 예금 금리를 동결시킨다고 가정해보자. 그동안 은행에서 보관하는 내 자산은 변화할 가능성이 크다. 내 돈이 그대로 남아 있다고 믿기 어렵다. 그에 비해 비트코인은 내 자산을 내가 직접 보관하고 이동할 수 있다는 점에서 매력적인 방식을 지니고 있다.

이런 맥락에서 비트코인은 경제·금융의 철학적 대전환점을 상징한다. 전통적 의미의 화폐가 국가와 결탁해 권력을 행사했다면, 비트코인은 '코드가 곧 법(Code is Law)'이라는 완전히 다른 논리를 펼친다. 실제로 레바논이 심각한 경제 위기 상황을 맞이했을 때, 은행의 예금 인출 제한이 수개월 이상 지속되었다. 이때 시민들은 비트코인을 통한 해외 송금과 자산 보존 방법을 모색했다. 이 사례를 통해 사람들이 '내가 직접 자유롭게 움직일 수 있는 돈'을 갈망한다는 점을 확인할 수 있다. 다른 한편으로는, 시민의 금융 활동과 기존 금융 체제가 보유한 강제력 사이에 마찰이 발생할 수 있다는 사례로 평가하기도 한다. 새로운 금융의 흐름에서 탈중앙화가 무조건적 해답은 아닐 수 있으나, 적어도 기존 권력 구조가 재정의를 거칠 필요가 있음을 드러내고 있다.

04 장단점 비교와 결론적 시사점

비트코인이 제시하는 장점을 다시 확인해 보자. 우선 검열 저항성과 자산 이동의 자유성이 있다. 누구나 언제 어디서든 자유롭게 거래하여 자산을 이동시킬 수 있는 장점은 비트코인의 핵심 가치와 연결된다. 또한 고정된 발행량을 제시하여 법정화폐의 무제한 발행이 초래하는 인플레이션을 해소할 수 있다. 이미 여러 국가에서 높은 물가 상승률을 기록할 때 이에 대한 대응으로 비트코인 매수가 실천되기도 하였다.

물론 비트코인에는 여전히 풀어야 할 숙제가 있다. 제도권에서 우려하는 주요 요인인 가격 변동성과 거래 확장성 문제, 그리고 보안 등이다.

실제로 여러 디지털화폐 거래소에서 해커의 공격으로 디지털화폐를 훔쳐가는 일이 다수 발생하기도 했다. 아직도 미흡한 디지털화폐의 보안과 그에 대해 우려하는 시선이 나타나고 있다. 무엇보다 에너지 소비가 많은 작업증명(Proof of Work) 방식에 대한 비판 역시 지속되고 있다.

하지만 중앙 시스템과 분산 네트워크 중 오직 한 가지 방향만 결정해야 하는 건 아니다. 두 시스템의 방향과 가치는 서로 다르지만, 그것이 완벽한 대립을 나타내진 않는다. 이제는 상호 보완적 해법을 찾아야 한다는 분위기가 차츰 형성되고 있다. 한 예로 엘살바도르가 2021년 비트코인을 법정화폐로 채택했을 때, 전 세계가 우려했던 급격한 혼란은 나타나지 않았다. 오히려 정부 차원에서 비트코인 인프라를 구축하며 관광 수익과 외화 유입을 기대하는 긍정적인 측면도 보인다.

결국 비트코인과 전통적인 금융 시스템의 충돌은 중앙화와 탈중앙화, 규제와 자유 사이를 어떻게 균형 잡을 것인가에 대한 질문이기도 하다. 금융은 인류가 발전시켜온 사회적 합의 장치이자 권력의 도구이기도 하다. 그리고 지금은 비트코인을 통해 기존 권력이 당연시했던 중앙 통제의 정당성을 재검토하며, 개인의 자유와 책임을 강조하는 흐름을 확인해야 한다. 이제 남은 과제는, 이 혁신이 제도적 안정성과 어떻게 조화를 이룰지 탐색하는 것이다.

Park's 조언

금융은 국가의 손안에 있어야 안전하다는 믿음과, 개인이 자산을 주도적으로 다룰 수 있어야 진정한 자유라는 신념이 부딪히는 지점이 바로 비트코인의 무대다. 갈등이 깊어질수록, 혁신의 온도도 더 뜨거워지기 마련이다. 때로는 충돌이 일으키는 파장이 큰 변화를 이끌어내기도 한다.

BITCOIN

Chapter 2
비트코인의 기술적 혁명

비트코인 문명의 개척자들

CENTRALIZE　GOVERNMENT　TRUST　FINANCIAL　BLOCKCHAIN　CURRENCY　BIG DATA　COST

SECTION 1
블록체인 기술의 원리와 작동 방식

비트코인을 말할 때 반드시 뒤따르는 기술이 바로 '블록체인(Block chain)'이다. 이 기술은 여러 노드가 동일한 원장을 공유하면서도, 중앙 관리자가 없는 상태에서 거래내역을 안전하게 기록·검증할 수 있게 해준다. 덕분에 '디지털화폐는 투기'라는 일부 편견을 넘어 분산 금융(DeFi), 물류 추적, 디지털 자산 관리 등 다채로운 사례에서 활용하고 있다. 비트코인의 핵심인 블록체인이 과연 어떻게 작동하며, 어떤 잠재력을 지니는지 새로운 시각과 해외 사례를 통해 살펴보자.

01 중앙 없는 신뢰: 분산 장부 개념의 출발

블록체인의 시작은 어떻게 나타났을까. 우선 블록체인은 네트워크나 서버 등과 깊은 관련이 있다. 중앙 서버가 없어도 거래 정보를 신뢰할 수 있는 방법을 모색하면서 블록체인이 등장하였다고 할 수 있다. 보통 거래 내역 등 개인간 거래를 확인하는 방식은 금융기관에서 책임졌다. 그러나 이 방식은 막대한 운영비용이 발생하는 것은 물론이고 보안에도 취약하다는 단점이 있다.

블록체인은 이를 해소할 수 있다. 우선 모든 참여자가 동일한 원장(장부)를 복사해 보유하되 기록이나 검증 권한은 분산하는 방식을 채택한다. 그리하여 핵심적인 내용이 분산되어 있으니 이를 도용하기란 쉽지 않다.

실제로 블록체인은 금융 말고도 다양한 범위에서 활용되고 있다. 최근 우루과이에서는 자국 유통망에서 블록체인 기반 물류 추적 시스템을 도입하였다. 농산물의 생산·가공·유통 과정을 실시간으로 블록체인에 기록함으로써, 식품 신뢰도와 수출 경쟁력을 높였다. 이는 화폐 영역을 넘어 신뢰가 요구되는 다양한 분야에서 블록체인이 유효함을 보여주는 예시다.

우리가 전통적인 서버 중심 시스템을 계속 개선하는 이유는 기록을 임의로 변경하거나 해커의 공격을 통해서 해당 서버가 사이버 공격을 받을 수 있기 때문이다. 이는 심각한 위협으로, 시스템 보안을 형성할 때 가장 중요하게 여기는 부분이기도 하다. 그런데 블록체인의 분산 장부 방식을 이용하면 다수 노드가 서로 확인하며 데이터를 보관하므로 하나의 노드를 장악해도 전체 기록을 바꿀 수는 없다. 이는 곧 중앙 집중적 권한 남용이나 보안의 취약성을 줄이는 결과로 이어진다.

02 블록체인이 정보를 연결하는 방식

블록체인이란 명칭에는 어떤 뜻이 담겨있을까? 답은 간단하다. 블록체인에서 모든 거래 내역은 '블록'이라는 단위로 이어지기 때문이다. 이 단위가 묶여 시간 순서대로 이어지고, 각 블록은 이전 블록의 해시값을 포함한다. 만약 특정 블록을 수정할 경우, 뒤에 이어진 모든 블록까지 재작성해야 한다. 아주 사소한 부분을 수정해도 해시값이 크게 변하므로, 하나의 블록체인만 건드려도 천문학적인 계산량이 필요하다.

블록체인이 정보를 연결하는 방식은 많은 이들에게 관심을 받고 있다.

폴란드 국영은행(NBP)은 자국 내 소규모 금융기관과 협력해 '오픈 블록체인 실험'을 진행할 계획이라고 발표했다. 여기서는 중앙 서버 없이도 고객 신용평가와 대출 기록을 투명하게 관리할 수 있는지 점검하는 과정을 포함한다. 만약 블록체인 실험을 성공적으로 진행한다면, 수수료 절감과 같은 이익은 물론 기존 신용정보회사의 독점 구조를 바꿀 수 있다.

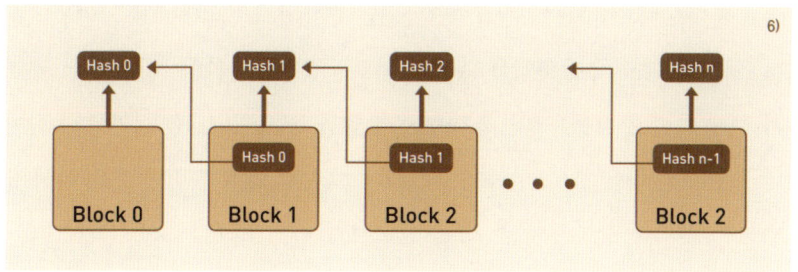

03 블록 구조와 해시 함수: 꼬리에 꼬리를 무는 보안

　블록체인의 원리를 전문적으로 다루려면 책 한 권으로도 부족하다. 그러니 핵심 원리를 파악하자. 블록체인을 구성하는 핵심 원리는 '블록-해시-연결'이라는 세 가지 요소다.
　첫째, '블록(Block)'은 여러 건의 트랜잭션(거래 정보)을 담고 있다. 이 정보에는 송·수신 주소, 시간, 금액 등 세부 사항을 포함한다.
　둘째, 해시(Hash) 함수는 임의 길이 데이터를 고정 길이 출력으로 바꿔주는 암호 알고리즘이다. 참고로 비트코인은 SHA-256 함수를 사용한다.

---

6) 출처: https://d2.naver.com/content/images/2015/12/helloworld-201512-1502-3.png

이 입력값이 조금만 바뀌어도 완전히 달라진 해시값을 생성한다.

셋째, 블록에는 '이전 블록 해시값'이 저장되는데, 이는 한 블록이 체인 상에서 어디에 위치하는지를 결정한다. 예를 들어 블록 #101은 블록 #100의 해시값을 참조하며, 이런 식으로 역순 추적이 가능하다.

이러한 메커니즘 덕분에 블록체인은 특정 블록에 기록한 데이터가 변조될 경우 해당 블록의 해시값이 바뀌며, 이것이 연쇄적으로 모든 이후 블록에 영향을 미친다. 과거 프로젝트 파일에서 다뤄진 미국 연준(Fed) 보고서 외에도, 유럽중앙은행(ECB) 자료는 '블록체인의 해시 연결 구조가 트랜잭션 조작을 거의 불가능하게 만든다'고 평가했다. 이렇게 탄탄한 보안성을 발판으로, 블록체인은 비트코인과 함께 다양한 분야에서 신뢰를 기반으로 하는 기술을 담당하게 되었다.

04 합의 알고리즘: 작업증명부터 지분증명까지

블록체인이 중앙 서버 없이도 안전하게 운영되기 위해서 필요한 기술이 있다. 바로 '누가 언제 블록을 생성하고 해당 블록이 정당한지'를 결정하는 합의 알고리즘(Consensus Algorithm)이다.

작업증명(Proof of Work): 보상의 경쟁

비트코인은 작업증명(PoW)을 채택해서 노드들이 해시값을 찾기 위해 경쟁하도록 한다. 즉, 일정 난이도 목표치 이하의 해시값을 발견할 경우 신규 비트코인과 수수료를 보상으로 얻을 수 있다. 그래서 많은 자원을 투입해야만 블록을 생성할 수 있다는 점에서, 악의적인 노드를 형성해서 네트워크를 장악한다는 것은 상당히 어려운 일이다.

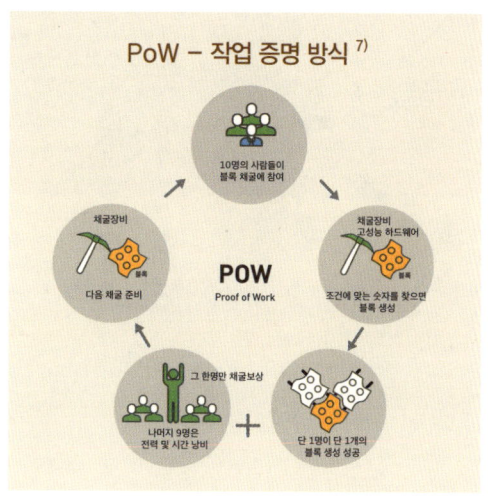

물론 부작용도 있다. 막대한 전기 에너지 소모가 대표적이다. 다만 이를 지원하는 정부나 공공기관의 노력 또한 이어지고 있다. 가령, 2023년 노르웨이 정부는 '재생 에너지를 사용하는 채굴장'에 한 해 전기료 감면을 제공하기 시작했다고 발표했고, 이는 ESG(환경·사회·지배구조) 관점에서 긍정적 평가를 받았다. 덕분에 노르웨이의 그린 채굴 시장이 확대되는 추세라고 한다.

지분증명(Proof of Stake)과 혼합 모델

디지털화폐에 대해 아는 독자라면 비트코인 말고도 여러 디지털화폐를 들어봤을 것이다. 대표적인 디지털화폐인 이더리움이나 폴카닷은 지분증명(PoS)으로 전환해, 코인을 보유한 양(지분)을 기반으로 블록 생성 권한을 부여하고 있다. 아마 이 정보에 대해서 아는 이들은 많지 않을 것이다. 만약 이러한 부분이 지속할 경우 에너지 소비를 크게 줄이는 동시에, 빠른 처리

---

7) 출처: https://mblogthumb-phinf.pstatic.net

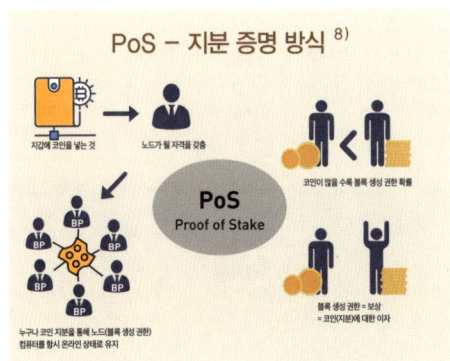

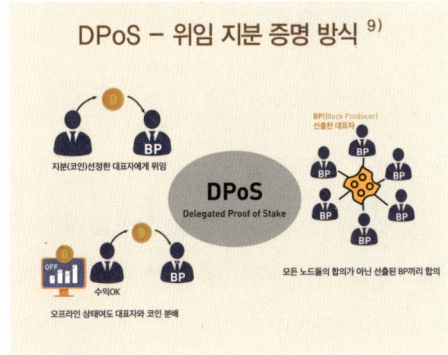

속도를 기대할 수 있다는 장점이 있다. 다만, 코인을 많이 가진 자가 의사결정 권한을 더 갖게 된다는 구조적 문제를 지적하는 비판도 공존한다는 점에서 고민해야 한다.

실제로 다양한 프로젝트를 통해서 작업증명과 지분증명을 혼합하는 방식, 또는 위임지분증명(Delegated PoS)을 통해 효율을 높이면서도 탈중앙화 정도를 유지하려는 실험을 지속하고 있다. 국제결제은행(BIS)은 '새로운 합의 알고리즘의 등장과 발전은 블록체인 기술의 잠재력을 폭넓게 확장할 가능성을 열어줄 것'이라고 전망했다.

05 확장성과 미래: 비트코인 너머의 활용

블록체인의 한계라 불리는 점이 바로 '트랜잭션 처리 속도'와 '스케일

---

8) 출처: https://mblogthumb-phinf.pstatic.net
9) 출처: https://mblogthumb-phinf.pstatic.net

링(Scalability)' 문제다. 중앙화된 서버와 비교할 때 거래 승인 시간이 오래 걸리는 경우가 다수 발생하며, 사용량이 폭증할 때 수수료가 비약적으로 상승할 수 있다. 이를 해결하기 위해 비트코인을 비롯한 여러 프로젝트에서 라이트닝 네트워크(LN), 플라즈마, 롤업(Rollups) 등 2차 레이어(Layer-2) 기술을 시도하고 있다. 예컨대 일본의 한 모바일 결제 회사는 라이트닝 네트워크를 적용해 미니 결제 시스템을 구축하겠다고 선언했다. 일상에서 소액 결제 시 빠른 속도와 저렴한 수수료를 체감할 수 있게 될 전망이다.

블록체인의 미래는 무궁무진하고, 이미 기술적 발전이 크게 나타날 것으로 전망하고 있다. 미술·음악 등의 디지털 자산 거래(NFT), 탈중앙화 금융(DeFi), 공공 서비스(전자주민등록·전자투표), 콘텐츠 플랫폼(탈중앙화 SNS) 등 광범위한 분야로 진입할 예정이다.

비트코인이 촉발한 '중앙 없는 신뢰 구조'는 화폐를 넘어 다층적 변화를 이끌 수 있다는 평가를 받는다. 다만 새로운 규제 이슈와 법적 충돌도 피할 수 없으므로, 글로벌 협력과 제도화 방안이 계속 되어야 할 것이다.

Park's 조언

블록체인이라는 개념은 처음엔 이해하기 쉽지 않다. 노드, 해시, 합의 알고리즘, 그리고 전 세계가 공유하는 디지털 장부라는 발상이 아직도 생소하다. 그러나 그 기저에는 '더 안전하고 공정한 미래'를 향한 열망이 녹아 있다. 비트코인이 아니더라도 분산 신뢰가 구현될 수 있는 모든 가능성을 독자의 시선으로 탐색할 필요가 있다. 그 과정에서 우리의 금융과 일상이 어떻게 바뀔 수 있는지, '상상해보는 일 자체가 이미 혁신의 출발이다.

SECTION 2
작업증명(PoW)과 채굴의 경제학

비트코인의 든든한 토대 중 하나는 바로 '작업증명(Proof of Work, 이하 POW)'이다. 무수한 노드가 해시 연산을 경쟁적으로 수행하며, 그 대가로 코인을 지급받는 구조가 곧 '채굴(mining)' 경제를 형성한다. 이렇듯 노력이 필요한 합의 알고리즘은 거대한 전력 소비 문제부터 개인 투자자 유입, 글로벌 채굴 시장 동향까지 다양한 쟁점을 낳았다. 과연 왜 이렇게 엄청난 연산 자원을 투입해야 하며, 그 덕분에 비트코인이 얻는 것은 무엇일까? 채굴 경제학의 관점에서 그 원리와 의미를 새롭게 살펴보자.

01 POW가 필요한 이유: 중앙 없이도 누가 권한을 가질 것인가?

비트코인을 파악하면 반드시 거론되는 기술이 블록체인과 POW다. 블록체인은 다양한 분야에서 활용하고 있기 때문에 4차 산업혁명의 핵심 기술로 평가받았다. 그에 반하여 POW에 대해서는 여전히 많은 이들이 알지 못하는 경우가 많다.

POW는 우선 '블록 생성에 계산력(해시파워)을 투입해야 한다'는 규칙을 명제로 한다. 새 블록을 만들려면 일정 난이도의 해시값을 찾아야 하며, 해시 계산 경쟁에서 승리해야만 블록 생성 권한과 보상을 얻는다. 이는 곧 네트워크를 공격하거나 조작하는 시도가 나타날 때, 막대한 해시

파워와 전기를 투자해야 하므로 현실적으로 어렵게 만드는 장치다. 결국 POW는 보안 신뢰를 이루는 핵심 기제이자 비트코인에 대한 외부 신뢰를 유지시켜주는 원동력이다.

02 난이도 조정: 자율적으로 균형 맞추기

비트코인은 목표로 삼는 '약 10분 간격'으로 블록을 생성해야 한다. 이때 채굴자가 많아지면 난이도를 높이고, 줄어들면 난이도를 낮춘다. 가령 2023년 카자흐스탄 내 대규모 채굴장이 전력 이슈로 폐쇄되면서 해시파워가 급감한 사례가 있었다. 이때 비트코인은 다음 난이도 조정(약 2주 간격)을 통해 블록 생성 간격의 안정화를 이루었다. 이렇게 동적 난이도 조정 덕분에 POW 시스템은 주변 환경 변화에도 스스로 균형점을 찾아간다.

국제통화기금(IMF)의 전망 보고서에서는 '채굴 노드가 글로벌 규모로 퍼져 있는 한, 일부 지역에서 규제나 전력 문제로 채굴이 위축돼도 네트워크 전반이 붕괴하기는 쉽지 않을 것'이라고 언급했다. POW 시스템은

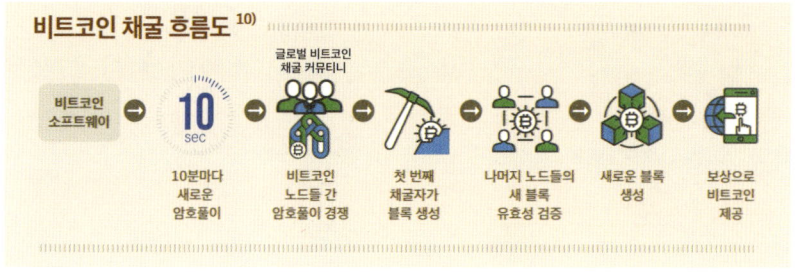

10) 출처: 긱스 포 긱스

환경과 구조에 영향을 받아 유동적인 활동을 나타낸다는 점에서 주목해야 한다.

03 채굴 프로세스: 연산 경쟁이 곧 경제적 동기

비트코인에서 채굴(블록 생성)은 해시 함수를 무작위로 반복 계산하여 목표치 이하의 해시값을 찾는 방식으로 이루어진다. 여기에 성공하면 새 블록을 네트워크에 전파하고, 다른 노드는 해당 블록을 검증한 뒤 체인에 연결한다.

블록 보상과 거래 수수료

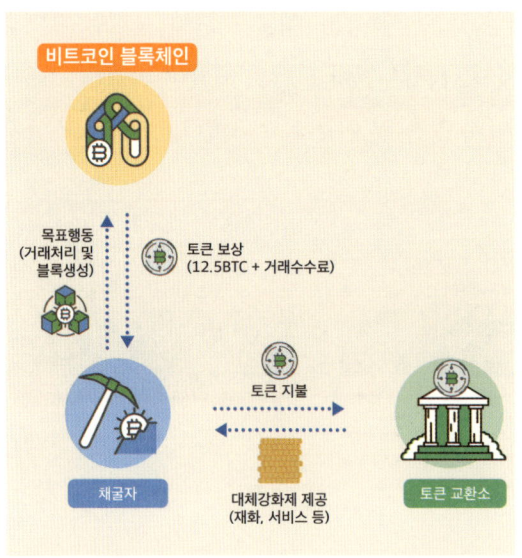

그렇다면 채굴자는 채굴이란 노동에 대해 어떤 보상을 받는가. 크게 두 가지다. 첫째, 특정 주기에 따라 새로 발행되는 비트코인(Block Reward)이다. 이것이 가장 대표적인 보상이다. 둘째는 블록에 포함된 거래 수수료(Transaction Fee)다. 블록 보상은 약 4년마다 절반으로 줄어드는 '반감기(Halving)'를 거치며 2,100만 개라는 발행 상한선을 유지한다.

보다 구체적인 예로 들어 확인해 보자. 2020년 반감기를 거친 후 블록 보상은 6.25 BTC가 되었다. 그리고 다시 2024~2025년쯤 반감기가 도래하면 보상은 절반으로 줄어든다. 반감기가 진행될수록 채굴자에게 있어 거래 수수료의 비중이 커지는 구조를 형성한다.

채굴 비용: 전기료와 장비, 인건비

채굴자 입장에서는 채굴을 지속할 때 그만큼 수익을 높일 가능성이 커진다. 그러나 이익이 있으면 손실도 있는 법이다. 만약 채굴자가 수익을 높이기 위해 대량의 채굴장을 운영한다고 해도 전기료나 장비 투자비가 과도하면 당연히 적자를 피할 수 없다. 비트코인이 처음 등장하였을 때만 해도 CPU나 GPU만으로도 채굴이 가능했으나, 곧 ASIC(특수 제작 칩)이 등장해 연산 효율을 획기적으로 높였다. 이에 대규모 채굴장이 자리 잡았고, 전기료가 싼 지역이나 기후가 서늘해 냉각 비용이 저렴한 곳(캐나다, 노르웨이, 아이슬란드 등)이 채굴 허브로 떠올랐다.

그러나 채굴하기 적절한 환경을 갖춘 곳이라고 해도 계속 채굴을 진행하지는 않는다. 정책과 규제에 따라 변화가 나타나기 때문이다. 대표적인 경우가 바로 중국이다. 2021년 중국에서 암호화폐 채굴 금지 정책을 시행한 이후, 상당수 채굴업체가 미국 텍사스나 러시아 일부 지역으로 이전하였다. 이는 업체의 이동만이 아니라 해시파워 지각 변동을 불러일으키는 사건으로 평가 받았다.

채굴이 야기하는 쟁점: 환경 · 규제 · 경제적 집중

케임브리지대학의 CBECI 지수에 따르면, 비트코인 네트워크가 연간 100TWh 이상의 전력을 소모한다고 추산한다. 이는 웬만한 중소국가 전체 전력 소비와 맞먹는 양이다. 전문가들은 POW가 본질적으로 에너지를 소비하여 보안을 강화하는 구조라는 점을 감안해도 장기적으로 이 수치가 증가하는 것은 회의적이라고 평가한다.

그래서 채굴 업체는 기존의 에너지 생성 방안에만 머물지 않는다. 재생에너지를 적극적으로 도입하는 경우가 단적인 예다. 일부 업체는 "남는 전력을 채굴에 활용함으로써 전력 수급에 도움을 줄 수 있다"고 주장한다. 노르웨이, 아이슬란드, 캐나다 등은 수력, 지열 등 친환경 자원을 바탕으로 채굴사업을 유치 중이다. 일부 에너지 전문가들은 "이러한 투자 유치가 지역 경제에 긍정적인 파급효과를 낳는다"고 의견을 내놓기도 했다.

비트코인의 채굴 생태계는 국제 정치적·경제적 요인과 밀접하게 얽혀있다. 규제 완화와 저렴한 전력 비용을 찾는 채굴업체들이 특정 지역에 몰릴 경우 해당 지역에 해시파워가 과도하게 집중되는 사태를 초래한다. 이는 그 지역의 정책 변화나 전력 사정에 따라 글로벌 네트워크가 단기적으로 출렁이는 결과를 낳는다. 그래서 EU는 'MiCA(Markets in Crypto-Assets)' 규정 시행과 함께, 암호화폐 채굴에 대한 환경 영향 모니터링 시스템을 구축하겠다고 밝혔다. 미국 증권거래위원회(SEC)도 최근 '그린 채굴' 이니셔티브를 권장하며, 상장 기업이 암호화폐 채굴 사업에 참여할 경우 에너지 사용 구조를 투명하게 공개하도록 요구하고 있다.

04 결론 및 제언: 채굴 경제학, 어디로 가나?

비트코인의 POW는 디지털화폐가 국가·은행 없이도 스스로 지속 가능하다는 점을 실증했다. 그러나 그 이면에는 에너지 소모와 비용 부담, 규제 충돌이라는 현실적 문제도 존재한다. 더욱이 시장 가격이 급변할 때마다 채굴자의 손익분기점이 변동하는 바람에 투자 열풍과 대규모 이탈이 반복되고 있다.

그럼에도 불구하고 작업증명 기반의 채굴은 이미 글로벌 경제의 한 축으로 부상했다. 중국이 채굴업을 단속하면서도 블록체인 기술연구 자체는 추진하는 경우, 미국 텍사스가 '채굴 친화' 정책을 펴면서 에너지 잉여분을 어떻게 분배할지 고민하는 경우 등은 모두 이 새로운 생태계를 제도권이 완전히 외면하기 어렵다는 방증이다. 장기적으로 POW가 계속 유지될지 아니면 지분증명(Proof of Stake) 등 다른 합의 알고리즘이 대안으로 부상할지는 비트코인의 미래를 가르는 중요한 요인이 될 것이다. 다만 '계산이 곧 신뢰를 창출한다'는 POW의 메커니즘은 이미 암호화폐 시장에서 강력한 레거시로 남았다. 채굴 경제학은 탈중앙과 자발적 투자라는 요소가 결합해 무시하기 어려운 파급력을 발휘하고 있다.

Park's 조언

채굴 경제학은 수학과 자본이 만나는 지점이다. 전력을 투입해 해시를 만드는 이 단순한 경쟁이, 어떻게 거대한 금융 질서를 뒤흔드는 혁신이 되었을까? 작업증명의 핵심은 '누구든 노력하면 기여할 수 있다'는 자율성이다. 다만, 그 대가로 막대한 자원을 투입해야 한다는 점에서 빛과 그림자를 동시에 만들어냈다.

SECTION 3
스마트 계약과 디지털 자산의 진화

많은 사람들이 비트코인의 가치가 오직 디지털화폐로만 나타난다고 보지만, 실제로는 다르다. 비트코인이 가진 잠재력은 코인을 넘어서 훨씬 더 넓은 무대를 꿈꾼다. 바로 스마트 계약(Smart Contract)이다. 비트코인으로 촉발한 탈중앙화에 힘입어 계약과 자산 거래가 자동으로 실행되며 실물자산까지 디지털화되는 시대가 열리고 있다. 이 장에서는 스마트 계약이 어떻게 비트코인의 철학을 한 단계 확장시키고, 우리 일상을 변화시킬지 풀어본다.

01 비트코인에서 바라본 스마트 계약의 기원

비트코인의 핵심 가치는 거래의 신뢰성을 높이는 것이며, 블록체인을 통해서 투명성을 확보한다는 사실을 앞에서 확인했을 것이다. 그렇다면 화폐 전송만이 아니라, 계약·보험·임대 등 현대인의 생활 전반에 걸친 다양한 거래에 블록체인을 활용하면 어떨까? 그렇게 되면 국가나 기업이 보증하지 않아도, 네트워크가 중립적 심판 역할을 수행해줄 수 있다는 상상이 자연스레 뒤따른다.

애초에 비트코인 프로토콜에는 제한적이지만 스크립트 기능이 있었다. 여러 개발자가 멀티시그나 타임락 같은 스크립트를 실험하면서 "조건에 따라 비트코인을 락업(lock-up)했다가 풀 수 있다면 여러 응용이 가능하지 않을까?"라는 생각을 했다. 개발자들은 이를 구체적으로 아이디어화 했고, 최근에는 구체적인 기술로 선보이기도 했다. 대표적인 경우를 꼽자면 탭루트(Taproot)나 스크립트리스 스크립트(Scriptless Script) 등이 있다. 이러한 기술을 도입, 발전시키면서 비트코인에서 활용하는 블록체인에서도 제한적인 스마트 계약 기능이 조금씩 발전하고 있다.

02 스마트 계약의 원리: '코드가 곧 약속'

스마트 계약은 일정 조건이 충족되면 자동으로 실행되거나 종료되는 프로그램을 의미한다. 예컨대 공동 구매 조건을 설정한 뒤, 일정 인원 이상이 참여하면 자금이 모이는 구조가 있다고 가정해보자. 이렇게 자금이 모이면 제품을 구입할 수 있다. 그러나 그렇지 않으면 자동적으로 환불한다. 다른 예로 NFT 예술 작품을 판매한다고 가정해보자. 이때 2차

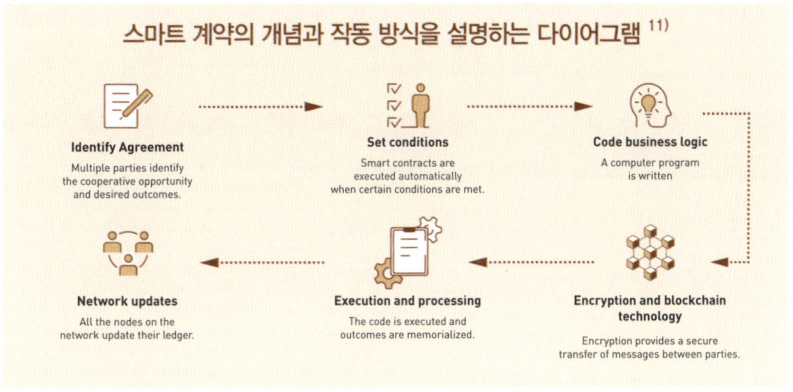

스마트 계약의 개념과 작동 방식을 설명하는 다이어그램 [11]

---

11) 출처: GeeksforGeeks

거래가 발생할 때마다 작가에게 로열티가 자동 분배되도록 설정할 수도 있다. 이렇게 된다면 스마트 계약이 형성된다.

결국 이러한 모델은 '신뢰를 어떻게 코딩할 것인가'라는 고민과 맞닿아 있다. 비트코인이 보여준 신뢰 구축 방식을 계약으로 확장한 것이 스마트 계약이며, 이는 중앙 서버나 별도 중개자가 없어도 된다. 다만 이 모든 과정이 제대로 돌아가려면 '코드가 정말로 안전하고 결함이 없어야 한다'는 전제가 우선 확보되어야 한다.

다양한 산업에서의 스마트 계약 활용 가능성은 무궁무진하다. 부동산·예술품·금융상품 등 다양한 실물 자산이 스마트 계약을 통해서 거래되는 시대가 열릴 것이다. 이 현상을 두고 **'디지털 자산의 토큰화(Tokenization)'**라고 부른다.

03 NFT 열풍과 비트코인의 대응

코로나19가 한창이던 2021~2022년, 세계적으로 유행한 NFT(Non-Fungible Token)[12]열풍은 '디지털 아이템도 유일무이한 소유권을 가질 수 있다'는 발상을 극적으로 보여주는 사례로 평가되었다. 당시에는 주로 이더리움을 통해서 거래가 진행되었지만, 비트코인 또한 거래되기 위해서 다양한 시도를 펼쳤다. 일부 프로젝트들은 비트코인 사이드체인이나 라이트닝 네트워크 기술을 활용하여 BTC 기반의 NFT를 발행하는 방법을 모색했다.

---

12) NFT는 대체불가능한 토큰으로 예술, 음악, 게임 내 아이템, 비디오 등의 형태로 제공될 수 있는 디지털 자산입니다. 이들은 종종 암호화폐로 온라인에서 사고 팔리며, 일반적으로 많은 암호화폐와 동일한 기본 소프트웨어로 인코딩 됩니다. [출처: FORBES]

예를 들어, 엘살바도르에서는 비트코인을 법정 화폐로 채택한 뒤, 관광산업 홍보용 NFT를 비트코인 네트워크 사이드체인에 올리는 시범 사업을 진행했다. 관광 명소를 디지털 아트로 표현해 NFT로 판매하고, 수익 일부를 지역 주민에게 재투자해 경제 활성화로 연결한다는 구상을 담고 있었다. 이는 디지털 자산이 단순히 거래 상품 등으로만 활용되는 게 아니라, 지역 경제 발전과 연계할 수 있다는 사례로 확인되었다.

04 부동산·금융상품의 토큰화

스마트 계약을 보다 활성화할 경우, 거액이 필요한 부동산이나 금융상품도 소액 단위로 쪼개어 일반인에게 판매할 수 있다. 실제로 미국의 한 핀테크 기업은 2025년부터 주거용 부동산 지분을 토큰화하여 월 임대 수익을 스마트 계약을 통해 자동 정산하는 플랫폼을 출시할 예정이라고 밝혔다.

비트코인에서 이를 직접 구현하기엔 아직 기술적 제약이 존재할 수 있다. 그러나 사이드체인이나 레이어-2 솔루션을 활용하면서, 비트코인을

투자 가능한 주요 디지털 자산 및 플랫폼					
미술품	음원	명품	부동산	콘텐츠	숙박
테사 소투 아트스탁 아트투게더 아트엔가이드	뮤직카우 위프렉스	트레져러 지브라 피스	카사 비브릭 펀블 소유	펀더풀 바른손랩스	베네핏 홀리데이

담보로 자산을 발행하는 방식이 시도되고 있다. 일본 금융청(FSA)은 '비트코인 담보 기반 금융상품'을 공식 제도권에서 인정하는 방안을 검토했는데, 이는 기존 제도권에서 다루지 않았던 새로운 시도였다. 만약 스마트 계약이 더 활성화될 경우 비트코인이 단순 결제 수단을 넘어, 토큰화된 자산의 기축 역할을 할 수 있을 것이다.

05 선진국 vs 신흥국: 디지털 격차

디지털 자산과 스마트 계약이 열어가는 세상에는 상당한 장점이 존재한다. 그러나 아직 해결해야 할 문제 또한 많다. 이를 어떻게 적절히 해결하느냐에 따라 향후 미래가 달라질 것이다.

미국이나 유럽, 싱가포르 같은 지역에서는 블록체인 스타트업 투자와 제도 정비가 빠르게 이루어지고 있다. 반면, 전력이나 인터넷 인프라가 부족한 국가에서는 스마트 계약은커녕 디지털화폐를 활용하는 환경을 구축하지 못하였다. 디지털 격차는 코로나19 이후 심화하고 있다. 그런데 역설적으로 경제·금융 기반이 취약한 일부 아프리카나 중남미 국가에서는 오히려 디지털 자산이 기존 금융 시스템을 대체하는 유용한 대안으로 부상하였다.

가령 나이지리아 청년 예술가들이 NFT를 만들어 해외 시장과 직거래하면서 새로운 수익을 창출한 사례나, 베네수엘라 시민이 비트코인 라이트닝 네트워크를 활용해 일상 거래를 유지하는 모습을 발견할 수 있다. 이는 오히려 취약한 인프라를 지닌 환경에서 비트코인과 스마트 계약이 더 빛을 발한다는 역설을 보여주는 사례다.

NFT 예술작품 거래 사이트 예시 [13]

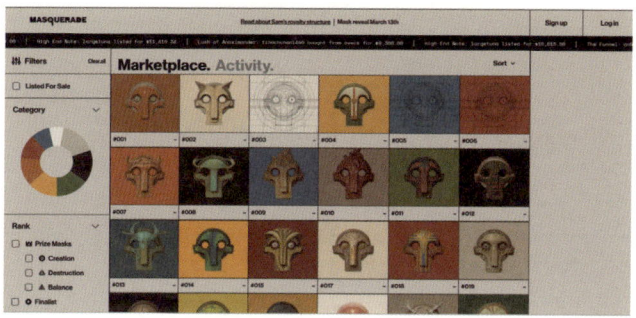

06 규제와 국제 협력 동향

비트코인의 기능과 역할이 스마트 계약과 연결된다고 판단하는 기업들이 많아지면서, 관련 프로젝트 또한 지속적으로 증가하고 있다. 분명 새로운 기회와 도전은 긍정적이지만, 다른 한편으로는 책임 소재가 불분명한 거래나 자금세탁이 늘어날 수 있다는 우려가 제기된다. 실제로 이를 우려한 IMF와 FATF가 공동으로 디파이(DeFi)·NFT·메타버스 자산 거래에 대한 모니터링 체계를 강화할 계획을 발표했다. 또한 미국 증권거래위원회(SEC)는 스마트 계약 이용 시 발생하는 소비자 보호 문제를 중점적으로 점검할 것이라 밝혔다.

유럽연합(EU)의 MiCA 규정도 2024년에 본격 시행되었다. 이는 단순 디지털화폐만이 아니라, 토큰화된 증권이나 NFT 발행까지 포괄하도록 범위를 확대하고 있다. 다만 국제 협력의 움직임을 살펴보면, 각국이 스마트 계약 및 디지털 자산 시장을 전면 금지하기보다는 새로운 제도권

---

13) 출처: NiftyGateway

으로 편입하려는 방향성을 모색 중임을 알 수 있다.

07 미래의 청사진: 비트코인이 열어갈 세상

스마트 계약과 디지털 자산의 진화는 비트코인이 제시한 새로운 시도와 관점을 확장했고, 실생활과 자산 구조를 재편하는 혁신으로 이어지고 있다. 단순히 '코인을 사고판다'는 차원을 넘어 '누구나 일정 조건만 갖추면 거액의 자산을 조각화해 투자받고, 여러 콘텐츠를 세계 시장에 판매하며 로열티를 자동으로 정산하는 세상'을 이룰 수 있게 된 것이다.

물론 스스로 자산을 관리해야 할 책임이 따르고, 적절한 규제와 제도적 장치가 미비할 때 문제가 발생할 수 있다. 하지만 이런 위험성을 해결하기 위한 기술·정책·사회적 합의가 쌓여간다면, 비트코인이 만들어낸 새로운 틀이 다양하게 변주되어 한층 성숙해질 전망이다.

장기적으로 비트코인 프로토콜이 더 강력한 스크립팅 기능을 지원하거나 사이드체인·라이트닝 기술과 결합해 스마트 계약을 폭넓게 활용하게 되면, 우리는 놀랍고도 다양한 세상을 목도할지 모른다. '코드가 곧 약속이 되는 미래', 그것이 비트코인이 지향하는 자유와 책임의 교차점이다.

Park's 조언

비트코인은 스마트 계약을 통해 '약속의 실행'이 자동화될 수 있다는 가능성을 보였다. 다만 내가 서명한 계약이 잘못된 코드라면, 중간에 돌이킬 수 없다는 것도 꼭 기억해야 한다. 자유로운 탈중앙화 세계관에 발을 들이는 순간, 모든 결과는 결국 나의 책임이 된다.

SECTION 4
비트코인의 보안과 암호학적 기반

비트코인을 형성하는 가장 핵심적인 기술은 블록체인과 작업증명이다. 그러나 또 다른 기둥이 하나 있는데 바로 암호학이다. 비트코인을 형성하는 요인인 블록체인과 작업증명, 그리고 암호학은 한 몸으로 상호작용한다고 해도 과언이 아니다. 무엇보다 비트코인이 익숙한 시스템이 아닌 전혀 다른 시스템 구조를 형성하는 데에 암호학이 큰 역할을 한다. 이번 장에서는 비트코인을 지탱하는 보안과 암호학의 원리를 새로운 국가·기업 사례와 함께 풀어본다.

01 암호학이 열어준 중앙 없는 안전망
해시 함수가 만든 블록체인의 무결성

비트코인은 블록체인을 통해 누구도 의심하지 않는 구조를 형성한다. 그 비결은 해시 함수(Hash Function)로, 함수의 입력값이 바뀌면 모든 것이 변화하는 결과를 초래한다. 이미 앞서 블록체인을 설명할 때, 한 번 기록된 블록을 조작하면 그 여파가 모든 해시값에 나타나기에 결국 모든 블록 해시값을 재계산해야 하는 상황이 벌어진다고 살펴보았다. 그러므로 블록체인이 무결성한 이유는 그것을 이루는 해시 함수다.

스위스 보안연구소(SRC)가 발간한 자료에서 비트코인을 성공적으로 공격하려면 '모든 노드를 보관한 방대한 블록체인 기록을 한꺼번에 뒤엎을 만한 해시파워가 필요하며, 이는 현실적으로 거의 불가능하다'고 분석했다. 흔히 말하는 51% 공격이 있다. 이는 블록체인 네트워크에서 필요한 연산력이나 컴퓨팅 파워를 50% 초과할 때 내역을 조작해 이익을 얻는다는 이론이다. 그러나 이론적으로 가능하더라도 막대한 비용 때문에 시도 자체가 무의미하다.

02 전자서명: 개인 자산의 암호학적 열쇠

2,100만 개의 비트코인 중에서, 내가 가진 비트코인의 소유권을 증명할 수 있을 지 의문이 들 수 있다. 내 가상계좌에 있다고 해서 '내 비트코인은 내 것이 맞다'고 할 수 있을까? 은행도, 등기도 없는 상황에서 말이다.

이에 대한 답이 전자서명(Digital Signature)이다. 지갑 소유자는 공개키(Public Key)와 개인키(Private Key)로 구성된 암호키 쌍을 보관한다. 거래를 할 때 개인키로 서명한 정보를 네트워크에 전송하면, 다른 노드들은 공개키로 서명을 검증함으로써 이 거래가 실제 주인에 의해 이루

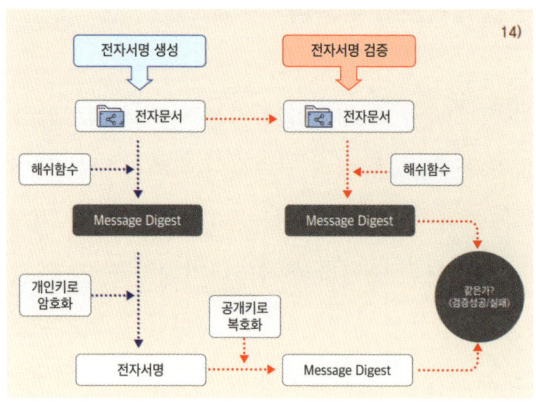

14) 출처: https://wiki1.kr/images/

어졌다고 판별한다.

유럽중앙은행(ECB) 암호자산 보고서는 이를 두고 '비트코인 보안 모델의 핵심은 프로토콜 자체가 계정·비밀번호 같은 식별 정보를 직접 다루지 않고, 개인키로만 소유권을 식별하는 데 있다'고 평했다. 즉, 중앙 서버에 의존하지 않으니 해킹 위험을 원천 차단할 수 있다. 그러나 문제도 있다. 만약 개인키를 도난당하면 누구도 구제해줄 수 없다. 그러니 양날의 검을 쥐고 있다고 볼 수 있다.

03 이중지불 문제를 어떻게 막았나

비트코인 이전에 디지털화폐, 그리고 전자화폐 등 다양한 아이디어가 존재했었다. 그들이 사장된 이유는 저마다 조금씩 다르지만, 공통적으로 이중지불(Double Spending)이라는 숙제를 풀지 못했기 때문이다. 디지털 파일은 복사가 쉬워서 하나를 동시에 사용할 수 있는 치명적인 결함을 지니고 있었다.

그러나 비트코인은 이러한 시도가 불가능하다. POW가 이를 강력하게 방어하기 때문이다. 새 블록에 포함된 거래가 이미 한쪽에서 소비된 코인을 중복지불하려는 시도를 담고 있다면, 네트워크 노드들이 이를 거부하고 해당 블록을 인정하지 않는다. 거기다 POW에 참여하려면 막대한 계산력을 투입해야 한다. 그러니 어느 누가 손해를 감수하며 부정 블록을 만들고 싶겠는가.

BIS 보고서는 'POW는 경제적 인센티브와 암호학적 장치를 결합해, 누구나 접근 가능하면서도 안전한 장부를 만든 최초 사례'라고 평가했다. 이는 중앙은행·정부가 이룬 결과가 아니다. 많은 참가자들이 자유로운 거래를 통해 이익을 추구하며 네트워크 안정을 이룬 구조에서 비롯되었다.

04 개인지갑 해킹과 사기 방지

일부 디지털화폐 거래소에서 대규모 해킹 사건이 발생해 막대한 손실을 입었다. 해커의 공격이 동시다발적으로 발생해서 특정 집단의 소행으로 여겨졌다. 하지만 이때 비트코인 프로토콜 자체가 해킹당하지는 않았다. 지금까지 비트코인에 대한 해킹 시도는 많았으나 성공한 전례는 없었다. 그러나 여전히 개인지갑이나 거래소 해킹 사고는 심심찮게 발생하고 있고, 이는 비트코인 도난으로 이어지기도 한다. 2023년 인도네시아 암호자산 거래소가 대규모 피싱 공격을 받아 비트코인이 도난당한 사건이 있었다. 이는 기술의 보안성과 운영상의 보안이 별개라는 사실을 다시금 일깨워주는 사례였다.

탈중앙화를 표방하면서도, 많은 사용자가 편의를 이유로 여전히 중앙화 구조를 이루는 거래소나 개인지갑에 의존한다. 이때 거래소가 해킹당하면 개인키가 유출되고, 결국 피해가 발생한다. 그런데 보상을 받기가 어려운 경우도 상당하다. 이제 규제 당국은 사고를 방지하기 위해 거래소 보안 요건을 강화하고, 사기·불법 자금세탁에 대한 국제 공조를 강화하려는 정책을 논의하고 있다.

05 암호학의 진화와 비트코인의 가능성 양자 컴퓨팅에 대한 대비

엔비디아는 현재 가장 주목 받는 글로벌 기업 중 하나다. 엔비디아의 CEO 젠슨 황은 2024년에 한 인터뷰에서 "앞으로 양자 컴퓨터가 등장하려면 적어도 20년은 걸린다"라고 말했다.

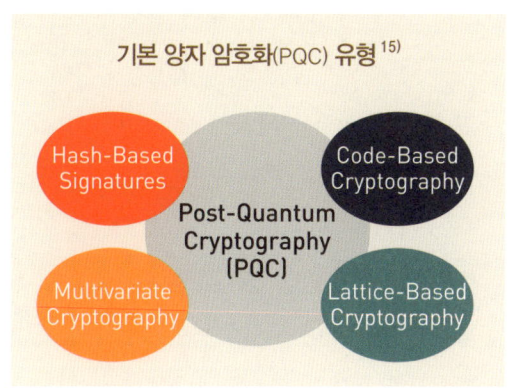

이는 한 기업가의 예측으로만 끝나지 않는다. 2024년 하버드 양자연구소 예측 보고서에서도 '지금 당장은 요원하지만, 10~20년 후 양자 내성 암호(Post-Quantum Cryptography) 도입이 본격화될 것'이라고 전망했다.

흔히 미래 위협으로 거론되는 기술이 양자 컴퓨팅이다. 대부분의 전문가는 양자 컴퓨터가 개발되면 획기적인 기술 발전이 이루어질 거라고 평가하지만, 반드시 긍정적인 부분만 있는 것은 아니다. 양자 컴퓨터가 발전하면 현재의 전자서명 알고리즘(ECDSA)을 빠르게 역추적 할 수 있기 때문이다. 그래서 여러 전문가는 이에 대비하기 위해 양자 내성 서명 방식을 프로토콜에 더하는 시나리오를 제기한다.

---

15) 출처: https://www.researchgate.net

06 레이어-2 기술과 사이드체인의 보안

비트코인은 POW로 강력한 보안을 제공하지만, 거래 속도나 확장성 한계가 있다는 지적이 계속 나타났다. 이에 라이트닝 네트워크나 사이드체인 같은 레이어-2 기술이 등장했다. 2025년 독일 베를린 IT연구소 발표에선 '레이어-2 솔루션은 메인체 보안성을 차용하면서도, 실시간 소액 결제와 디앱(dApp) 기능을 확대하는 데 도움을 준다'고 평가하였다.

특히 사이드체인을 통해 별도의 합의 알고리즘[16]을 적용하면서도, 최종 거래 정산은 메인체가 책임지는 하이브리드 구조가 가능하다. 이는 POW 기반 보안과 다양한 기능 확장을 절충해 미래의 비트코인이 나아갈 길을 보여주는 예시다.

> **Park's 조언**
>
> 비트코인은 기술적으로 안전한 벽을 다층적으로 쌓아 '중앙 없는 보안'을 만들어 낸다. 허나 그 책임도 우리 각자에게 돌아온다. 은행이 여전히 다양한 방식으로 해킹을 당하듯이, 개인키가 도난당하면 문제는 걷잡을 수 없이 커진다. 그래도 이 자유가 흥미로운 건, 금융 권력에서 벗어나 '수학적 질서' 위에 서 있을 수 있기 때문이다.

---

16) 예: 지분증명

Chapter 3
비트코인과
금융 시스템의 충돌

비트코인 문명의 개척자들

CENTRALIZE　GOVERNMENT　TRUST　FINANCIAL　BLOCKCHAIN　CURRENCY　BIG DATA　COST

SECTION 1
중앙은행과 비트코인의 대립

오랫동안 인간의 삶을 지배해 온 화폐는 누가 만드는가. 인간이 사회적, 경제적 활동을 하면서 축적하는 자산의 척도 중 하나가 바로 화폐다. 그런데 화폐는 개인이 만들지 않으며, 이를 온전히 소유하지도 않는다. 지금까지 화폐를 발행하고 그 권한을 소유했던 존재는 개인이 아닌 정부와 중앙은행이었다. 비트코인은 지금까지 정부와 중앙은행이 독점했던 화폐 발행 권한에 정면으로 도전했다. 이 대립은 단지 금융 기술의 충돌이 아니라 '화폐란 무엇이며, 누가 그 가치와 흐름을 통제해야 하는가'라는 근원적 질문을 던진다.

01 비트코인이 제기한 근본적 도전

현대 사회를 살아가는 개인은 태어날 때부터 죽을 때까지 경제 활동을 지속해야 한다. 연령에 따라 그 정도의 차이는 있겠으나, 자본주의 사회에서 이는 당연한 현상이다. 일상을 유지해야 하기 때문이다. 그렇다면 우리는 어떻게 돈을 버는가. 직장을 다니거나, 사업을 하거나, 어느 쪽이든 자신의 가치를 시장에 내놓아서 그에 합당한 자산을 얻어야 한다. 그리고 보통은 돈으로 자산을 축적한다. 그런데 이 돈은 내가 속한 조직이나 사업체에서 얻는 것이 아니다. 단순하게 말한다면 내가 받는 돈은 법적 화폐고, 이는 국가에서 정한 기준에 따라 나타난다. 그러니 내가 자산을 축적하려면 중앙은행과 정부에서 발행하는 통화를 반드시 사용해야 한다. 이는 법이고 질서로 여겨졌다.

비트코인은 이러한 현상에서 발생하는 문제에 정면으로 이의를 제기한다. 사토시 나카모토는 2008년에 세계적으로 크게 파장을 일으켰던 글로벌 금융위기를 확인하고는 정부 정책이 실패했다고 비판했다. 그는 은행이나 투자기관이 무책임하게 발생시킨 부채, 그리고 이를 수습하기 위해 막대한 양적완화를 실행한 정부 정책이 더는 수습하기 어려운 지경이라고 말했다. 최근 튀르키예, 레바논, 아르헨티나 등에서 발생한 통화가치 급락과 인플레이션 사례만 봐도 알 수 있다. 이러한 사례는 비트코인이 무제한으로 발행하지 않는 '희소성'을 내세우며 강력한 대안이 될 수 있는 배경이 되었다.

02 중앙은행 vs 비트코인: 규제·협력, 그리고 충돌 양상
각국 규제 프레임워크 현황

비트코인이 세계적으로 큰 관심을 받자 세계 각국의 중앙은행들은 이를 어떻게 다루어야 하는지 고민에 빠졌다. 일부 국가는 법정통화로 비트코인을 인정하거나 우호적 규제를 펼쳤지만, 대다수는 감시와 규제를 강화하였다.

단적으로 몇 가지 예를 들어보자.

엘살바도르

2021년 세계 최초로 비트코인을 법정화폐로 채택하였다. 중앙은행 역할을 하는 엘살바도르 중앙은행(BCR)은 달러와 비트코인을 동시에 관리하는 이원화 체제를 시도 중이나, IMF와의 갈등이 불가피했다.

중국	2021년 이후 민간 암호화폐 채굴과 거래를 강력 단속하고, 자체 CBDC(중앙은행 디지털화폐)인 디지털 위안화를 확대하려고 노력 중이다.
유럽연합 (EU)	MiCA(Markets in Crypto-Assets) 법안을 2024년 전면 시행, 암호자산 발행·서비스 제공자를 제도권 안에 끌어들이고 중앙은행과 공조하려는 움직임을 펼치고 있다.
미국	증권거래위원회(SEC)와 연방준비제도(Fed)가 스테이블코인 등 암호자산에 대한 규제를 강화했으며, CBDC 발행 검토도 병행 중이다.

이처럼 각국 중앙은행은 비트코인 완전 금지, 부분 허용 혹은 제도화 사이에서 고민하고 있다. 주요 국제기구[17]도 '비트코인이 기존 금융 시스템 안정성을 훼손할 여지가 있다'는 우려를 나타내면서도 '디지털화폐 기술의 흐름을 배우고 협력해야 한다'는 의견이 팽팽히 맞서고 있다.

그러나 중앙은행이 어느 선택을 하든 비트코인으로 촉발한 디지털 자산시장은 나날이 그 규모를 키우고 있다. 이에 중앙은행이 대응 방법 중 하나로 추진하는 프로젝트가 바로 CBDC다. 이는 '국가가 발행하는 디지털 법정화폐'로, 블록체인 또는 분산원장기술(DLT)을 부분적으로 채택한 화폐다. 예컨대 중국은 디지털 위안화(e-CNY)를 대규모 시범 운영 중이고, 유럽중앙은행(ECB)은 디지털 유로(digital euro) 연구를 본격화했다. BIS가 2023년 발표한 보고서에는 '현재 전 세계 100여 개 국가가 CBDC 관련 연구·시범 단계를 진행 중'이라는 통계가 담겨 있다.

그렇다면 CBDC는 비트코인의 대체제가 될 수 있는가. 결론부터 말하면 전혀 아니다. 근본적인 구조가 전혀 다르기 때문이다. 비트코인의 가

---

17) 예: BIS, IMF

치를 이해한 전문가들은 CBDC에 대해 부정적이다. 비트코인 관점에서 보면 CBDC는 오히려 중앙은행의 통제력을 한층 더 강화하는 디지털 화폐로 볼 수 있기 때문이다. 국가가 개인의 거래 정보를 실시간으로 추적·분석할 수 있다는 점, 마음만 먹으면 발행량이나 사용자 권한을 제약할 수 있다는 점은 비트코인이 추구하는 자유와 대조적이다.

03 철학적 대립: 화폐주권 vs 탈중앙 금융 화폐주권의 의미와 갈등

지금 당신의 지갑에 얼마가 있는가. 만약 현금을 가지고 있다면 그 권한은 당신의 것인가. 안타깝지만 그렇지 않다. 화폐주권(Monetary Sovereignty)은 언제나 중앙은행의 권한이었고, 동시에 국가 주권의 핵심으로 여겨졌다. 화폐 발행과 관리가 국제 외환시장과 연동되어 국가 경제 전체를 좌우하므로, 이를 민간으로 위탁하거나 탈중앙 네트워크에 넘기는 일은 상상하기 어렵다.

그러나 비트코인은 희소성과 수학적 알고리즘만으로 운영되는 화폐라는 점에서 정부나 중앙은행이 추구했던 방식에서 완전히 벗어난다. 지금까지는 정부나 중앙은행이 경제의 흐름을 인위적으로 조정하는 경우가 상당히 많았다. 그만큼 중앙은행의 화폐주권과 비트코인의 비전은 이론적으로 상호 양립하기 쉽지 않은 구조를 지닌다. 그래서 다수의 중앙은행들은 비트코인의 가치를 부정적으로 평가하고 이를 의도적으로 무시하는 경향을 보였다. 그러나 역설적으로, 통화정책에 실패한 국가에서는 비트코인이 대안 화폐로 활발히 쓰이기도 한다. 레바논의 금융위기, 아르헨티나의 극심한 인플레이션, 베네수엘라 볼리바르화 폭락 사례 등을 보면 시민들이 자국 통화 대신 비트코인을 선택해 재산을 지키려는 움직임이 뚜렷하다. 이는 중앙은행이 제대로 작동하지 못할 때, 비트코인이 그림자 금융 혹은 보조 금융 역할이

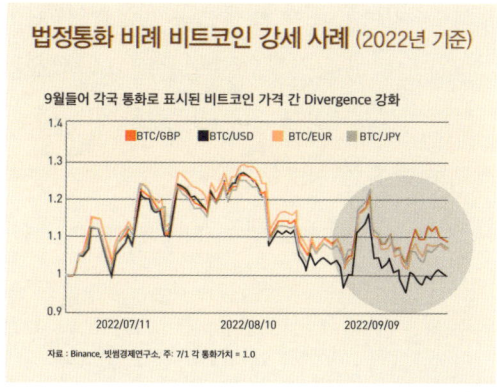

가능한 사례로 볼 수 있다. 이 흐름이 심화되면 해당 국가의 법정화폐 수요가 감소하고, 결국 통화주권이 약화되는 '달러라이제이션' 수준의 충격이 암호화폐 형태로 나타날 수 있다. 그러므로 화폐가치가 극도로 불안정한 국가에서는 비트코인이 대안으로 떠오를 가능성이 높다.

그러나 정부 입장에서는 경기 침체나 금융위기 시 적극적 대응 수단을 언제나 제한하였다. 이는 비트코인도 마찬가지다. 비트코인 가격이 치솟거나 폭락할 때, 사회 전체가 초래하는 혼란을 중앙은행이 수습하기란 어렵다. 이미 2023년 말, 미국 SEC가 '암호자산 시장 변동성은 기존 금융시장 안정성을 훼손할 수 있다'고 경고하기도 했다. 또한 자금세탁, 불법 자금 유입 우려 때문에 국제적 규제가 확대되는 추세다. EU의 MiCA, FATF(국제자금세탁방지기구)의 트래블 룰(Travel Rule) 등은 암호화폐를 제도권 안으로 편입하려고 하지만, 여러 전문가들의 경고처럼 비트코인에 대한 정부 검열 가능성이 오히려 커질 수 있다.

결국 중앙은행과 비트코인의 대립은 단순히 한쪽이 이기고 지는 문제가 아니라, 금융 주권과 탈중앙 금융이 공존할 수 있는 지점을 찾을 수 있느냐에 달려 있다. 엘살바도르처럼 법정화폐 채택까지 밀어붙이는 경

우도 있지만, IMF나 세계은행과 갈등이 깊어지는 부작용도 감수해야 한다. 과연 또 어떤 정부와 중앙은행이 나서겠는가.

한편, 각국 중앙은행이 CBDC를 발행해 비트코인의 탈중앙성을 부분적으로 흡수한다면 두 체제 간 부분적 공존이 가능해질 수도 있다. 투자와 투기, 인플레이션 해지와 불법 자금 문제 등 다양한 이슈가 얽혀 있어 어느 한쪽의 선택으로만 문제를 해결하는 건 어렵기 때문이다. 그러나 장기적으로는 대립을 넘어 규제·기술·학술 연구를 통한 상호 학습이 이루어질 수도 있다. 인문학, 경제학, 금융학, 과학이 융합된 비트코인은 중앙은행과 경쟁하면서도, 기존 질서가 진화하도록 자극하는 역할을 수행할 수 있다.

Park's 조언

비트코인은 경제를 움직이는 '특별한 권력'을 중앙은행에게만 주지 않겠다는 선언과 같다. 하지만 중앙은행도 단순히 억압적 기관이 아니라, 때론 금융위기를 막기 위해 필요한 안전판 역할을 했다. 두 가치가 공존하기 위해서는 제도와 기술, 그리고 무엇보다 '상호 존중'이 뒷받침되어야 한다.

SECTION 2
비트코인과 CBDC의 공존 가능성

비트코인이 추구하는 탈중앙 네트워크와 각국 중앙은행이 준비 중인 CBDC(Central Bank Digital Currency)는 같은 디지털화폐라는 테두리 안에서 동일하게 보일 수 있으나 극명한 철학적 차이를 지니고 있다. 한쪽은 개개인의 금융 자유를 확장하고 정부의 영향력을 최소화한다면, 다른 한쪽은 국가 차원의 통화정책을 더 정교하게 수행하고 금융 안정성을 지키려 한다. 이 장에서는 두 체제가 충돌뿐 아니라 상호보완이 가능한지 살펴보고, 나아가 미래 금융 구조에서 비트코인과 CBDC가 어떤 식으로 공존할 수 있을지를 탐색해본다.

01 CBDC의 개념과 도입 배경

이제 CBDC가 비트코인을 대체하기 위한 중앙은행의 디지털화폐라는 점을 이해했을 것이다. 구체적으로 본다면 CBDC는 중앙은행이 직접 발행하고 통제하는 디지털 법정화폐를 의미한다. 기존 지폐·동전과 달리 온라인 환경에서만 존재하지만, 법정화폐와 동일한 가치를 지닐 뿐만 아니라 국가가 보증하는 결제 수단으로 기능한다. 국제결제은행(BIS)이 2023년 발표한 통계에 따르면, 전 세계 130여 개국이 CBDC 연구를 진행하거나 시범 도입을 검토 중이다.

중앙은행이 비트코인을 억제하면서도 그의 대체재를 만드는 이유는 간단하다. 금융의 디지털화가 급속도로 발전하고 있기 때문이다. 비트코인으로 촉발한 디지털화폐 시장의 규모가 커지면서 각국 중앙은행은 기존 법정화폐를 어떻게 디지털 환경에 적응시킬 수 있는지 고민하기 시작했다. 동시에 금융포용성 확대와 디지털 결제 효율성, 불법 자금 추적 강화 등을 계획했고, 이를 구체적으로 현실화시킨 결과가 바로 CBDC다. 중국의 디지털 위안(DCEP), ECB의 디지털 유로, 미국 디지털 달러 프로젝트 등은 이미 시범 단계에 접어들었다.

국가별 CBDC 도입 현황 [18]

주요국가	도입 현황 및 동향
미국	● 연방준비제도(Fed) 디지털 달러 도입 여부 검토 중 ● 법적 승인과 정책적 고려사항을 중심으로 연구 진행 중
유럽연합(EU)	● 유럽중앙은행(ECB)은 디지털 유로를 중심으로 연구 추진 중 ● 프랑스와 스웨덴이 대표적인 성공 상례
아프리카	● 나이지리아의 eNaira도입은 아프리카 최초의 CBDC사례 ● 남아프리카공화국은 국제 결제 시스템 도입을 적극 추진 중
아시아	● 중국 디지털 위안화의 파일럿 프로젝트와 성공적착수 ● 싱가포르, 태국, 홍콩 등 여러 아시아 국가들이 국경 간 결제 시스템 테스트
인도	● CBDC 도입을 준비하는 동시에, 디지털 경제 활성화와 가상자산 과세 방안을 도입하며 관련 인프라 정비 중

---

18) 출처: 2024,For information, contact Deloitte Anjin LLC

02 비트코인과 CBDC의 철학적 차이

언뜻 보면 비트코인이나 CBDC는 크게 차이가 없다. 오히려 누군가는 중앙은행에서 발행하는 CBDC가 안정성이나 투명성을 더 갖추었으니 좋지 않느냐고 반문할 수 있다. 그러나 두 개념은 철학적으로 명백한 차이가 있다.

비트코인은 정해진 발행량과 작업증명(POW)을 통해 발행과 검증을 분산 네트워크가 담당한다. 이 구조는 개개인이 자신의 자산을 온전히 통제하고, 정부나 은행이 임의로 계좌를 중단하지 못하게 한다. 또한 경제적으로 인플레이션을 유발하기 어렵게도 만든다.

반면 CBDC는 통화주권 유지와 공공성 강화가 핵심이다. 중앙은행이 화폐 발행 주체이므로, CBDC 또한 기존 법정화폐와 동일한 지위가 보장된다. 그러나 이는 중앙은행이 거래를 검열하거나 사용자의 금융 정보를 추적할 수 있음을 의미하기도 한다. 중국 정부가 비트코인이 아니라 디지털 위안, 곧 CBDC에 주목하는 이유도 여기에 있다. 그들은 '디지털 위안을 통해 금융 사기·탈세 등을 효과적으로 방지할 수 있다'고 주장하지만, 비트코인 입장에서는 '개인의 프라이버시와 자산 통제권이 국가권력에 의해 취약해진다'는 우려가 나온다. 즉, 두 체제는 '검열 저항성 vs 통제력 강화'라는 지향점에서 충돌할 수밖에 없다.

그렇다면 비트코인과 CBDC는 철학적으로 차이가 있으므로 서로 대립하는 관계인가? 초기에는 이러한 인식이 보편적이었지만, 지금은 비트코인과 CBDC가 서로 보완적 역할을 할 수 있다는 견해도 나타나고 있다. 예컨대 국가는 일상적인 결제와 세금 징수, 금융 안정성 유지에 CBDC를 사용하고, 비트코인은 투자·자산 저장·국경 간 송금 등에서 차별성을 발휘할 수 있다고 보는 전문가도 있다. 만약 예상대로라면 개발도상국 등 금융 인프라가 취약한 지역에서는 CBDC가 국가 단위 전자결제를 보편화하고, 비트코인이 국경 간 송금이나 가치 보존 수단을 맡을 수 있다.

다만 중앙은행이 무제한 발행과 통화정책 권한을 강력하게 유지하기를 원한다면, 비트코인과의 갈등과 충돌은 불가피해진다. 2021년 중국은 비트코인 채굴과 거래를 전면 금지하고, 국가 디지털화폐(DCEP)를 강력 추진해 사실상 경쟁을 배제했다. 이 경우, 개인은 실제 사용 측면에서 CBDC에 의존할 가능성이 크다. 반면 비트코인은 법정 지위를 얻기 어렵고, 음성화된 시장 또는 디지털 그림자 금융 역할로 밀려날 위험이 있다. 그러나 아르헨티나, 레바논 등과 같이 법정통화가 급락했을 때 개인들이 비트코인을 대안으로 선택한 사례는 긍정성과 부정성을 동시에 나타낸다.

그래서 일부 국가는 CBDC를 도입하면서도 비트코인을 합법적 디지털 자산으로 인정하고 있다. 이렇게 혼합적 접근을 시도해 상호작용하는 구조와 환경을 만들겠다는 것이 목표다. 앞으로 비트코인과 함께 국가 차원에서 별도 디지털화폐(CBDC) 도입하려는 움직임은 더 나타날 것으로 전망된다.

03 글로벌 불균형 · 비판적 관점 · 장단점 비교

만약 비트코인과 CBDC가 공존한다면 서로 다른 위치에서 각자의 기능을 담당할 수 있기에 긍정적인 해법으로 논의할 수 있다. 그러나 이를 구축하는 환경이 국가마다 다르다면 문제가 발생한다. CBDC와 비트코인이 공존하려면 그만큼 경제력, 정치 체제, 기술 인프라를 갖추어야 한다. 그러나 국가마다 격차가 있으므로 결국 제각각 다른 양상을 보일 것이다.

두 개념은 명백하게 차이가 있고, 장단점도 분명하다. CBDC는 통화 정책 수행이 용이하고 자금세탁 방지·세금 징수 효율을 높일 수 있다. 무엇보다 결제 안정성을 확보할 수 있다. 그러나 법정화폐와 다르지 않다는 점에서 개인 프라이버시를 침해할 수 있으며, 중앙은행의 권력 강화를 위한 수단으로 활용될 가능성이 크다. 그리고 갑작스러운 통화정책 변동 시 대중의 피해가 나타날 수 있다. 반면 비트코인은 희소성 기반으로 가치 저장을 이루며, 검열 저항성이 높다. 또한 개인 자산 통제권도 확대할 수 있다. 하지만 가격 변동성이 높고 정부 지원이 부족하며 대규모 확장 시 규제·금융 안정성과 충돌할 수 있다는 우려가 있다.

중앙은행 디지털화폐 vs 디지털자산 [19]

중앙은행 디지털화폐(CBDC)
- 중앙은행이 발행하는 디지털화폐로, 기존 법정화폐와 동일한 가치를 가짐
- 암호화폐와 달리, 중앙화된 통제하에 거래가 이루어져 금융 시스템의 안전성과 신뢰 보장
- 거래 속도와 보안성 및 투명성 강화
- 국경간 결제 절차와 간소화

디지털자산
- 디지털자산은 암호화폐, 스테이블코인, 대체불가토큰(NFT) 등 다양한 형태로 존재
- 블록체인 기술을 기반으로 하며, 자산의 소유권을 전자적으로 관리
- 거래의 투명성과 효율성, 안전성 보장 기존 금융 시스템의 비효율성 이슈 해소

요컨대 비트코인의 철학은 '**금융 주권을 개인에게 돌려주자**'는 가치에 초점을 맞추었고, CBDC는 '**국가 통제력과 공공 정책을 디지털로**

---

19) 출처: 2024,For information, contact Deloitte Anjin LLC

효율화하자'는 목적을 지닌다. 양자가 전혀 양립 불가능한 것은 아니지만, 중앙은행이 통화 주권을 양보하지 않는 한 완전한 결합은 쉽지 않다는 견해가 많다. 그럼에도 인문학, 경제학, 금융학, 과학을 아우르는 비트코인은 미래 금융 질서가 기존 틀을 넘어서도록 자극하고 있다. 일부 학자들은 "CBDC가 비트코인 기술 요소(분산 합의·스마트 계약)를 부분적으로 수용해 국가통화 모델을 새롭게 정립하게 될 것"이라고 예측한다.

비트코인과 CBDC는 '국가 보증 없이 운영되는 탈중앙화 화폐'와 '국가가 보증하는 디지털화폐'라는 점에서 구조적·철학적 차이가 있다는 점을 확인하였다. 오히려 이 대조적인 특징들이 서로의 한계를 보완하거나, 혹은 갈등을 촉발시키며 새로운 하이브리드 금융 질서를 만들어 갈 수 있다.

결국 비트코인과 CBDC 두 가지 통화체제가 어떤 식으로든 공존할 기회가 열려 있고, 그 시나리오는 **각국 정부·기업·투자자가 어떠한 정책 선택과 기술 혁신을 이루느냐**에 따라 달려 있다. 개인 투자자는 이 거대한 흐름 속에서 더 많은 정보와 학습을 필요로 한다. '기존의 중앙화된 시스템 vs 탈중앙화된 시스템'이라는 이원적 구도가 한층 더 복잡해진 금융 생태계가 어떻게 균형을 갖출지는, 지금 이 순간에도 진행 중인 거대한 시험이다.

Park's 조언

CBDC는 거대한 경제 기구의 '디지털 뇌'가 될 수도 있고, 비트코인은 그간 억눌렸던 금융 자유의 '해방구'가 될 수도 있다. 둘이 동시에 존재한다면 한쪽은 더 많은 통제력, 다른 한쪽은 더 많은 자율성을 제공할 것이다. 우리는 어느 선에서 타협해야 할까? 혹은 정말 이 둘이 조화를 이뤄 '중앙 있는 자유, 중앙 없는 안정'을 꿈꿀 수도 있을까? 비트코인은 당신의 대답을 기다리고 있다.

SECTION 3
비트코인이 금융 시스템에 미친 영향

비트코인은 탄생 초기부터 디지털 자산 정도로만 치부되었다. 하지만 그건 비트코인의 여러 가치와 의미를 오직 하나로만 보는 것이다. 오늘날 비트코인은 전 세계 금융시장의 균형을 흔들고, 중앙은행의 통화정책을 재검토하게 만들고 있다. 나아가 은행업의 구조적 변화까지 촉진하는 중이다. 국가·기업·개인이 비트코인을 주목하게 된 이유는 무엇일까? 이 장에서는 비트코인이 전통 금융 시스템에 어떤 충격을 던졌는지, 그리고 그 파급력이 앞으로 금융 지형을 어떻게 바꿀지를 다양한 사례와 시각을 통해 살펴본다.

01 은행업과 자산관리 패러다임의 전환

비트코인이 특히 주목받는 이유는 은행 계좌 없이도 가치 전송이 가능하다는 점이다. 이 기능이 평범해 보일 수 있으나, 사실 전통적인 은행업의 기반을 흔드는 요소가 된다. 왜냐하면 모바일 지갑 하나만 있으면 P2P 거래가 가능하기 때문이다. 일반적인 인터넷 뱅킹과 차원이 다른 방식이다. 그래서 많은 은행들은 비트코인 활성화를 우려한다. 개인이 가치 전송을 할 수 있다면, 결국 '**자기 주권 금융**(Self-Sovereign Finance)**이 확산된다**'는 뜻이기 때문이다. 오랫동안 은행은 개인을 대신하여 금융 활동을 관리했고 그만큼 권한 또한 굳건하게 지켰다. 그러나 비트코인을 통해서 은행의 독점 구조가 약화될 가능성이 있다. 실제로 국제금융협회(IIF) 자료에 따르면, '비트코인 채택이 활발해진 국가일수록 은행 오프라인 지점 이용률이 낮아지는 경향을 보였으며, 모바일 지갑 사용률이 크게 올라가는 추세가 감지되었다'고 밝혔다.

여기에 전통적으로 국제 송금은 SWIFT 같은 네트워크를 거쳐야 한다. 그리고 이 방식은 수수료와 처리 시간이 상당했다. 그러나 비트코인을 이용하면 언제든지 전 세계로 저비용·초단기간 송금이 가능하다. 2023년 엘살바도르 중앙은행 보고서에 따르면, 비트코인 법정화폐 채택 후 해외 노동자 송금 수수료가 약 30% 절감되었다고 한다. 물론 가격 변동성 문제가 완전히 해결된 것은 아니다. 하지만 라이트닝 네트워크 같은 2차 레이어 기술을 도입해 소액 결제 수수료와 전송 시간을 줄이려는 시

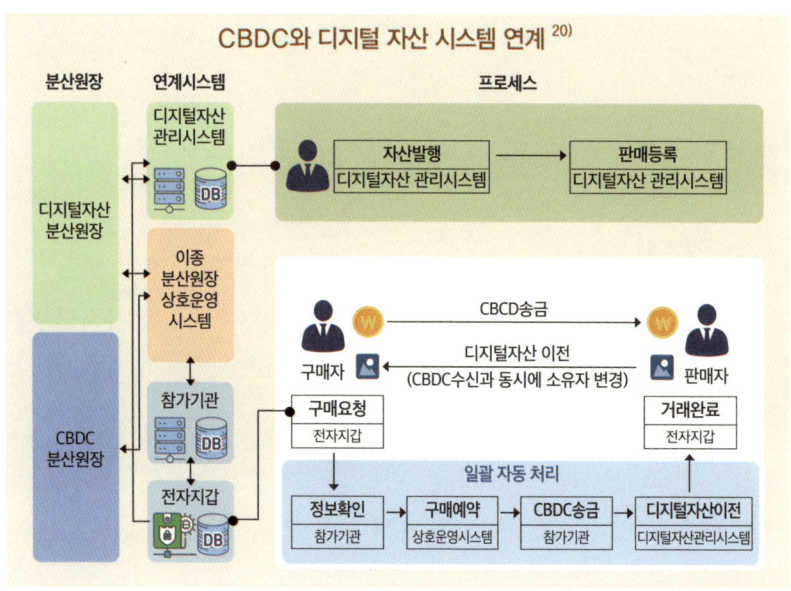

20) 출처: 한국은행

도가 이루어지고 있다는 점에서 고무적이다. 이러한 배경을 통해 일부 글로벌 은행은 디지털화폐 결제 서비스를 자체 개발하거나, 디지털화폐 전문기업과 제휴해 빠르게 변모하는 시장에 대처하고 있다.

02 금융시장 구조와 리스크 관리의 재해석

비트코인을 여전히 투기 수단으로 여기는 이들이 적지 않다. 저마다 다른 이유가 있지만, 공통적으로 극심한 가격 변동성 때문에 비트코인을 소유하기를 꺼린다고 말한다. 그래서 많은 이들이 여전히 주식이나 금 등 전통적인 투자 방식을 선호한다. 하지만 2020년대 들어 글로벌 투자기관들의 적극적 참여가 이어지면서, 주류 금융시장 안에서도 비트코인이 새로운 핵심 자산군으로 자리 잡는 양상이다. 이미 많은 투자기관과 개인 투자자가 비트코인의 가치를 인정하고 포트폴리오에 포함하고 있다.

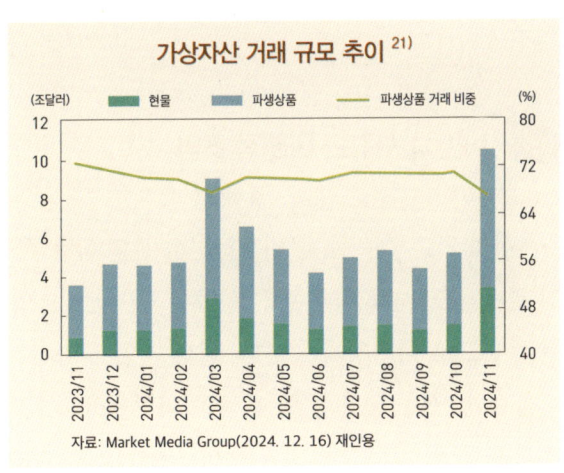

21) 출처: 자본시장연구원

특히 미국 증권거래위원회(SEC)가 일부 비트코인 ETF(상장지수펀드)를 승인할 가능성을 시사한 이후, 기관투자자 유입이 가속화됐다. 골드만삭스 연구 보고서에 따르면, 비트코인 관련 금융파생상품 시장은 1조 달러 규모를 돌파했다. 헤지펀드·연기금·대형 보험사들도 포트폴리오 다각화를 위해 비트코인에 할당하는 자금 비중을 늘리는 추세다.

몇몇 투자가들은 비트코인을 디지털 금이라고 평가한다. 2023년 은행권 위기가 거론되던 시점이나 미국 재무부 채무한도 협상이 난항에 빠졌을 때, 비트코인 가격이 상승하며 위기 회피(Flight to Safety) 수요가 유입되는 모습을 보였다. 반면 거시경제 지표가 안정적으로 유지되거나 주식시장이 안정적으로 유지되면 비트코인 투자수요가 감소하는 경향도 있다. 결국 비트코인은 전통 금융시장의 금리·환율·주가 흐름과도 연결되어 움직이고 있다. 즉, 독립된 대체 자산이 아닌 하나의 글로벌 자산으로 편입되는 모습이 점차 명확해지고 있다.

03 비판적 시각과 미래적 조망

자산의 기준으로 볼 때 비트코인은 분명 금융 혁신을 견인하는 매력적인 존재다. 그러나 다른 한편으로는 국가나 계층의 격차를 심화할 수 있는 수단으로 여겨지기도 한다. 일부 개인 투자자는 높은 변동성으로 손실을 보았으며, 국가 정책에 따라 디지털화폐 자산이 크게 출렁거리는 경우를 볼 수 있다. MiCA 법안이나 SEC의 암호자산 정책, 중국 정부의 강력 단속 정책 등이 대표적 사례다. BIS(국제결제은행)는 보고서에서 '암호화폐 글로벌 규제 공조가 지연된다면 금융시장 불안정성이 확대될 위험이 있다'고 지적했다.

그럼에도 여전히 비트코인은 매력적인 존재다. 무엇보다 우리가 주목해야 하는 것은 비트코인의 가치와 비전이다. 비트코인이 금융시장에 던진 충격을 우리는 받아들여야 한다. 누가 통화를 발행하고, 누가 가치 보존 수단을 결정하는지 근본적 질문을 우리는 이어야 한다. 중앙은행과 정부는 여러 정책을 통해 경제를 조절하였다. 그러나 비트코인은 이러한 정책이 통하지 않는 영역을 열어젖힘으로써 금융 패러다임 전환을 주도한다. 투자자든 일반인이든, 이제는 비트코인 없이 금융을 논하기 힘든 시대로 접어든 것이 분명하다.

Park's 조언

비트코인이 열어준 길은 단순한 투자 기회가 아니라, '금융이 누구의 통제에서 어떻게 운영되어야 하는가'라는 질문이다. 앞으로 중앙은행이 모든 걸 결정하는 시대를 벗어나, 개개인이 직접 자산을 관리하고 국경을 넘어 자유롭게 거래하는 세상이 올 수 있다. 그러나 높은 금융 자유엔 그만한 책임감이 동반된다. '내 돈은 내가 통제한다'는 구호가 멋지지만, 그 대가는 무시할 수 없는 위험과 학습을 요구한다.

SECTION 4
비트코인과 글로벌 금융위기

2008년 글로벌 금융위기가 발생했을 때 대다수 사람들은 은행과 정부가 나서서 문제를 수습하는 방식을 당연하게 여겼다. 하지만 결과는 어떻게 되었는가. 오히려 문제를 막기보다는 더 키운 결과를 초래하였다. 그런데 같은 시기에, 탈중앙화와 고정된 발행량을 내세운 새로운 화폐가 조용히 등장했다. 바로 비트코인이었다. 이번 장에서는 전 세계를 뒤흔든 금융위기들이 어떻게 비트코인에 영향을 주었는지 살펴보고, 비트코인이 위기 속에서 어떤 새로운 금융 패러다임을 제시했는지 심층적으로 살펴본다.

01 금융위기마다 부상하는 비트코인

법정화폐 시스템은 오랫동안 사회와 국가를 지탱하며 중추적 역할을 수행했고, 금융 경제에 유동성을 공급함으로써 경기 부양과 물가 안정을 도모했다. 그러나 다른 한편으로는 자산 가격 거품 형성 및 인플레이션 증가로 개인과 기업을 파산시킬 수 있는 위험을 초래하기도 했다. 2023년 실리콘밸리은행(SVB) 파산 사례 역시, 은행 시스템이 취약해지면 중앙은행이 결국 대규모 자금을 투입해야만 버틸 수 있다는 사실을 보여준다. 그러나 자금이 막대하게 투입되는 방식이 반복되면 법정화폐의 가치가 하락하고, 근본적으로 통화정책에 대한 신뢰가 흔들린다. 결국 본질은 바뀌지 않는다. 더 많은 돈을 찍어내는 것으로 위기를 덮는 구조가 과연 언제까지 지속될 수 있을까? 이 질문이 2008년 이후 대두되면서, 비트코인은 새로운 금융의 시작을 알리는 역할을 담당하게 되었다.

비트코인은 차츰 그 가치와 의의를 전 세계에 알리고 있다. 특히 금융위기가 발생할 때마다 비트코인을 주목하는 시선이 나타났다. 가령 2020년 초, 코로나19 팬데믹 충격으로 세계 경제가 휘청거리자 미국·유럽 등 주요국 중앙은행들은 다시 대규모 양적완화를 단행했다. 법정화폐의 발행 속도가 빨라지면서 가치 하락 우려가 커진 상황이 발생한 것이다. 그리고 이 시기에 비트코인 가격은 2020년에 약 7,000달러에서 2021년에 69,000달러까지 폭등하면서 2020년 비트코인 열풍을 불러일으켰다. 이때 수많은 투자자가 비트코인의 가치를 인정하기 시작했다. 이제 비트코인을 인플레이션 방어 자산으로 여기기 시작했고, 골드만삭

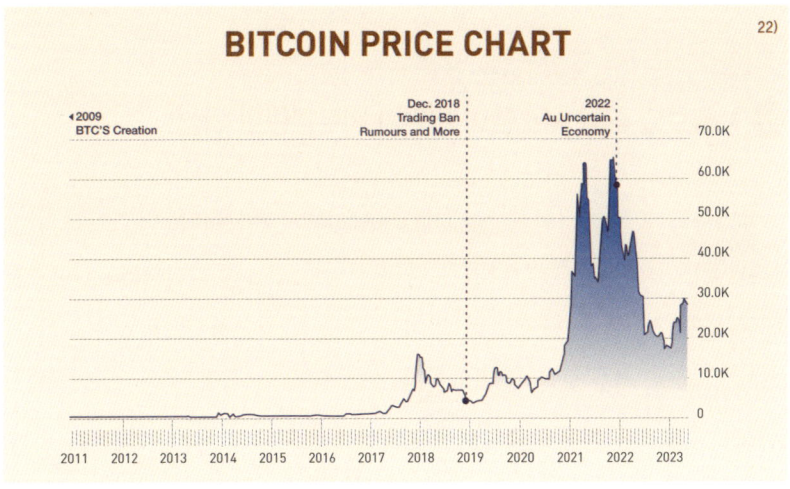

22) 출처: https://content-hub-static.crypto.com

스·블랙록 같은 글로벌 금융기관도 포트폴리오 일부를 비트코인에 할당하는 전략을 택했다.

2023년 실리콘밸리은행(SVB) 파산은 미국 은행권에 대한 불안감을 키운 사례로 평가된다. 일부 예금주들이 자금을 급히 회수하려 했고, 미 연준은 또다시 금리·유동성 정책을 조정하며 시장 안정을 시도했다. 이 과정에서 비트코인은 단기 급등세를 보이며 디지털 안전자산 역할을 재확인시켰다. 그리고 도널드 트럼프가 2025년 다시 미국 대통령으로 당선되면서 그 가치가 높아졌다.

비트코인의 가격 변동성이 크다는 비판은 여전히 있다. 그러나 전통 금융시장 위기가 닥칠 때마다, 비트코인이 일정 부분 헤지(hedge) 역할을 한다는 사실을 여러 사례에서 관찰할 수 있다. 실제로 유럽중앙은행(ECB) 보고서는 '은행권 불안정이 가시화되는 시점마다 비트코인 거래량이 증가하고, 가격이 급등하는 패턴을 반복한다'고 지적했다.

02 글로벌 금융 시스템의 재편과 비트코인의 위상

비트코인은 디지털화폐 생태계를 구축하는 핵심이다. 비트코인이 제시한 탈중앙화 금융 패러다임은 다양한 암호화폐와 디파이(DeFi) 구조를 확산하였다. 이들은 중개기관 없이도 대출·파생상품·결제 서비스를 제공하며, 금융 자율성을 극대화한다. 아르헨티나·레바논 등 법정화폐가 불안정한 국가에서 시민들은 디파이 플랫폼을 이용해 자산을 보호한다. 또 달러·스테이블코인 등에 접근하는 등 전통 금융에서는 상상하기 어려웠던 방식으로 금융을 활용 중이다.

개인이 자유롭게 금융 거래를 시도한다는 뜻은, 국가가 통화정책과 금융 흐름을 통제하기 어려워진다는 의미를 나타내기도 한다. 중국은 원래 비트코인에 우호적이었다. 그러나 지금은 비트코인 채굴과 거래를 강력히 단속하고, 디지털 위안화를 주도적으로 도입하려는 이유 역시 화폐주권 수호 논리를 기반으로 한다. 이처럼 비트코인 확산은 각국의 정책적 대응에 따라 공존·갈등 양상을 복합적으로 드러내고 있다.

투자기관들도 발 빠르게 움직이고 있다. 골드만삭스·피델리티·블랙록 등 주요 투자기관들이 2020년대 들어서 비트코인 관련 펀드·ETF 등을 출시했고, 새로운 투자 자산군으로 인정하는 흐름을 가속화했다. 테슬라·마이크로스트래티지 같은 기업들은 회사 자산 일부를 비트코인으로 편입해 이목을 끌었다. 스위스의 일부 주(州)는 비트코인 세금 납부를 허용하는 등, 일부 국가에서는 비트코인을 제도권으로 편입하려는 노력을 기울이고 있다. OECD 보고서의 경우, '비트코인이 기존 화폐를 완전히 대체하긴 어렵겠지만, 금융상품·결제수단 등 다양한 방식으로 법정화폐와 나란히 이용될 가능성이 높다'고 내다봤다.

비트코인은 글로벌 금융위기 때마다 대체 자산으로써 역할을 했다. 법정화폐에 대한 대안을 제시했고, 개인 금융 주권 강화 등 혁신성을 강조했다. 그러나 극심한 가격 변동성과 제도적 불확실성, 에너지 소비 문제 등으로 인해 여전히 그 가치를 인정하지 못하는 움직임이 나타나고 있다. 무엇보다 국가 통화정책과 충돌할 수 있어 금융시장 혼란을 유발할 여지도 있다. 하지만 상황은 반복되고, 그때마다 사람들은 비트코인을 찾을 것이다. 향후 비트코인은 금융위기 때마다 안전자산 또는 헤지 수단으로 주목받을 가능성이 크다. 여기에 라이트닝 네트워크 등 기술이 발전하면 일상 결제까지 영역을 넓힐 수 있다.

03 금융위기의 산물, 그리고 새로운 질서의 열쇠

금본위제 폐지 이후 법정화폐 시스템에 대한 회의감이 커질수록, 비트코인은 더 많은 관심과 투자를 끌어당기고 있다. 물론 법정화폐와 중앙은행이 완전히 사라질 일은 당분간 없을 것이다. 다만 세계 경제가 불안해지며 법정화폐만으로는 부족하다는 사실이 확인될수록, 비트코인 같은 탈중앙 디지털 자산이 더 견고히 자리 잡을 전망이다. 결국 비트코인은 기존 금융 패러다임을 보완·대체하며, 금융 주권이 재편되는 과정에서 중요한 축으로 기능할 가능성이 크다.

이 상황에서 당신은 어떤 선택을 할 것인가? 법정화폐가 언제든 통화량을 조절할 수 있다는 편의를 믿을 것인지, 아니면 고정 발행량과 탈중앙 네트워크가 제시하는 새 질서를 수용할 것인지 선택해야 한다. 글로벌 금융위기가 올 때마다 던져지는 이 질문에 대한 답은, 앞으로의 경제 질서를 결정짓는 핵심 열쇠가 될 것이다.

Park's 조언

비트코인이 던지는 메시지는 '화폐는 정부만의 독점이 아니다'라는 주장일 수도 있다. 금융위기가 반복될 때마다 중앙은행의 무제한 발행에 의존하는 구조가 정말 안전한지 돌아봐야 할 것이다. 다만 탈중앙화가 늘 옳다고 말하기는 어렵다. 그 자유로움 뒤에는 책임이라는 그림자도 함께 따른다. 비트코인의 길에 들어선다면, 당신은 그 책임까지 받아들일 각오도 있어야 한다.

Chapter 4
비트코인의 사회적 영향

비트코인
문명의
개척자들

SECTION 1
비트코인과 소유권의 혁명
(디지털 시대, 소유권 개념의 근본적 전환)

소유권의 개념은 오랜 세월 동안 물리적인 형태로 존재했었다. 부동산, 현금, 귀금속, 미술품과 같은 전통적 자산은 법적 시스템과 정부가 보장하는 형태로 개인의 소유권이 인정되었다. 하지만 디지털 혁명이 시작되면서, 새로운 소유권 개념이 등장했다. 비트코인은 법정화폐와 달리 국가의 개입 없이 개인이 직접 소유하고 관리할 수 있는 최초의 금융 혁신이다. 그리고 이는 단순한 경제적 변화가 아니라, 법과 금융의 패러다임 전환을 의미한다. 과거에는 자산이 국가에 의해 보호받았지만, 오늘날에는 개인이 직접 소유권을 증명해야 하는 시대가 오고 있다. 비트코인은 새로운 경제 질서의 중심에 서 있다.

01 소유권 개념의 변화: 물리적 자산에서 디지털 자산으로

당신은 어떤 자산을 갖고 있는가. 얼마만큼의 현금, 부동산 또는 자동차를 소유하고 있을 것이다. 그 모든 것이 자산이다. 우리는 지금까지 자산을 실물로 볼 수 있는 방식으로 소유하고 있었다. 하지만 인터넷과 컴퓨터, 스마트기기가 보급되면서 점차 자산의 형태도 변화하고 있다. 비록 보이지는 않아도, 스마트폰 앱에 연동된 스마트폰 앱에 연동된 계좌가 당신의 것이라면 계좌에 적힌 금액의 소유자는 당신이다. 왜냐하면 은행에서 이를 인증하였기 때문이다.

인류역사상 자산은 그 역사가 유구하다. 다만 자산이 내 것이라고 인정하는 근거, 곧 소유권의 역사는 경제적으로 볼 때 국가와 금융기관이 구체적으로 정의하였다. 특히 현대 사회에 들어서는 이러한 점이 또렷해진다. 가령 부동산은 등기부에 기록되어야 법적 소유권이 보장되었고, 현금과 주식은 금융기관을 통해 거래되고 보관되었다. 하지만 이제 소유권은 디지털 공간으로 점차 확장하고 있다. 인터넷과 블록체인 기술이 등장하면서, 개인이 직접 디지털 자산을 소유하고 관리할 수 있는 시대가 도래했다.

비트코인은 소유권 개념을 완전히 바꿔놓았다. **기존 금융 시스템에서는 국가가 소유권을 증명했지만, 비트코인은 개인이 직접 지갑(private key)을 관리함으로써 금융의 완전한 주권을 가질 수 있도록 한다.** 이는 국가와 은행이 금융 거래를 독점해온 오랜 구조를 뒤흔드는 혁신이다. 이러한 혁신을 어떻게 받아들여야 하는지 국가들은 고민하기 시작했다. 일부 국가는 비트코인을 재산으로 인정했지만, 다른 국가들은 오히려 부정했다. 대표적인 예를 확인해 보자.

국가	내용
독일	◆ 비트코인을 사적 재산으로 인정하며, 개인의 비트코인 보유를 법적으로 보호한다.
미국(일부 주)	◆ 비트코인을 법적 결제 수단으로 인정하는 움직임이 있다. 와이오밍(Wyoming)주의 경우 암호화폐 친화적 법안을 도입하며 디지털 자산 소유권을 강화했다.
중국	◆ 비트코인 거래를 금지하며, 금융 주권을 유지하려는 태도를 보인다.
엘살바도르	◆ 2021년 비트코인을 법정화폐로 채택하면서 국가 차원에서 디지털 자산을 공식적으로 인정한 첫 사례가 되었다.

02 국가의 자산 통제와 비트코인의 저항성

비트코인은 개인에게 디지털 공간에서의 자유로운 금융 활동을 선사했을 뿐만 아니라, 새로운 혁신을 이끄는 대안이라는 점에서 각광받고 있다. 오프라인에서 온라인으로, 현실에서 디지털로 금융 또한 변화를 시도하는데, 디지털화는 본질적으로 기존의 질서를 그대로 답보한다는 점에서 한계를 지니고 있다. 그러나 비트코인은 정부의 자산 통제와 금융 감시에 대한 강력한 대안으로 평가받는다. 이미 많은 사례로 알 수 있듯이 경제 위기나 정치적 불안정 상황에서, 국가들은 국민의 재산을 동결하거나 몰수하는 조치를 취한다. 최근에도 유사한 사태가 발생하였는데, 비트코인이 이러한 문제의 해결법으로 여겨지고 있어 주목해야 한다. 대표적인 예를 확인해 보자.

☞ **2013년 키프로스 금융위기의 경우**
정부가 국민 예금의 일부를 강제 인출하면서, 은행 시스템에 대한 신뢰가 무너졌다. 이 사건 이후 비트코인 가격이 급등하며, 중앙 기관의 개입 없이 자산을 보호할 수 있는 수단으로 주목받기 시작했다.

☞ **2022년 캐나다 트럭 운전사 시위(프리덤 콘보이)의 경우**
정부가 시위대의 은행 계좌를 동결하는 사태를 일으키자 일부 시위대는 비트코인을 통해 기부금을 전달받았다. 당시 비트코인 커뮤니티는 분산형 크라우드펀딩 플랫폼을 이용해 시위대에게 자금을 지원했으며, 정부의 금융 감시를 우회하는 데 성공했다.

이러한 사례는 국가가 중앙화된 금융 시스템을 통제할 때, 비트코인이 개인의 경제적 자유를 유지하는 수단이 될 수 있음을 보여준다.

03 소유권은 국가가 아닌 개인의 것이어야 한다

비트코인은 단순한 투자 자산이 아니며, **소유권 개념을 변화시키는 혁신적인 금융 도구**다. 이제 국가가 소유권을 보장하는 시대는 끝나가고 있다. 오늘날 개인은 더 이상 은행이나 정부의 개입 없이도 자산을 보호할 수 있다. 하지만 그만큼 책임도 따른다. 비트코인은 자유를 제공하지만, 그 자유를 유지하기 위해서는 스스로 소유권을 관리할 수 있어야 한다.

이제 비트코인이 **새로운 경제 패러다임의 핵심 요소이며, 금융의 미래를 결정짓는 중요한 도구임을** 확인했을 것이다. 당신은 국가가 보장하는 금융 시스템 속에서 살 것인가, 아니면 스스로 자신의 자산을 통제할 것인가?

Park's 조언

우리가 소유하는 자산은 이제 물리적 범위에서 벗어나 디지털 범위로 나아가고 있다. 점차 변화하는 자산의 위치와 형태는 근본적인 물음을 던진다. 지금 우리가 지니고 있는 자산은 무엇이고, 이를 어떻게 활용해야 하는가. 그리고 핵심은 비트코인에 있다. 비트코인은 새로운 소유권의 핵심 가치를 제공한다. 금융의 미래를 상징하는 비트코인을 당신은 어떻게 받아들일지 고민해 볼 때이다.

SECTION 2
비트코인이 가져온 경제적 포용성

법정화폐의 신뢰가 무너지는 시기가 오면, 그에 대비할 새로운 대안이 떠오른다. 이유는 간단하다. 그만큼 금융 현실이 잔혹하기 때문이다. 법정화폐의 근간이 흔들리는 개발도상국에서는 사정이 더 끔찍하다. 17억 명이 은행 계좌 없이 살아가고, 그들은 국제 송금 한 번만으로 막대한 수수료를 지불해야 한다. 인플레이션은 악몽처럼 찾아와 재산의 가치를 무너뜨리고, 신용 시스템이 없는 사회에서는 돈이 권력의 수단으로 작동한다. 하지만 여기에 균열이 생기고 있다. 비트코인은 은행이 없는 이들에게 금융을 제공하고, 부패한 정부의 통제에서 벗어나게 한다. 나아가 세계 경제 시스템 속에서 개인이 주도권을 가질 수 있도록 한다.

01 금융 소외의 현실과 붕괴하는 신뢰

　선진국과 개발도상국의 차이는 국가 경쟁력이나 민주주의 기능, 또는 대외적인 인지도나 발전 가능성 등으로만 구분하지 않는다. 경제적 지위와 안정성 또한 크게 영향을 받는다. 보통 우리가 선진국의 법정화폐를 신뢰하는 이유, 가령 미국의 달러나 일본의 엔화, 유럽연합의 유로가 기축통화로 여겨지는 이유는 그만큼 강력한 경제 안정성을 보장하기 때문이다.
　그에 비하면 개발도상국에서 법정화폐는 신뢰를 자주 잃는다. 다른 국가만 의심하는 것이 아니라 자국민조차 법정화폐를 꺼려하기도 한다. 그만큼 안정성을 보장하지 않기 때문이다. 개발도상국은 대부분 환경이 비슷하다. 은행 시스템은 극히 일부 계층에게만 열려 있으며, 서류 한 장 없이 살아가는 대다수 사람은 금융서비스에서 철저히 배제된다. 사하라 이남 아프리카에서는 성인 인구의 65% 이상이 은행 계좌를 보유하지 못하고 있으며, 동남아시아와 중남미에서도 상황은 크게 다르지 않다. 그러나 스마트폰은 이러한 장벽을 허물고 있다.

우리는 이제 스마트폰 하나만 있으면 돈을 관리할 수 있는 시대에 살고 있다. 하지만 기존 금융 시스템은 여전히 낡은 규칙을 고집하며 새로운 가능성을 거부한다. 한 사람이 외국에서 돈을 벌어 본국으로 송금한다고 가정해보자. 단순히 돈을 보내는 정도로 그치지 않는다. 거대한 수수료 장벽이 그의 앞을 가로막는다. 필리핀과 베트남에서는 해외 노동자들이 가족에게 돈을 보낼 때 평균 8~10%의 수수료를 부담해야 한다. 이들은 단순한 금융 소비자가 아니라, 국가 경제를 떠받치는 숨겨진 엔진이다. 그런데도 금융 시스템은 그들에게 편리함이 아니라 부담을 지운다.

그러나 변화가 시작되고 있다. 비트코인은 금융 시스템이 외면한 사람들에게 손을 내밀고 있다. 더 이상 정부의 허가가 필요하지 않다. 신용 기록 역시 없어도 된다. 은행이 돈을 지켜준다는 환상에 매달릴 필요도 없다. **비트코인은 금융 소외를 종식시키는 도구**다.

02 은행이 없는 금융 시스템, 비트코인의 혁명

비트코인은 금융 시스템을 송두리째 흔들고 있다. 엘살바도르는 비트코인을 법정화폐로 채택한 이후 GDP가 10% 성장했으며, 비트코인 시티를 건설하며 금융 독립의 실험을 진행 중이다. 나이지리아에서도 마찬가지다. 정부가 중앙은행 디지털화폐(CBDC)를 도입하며 비트코인과 디지털화폐 시장을 억제하려고 했으나, 결과는 정반대로 나타났다. 국민들은 더 이상 정부를 신뢰하지 않았고, P2P 거래량이 폭증했다. 이제 누구나 스마트폰 하나로 전 세계 경제에 연결될 수 있다. 따라서 거대한 금융기관이 승인하는 절차를 거쳐야만 거래가 가능했던 시대는 지나가고 있다. 비트코인은 정부와 은행을 거치지 않고도 가치를 전송할 수 있는 시스템을 만들었다. 특히 이 시스템은 개발도상국에서 가장 강력하게 작동하고 있다.

방글라데시의 여성들은 비트코인을 활용한 소액 대출 플랫폼을 이용하는 등 금융 시스템에 접근할 수 있게 되었다. 오랫동안 그들은 남성 없이는 금융 활동을 할 수 없었다. 그러나 이제 남성 보호자가 없다는 이유로 거부당하지 않는다. 이런 사례는 단순히 금융 서비스를 제공하는 것이 아니라, 사회적 구조 자체가 바뀌고 있음을 시사한다.

다른 사례도 있다. 필리핀 해외 노동자들은 이제 비트코인을 통해 국제 송금을 한다. 80% 이상의 비용을 절감할 수 있고, 송금 속도 또한 기존 시스템보다 10배 이상 빠르다. 금융을 장악하고 있던 은행과 국가 기관들은 이 변화를 막을 수 없다. **기술은 이미 기존 금융 시스템을 넘어선 지 오래다.**

03 마이크로 파이낸스와 비트코인의 만남

흔히 마이크로 파이낸스는 저소득층에게 대출이나 저축, 보험 등 금융 서비스를 소액 규모로 제공하는 사업을 의미한다. 즉, 당장 자산이 부족해도 사회 활동에 필요한 금융 서비스를 제공한다는 점에서 마이크로

파이낸스의 중요성이 강조되고 있다. 문제는 마이크로 파이낸스를 활용하려면 중개 기관을 거쳐야 하는데, 이용자 입장에서는 복잡하고 오래 걸려서 여러모로 불편하다는 점이다. 좋은 수단임을 알면서도 이를 적극적으로 활용하지 못하고 있다.

그런데 비트코인이 마이크로 파이낸스와 결합하며 더욱 강력한 금융 모델로 자리 잡고 있다. 기존의 마이크로 파이낸스는 중개 기관을 거쳐야 했지만 비트코인은 이를 완전히 제거한다. 이제 스마트 컨트랙트를 활용하여 은행 없이도 신용 거래가 가능하다. 특히 개발도상국에서는 새로운 혁신과 기회를 이룰 수 있다. 개발도상국의 수많은 기업가들이 이 시스템을 이용해 금융 시스템을 우회하고 있다.

가령 P2P 대출[23] 확산의 경우, 스마트 컨트랙트를 활용한 P2P 대출 시스템이 기존의 대출 시스템을 대체하는 사례다. 이제 신용 기록이 없어도, 담보 없이도 사람들은 금융을 이용할 수 있다. 또한 자산 보호의 혁명을 이룰 수 있다. 실제로 베네수엘라의 경제가 무너졌을 때, 시민들은 법정화폐가 아니라 비트코인을 선택했다. 극심한 인플레이션 속에서도 비트코인이 그들의 자산을 보호했다.

04 비트코인의 도전과 기회

여전히 당신에게 비트코인은 그저 디지털화폐에 불과한가? 이제 그

---

[23] 영어로 peer-to-peer lending 약자로, P2P 대출은 은행을 통하지 않고도 사람들이 서로 돈을 빌려주거나 돈을 빌릴 수 있는 금융 방식의 한 형태이다. 해외에서는 소셜 대출(Social lending) 또는 크라우드 대출(Crowd lending)이라 부르기도 한다.

생각을 떨쳐내야 한다. 비트코인은 금융 혁명을 주도하는 핵심 존재이자 가치의 상징물이다. 정부의 금융 통제를 우회하며 스마트폰과 인터넷만 있으면 누구나 접근할 수 있는 금융 시스템을 구축하는 수단이 되고 있다. 때문에 디지털화폐를 규제하는 국가와 디지털 인프라가 부족한 지역에서는 활용하기 어렵다는 단점이 있지만, 디지털 격차를 줄이고 규제를 완화할 경우 무궁무진한 기회를 생산할 수 있다. 그리고 이러한 장벽들은 시간이 지나며 점차 해결될 것이다. 규제 프레임워크는 지속적으로 개정될 것이며 기술은 더욱 발전할 것이다.

기존 금융 시스템은 개발도상국을 소외시켰다. 그러나 **비트코인은 금융의 문을 열고 개인에게 경제적 자유를 제공**하고 있다. 이제 선택의 순간이 다가왔다.

Park's 조언

금융의 자유는 단순한 권리가 아니라, 행동으로 쟁취해야 할 영역이다. 비트코인은 금융 민주화의 시작이며, 기존 시스템이 외면한 사람들에게 새로운 기회를 제공한다. 그러나 자유에는 책임이 따른다. 디지털 금융을 이해하고, 자산을 지키고, 스스로 금융의 주체가 되어야 한다. 금융의 미래는 당신의 손에 달려 있다.

SECTION 3

비트코인과
개발도상국의 금융 혁명
(탈중앙화 금융이 가져올 경제적 독립과 기회)

금융은 오랫동안 소수 전문가에게만 허락된 영역이었다. 하지만 비트코인의 등장은 이 오래된 장벽을 깨고 있다. 법정화폐의 가치가 흔들리는 나라에서는 비트코인이 금융의 최후 보루로 여겨지고 있다. 기존 금융 시스템에서 배제된 17억 명의 사람들은 새로운 선택지를 마주하고 있다. 이제 금융의 개념이 바뀌고 있다. 중앙은행이 통제하는 금융이 아니라 개인이 주도하는 금융으로 말이다.

01 금융 소외의 현실과 경제적 불평등

당장 몇 년 전을 떠올려 보자. 우리가 송금하려면 은행을 찾아야 했고, 종이로 만든 통장이나 카드를 기기에 넣어서 송금할 은행계좌를 입력해 돈을 보내야 했다. 그리고 이 과정에서 수수료가 청구되는 것은 아주 자연스러운 흐름이었다. 그러나 지금은 어떤가? 누구나 스마트폰으로 인터넷 뱅킹을 시도한다. 대다수 은행은 수수료 또한 없다. 우리가 지금 자유롭게 금융 서비스를 이용하는 배경에는 놀랍도록 발전한 인터넷과 스마트기기의 높은 보급률이 있다.

그러나 그건 인터넷 보급률이 높은 한국 사회의 특징 덕분이다. 세계적으로 본다면 여전히 17억 명이 공식적인 금융 시스템을 이용하지 못하고 있다고 한다. 그들은 신용 기록이 없다는 이유로 대출을 받을 수 없고, 번 돈을 송금할 때 높은 수수료를 부담해야 한다. 통화 가치 하락으로 인해 한순간에 재산을 잃기도 한다. 아직도 금융 인프라가 열악한 환경에서 지내는 이들이 상당하다. 그러므로 금융 인프라를 구축하려는 움직임이 소비자들 사이에서 나타나고 있다.

나이지리아의 경우 정부가 외환 규제를 강화하자, 국민들은 P2P 거래를 통해 비트코인을 거래하기 시작했다. 2023년 기준으로 나이지리아의 P2P 비트코인 거래량은 세계 최고 수준을 기록했다. 베트남에서는 기존 금융 시스템이 해외 거래를 제한하자, 글로벌 프리랜서 시장에서 일하는 젊은 이들이 비트코인을 결제 수단으로 사용하기 시작했다. 이들은 이제 은행을 거치지 않고도 전 세계 고객과 직접 거래하며 수익을 창출하고 있다. 아르헨티나에서는 극심한 인플레이션으로 인해 국민들이 페소 대신 비트코인을 보유하고 있다. 정부가 환율 통제를 시행하며 공식 환율과 시장 환율의 괴리가 커지자, 비트코인은 아르헨티나에서 경제적 자유를 위한 필수 수단으로 평가되었다. 이처럼 기존 금융 시스템이 해결하지 못한 문제를 비트코인은 개인의 손으로 해결할 수 있도록 한다.

02 비트코인과 금융 접근성: 기존 시스템과의 차이점

우리가 비트코인에 주목하는 이유는 기술력도 한 몫 한다. 비트코인은 **기존 금융 시스템이 배제한 이들에게 경제적 포용성을 제공하는 도구**다. 기존 은행 시스템은 물리적 지점이 있어야 하지만, 비트코인은 인터넷만 있다면 접근할 수 있다. 또한 국제 송금 비용을 기존 금융 시스템보다 60~80% 절감할 수 있다. 여기에 정부나 금융기관이 특정 개인이나 기업을 경제적으로 배제하는 것이 불가능하다. 무엇보다 신용 기록 없이도 금융 거래가 가능하며, 글로벌 시장에서 직접 경제 활동이 가능하다. 이러한 특성은 개발도상국에서 특히 강력한 영향을 미치고 있다.

물론 선진국이라고 해서 비트코인의 접근성과 효율성을 간과하지는 않는다. 왜냐하면 개발도상국에서의 비트코인 활용 사례는 디지털화폐의 흐름을 보다 더 넓게 이해할 수 있는 실험장이기 때문이다. 동시에 비트코인이 개발도상국의 금융 시스템을 변화시키는 현상에서 그 영향력을 파악하고, 이를 정책이나 시스템으로 담으려는 노력이 나타나고 있다. 2025년에 들어서 미국은 디지털화폐를 긍정적으로 받아들이는 정책을 빠르게 펼치고 있다. 미국 행정부는 이미 주요 정책이 디지털화폐와 관련이 있으며, 새로 임명된 핵심 인사들도 비트코인에 친화적이다. 이제 비트코인의 혁신은 개발도상국에서만 국한하지 않을 것이다.

Park's 조언

비트코인은 기존 금융 시스템이 외면했던 사람들에게 새로운 기회를 제공한다. 그러나 오직 자유와 기회만 바라봐서는 안 된다. 자유에는 언제나 책임이 뒤따른다. 따라서 금융 교육과 기술적 이해가 필요하며, 무엇보다 개인은 금융 주권을 지키려는 의지를 갖추어야 한다.

SECTION 4

비트코인과 메타버스 경제의 탄생

(디지털 세계에서 비트코인이 창출하는 새로운 경제 질서)

과거의 경제는 물리적 공간 속에서 움직였다. 하지만 인터넷과 디지털 기술이 발전하면서 경제 패러다임은 빠르게 변화하고 있다. 메타버스는 단순한 가상공간이 아니다. 이는 새로운 경제 생태계이며, 기존 금융 시스템의 제약을 받지 않는 독립적 디지털 시장이다. 그리고 그 중심에 비트코인이 있다.

가상 부동산와 NFT, 디지털 서비스 거래까지, 메타버스는 금융의 새로운 장을 열고 있다. 그리고 비트코인은 글로벌 경제 활동을 가능하게 하는 핵심 결제 수단으로 자리 잡고 있다. 법정화폐의 한계를 넘어선 비트코인은 국경 없는 경제를 만들고 있으며, 기존 금융 시스템이 제공하지 못했던 자유를 창출하고 있다.

지금 우리는 경제가 단순한 물리적 공간에서 디지털 경제로 넘어가는 거대한 변화를 마주하고 있다. 메타버스가 가상과 현실의 경계를 허물 때, 비트코인은 그 안에서 경제적 가치를 창출하는 원동력이 될 것이다.

01 디지털 경제와 메타버스의 부상

디지털 트랜스포메이션이라는 개념이 최근 화두다. 간단히 설명하면 '기업 등 조직에서 비즈니스 영역 전반을 디지털 기술과 통합해 새로운 프로세스를 구축하는 과정'을 의미한다. 그러나 디지털 트랜스포메이션은 비단 조직 활동에만 제한하지 않는다. 이제 모든 것이 디지털화, 디지털 공간으로 넘어가고 있다. 사회, 경제, 문화가 디지털화되면서 새로운 변화를 경험할 수 있다.

특히 경제는 이제 물리적 세계에만 존재하지 않는다. 21세기의 경제 활동은 디지털화되고 있으며, 그 정점에 메타버스가 있다. 메타버스는 가상 세계를 넘어 하나의 독립적인 경제 생태계를 구축하고, 인간의 경제 활동을 재구성하고 있다. 이러한 변화는 단순한 유행이 아니다. 글로벌 컨설팅 기업 PwC는 '2030년까지 메타버스 시장 규모가 1조 5천억 달러를 넘어설 것'이라 전망했다. 글로벌 기업들은 이미 메타버스 경제를 차세대 성장 동력으로 삼고 있다. 메타버스가 단순한 가상현실을 넘어, 실제 경제적 가치를 생산하는 시장으로 전환되고 있기 때문이다.

그렇다면 메타버스는 어떻게 생태계를 구축하는가. 당연히 새로운 경제 구조를 형성해야 한다. 그리고 이 경제구조는 기존의 법정화폐로 운영할 수 없다. 거기엔 몇 가지 이유가 있다. 법정화폐는 국경을 초월하지 못하며, 기존 금융 시스템은 디지털 경제의 속도를 따라가지 못하기 때문이다.

여기에서 비트코인의 역할이 등장한다. 비트코인은 중앙은행과 금융기관의 개입 없이도 가치 저장과 거래가 가능하며, 누구나 인터넷만 있으면 참여할 수 있는 경제 시스템을 만든다. 이는 메타버스 경제가 요구하는 필수 조건과 완벽히 부합한다.

02 메타버스에서 비트코인의 역할

메타버스 시장이 활성화된다면 그만큼 비트코인 또한 중요한 가치를 지니게 된다. **비트코인은 메타버스 경제 시스템의 근본적인 인프라가 될 것**이다. 비트코인은 메타버스 내에서 다음과 같은 핵심 역할을 수행한다.

우선 가상 자산 거래의 주요 결제 수단이다. 가장 대표적인 방식으로 메타버스 내에서 가상 부동산, NFT, 디지털 아이템 거래에 비트코인이 사용된다. 예를 들어, 디센트럴랜드(Decentraland)와 샌드박스(The Sandbox), 로블록스(Roblox) 같은 메타버스 플랫폼에서는 가상 부동산 거래가 활발히 이루어지고 있으며, 주요 결제 수단으로 암호화폐가 자리 잡고 있다.

다음으로 국경 없는 경제 활동을 지원할 수 있다. 법정화폐와 달리 비트코인은 특정 정부나 금융기관의 통제를 받지 않으므로, 메타버스 내 글로벌 경제 활동을 가능하게 한다. 그리고 스마트 계약과의 결합이 가능하다. 비트코인 기반 스마트 계약 기술이 발전하면서, 메타버스 내 경제 활동이 자동화될 수 있다.

※블록체인이 메타버스에서 하는 역할 [24]

디지털 자산 소유권 보장	NFT를 통해 가상 아이템의 소유권 증명
경제 시스템 구축	블록체인 기반 가상화폐(비트코인) 사용 가능
보안 및 신뢰성 강화	탈중앙화된 데이터 관리로 해킹 및 조작 방지
거래 및 상호운용성 증가	다양한 블록체인 네트워크 간 상호운용 가능

24) 출처: 메타버스 관련 연구 보고서 (PwC), https://thecradle.co.kr/79

경제 활동 말고도 프라이버시와 보안성 또한 제공할 수 있다. 비트코인의 블록체인 기술은 거래 내역을 투명하게 기록하면서도 개인 정보를 보호할 수 있도록 설계되어 있다. 이처럼 메타버스가 성장할수록 비트코인은 점점 더 중요한 역할을 하게 될 것이다.

03 비트코인과 NFT: 디지털 자산의 소유권 혁명

메타버스 경제의 핵심 요소 중 하나는 NFT(Non-Fungible Token, 대체 불가능한 토큰)다. NFT는 디지털 자산의 희소성을 보장하고, 소유권을 명확하게 증명하는 기술이다. 비트코인은 이러한 메타버스의 NFT, 나아가 NFT 시장 그 자체에서도 중요한 역할을 하고 있다. 최근 등장한 Ordinals(오디널스) 프로토콜은 NFT를 비트코인 블록체인에 직접 기록할 수 있도록 만들었으며, 이를 통해 비트코인 기반 NFT 시장이 빠르게 성장하고 있다.

메타버스의 등장은 경제의 판도를 새롭게 바꾸었다. 이는 디지털 경제에서 탈중앙화된 소유권 구조가 가능해지는 시대가 도래했음을 의미한다. 기존 중앙화된 데이터베이스에서 관리하던 디지털 자산이 이제는 완전히 분산된 방식으로 운영할 수 있게 되었다.

메타버스 경제가 본격적으로 확장되면, 비트코인은 더욱 중요한 역할을 하게 될 것이다. 우리는 비트코인이 디지털 공간에서 어떻게 활용될 수 있는지 논의한다. 메타버스 경제에서도 이를 활용할 방안을 모색하고 있다. 그 예로 마이크로소프트는 메타버스 내 블록체인 결제 시스템을 연구하고, 디지털 경제와 암호화폐의 결합을 가속화하고 있다. 곧 **비트코인이 디지털 경제의 근본적인 기둥으로** 자리하게 된다. 또한 메타버스에서 글로벌 경제 활동을 지탱하는 인프라로 작용할 것이다.

비트코인과 메타버스의 결합은 여전히 진행 중이다. 그리고 혁신이 지속되는 한 경제 패러다임의 변화는 계속 이어진다. 메타버스가 가상과 현실의 경계를 허물 때, 비트코인은 그 안에서 경제적 가치를 창출하는 원동력이 될 것이다. 이는 금융 시스템의 근본적인 변화를 의미한다. 향후 15~20년 동안 메타버스 경제는 더욱 확장될 것이고, 비트코인은 그 핵심 인프라로 자리할 것이다. 이제 우리는 디지털 경제의 새로운 시대를 맞이하고 있다.

> 과연 비트코인이 화폐로 기능할 수 있는지 많은 이들이 의구심을 제기했다. 그럴 때마다 메타버스는 비트코인의 가치를 증명하는 좋은 사례로 논의된다. 이제 비트코인은 경제의 본질을 바꾸는 혁명이다. 메타버스가 경제의 새로운 무대가 되는 순간, 비트코인은 그 무대의 가장 중요한 기둥이 될 것이다.

2부

비트코인의 미래 - 기술, 경제, 문명의 전환

BITCOIN

Chapter 5
비트코인과 기술의 미래

비트코인
문명의
개척자들

CENTRALIZE GOVERNMENT TRUST FINANCIAL BLOCKCHAIN CURRENCY BIG DATA COST

SECTION 1
양자 컴퓨팅 시대의 비트코인

비트코인의 분산 네트워크가 지닌 힘은 양자 컴퓨팅의 초고속 연산 능력과 서로 충돌하는 것처럼 보일 수 있다. 그러나 아이러니하게도 그 긴장 속에서 암호 보안과 경제 질서의 혁신 가능성이 함께 열린다. 양자 알고리즘이 현재 진행되는 비대칭 키 암호체계를 무력화할 수 있다는 예측은 비트코인 네트워크의 미래를 재설계하는 원동력이 되었다. 과연 우리는 양자 시대를 맞이하는 과정에서 비트코인을 어떤 관점으로 바라봐야 할까? 국가, 기업, 그리고 커뮤니티가 뒤얽힌 복합적 대응 전략은 비트코인을 둘러싼 핵심 변수로 떠오르고 있다.

01 양자 위협과 비트코인 보안의 핵심

오늘날 글로벌 기업들은 양자 컴퓨터에 상당한 관심을 보이고 있다. 양자 컴퓨터[25]는 미래 컴퓨터공학의 판도를 바꿀 수 있을 거라 전망된다. 간단히 설명하면 지금의 컴퓨터는 0과 1을 각각 구분하나, 양자 컴퓨터는 0과 1이 공존할 수 있다는 점에서 차이가 있다. 이렇게 0과 1이 공존하는 경우를 '큐비트'이라고 하는데, 글로벌 기업들은 이 작은 차이가

---

[25] 양자 컴퓨터는 '양자 컴퓨팅'(quantum computing)이라고도 한다. 양자 역학의 원리를 이용하여 컴퓨터 하드웨어 및 알고리즘을 비롯한 특수 기술을 사용해 계산을 수행하는 컴퓨터이다. 기존 컴퓨터나 슈퍼컴퓨터가 해결할 수 없거나 빠르게 해결할 수 없는 복잡한 문제를 해결한다.

컴퓨터공학은 물론 모든 산업에 변화를 나타낼 것이라며 주목하고 있다. 실제로 구글이 2019년 '양자 우위(Quantum Supremacy)'를 달성했다고 발표한 이후 IBM, 알리바바, 아토스 등 여러 글로벌 기업들이 양자 컴퓨팅을 상용화하기 위한 경쟁에 속도를 내고 있다.

그런데 양자 컴퓨터가 개발, 보급되면 쇼어(Shor) 알고리즘 등 특수 알고리즘을 통해 기존 비대칭 키 암호가 빠르게 해독될 가능성이 제기된다. 이는 비트코인에 내재된 타원 곡선 암호(ECDSA)와 SHA-256 기반의 보안을 뒤흔들 수 있다. 그래서 비트코인에 투자하거나 소유하고 있는 이들은 이를 '양자 위협'이라며 경계한다. 이미 많은 이들이 적어도 20년 이내로 양자 컴퓨터가 비트코인의 개인 키를 단기간에 역추적할 수준에 도달할 것이라 예측하고 있다.

양자컴퓨터의 다른 점 [26)]

현재컴퓨터	처리 단위	양자컴퓨터
Bit		Qubit
0과 1중 하나를 비트라는 정보단위로 인식해 연산, 2비트면 00, 01, 10, 11 중 한 가지 정보만 처리함	연산	0과 1이 동시에 존재하는 양자상태의 큐비트로 연산, 2큐비트면 00, 01, 10, 11 동시 존재
N개	연산속도	2^N개
백만 년(계산 능력 한계)	암호해독 소요시간	1초~하루(양자병렬계산)

---

26) 출처: 업비트 투자자보호센터

물론 양자 컴퓨터의 개발에는 오랜 시간이 걸린다. 양자 컴퓨터가 비트코인을 위협할 수 있는 만큼 현실화를 이루기 위해서는 막대한 큐비트수와 안정적인 양자 에러 보정 기술이 필요하기 때문이다. 실제로 엔비디아 CEO 잭슨 황도 양자 컴퓨터의 발전에 적어도 수십 년은 걸릴 것이라고 단정했다. 아직 인간의 기술력으로는 지금의 양자를 제한적으로 통제할 수 있을 뿐이다. 그럼에도 유럽연합(EU)이나 미국 NIST(국립표준기술연구소) 등 국제기구는 양자 저항성 암호 표준화 작업에 박차를 가하고 있다. 양자 위협이 결코 '먼 미래의 공포'만은 아님을 시사한다.

무엇보다 양자 공격이 유효해지면 지금까지 비트코인을 보호했던 개인 키가 공개될 가능성이 높아진다. 이는 비트코인을 형성하는 분산 네트워크에 대한 신뢰도가 떨어질 수 있다는 점을 시사한다. 가령 대규모 개인 키 해킹 또는 보유한 코인을 탈취하기 위한 시도가 동시에 발생하면 금융시장 전체가 충격에 빠질 수도 있다. 비트코인은 이런 양자 위협에 맞서 탈중앙성을 유지하면서도 보안 수준을 한층 강화하는 '새로운 진화'에 대해 고민해야 할 것이다.

현재 알고리즘의 보안 위협[27]

알고리즘	종류	목적	양자 컴퓨터 대비사항
AES	대칭키	Encryption	키 길이 증가 필요
RSA	공개키	Signatures, Key establishment	안전하지 않음
SHA-2, SHA-3	–	Hash functions	출력 길이 증가 필요
ECDSA, ECDH (Elliptic Curve Cryptography)	공개키	Signatures, Key exchange	안전하지 않음
DSA (Finite Field Cryptography)	공개키	Signatures, Key exchange	안전하지 않음

27) 출처: 표=노르마 제공

02 양자 저항성 암호와 프로토콜 업그레이드

래티스 기반 암호로의 전환 가능성

NIST가 주도하는 PQC(Post-Quantum Cryptography) 표준화 프로젝트는 주요 후보로 래티스 기반, 다변수 다항식 기반, 해시 기반 서명 알고리즘 등을 검토 중이다. 래티스 기반 암호는 양자 컴퓨터로도 풀기 어려운 복잡한 수학 문제를 활용해 장기적으로 보안성을 유지할 수 있을 거라 평가받는다.

비트코인을 중심으로 활동하는 개발자와 암호학 연구자들도 래티스 기반 알고리즘이 실용화될 경우, 비트코인 주소 생성과 서명 방식을 교

래티스 기반의 암호 기법, 해시 함수, 서명 기법 [28]

분류	세부기법	참고문헌
암호	공개키 암호 기법	[Reg05], [MP12]
	동형 암호 기법	[Gen09], [GHV10]
	브로드캐스트 암호 기법	[NHKJ12]
	ID 기반 / 계층적 ID 기반 / 속성 기반 암호 기법	[GPV08], [CHKP10], [ABB10a], [ABB10b], [AFV11], [ABVVW12], [Xag13], [Boy13], [Boy15], [Yam16]
해시	해시 함수, 카멜레온 해시 함수	[CHKP10]
서명	전자 서명 기법	[GPV08], [CHKP10], [Boy10], [Ruc10], [MP12]
	ID 기반 및 계층적 ID 기반 서명 기법	[R10], [NJ13]
	그룹 서명 기법	[GKV10], [LLLS13], [LLNW14]
	링 서명 기법	[WS11], [NCJ14]
	지정된 검증자 서명 기법	[WHW12], [NJ17]

---

28) 출처: [보고서]양자 컴퓨팅에 안전한 래티스 기반 암호, 해시, 서명 기술 연구/노건태, 서울사이버대학교, 2020

체(하드포크 또는 소프트포크)하는 시나리오를 모색 중이다. 다만 이런 대대적 전환은 네트워크 합의를 필요로 하며, 호환성 문제를 비롯해 개발 리소스가 크게 투입되어야 한다.

Schnorr 서명 · Taproot와 양자 대응

최근 비트코인 프로토콜에 도입된 Schnorr(슈노르) 서명과 Taproot(탭루트)는 기존 방식과 비교할 때 효율적이고 다기능적인 서명 구조를 제공한다. 비록 이 자체가 보안을 완전히 보장하진 못하지만, 향후 PQC(Post-Quantum Cryptography) 알고리즘 도입에 용이한 환경을 마련한다는 점에서 의미가 있다. PQC 알고리즘은 양자 컴퓨터의 공격에도 문제가 없기에, 새로운 기술을 도입할 때 양자 컴퓨터에 대응할 수 있을 것이다.

실제로 글로벌 금융기관 중 일부는 이러한 방식을 도입하여, 기존 방식과 PQC 알고리즘을 병행하는 하이브리드 모델을 연구하고 있다. 가

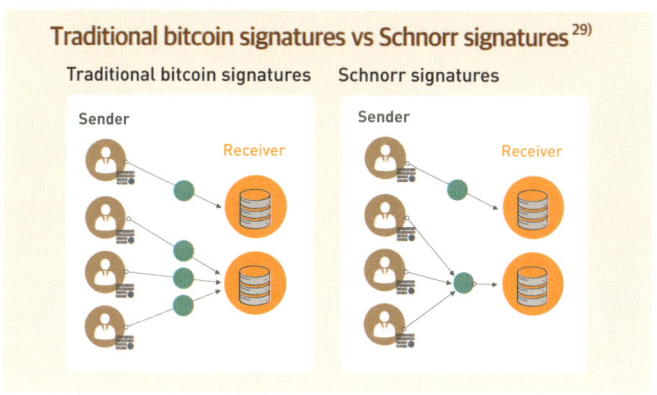

29) 출처: cointelegraph.com / source - bitcoin.com

령 독일의 도이치뱅크(Deutsche Bank)는 최근 R&D 보고서에서 '양자 대비 서명 방식을 레이어 2 솔루션과 결합해 점진적 이전을 추진할 수 있다'고 제안했다.

03 새로운 국가·기업 활용 사례: 양자 시대 대비

몇몇 특정 국가들만 양자 컴퓨터의 위협에 대해 고민하고 있는 건 아니다. 결국 양자 컴퓨터는 거의 모든 국가와 산업에 영향을 끼칠 것이기에 국제적 공조가 불가피하다. 2024년 FATF(자금세탁방지기구)는 디지털화폐 자산의 양자 보안 준수와 관련해 새 권고안을 제시했다. EU는 MiCA 규정에 양자 저항성 이슈를 간접적으로 반영하는 방안을 검토 중이다. 일본 역시 민관 합동으로 양자 저항성 블록체인 컨소시엄을 결성하여 금융·산업 데이터를 보호하기 위한 파일럿 프로젝트를 가동한다고 발표했다. 이러한 흐름은 비트코인을 중심으로 한 새로운 생태계가 전 세계 규제 당국, 연구소, 보안 기업 등과 폭넓은 협력을 통해 구축되어야 한다는 점을 보여준다.

스위스와 양자통신 융합 모델

스위스는 전통적으로 보안과 프라이버시에 강점을 가진 금융허브 국가로 알려져 있다. 그런데 최근 스위스에서 양자암호통신 스타트업들과 연계해, 비트코인 노드 간 통신에 양자암호채널을 적용하는 시범 사업을 시작하였다. 이는 양자 컴퓨터의 공격뿐 아니라 네트워크를 간접적으로 공격하거나, 도청하는 중간자 공격에도 저항력을 높이겠다는 의도를 갖는다. 또한 스위스 금융당국은 양자 보안 프로토콜 적용을 검토하겠다고 밝혔고, 일부 은행은 양자 안전 지갑(QSafe Wallet) 개념을 테스트 중이다. 이러한 모델은 양자 저항성 알고리즘과 양자암호통신을 결합해 보안성을 극대화한다는 점에서 주목할 만하다.

미국 대형 기술 기업의 비트코인 양자 연구

미국의 구글, IBM뿐 아니라 마이크로소프트(Microsoft)와 인텔(Intel)도 양자 컴퓨터를 활용한 블록체인 보안 연구를 병행하고 있다. 예컨대 MS는 2024년부터 비트코인 주소를 양자 저항성 형태로 변환해 주는 프로토타입 툴을 개발해 일부 개발자 커뮤니티에 공개했다. 이들 기업은 양자 컴퓨터를 활용하는 시나리오에 대비해 비트코인 체계를 근본적으로 재설계하기보다는, 기존 프로토콜에 양자내성 모듈을 결합하는 식의 점진적 업그레이드를 이루어야 한다고 강조한다. 완전한 하드포크 없이도 네트워크가 유연하게 진화할 수 있다는 관점에서 업계의 기술 개발이 활발하게 이루어지고 있다.

한편, 양자 보안 관련 스타트업들도 비트코인을 보호할 수 있는 보안 솔루션에 뛰어들고 있다. 미국의 PQShield, 이스라엘의 QuantLR 등은 '비트코인 노드 운영자용 양자암호화 키 교환 시스템'을 상품화했고, 일부 대형 거래소나 채굴 기업이 이를 테스트 중이다. 이처럼 양자 컴퓨터를 통한 보안 위협이 시장의 새로운 위험이자 동시에 새로운 투자 기회로 작용하고 있다.

양자 컴퓨터 시대, 비트코인의 가치와 미래 전망

비트코인이 양자 컴퓨터로 인한 위협에 직면했다고 해서 그 핵심 가치인 탈중앙화와 디지털 희소성이 사라지는 것은 아니다. 오히려 양자 컴퓨터의 위협을 극복하는 보안 업그레이드에 성공한다면, 비트코인은 더 높은 보안성과 신뢰를 얻어 기존 법정화폐와 차별화될 수 있다. 인플레이션 위기나 금융 시스템 붕괴 시점에서, 양자 컴퓨터의 위험을 극복하는 보안을 갖춘 비트코인은 더욱 견고한 디지털 금(Digital Gold)으로 자리매김할 가능성이 크다.

이렇게 보안을 성공적으로 확보하면 비트코인의 신뢰도와 기관 투자 가치가 크게 올라갈 것이다. 규제 기관도 보안 걱정이 줄어들어, 제도권에서의 수용이 한층 가속화될 수 있다. 반면 업그레이드 과정에서 기존 노드와의 호환성 문제, 새로운 양자 컴퓨터 공격 기법 등장 등이 변수가 될 수 있다. 또한 양자 컴퓨팅 장악력이 국가 혹은 특정 기업에 집중될

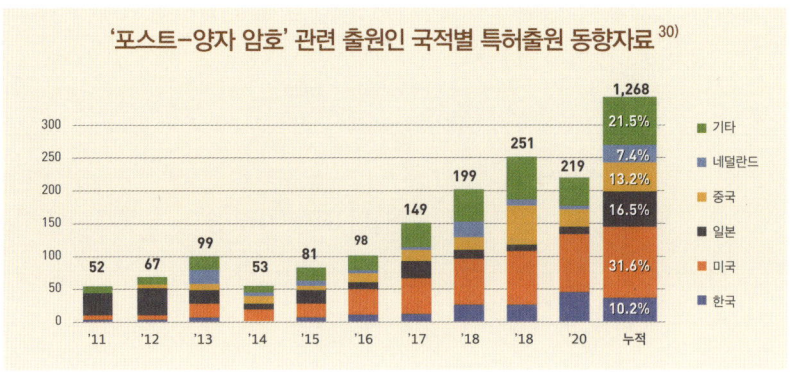

30) 출처: 특허청 제공

경우, 새로운 형태의 중앙화가 나타날 수 있다는 우려도 배제하기 어렵다. 결국 비트코인 생태계가 대응 전략을 얼마나 유연하게 마련하느냐가 관건이다. 암호학적 연구, 국제 규제 협력, 기업 R&D, 커뮤니티 합의가 총체적으로 맞물려야 한다. 이는 단순 기술 이슈를 넘어 비트코인이라는 탈중앙 금융의 미래 방향성까지 좌우하게 될 것이다. 이 과정을 통해 비트코인은 더욱 견고한 민주적 금융 모델을 제시할 수 있으며, 양자 컴퓨터 시대에 걸맞은 생존 능력을 입증하게 된다.

Park's 조언

양자 컴퓨터 개발은 멀리 있는 공상과학 기술이 아니라, 이미 정부와 대기업이 치열하게 개발하고 경쟁 중인 현실이다. 비트코인은 이 흐름 속에서 탈중앙화 금융의 본질을 지키면서도, 보안을 업그레이드하는 혁신적 모험을 요구받고 있다. 혹자는 "양자 시대가 오면 비트코인은 끝난다"고 말한다. 하지만 역으로 보면 이 위기를 극복한다면 비트코인은 더욱 견고해질 수 있다. 지금 우리가 선택하는 기술적·철학적 결정이 비트코인의 미래를 좌우하게 될 것이다.

SECTION 2

AI와 채굴의 미래
(비트코인 채굴의 새로운 국면과 AI의 역할)

기술 발전으로 인해 비트코인 채굴이 변하고 있다. 한때는 연산력을 가진 자만이 승리할 수 있는 단순한 경쟁이었다. 그러나 시간이 흐르면서 이 게임의 룰이 바뀌고 있다. 특히 AI가 등장하면서 채굴 방식은 더욱 정교해졌고, 효율은 높아졌으며, 에너지는 절약되고 있다.

하지만 모든 기술 혁신이 그렇듯, AI 기반 채굴이 가져올 변화는 기회와 위험을 동시에 내포한다. 대형 채굴 기업이 AI를 독점할 경우, 비트코인의 탈중앙화 원칙은 위협받을 것이다. 반면 AI가 오픈소스 형태로 배포되어 누구나 활용할 수 있다면, 우리는 보다 효율적이고 지속 가능한 채굴 네트워크를 구축할 수도 있다.

01 AI와 비트코인 채굴: 변곡점에 선 기술 혁명

과거의 채굴은 단순했다. 그래서 더 강한 컴퓨터를 가진 사람이 더 많은 보상을 가질 수 있었다. 해시레이트(Hashrate), 곧 컴퓨터의 연산 능력은 권력이었고, 이를 제대로 가동할 수 있도록 전력을 더 많이 투입하는 자가 네트워크를 지배할 수 있었다. 하지만 이 방식에는 치명적인 문제가 있었다. 전력 소비가 폭발적으로 증가했고, 연산 효율이 낮았다. 결국 소수의 대형 채굴 기업이 시장을 독점하는 구조로 변해버렸다.

그러나 AI가 이 모든 방식을 바꿔놓고 있다. 기존의 채굴 방식이 '무작정 연산을 많이 돌리는 게임'이었다면, AI 기반 채굴은 '최적의 연산을 찾아내는 게임'이다. 머신러닝을 기반으로 한 알고리즘이 채굴 난이도를 분석하고, 최적의 블록을 채굴하는 데 필요한 자원을 자동으로 배분한다. 그 결과 불필요한 전력 낭비가 크게 줄어들었다. 최근 연구에 따르면, AI가 적용된 채굴 시스템은 전통적인 방식 대비 35% 이상의 연산 효율을 개선할 수 있으며, 네트워크의 보안성을 높이는 데도 기여하고 있다. 이는 곧 더 적은 전력으로 더 많은 블록을 생성할 수 있다는 의미이다. 장기적으로 보았을 때, AI 채굴 시스템은 채굴 산업 전반의 구조를 변화시킬 가능성이 높다.

02 AI와 친환경 채굴: 지속 가능한 비트코인의 길

비트코인을 둘러싼 커다란 논란 중 하나는 높은 전력 소비였다. 비트코인 네트워크를 유지하는 데 사용하는 전력량은 한 국가의 소비량과 맞먹을 정도로 막대하다. 그렇기에 비트코인 채굴은 언제나 환경 문제와 맞물려 논쟁의 중심에 섰다. 하지만 AI는 이 문제를 해결할 열쇠가 될 수 있다. AI는 단순히 연산을 최적화하는 것을 넘어 **채굴 프로세스에서 재생에너지 활용을 극대화하는 방향으로 발전**하고 있다. 예를 들어, AI는 태양광 및 풍력 발전량을 실시간으로 예측하고, 채굴 작업을 이와 동기화하여 최적의 에너지 사용을 가능하게 한다.

이뿐만이 아니다. AI는 전력 저장 시스템과 연계되어, 채굴 장비가 최대 효율로 작동할 수 있도록 자동으로 에너지를 배분한다. 또 날씨 변화에 따른 전력 공급 변동을 최소화한다. 이러한 기술적 접근은 비트코인

채굴의 친환경적 지속 가능성을 높이고, 에너지 사용의 변동성을 줄이는 데 기여하고 있다. Tesla의 'Megapack'은 AI 기반 전력 저장 솔루션을 통해 채굴장 운영의 효율성을 극대화하고 있다. 'Google DeepMind'는 데이터센터에서 AI를 활용하여 이미 30% 이상의 에너지 절감 효과를 입증했다.

비트코인 채굴은 더 이상 환경을 파괴하는 기술이 아니다. AI를 통해, 우리는 지속 가능한 네트워크를 구축할 수 있는 기회를 얻었다. 그러나 이 변화가 모든 이들에게 공평하게 제공될 것인가?

03 AI와 채굴의 딜레마: 중앙화의 위기

AI가 채굴을 혁신하는 과정에서의 논쟁 중 하나는 중앙화의 위험성이

---

31) 출처: MarketsandMarkets (마켓츠앤마켓츠)/영문조사보고서, 2022년12월

다. 현재 대형 채굴 기업들은 AI를 활용하여 해시레이트를 독점하려고 노력하고 있다. 이는 비트코인의 최초 탄생 원칙, 곧 네트워크의 탈중앙화 원칙과 충돌할 가능성이 크다. 2023년 기준, 상위 5개 채굴 기업이 전체 해시레이트의 60% 이상을 점유하고 있다. 이러한 현상이 지속된다면 비트코인은 소수의 대기업이 장악하는 중앙화된 시스템으로 변질될 수 있다.

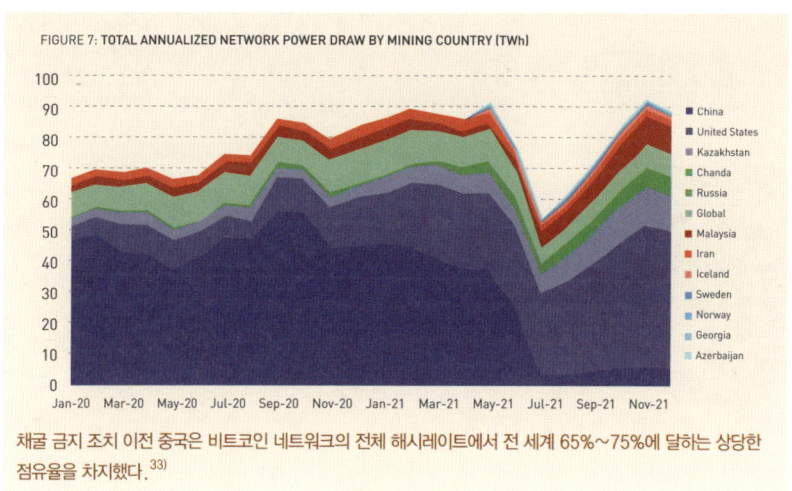

채굴 금지 조치 이전 중국은 비트코인 네트워크의 전체 해시레이트에서 전 세계 65%~75%에 달하는 상당한 점유율을 차지했다.[33]

---
32) 출처: 시총 분석 사이트 컴퍼니스마켓캡(CompaniesMarketCap)의 자료
33) 출처: 케임브리지 비트코인 전력 소비 지수(CBECI)

그러나 반대의 흐름도 있다. 'Braiins OS+'와 같은 오픈소스 AI 기반 채굴 소프트웨어는 소규모 채굴자가 최적의 연산 전략을 구현할 수 있도록 지원하고 있다. 이는 대기업의 독점을 견제하고 네트워크 분산화를 촉진하는 역할을 한다. 앞으로 더 많은 오픈소스 AI를 활용할 경우, 채굴 기업만이 아니라 개인 또한 채굴에 동참할 수 있다.

이처럼 AI는 비트코인 채굴을 혁신하고 있다. 해시레이트 최적화, 친환경 에너지 효율 증대, 자동화된 채굴 전략 등 다양한 방식으로 채굴의 패러다임이 변화하고 있다. 하지만 이 변화가 탈중앙화된 생태계를 유지하며 지속 가능한 금융 질서를 구축하는 방향으로 나아갈 것인지는 아직 결정되지 않았다. **AI는 그저 도구일 뿐이다. 다만, 누가 어떻게 사용할 것인지 선택과 결정은 다른 문제이기 때문이다.** AI가 주도하는 새로운 채굴 패러다임 속에서 비트코인이 만들어갈 미래는 어떤 모습일까? AI와 비트코인의 결합이 만들어낼 새로운 질서 속에서 당신은 기존 금융 시스템을 신뢰할 것인지, 아니면 AI와 비트코인이 설계하는 미래에 참여할 것인지 자못 궁금해진다.

Park's 조언

AI와 비트코인의 결합은 새로운 패러다임을 제시하는 기회다. 그것은 금융과 에너지, 그리고 인간이 경제적 자유를 어떻게 설계할 것인가에 대한 철학적 질문이기도 하다. 앞으로 중앙화된 AI 채굴 기업이 네트워크를 장악할 것인지, 아니면 AI가 탈중앙화를 강화하는 도구로 활용될 것인지 확인해야 할 것이다.

SECTION 3
블록체인 기술의 진화와 확장성
(비트코인 네트워크의 미래를 위한 확장성과 보안성의 균형)

기술이 멈추면 혁신도 멈춘다. 블록체인도 마찬가지다. 초기의 단순한 거래 시스템을 넘어 스마트 계약, 레이어 2 솔루션, 샤딩, 크로스체인 기술로 진화하며 확장성과 보안성의 균형을 맞추기 위한 끊임없는 도전을 잇고 있다. 비트코인의 블록 크기는 제한적이며, 초당 평균 7건의 트랜잭션만을 처리할 수 있는 구조적 한계가 있다. 하지만 혁신은 문제 속에서 탄생한다. 우리는 확장성 문제를 해결하기 위한 다양한 기술적 접근법이 실험되고 있는 현장을 목격하고 있다.

01 블록체인의 확장성과 해결책

확장성은 오랫동안 비트코인을 붙잡았던 도전과제였다. 기존 금융 시스템이 초당 수천, 수만 건의 거래를 처리하는 반면, 비트코인 네트워크는 초당 평균 7건 정도를 처리한다. 이는 글로벌 결제 네트워크로 확장하기에는 명백한 한계가 있다.

그러나 문제는 곧 새로운 혁신을 불러온다. 현재 확장성을 개선하기 위한 다양한 접근법이 제시되고 있으며, 그 중 **라이트닝 네트워크**(Lightning Network), **샤딩**(Sharding), **크로스체인**(Cross-Chain) 기술에 주목해야 한다.

02 라이트닝 네트워크 - 속도를 지배하는 자가 미래를 지배한다

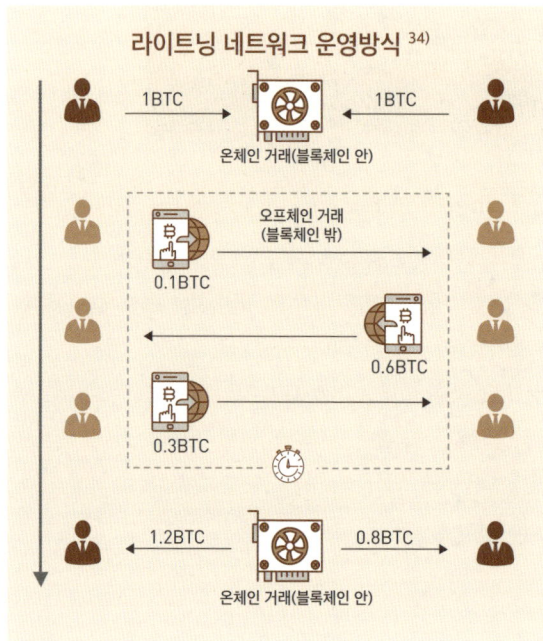

만약 당신이 커피를 한 잔 사려고 하는데, 블록체인으로 거래 승인까지 30분이 걸린다면? 이는 결제 시스템으로서의 상당히 치명적인 문제다. 나아가 비트코인에 대한 신뢰도가 떨어질 수 있다. 그러나 라이트닝 네트워크[35]가 등장하면서 상황이 바뀌고 있다.

라이트닝 네트워크는 **오프체인**(Off-Chain) **방식**을 이용하여, 기존의 온체인(On-Chain) 거래 없이도 실시간으로 트랜잭션을 처리할 수 있도록 설계되었다. 이는 **수백만 건의 거래를 거의 즉시 처리할 수 있는 혁신적인 솔루션**으로, 2023년 실험에서는 초당 10만 건 이상의 거래를 가능하게 했다는 결과가 나왔다.

---

34) 출처: 한국블록체인협회
35) 비트코인 블록체인을 기반으로 구축된 지불 프로토콜. 비트코인 블록체인의 확장성 문제를 해결하기 위한 오프체인 솔루션으로 활용되도록 2015년 조세프 푼과 타디우스 드라이어에 의해 고안된 개념이다.
  [참고: 위키디피아]

이는 비트코인이 글로벌 결제 네트워크로 자리 잡을 수 있는 가능성을 열었다. 라이트닝 네트워크가 본격적으로 채택될 경우, 우리는 비트코인이 실제 소비 경제에 적용될 수 있는 시대를 맞이할 것이다.

03 샤딩 - 블록체인을 조각내어 병렬적으로 작동시키다

운전을 하던 중 한산했던 도로가 어느 순간 꽉 막히는 병목현상을 본 적이 있을 것이다. 네트워크에서도 유사한 일이 나타난다. 트랜잭션이 몰릴수록 네트워크는 병목현상을 겪는다. 하지만 블록체인을 여러 개의 작은 체인(Shard)으로 나누어 병렬적으로 트랜잭션을 처리하면 문제는 해결될 수 있다. 이더리움 2.0이 도입한 **'샤딩 기술**(Sharding)**'**[36]은 이 개념을 적용한 예이다.

먼저 **네트워크를 여러 개의 작은 체인으로 분리하고, 각각 병렬로 운영**하는 방식을 제안했다. 현재 이더리

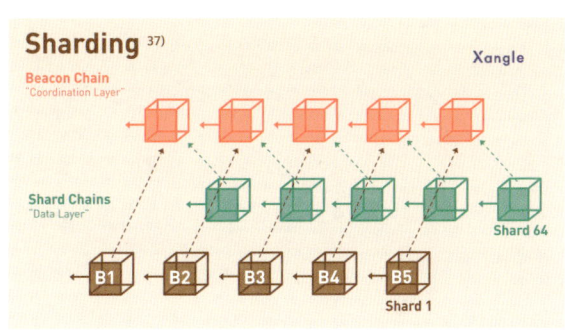

---

36) 샤딩은 '조각내다'라는 뜻으로, 데이터베이스나 네트워크 시스템을 여러 개의 작은 조각으로 나누어 분산 저장하는 데이터 처리 기법이다. 샤딩을 통해 데이터를 분산 저장하면 노드의 무게를 줄여 데이터 처리 속도를 향상시킬 수 있다.
37) 출처: 비탈릭 부테린

움 네트워크는 초당 15건의 트랜잭션을 처리할 수 있지만, 샤딩이 완전히 적용될 경우 이 수치는 수천 TPS(Transactions per Second, 초당 트랜잭션 수)까지 증가할 것으로 예상된다.

비트코인에서도 비슷한 시도가 이루어지고 있다. 블록 크기 확장과 트랜잭션 처리 속도를 개선하는 방식으로 샤딩을 도입하려는 논의가 계속되고 있다. 또, **레이어 2 솔루션과 결합하여 효율성을 극대화하려는 연구가 진행** 중이다.

04 크로스체인 - 블록체인의 경계를 허물다

오늘날 인터넷은 단절되어 있지 않다. 네트워크끼리 서로 연결되어 있어서 웹사이트 간 데이터의 이동이 자유롭다. 그러나 블록체인 네트워크는 아직 서로 단절된 상태다. 만약 이 한계를 극복한다면 서로 연결되는 상태를 유지하여 보다 자유로운 활동이 나타날 것이다. **크로스체인(Cross-Chain)**[38]**기술**은 이 단절을 해소하는 해결책이다. 이는 **서로 다른 블록체인 네트워크 간의 상호 작용을 가능하게 하는 기술**이다.

예를 들어, 비트코인과 이더리움이 별개의 네트워크에서 작동하는 것이 아니라, 원자적 스왑(Atomic Swap) 기술을 통해 직접 교환이 가능해지는 시대가 다가오고 있다면? 이는 그저 기술을 통한 상호 작용이 아니라, 완전

---

[38] 두 개 이상의 완전히 분리된 블록체인을 상호 연결하는 것을 나타내는 기술 용어. 즉, 다른 블록체인 네트워크로 정보, 암호화폐, NFT 등을 교환하는 것을 뜻한다. 보통 블록체인은 서로 호환되지 않는 폐쇄적 생태계를 가지고 있어 이러한 문제를 해결하고 상호 운용성을 지원하기 위해 많은 블록체인이 크로스 체인을 지원하고 있다.

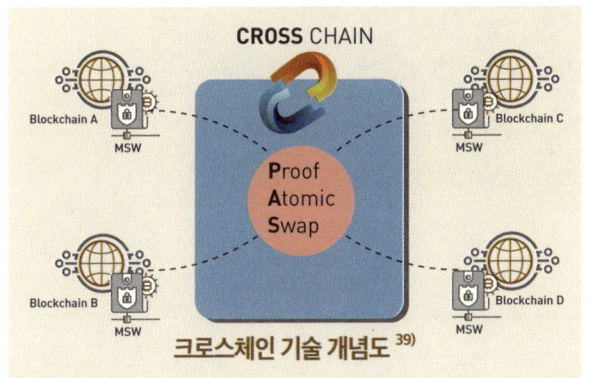

히 새로운 금융 시스템을 만들어낼 혁신이 될 것이다. 크로스체인 기술이 더욱 발전한다면 비트코인을 사용하여 이더리움 기반 DeFi에 참여하는 것이 가능해진다. 즉, 서로 다른 블록체인 간의 이동이 자유로운 새로운 금융 생태계를 맞이할 것이다.

크로스체인 기술 개념도 39)

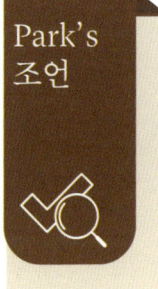

Park's 조언

블록체인은 금융 시스템의 혁명을 넘어서 신뢰를 형성하는 방식 자체를 바꾸고 있다. 더 이상 우리는 중앙기관에 의존할 필요가 없다. 거래는 직접 이루어지고, 데이터는 조작될 수 없다. 신뢰는 알고리즘이 대신한다. 그러나 이 혁명은 기술 자체로 완성되지 않는다. 그것을 받아들이고 활용하는 우리의 태도가 중요하다.

---

39) 출처: https://www.paxetv.com/news/photo/201902/67256_37600_547.jpg

SECTION 4
비트코인과 웹 3.0의 융합
(탈중앙화 시대, 비트코인이 이끄는 인터넷의 미래)

인터넷은 끊임없이 진화해 왔다. 웹 1.0은 정적인 정보 제공의 시대였고, 웹 2.0은 플랫폼 중심의 양방향 소통을 구축했다. 그러나 지금, 우리는 웹 3.0이라는 새로운 패러다임의 출현을 목격하고 있다. 웹 3.0은 사용자가 데이터와 자산을 직접 소유하는 탈중앙화 네트워크의 시대다. 이 과정에서 비트코인은 웹 3.0 경제 인프라의 핵심으로 자리 잡고 있다. 스마트 계약, 토큰화 경제, P2P 금융 시스템은 기존의 중앙화된 금융 구조를 넘어 진정한 디지털 주권을 가능하게 한다.

01 웹 3.0의 탄생과 비트코인의 역할

　1990년대에 웹 1.0이 처음 등장했을 당시만 해도 인터넷은 단순한 정보 공유의 수단이었다. 사용자는 웹사이트에서 정보를 읽기만 했고, 참여할 수 있는 공간은 제한적이었다. 그러나 2000년대에 들어서 소셜 미디어와 플랫폼 경제가 등장하였다. 웹 2.0의 시작이다. 웹 2.0은 인터넷을 보다 상호 작용적인 공간으로 바꾸었다. 페이스북, 유튜브, 아마존과 같은 플랫폼이 인터넷의 중심이 되었고, 사용자는 적극적으로 데이터를 생성하고 공유할 수 있게 되었다.
　하지만 웹 2.0에는 치명적인 결함이 있었다. 사용자의 데이터와 경제적 가치가 소수의 기업에 의해 독점되고 있다는 점이다. 구글, 메타(페이스북), 아마존 등 거대 플랫폼 기업들은 사용자의 정보를 수집하고 이를 기반으로 거대한 광고 및 데이터 산업을 구축했다. 개인의 프라이버시는 점점 사라졌고, 사용자는 자신이 만든 데이터에서 아무런 경제적 보상을 받을 수 없었다. 데이터의 소유권은 기업의 것이 되었고, 사용자는 단순한 소비자로 전락했다.

이러한 문제를 해결하기 위해 등장한 것이 바로 웹 3.0이다. 웹 3.0은 블록체인 기술을 기반으로 한 탈중앙화된 네트워크이며, 개인이 자신의 데이터를 직접 소유할 수 있다. 또한 자산을 디지털화하여 자유롭게 거래할 수 있는 환경을 제공한다. 그러한 웹 3.0의 중심에 비트코인이 있다.

비트코인은 탈중앙화 경제의 가장 대표적인 사례다. 기존 금융 시스템이 은행을 통해 운영되었다면, 비트코인은 네트워크 참여자들이 직접 금융 시스템을 운영하는 구조를 가진다. 웹 3.0에서는 이러한 비트코인의 특성이 더욱 강력한 경제 인프라로 작용할 것이다.

이에 대한 특성을 확인해 보자. 우선 분산형 금융(DeFi)으로, 비트코인은 웹 3.0에서 스마트 계약을 통해 대출, 예금, 보험 등의 금융 서비스를 중개자 없이 제공할 수 있다. 그리고 P2P 결제 시스템으로, 비트코인은 기존 금융 네트워크 없이도 국경을 초월한 실시간 결제를 가능하게 한다. 또한 기존 플랫폼이 데이터를 소유하는 웹 2.0과 달리, 웹 3.0에서는 사용자가 자신의 데이터를 소유하고 이를 토큰화하여 직접 거래할 수 있다. 이처럼 비트코인은 웹 3.0의 기술적·경제적 기반을 제공하는 핵심 인프라로 자리 잡고 있으며, 탈중앙화된 경제 모델을 현실화하고 있다.

웹의 기능별 차별점

	Web 1.0	Web 2.0	Web 3.0
정보수용방식	읽기 전용	읽기 · 쓰기	읽기 · 쓰기 · 소유
매체	정적인 텍스트	상호작용 콘텐츠	가상 경제
운영주체	기업 · 개인	플랫폼 중심	네트워크
인프라	개인컴퓨터	클라우드 및 모바일	블록체인 · 메타버스
운영권한	탈중앙화	중앙화	탈중앙화

02 디지털 자산과 토큰 경제

웹 3.0에서는 자산 또한 디지털화 된다. 우리는 이미 비트코인을 통해 디지털 희소성이라는 개념을 경험했다. 기존에는 디지털 파일이 쉽게 복제될 수 있었지만, 블록체인 기술을 활용하면 희소성이 보장되는 디지털 자산을 만들 수 있다.

이러한 개념은 '토큰 경제(Token Economy)'라는 새로운 경제 모델로 확장되고 있다. 토큰 경제는 향후 미래 금융을 책임지는 구조다. 이를 통해 발전하는 특성을 확인해 보자. 우선 NFT(대체 불가능 토큰) 덕분에 디지털 아트, 음악, 게임 아이템 등의 소유권을 블록체인 상에서 보장할 수 있다. 그리고 비트코인은 스마트 계약을 활용하여 자동화된 거래 시스템을 구축할 수 있다. 웹 3.0에서 비트코인은 '디지털 금(Digital Gold)'으로서의 역할을 하며, 다양한 토큰 간의 교환 매체로 사용될 수 있다.

따라서 웹 3.0의 가장 중요한 개념 중 하나는 '데이터 주권(Data Sovereignty)'이다. 현재의 웹 2.0 플랫폼에서는 사용자의 데이터가 기업에 의해 저장되고 활용된다. 그래서 기업의 권한과 권력이 막강해지는 것이다. 데이터는 사용자의 것인데, 어째서 기업이 더 이를 활발하게 사용하는가. 이러한 물음은 웹 3.0에서도 동일하게 적용된다. 다만 웹 3.0에서는 사용자가 자신의 데이터를 직접 소유하고, 이를 탈중앙화된 방식으로 관리할 수 있다.

그래서 웹 3.0에서는 다음 요소를 확인해야 한다. 먼저 탈중앙화된 신원 확인(DID)이다. 사용자는 블록체인 기반의 신원 확인 시스템으로 자신의 신원을 관리할 수 있다. 이는 기존 중앙화된 데이터베이스보다 보안성이 높아서 프라이버시 보호에 용이하다. 또한 비트코인의 블록체인 기술은 사용자의 데이터를 암호화하여 보관할 수 있도록 지원하고, 개인정보의 보호를 강화한다.

웹 3.0에서는 이러한 데이터 주권 개념이 더욱 확산될 것이다. 그리고 비트코인은 그 중심에서 신뢰할 수 있는 보안 인프라를 제공하는 역할을 맡을 것이다.

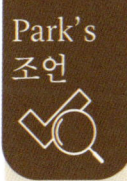

웹 3.0은 우리가 인터넷을 활용하는 방식을 완전히 변화시킬 것이다. 그리고 웹 3.0 시대에서 비트코인은 새로운 디지털 경제의 핵심 기반이 될 것이다. 데이터 주권, 탈중앙화 금융, 디지털 자산의 시대. 당신은 이 변화 속에서 어떤 선택을 할 것인가?

SECTION 5
우주 경제와 비트코인의 가능성
(비트코인은 다행성 문명의 기축 통화가 될 수 있는가?)

다가오는 우주 경제의 시대는 더 이상 공상과학 소설 속 이야기로 남지 않는다. 스페이스X는 화성 이주를 준비하고 있고, NASA는 달 기지 건설 프로젝트를 진행 중이다. 유럽과 중국은 독자적인 우주 자원 채굴 계획을 가속화하고 있다. 이때 한 가지 중요한 질문이 남는다. 우주에서 우리는 어떤 화폐를 사용할 것인가?

지구 중심의 금융 시스템은 우주 경제에서 기능할 수 없다. 은행이 존재하지 않는 행성에서 법정화폐는 무용지물이며, 기존 금융 네트워크는 중력의 한계를 넘지 못한다. 중앙은행이 발행하는 돈은 지구의 법과 시스템 안에서만 작동할 뿐이다. 그러나 비트코인은 다르다. 정부가 필요하지 않고, 누구도 멈출 수 없으며, 인터넷이 연결된 곳이라면 어디서든 가치를 전송할 수 있다. 우주 경제의 부상 속에서 우리는 새로운 금융 질서를 고민해야 한다. 비트코인은 디지털 공간에서만 머무는 디지털 자산이 아니라 우주 시대를 위한 새로운 경제 인프라가 될 것이다.

01 우주 시대의 개막과 금융 패러다임의 변화

이제 우주는 신비롭고 머나먼 공간이 아니라 개척해야 하는 공간으로 여겨지고 있다. 그러니 우주 경제는 더 이상 먼 미래의 이야기 만은 아니다. 20세기가 항공우주의 시대로 불렸다면, **21세기는 다행성 거주를 위한 시대**가 될 가능성이 크다. 지구를 넘어서는 경제 활동이 본격적으로 시작되고 있으며, 이는 새로운 금융 시스템을 요구한다.

오늘날 우주 산업은 빠르게 성장하고 있다. 모건 스탠리의 분석에 따르면 '2023년 기준, 글로벌 우주 산업 규모는 4,600억 달러를 돌파했으며, 2040년까지 1조 달러를 넘어설 것'으로 전망된다. 국내에서도 우주 산업, 우주 경제의 규모 확대에 주목하고 있으며, 향후 정부를 중심으로 투자가 꾸준히 증가할 것으로 예측하고 있다.

우주 경제의 성장은 단순한 과학적 발전이 아니라 경제적 필요성과도 맞닿아 있다. 달 기지를 건설하는 시대, 화성으로 이주하는 시대, 소행성

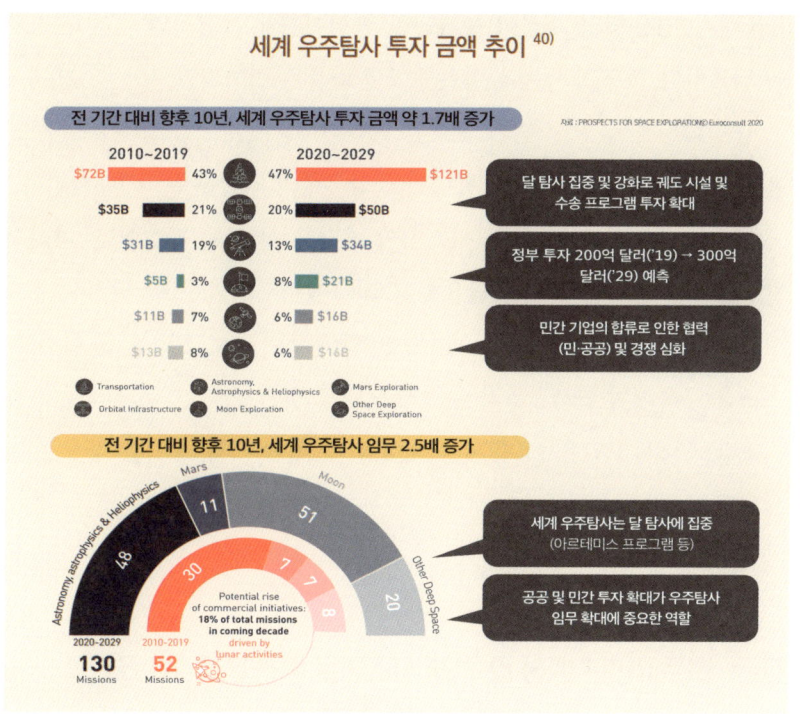

---

40) 출처: 한국경제, https://www.hankyung.com/article/202308016781Q

에서 광물을 채굴하는 시대가 오면 우리는 새로운 금융 시스템을 필요로 하게 될 것이다.

발 빠른 변화를 이루기 위해서 기존의 시스템을 옮겨야 한다고 주장하는 이들도 있다. 그러나 지구의 금융 시스템은 우주 경제에 적합하지 않다. 다음 한계를 고민해야 한다.

첫째, 행성 간 결제 시스템이 필요하지만 기존 법정화폐는 이를 지원할 수 없다. 현재 지구에서 달까지의 통신 시간은 1.3초, 화성까지는 3~22분이 걸린다. 이런 환경에서 지구의 은행 시스템을 기반으로 한 결제 시스템은 작동할 수 없다.

둘째, 중앙은행의 개입이 불가능한 환경이기에 독립적인 경제 시스템이 필요하다. 지구에서는 중앙은행이 통화를 조절하지만, 우주 경제에서는 중앙화된 금융 시스템이 작동할 방법이 없다. 지구를 중심으로 중앙은행 정책을 펼칠 것인가. 그렇다면 중앙은행의 역할은 누가 할 것인가?

셋째, 우주는 국가별 통화 시스템이 존재할 수 없는 환경이다. 따라서 탈중앙화된 글로벌 화폐가 필요하다. 지구에서도 수십 개에 달하는 통화 시스템이 존재하다. 그럼 지구와 화성, 달에서는 그보다 더 많은 통화 시스템을 구축해야 할까? 누가 어떻게 담당할 것인가?

따라서 비트코인은 이 문제를 해결할 수 있는 가장 강력한 후보로 떠오르고 있다.

02 비트코인은 행성 간 경제 시스템을 구축할 수 있는가?

비트코인은 정부가 발행하는 법정화폐와 달리 중앙은행의 정책에 영향을 받지 않는다. 따라서 물리적 공간의 제약을 받지 않는다. 우리는 생각해야 한다. 비트코인을 이루는 방식이 지구에서만 통하는 게 아니라는 사실을 말이다.

우주 경제에서 비트코인은 라이트닝 네트워크와 같은 기술을 활용하여 행성 간에도 빠르고 안전한 결제를 가능하게 할 수 있다. 라이트닝 네트워크는 오프체인 결제를 지원하여 우주 정거장, 달 기지, 화성 기지 간의 거래도 실시간으로 가능하게 한다. 또한 스마트 계약을 통해 자동화된 거래가 가능하며, 금융기관의 개입 없이도 경제 시스템이 운영될 수 있다.

이렇게 우주 경제에서 비트코인의 탈중앙화된 특성은 신뢰성과 투명성을 보장하는 핵심 요소가 될 것이다.

03 우주 채굴과 비트코인의 경제적 가능성

무엇보다 우주로 나아가는 인간의 노력은 비트코인의 한계를 극복하는 요인이 된다. 비트코인의 가장 큰 문제 중 하나로 채굴에 필요한 전력 소비가 거론된다. 그러나 우주에서는 무제한의 태양 에너지를 활용할 수 있다. 실제로 유럽우주국(ESA)과 NASA는 2030년대까지 우주 태양광 발전소를 건설하여 연간 600TWh 이상의 전력을 공급할 계획이다. 이러한 기술이 상용화되면, 비트코인 채굴은 한정적이고 제한적인 지구 자원에서 벗어나, 부담 없이 지속 가능한 환경에서 운영될 수 있다.

이제 글로벌 기업은 지구에서 벗어나 우주로 향하려 한다. 저 넓은 우주에서의 경제는 결코 허상이 아니다. 그 중심에서 비트코인은 우주 경

현재 진행 중인 우주 태양광 발전 프로젝트

미국 NASA	SPS-ALPHA 프로젝트	● 2030년대 실험 위성 발사 목표 ● 태양광 패널을 접이식으로 설계해 우주에서 조립 가능하도록 연구 중
유럽연합(EU)	SOLARIS 프로젝트	● 2022년부터 ESA(유럽우주국) 주도로 연구 진행 ● 2035년까지 시범 발전소 운영, 2040년 상용화를 목표
일본 JAXA	SSPS 프로젝트	● 2015년, 1.8kW 전력을 50m 거리에서 무선 전력 전송 성공 ● 2030년 이후 대규모 실험 계획
중국	OMEGA 시스템	● 2030년까지 500톤급 태양광 발전 위성 개발 계획 ● 중국과학원은 2050년까지 상용화 목표 발표

제 시스템의 기축 통화가 될 가능성이 크다. 법정화폐 시스템이 가지는 한계를 초월하여 비트코인은 가치 저장 및 교환 수단으로 활용될 수 있다.

태양광 발전을 통한 비트코인 채굴은 지속 가능한 경제 모델을 형성할 것이다. 그리고 스마트 계약으로 자동화된 자원 거래는 우주 경제의 핵심 인프라가 될 것이다. 결국 우주 경제가 본격적으로 자리 잡으면, 비트코인의 무궁무진한 가능성은 필연적으로 따라오기 마련이다.

Park's 조언

우주 시대가 도래하면서 기존의 금융 시스템에서 벗어나야 한다는 목소리가 점점 높아지고 있다. 법정화폐는 중앙은행의 통제를 받지만, 우주 경제에서는 이러한 중앙화된 금융 시스템이 작동할 수 없다. 따라서 비트코인이 미래 금융 시스템의 핵심 인프라가 될 가능성이 높다. 이 시대적 변화를 인지하여 비트코인과 함께 우주 경제를 맞이해야 한다.

Chapter 6
비트코인과 경제의 미래

비트코인
문명의
개척자들

CENTRALIZE GOVERNMENT TRUST FINANCIAL BLOCKCHAIN CURRENCY BIG DATA COST

SECTION 1
비트코인과 글로벌 금융 시스템의 재편
(금융 패러다임의 변화 속에서 비트코인의 역할과 미래)

비트코인은 글로벌 금융 시스템을 근본적으로 변화시키는 힘이다. 지금까지 법정화폐의 가치를 결정하는 주체는 정부와 중앙은행이었다. 그러나 비트코인은 법정화폐의 한계를 뛰어넘는 탈중앙화 금융 네트워크를 통해 글로벌 경제 패러다임의 변화를 주도하고 있다. 현재 비트코인은 국제 결제, 금융 포용성 확대, 새로운 금융 시스템 구축 등 다양한 영역에서 중요한 역할을 하고 있다.

01 비트코인과 중앙은행 디지털 통화(CBDC)의 경쟁

과연 비트코인은 글로벌 금융 시스템의 변화를 이끄는 혁신의 아이콘이 될 수 있을까. 여전히 많은 사람들은 비트코인 그 자체를 투자 상품으로만 여기는 경우가 많다. 실제로 엘살바도르에서 법정화폐로 사용하고 있음에도 불구하고, 그저 단편적인 사례에 불과하다며 회의적인 반응을 보이는 경우가 많다. 그러나 세계 각국 중앙은행에서는 비트코인에 대응하기 위해 디지털 통화(CBDC)를 개발, 보급하려고 노력하고 있다. CBDC는 기존 법정화폐를 디지털화한 형태로, 중앙은행이 직접 발행하고 관리하는 통화다. 중앙은행들은 CBDC 개발 및 발행과 관련하여, 향후 경제가 디지털화를 이룰 때 대응하기 위함이라고 말한다. 하지만 넓은 시각에서 보자면 비트코인의 성장과 그로 인해 형성되는 네트워크에 대응하기 위한 전략이라는 점을 이해해야 할 것이다.

CBDC는 일반적인 법정화폐를 그대로 디지털화하였을 뿐이다. 여전히 중앙집권적 통제를 받을 우려가 있고 익명성을 제한한다. 그리고 정부의 정책적 조정이 가능하다는 점에서 법정화폐와 크게 다르지 않다. 결국 중앙은행은 CBDC를 통해 법정화폐 시스템을 디지털화한다는 목표를 분명히 드러내고 있다. 반면 비트코인은 CBDC와 근본적인 부분에서 다른 금융 철학을 지니고 있다. 희소성, 익명성 강화 및 프라이버시 보호, 무엇보다 탈중앙화된 금융 시스템 지향을 이해해야 한다. 탈중앙화 금융 시스템이 아니라면, 법정화폐의 디지털화는 단순한 통제의 강화일 뿐이다.

02 글로벌 경제에서 비트코인의 역할 변화

2025년 3월에 트럼프 행정부는 비트코인을 미국의 비축 대상 전략자산으로 지정하였다. 또 미국 재무부는 현재까지 법정 분쟁으로 몰수한 비트코인을 전략자산 준비금으로 관리하기로 했다. 현재 미국 정부가 보유한 비트코인의 수는 약 20만 개라고 한다. 그리고 트럼프 대통령은 리플과 이더리움, 솔라나 등 다른 디지털화폐 또한 전략자산으로 비축하겠다고 예고하기도 했다.

보통 국가는 국가안보의 불안, 경제위기의 발생 이전에 혼란을 예방하기 위한 물자를 비축한다. 미국이 비트코인을 전략자산으로 비축하겠다는 것도 비슷한 사례다. 비단 미국은 비트코인만 전략자산으로 비축하지 않았다. 그 이전에 경제위기가 발생할 때는 원유, 곡물, 희토류 등을 전략자산으로 판단하여 비축한 사례가 있다. 원유나 곡물 등은 현물이라는 점에서 비트코인과 분명한 차이가 있다. 심지어 트럼프 행정부는 비트코인을 비롯한 디지털화폐를 통해 국가가 부담해야 하는 빚을 갚을 수 있다고 언급하기도 했다.

이제 미국도 비트코인에 주목하고 있다. 만약 비트코인의 가치를 인정하지 않았다면 미국은 CBDC에 더 집중했을 것이다. 지난 몇 년 동안 미국은 비트코인은 물론 디지털화폐에 대해 적극적인 태도를 보이지 않았으나, 비트코인의 가능성을 높이 평가하고 있다. 세계 경제를 책임지는 초강대국 미국이 비트코인을 새로운 시선으로 바라보게 되었다. 우리는 향후 비트코인이 세계 경제에서 어떠한 역할을 수행할지 주목해야 한다.

Park's 조언

비트코인은 경제 시스템 재편을 위한 혁신의 상징이다. 동시에 글로벌 경제 질서를 변화시키는 강력한 도구다. 시스템은 변곡점을 지날 때마다 변화하기 마련이다. 이제 우리는 또 다른 금융 패러다임 전환의 시대를 맞이하고 있다. 비트코인은 더 이상 선택이 아니라, 필연적인 금융 혁명의 중심이다.

SECTION 2
탈달러화와 비트코인의 역할
(글로벌 금융 패권의 균열 속에서 비트코인은 기축통화가 될 수 있는가?)

미국 달러가 세계 경제를 지배한 지 80년이 넘었다. 브레턴우즈 체제 이후 달러는 국제 결제와 무역, 금융시장의 중심에 섰다. 전 세계 경제 시스템은 미국 연방준비제도(Fed)와 월가의 결정에 의해 좌우되어왔다. 하지만 시대는 변하고 있다. 2008년 금융위기, 2022년 우크라이나-러시아 전쟁 이후 미국의 금융 제재 강화, BRICS 국가들의 독립 결제망 구축, 글로벌 인플레이션 심화는 달러 패권을 흔들고 있다. 이런 상황에서 비트코인은 탈달러화를 위한 새로운 금융 인프라로 주목받고 있다.

01 달러 패권의 균열과 변화하는 금융 질서

20세기 후반, 미국은 세계 경제의 중심에 섰다. 제2차 세계대전 이후 유럽과 일본은 재건에 집중해야 했고, 냉전 시대에 미국은 자유 시장의 리더로 자리 잡았다. 브레턴우즈 체제를 통해 금과 달러를 연결했고, 1971년 닉슨 대통령이 금 태환을 중지하면서 달러는 본격적인 법정화폐로 전환되었다. 이제 달러는 어느 나라에서나 통용되었다.

그러나 21세기에 접어들며 달러의 위상이 흔들리고 있다. 미국 정부는 금융 위기와 경기 침체를 해결하기 위해 달러를 무제한으로 찍어냈고, 이는 전 세계적으로 인플레이션을 가속화시켰다. 2008년 글로벌 금융위기, 2020년 코로나19 팬데믹, 그리고 2022년 우크라이나와 러시아 전쟁, 이외에도 다양한 경제위기를 촉발하는 문제들로 인해서 미국조차 40년 만에 9.1%라는 최고 수준의 인플레이션을 기록하였다.

여전히 많은 국가가 달러의 흐름에 민감하게 반응하면서도, 이제 달러에서 벗어나야 한다는 인식이 높아지고 있다. 탈달러화(de-dollarization) 흐름은 지속될 전망이다. 특히 BRICS 국가들은 새로운 기축통화 개발을 논의하고 있으며, 러시아와 중국은 국제 결제에서 달러 대신 위안화와 금을 활용하는 움직임을 보이고 있다.

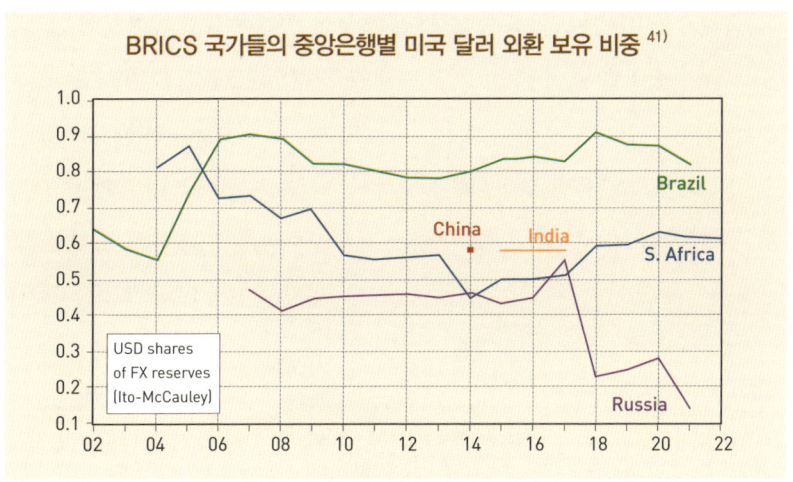

세계 경제가 점차 달러에서 벗어나려는 이유는 무엇인가? 사실 과거에도 기축통화가 바뀐 사례가 있다. 20세기 초까지 영국 파운드는 세계 경제의 중심이었다. 그러나 제1차 세계대전과 미국 경제의 급부상으로

---

41) 출처: It-McCauley Database 및 FLAR

인해 달러가 기축통화의 자리를 차지하게 되었다. 역사는 반복된다. 지금 우리는 또 다른 금융 패권 전환의 초입에 서 있다.

오늘날 탈달러화를 가속화하는 주요 요인들은 다음과 같다. **우선 미국의 금융 제재와 달러의 무기화가 있다.** 달러 패권은 금융 시스템을 무기로 만들었다. 미국은 2014년 크림반도 사태 이후 러시아를 SWIFT 국제 결제망에서 부분적으로 배제했으며, 2022년 우크라이나 전쟁 이후 추가 제재를 단행했다. 이에 대응하여 러시아와 중국은 자국 통화를 이용한 무역 확대를 추진했고, BRICS 국가들은 독자적인 금융 네트워크를 구축하기 시작했다.

다음으로 BRICS 국가들의 경제적 부상이 있다. 브라질, 러시아, 인도, 중국, 남아공으로 구성된 BRICS는 세계 경제의 25%를 차지하고 있다. 이들 국가는 다양한 국가와 파트너십을 구축했고, 독자적인 기축통화 개발을 추진 중이다. 특히 중국은 미국과의 패권경쟁에서 승리하기 위해서, 나

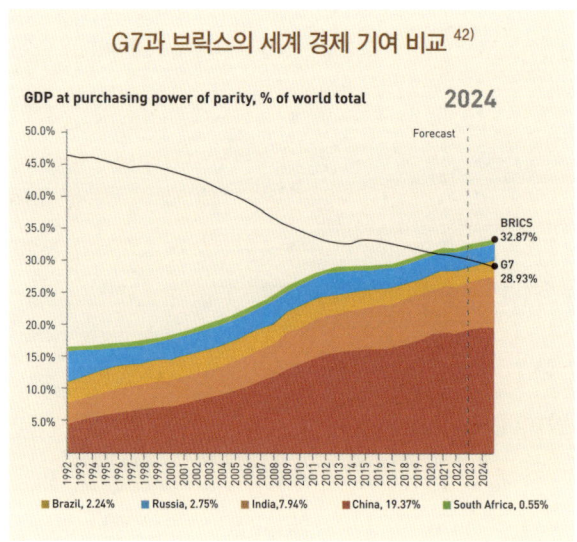

---

42) 출처: IMF, World Economic Outlook/Data After 2023 are based on IMF forecasts

아가 위안의 국제화를 이루기 위해 노력하고 있다. 실제로 중국은 러시아와의 원유·가스 거래에서 달러 대신 위안화를 활용하고 있다.

마지막으로 대체 자산의 부상이 있다. 대표적으로 금이 있다. 각국 중앙은행은 2022년 이후 역사상 최대 규모의 금 매입을 기록했다. 2025년 3월 기준으로 국제 금값은 온스당 3,000달러를 기록하였다. 법정화폐 시스템에 대한 신뢰가 흔들리면서, 비트코인도 디지털 시대의 금으로 자리 잡을 가능성이 높아졌다.

02 비트코인의 역할: 새로운 금융 질서를 위한 대안 통화

세계적으로 탈달러화 흐름이 지속되는 한, 새로운 대안은 계속 나타날 예정이다. 탈달러화에 대한 인식은 저마다 다르다. 2025년을 기준으로 미국이 촉발한 관세로 인해서 탈달러화가 나타난다고 보는 경우가 있다. 중국이나 러시아, 인도 등 새로운 강자들이 독자적인 경제 생태계를 구축하려는 움직임 때문에 탈달러화가 나타난다고 보는 견해도 있다. 그것도 아니면 이제 경제 흐름의 새로운 대안으로 탈달러화를 주장하는 이들도 있다.

이유는 복합적이지만, 탈달러화가 지속하는 한 비트코인은 지금보다 더 많은 역할과 기능을 수행할 수 있다. 비트코인은 디지털화폐로만 논의되지 않는다. 산업의 변화, 경제 흐름의 변화가 나타나면 사람들은 비트코인을 찾을 것이다. 이는 비트코인이 가지는 특별한 매력 때문이다. 인플레이션이 없는 자산이자 글로벌 결제가 가능하다는 특별함, 그리고 누구의 개입도 없이 가치를 저장하고 전송한다는 점은 기존 금융 시스템이 가지지 못한 비트코인만의 강점이다.

비트코인은 글로벌 기축통화가 될 것인가?

　기축통화 체제의 변화는 역사적으로 피할 수 없는 흐름이다. 먼 과거에는 금이, 비교적 가까운 과거에는 영국의 파운드가, 그리고 현재는 미국의 달러가 세계적인 기축통화 체제를 이루었다. 그리고 이제 그 자리를 중국 등 신흥 강대국들이 넘보고 있다. 탈달러화가 지속하는 한, 달러의 가치와 위력은 이전보다 더 낮아질 것이다.

　탈달러화 흐름이 지속되는 한, 비트코인은 디지털 금으로서 역할을 계속 수행할 것이다. 또 글로벌 결제 및 금융 시스템에서 새로운 대안이 될 수 있다. 물론 비트코인이 글로벌 기축통화로 자리 잡기 위해서는 해결해야 할 과제들이 존재한다. 그 과제를 해결하지 않는 한, 비트코인은 기존 금융 시스템을 완전히 대체하기 어려울 것이다. 비트코인은 기존 금융 시스템과 경쟁하는 것이 아니라, 새로운 금융 질서를 구축하는 핵심 역할을 하게 될 것이다.

법정화폐는 시간이 지남에 따라 가치가 하락하지만, 비트코인은 검열 저항성과 희소성을 기반으로 금융의 자유와 새로운 해법을 제공한다. 지금 세계 경제는 변화하고 있다. 비트코인은 기존 금융 시스템의 도전자가 아니라, 새로운 금융 패러다임의 주역이다.

SECTION 3
비트코인과 자산 토큰화의 미래
(금융 패러다임의 전환과 비트코인의 역할)

자산 토큰화는 이제 트렌드나 이슈가 아닌, 하나의 경제 축으로 평가받는다. 2023년 글로벌 자산 토큰화 시장은 2,000억 달러를 돌파했으며, 2030년까지 16조 달러 규모로 성장할 것으로 전망된다. 부동산, 주식, 채권, 미술품, 원자재 등 전통적인 자산들이 디지털 토큰으로 변환되면서 금융 시스템의 본질이 변화하고 있다. 또한 비트코인은 자산의 유동성과 시장 접근성을 극대화할 수 있는 인프라를 제공하고 있다.

01 자산 토큰화란 무엇인가?

만약 당신이 디지털 공간에 있는 미술품을 본다고 가정해 보자. 그리고 누군가가 미술품을 소유할 수 있는 대가로 일정한 돈을 요구한다면? 당연히 당신은 이에 대해 주저할 것이다. 이유는 여러 가지다. 우선 당신에게 그림을 소개해주는 사람이 누구인지 알 수 없고, 당신이 돈을 지불해도 그 미술품을 자신의 것이라 증명하기 어렵다. 그래서 자산은 늘 증명서가 따라다녀야 한다. 누가 주인이고 어떤 경로로 구매했으며, 누가 이를 확인해주는지 알려주는 증명서 말이다. 금융도 마찬가지다. 그러나 블록체인의 등장과 함께 금융시장에는 새로운 개념이 나타나고 있다. 바로 '자산 토큰화'이다.

자산 토큰화는 부동산, 주식, 채권, 원자재, 미술품 등 다양한 실물 자산을 블록체인 네트워크에서 디지털 토큰으로 변환하는 기술이다. 예를 들어 보자. 우리는 뉴욕에 있는 고급 아파트 한 채를 1,000개의 디지털 토큰으로 나누어 전 세계 투자자들이 스마트폰을 통해 소유할 수 있다. 그뿐만 아니라 100개의 토큰으로 분할된 미술 작품을 디지털 시장에서 거래할 수 있다. 당연히 임의로 변경이 불가능하고 이를 증명할 수 있는 경로 또한 투명하다. 이런 점에서 자산 토큰화를 새로운 혁신으로 평가하는 이들이 적지 않다. 그리고 이 혁신은 자산 소유와 거래 방식 자체를 바꾸고 있다.

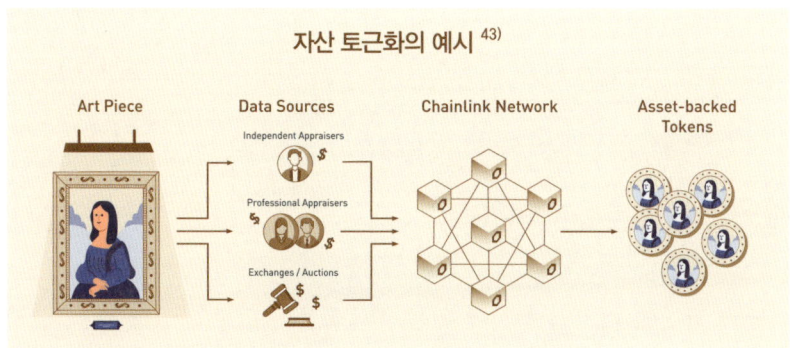

02 비트코인과 자산 토큰화의 결합

아직 자산 토큰화 시장을 낯설게 여기는 이들이 적지 않다. 그러나 전문가들은 토큰화 시장이 명확하게 존재하고, 안정적으로 규모를 확대하

---

43) 출처: https://blog.chain.link/wp-content/uploads/2020/10/Asset-Tokenization-Diagram_V2.png

고 있다며 긍정적으로 평가한다. 2030년에는 약 30조 달러에 달하는 시장 규모를 자랑할 것이라고 예측하는 주장도 있다. 그리고 시장 규모가 점점 커질수록, 자산 토큰화가 대중화를 이룰수록 비트코인과의 결합에 주목해야 할 것이다.

자산 토큰화와 비트코인이 결합할 때, 글로벌 금융 시스템은 근본적인 변화를 맞이하게 된다. 우선 비트코인은 국경과 규제의 장벽을 넘어 거래할 수 있다. 그러므로 이를 기반으로 하는 자산 토큰화 또한 장벽 없이 누구나 디지털 자산을 자유롭게 소유하고 거래할 수 있을 것이다. 그리고 부동산이나 예술품 등 고가의 상품은 언제나 소수의 부유층만 소유할 수 있었는데, 이제 자산 토큰화를 통해서 소규모 일반 투자자 또한 글

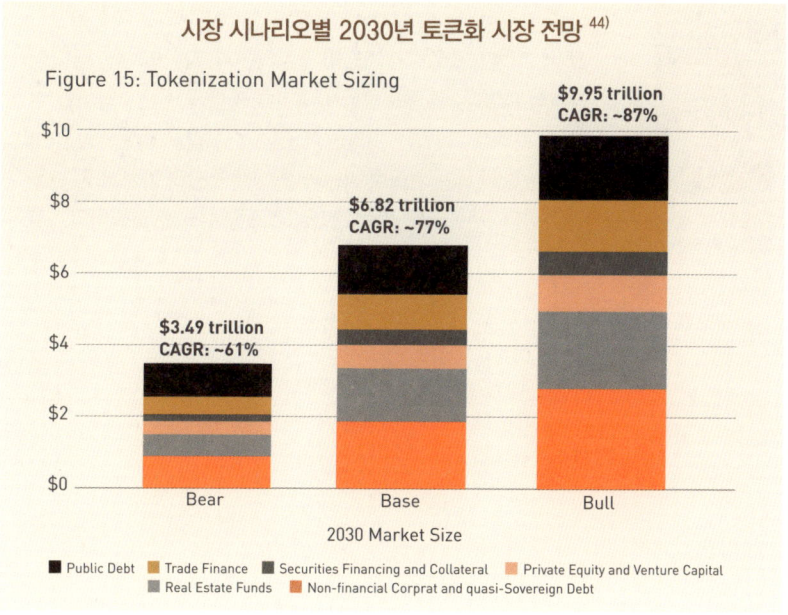

44) 출처: 디지털 자산운용사 21.co 보고서

로벌 자산 시장에 참여할 수 있는 기회를 얻는다. 그것도 소액으로 말이다.

미국의 JP모건, 골드만삭스 같은 주요 금융기관들은 블록체인을 활용한 증권형 토큰 거래 실험을 진행하고 있다. 스위스, 싱가포르, 홍콩 같은 글로벌 금융허브 국가에서도 블록체인 기반 금융 시스템을 적극적으로 도입하고 있다. 이러한 변화 속에서 비트코인은, 블록체인으로 형성된 새로운 글로벌 금융 시스템에 누구나 인정하는 디지털 가치를 심어줄 것이다.

Park's 조언

자산을 소유한다는 것은 그 자체로 힘이다. 그리고 이 힘에 관심을 가진 소수의 계층들은 서로 경쟁하여 권력을 획득하고자 했다. 그러나 블록체인 기술이 등장하면서, 자산의 개념은 다시 정의되고 있다. 자산 토큰화는 디지털 자산에 누구나 참여할 수 있고, 거래할 수 있는 기회를 제공한다. 그리고 비트코인은 이를 가능하게 하는 기술적 기반이다. 이제 자산의 가치 또한 변화하고 있다. 이 패러다임은 더 이상 거스를 수 없는 흐름이다.

SECTION 4

비트코인과 포용적 자본주의의 등장
(비트코인은 어떻게 글로벌 금융의 패러다임을 바꾸는가?)

기존의 금융 서비스는 모든 사람에게 평등하게 제공되는가? 그렇지 않다. 많은 이들이 금융 서비스의 사각지대에서 고통스럽게 생활해야 했다. 전통적인 금융 시스템이 제대로 작동하지 않은 국가에서는 자산을 보호할 수 있는 수단조차 제한적이다. 그러나 비트코인은 누구나 인터넷만 있다면 금융 시스템에 접근할 수 있도록 한다. 금융 서비스에 대한 접근성이 경제적 기회의 핵심 요소라면, 비트코인은 기존 시스템을 재편하고 보다 포용적인 금융 생태계를 구축할 수 있다. 이제 금융 소외 계층도 동등한 기회를 가질 수 있는 시대가 도래한 것이다.

01 자본주의의 구조적 한계와 금융 불평등

    사회를 살아가는 현대인은 크든 작든 삶을 누리기 위해 경제 활동을 해야 한다. 그렇게 사회와 국가가 자본주의로 경제 성장을 이루었으나 동시에 심각한 불평등을 초래했다. 불평등의 이유는 다양하지만, 우선 금융 접근성의 격차에 대해 주목해야 한다. 예를 들어 어느 지역에서는 인터넷 뱅킹과 어플리케이션을 통해 충분한 경제 활동을 보장받는데, 어느 지역에서는 기본적인 경제 활동조차 어렵다면 어떻게 될까? 당장 편의성과 효율성을 제공받지 못하는 정도가 아니라 그 자체로 부의 격차를 만드는 원인이 된다.

  실제로 현재의 금융 시스템에서는 은행 계좌가 없거나 신용 기록이 없는 사람들은 대출을 받을 수도, 저축을 할 수도 없다. 당연히 글로벌 경제에 참여하기 어려운 노릇이다. 이는 특히 개발도상국에서 더욱 두드러지는 문제다. 세계은행 보고서에 따르면 아프리카, 중동, 남미의 수많은 국가에서 금융 서비스 접근성이 제한되어 있고, 이러한 금융 소외가 경제 발전을 저해하는 요인으로 작용하고 있다. 2020년대에 들어서 세계에는 금융 시스템에 제대로 접근하지 못하는 금융 소외층이 상당히 많다. 이들을 위한 새로운 변화를 이루어야 한다고 전문가들은 주장하고 있다. 따라서 이를 위한 '포용금융'이 활발하게 논의되고 있다.

  포용금융은 금융 소외계층이 자유롭게 금융에 접근할 수 있도록 환경과 시스템을 개선하는 정책, 운동을 의미한다. 현재의 시스템으로는 포용금융을 이루기 힘들고, 대안 차원에서 새로운 방식을 가져야 할 것이다. 현재 국내외를 막론하고 포용금융을 실천하기 위한 다양한 노력이 나타나고 있다. 문제는 이러한 노력들이 기존 금융 시스템에서 진행된다는 점이다. 결국 금융 소외계층은 그대로 남아 여전히 제대로 경제 활동을 할 수 없다는 한계를 드러낸다.

  이러한 점에서 비트코인은 **기존 금융 시스템에서 소외된 사람들에게 새로운 경제적 기회를 제공하는 도구**로 작용할 수 있다. 비트코인은 국내외를 막론하고 포용금융을 실천하는 도구이며, 그 자체로 새로운 금융 가치를 선도하는 수단이 될 것이다. 특히 금융 소외계층이 글로벌 자산 활동에 직접 뛰어들어 새로운 기회를 창출할 수 있다는 점에서도 획기적이다.

금융 소외 해소를 위한 비트코인 사용 사례

아프리카 및 인도	케냐와 나이지리아는 비트코인을 활용한 모바일 금융 서비스가 크게 성장한 지역. 금융 소외 계층이 디지털 자산을 통해 경제 활동에 참여할 수 있었으며, 빠르고 저렴한 송금 서비스로 이주 노동자들의 송금 비용을 크게 줄였다.
베네수엘라	극단적인 하이퍼인플레이션으로 경제적 안전을 추구하는 사람들이 비트코인을 통해 자산을 보호하는 수단으로 사용하고 있다.
엘살바도르	국민의 70% 이상이 은행 계좌가 없었으나 정부의 비트코인 거래 활성화를 통해 Chivo Wallet이라는 디지털 지갑을 도입함으로써 디지털 금융 서비스에 접근할 수 있게 됐다.

02 마이크로 파이낸스와 비트코인의 결합

단순히 비트코인을 수단으로 이용한다고 하여 포용금융, 나아가 포용적 자본주의 모델을 구축하는 것은 아니다. 비트코인이 금융 소외계층의 문제를 해결하기 위한 수단이 되려면 마이크로 파이낸스[45] 모델 확장을 활용해야 할 것이다. 저소득층을 대상으로 한 소액 대출 프로그램인 마이크로 파이낸스는 금융 접근성이 낮은 지역에서 경제적 자립을 이룰 수 있도록 지원한다. 하지만 기존 마이크로 파이낸스 모델은 이자율이 매우 높고, 신용 평가 기준이 엄격했다. 그로 인해 실질적으로 금융 소외 계층에게는 여전히 진입 장벽이 높다.

만약 비트코인과 스마트 계약으로 마이크로 파이낸스 모델을 확장할 경우, **중개 기관 없이 신용 평가와 대출이 가능**해진다. 나아가 탈중앙화

---

[45] 마이크로파이낸스는 빈곤층의 금융 수요를 충족시키기 위해 소액 대출, 저축, 보험 등의 금융 서비스를 제공하는 것을 의미한다. 15세기 전당포 설립을 시작으로, 1970년대 방글라데시의 그라민 은행 설립을 통해 현대적인 개념이 정립되었다. 마이크로파이낸스는 빈곤 감소, 고용 증대 등 긍정적인 사회적 영향을 미치지만, 과도한 이자율, 과잉 부채, 상업화 등의 문제점도 지적된다. [출처: 오늘의AI위키, AI가 만드는 백과사전]

금융(DeFi) 플랫폼을 활용하면 신용 기록이 없는 사람들도 담보 없이 소액 대출을 받을 수 있다. 또한 자동화된 대출 상환 시스템을 통해 투명성을 보장할 수 있다. 이러한 변화는 기존 금융 시스템이 해결하지 못한 문제를 근본적으로 해결하는 혁신적 모델이다.

포용적 민주주의의 경제 구조를, 사회가 얻은 이익을 다수에게 전달하는 것이라고 여기는 이들도 많다. 그러나 이는 단편적인 해석이다. **포용적 민주주의는 지속 가능한 성장**을 포함한다. 개인이나 사회 모두가 성장해야 포용적 민주주의를 실현할 수 있다. 이를 위해서는 금융 소외계층이 금융 시스템에 접근할 수 있는 기회를 갖추어야 한다. 비트코인은 금융 접근성을 높여, 기존 금융 시스템에서 소외된 계층에게도 경제적 기회를 제공한다. 그리고 마이크로 파이낸스와 결합할 때, 보다 민주적이고 탈중앙화된 금융 시스템을 구축할 가능성이 크지 않을까.

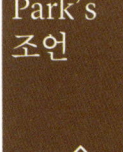

Park's 조언

전 세계적으로 수십억 명이 금융 서비스에서 배제되어 있으며, 기존 시스템은 그들에게 어떠한 해결책도 제공하지 못했다. 그러나 비트코인은 국경을 초월하는 네트워크를 통해 누구나 금융에 접근할 수 있는 가능성을 열어주었다. 모두에게 동일한 기회를 제공하고 성장할 수 있는 가능성을 열어주는 것, 그것이 비트코인의 힘이다.

SECTION 5

비트코인과 소득 불평등의 해결
(비트코인은 금융 민주화와
경제적 기회의 균형을 실현할 수 있는가?)

소득 불평등은 사회 구조와 금융 시스템이 만들어낸 구조적 한계이며, 부의 분배 방식이 특정 계층에게 유리하도록 설계된 결과이다. 세계은행(World Bank)에 따르면, 세계 인구의 상위 10%가 전 세계 부의 85% 이상을 차지하고 있으며, 하위 50%의 인구는 1% 미만의 자산을 보유하고 있다. 기존 금융 시스템은 신용과 자본이 집중된 사람들에게 유리하게 작동했다. 비트코인은 이러한 문제를 해결할 수 있을까? 탈중앙화된 금융 시스템을 기반으로, 누구나 인터넷과 스마트폰만 있으면 금융 활동을 할 수 있는 기회가 열리고 있다. 금융 포용성과 경제적 자율성을 확대하는 혁신적 모델로서, 비트코인은 소득 불평등을 완화할 수 있는 새로운 대안을 제시하고 있다.

01 금융 시스템과 소득 불평등의 구조적 문제

2008년 글로벌 금융위기로 인해 촉발한 다양한 문제 중 하나가 바로 소득 불평등이다. 소득 불평등은 그 이전에도 존재했다. 사회적 지위나 계층, 작업 여부 등에 따라서 소득에 다소 차이가 있었다. 하지만 그것을 심각한 문제로 삼지는 않았다. 소득 불평등이 존재해도 자산 운영이나 습득에서 기회와 보호를 보장받았고, 노력하면 얼마든지 더 많은 부를 축적할 수 있다는 믿음이 존재했기 때문이다.

　이러한 부의 축적은 자본주의 사회의 본질과 연결된다. 자본주의 사회는 분명 여러 부작용과 한계를 지니고 있다. 그럼에도 이를 유지하는 이유 중 하나는, 부를 축적해 개인의 일상과 삶을 윤택하게 만들 수 있다는 희망이 있었기 때문이다. 부를 축적하는 방식은 저마다 다르다. 사업을 하거나, 소득이 많은 직업을 가지는 등 여러 방식이 존재한다. 그리고 여기에는 금융 접근성도 상당히 중요하다. 주식에 투자하거나 디지털화폐를 소유하는 환경이 갖추어진다면 다른 이들보다 더 빨리 부를 축적할 수 있을 것이다. 또한 자산의 축적 가능성 또한 확장할 수 있다.

　전통적인 금융 시스템은 그동안 다양한 사람들에게 부를 축적할 수 있는 기회를 제공했지만, 점점 한계를 드러내고 있다. 2008년 글로벌 금융위기 이후, 소득 불평등에 대한 논쟁이 나타나고 있다. 부를 축적할 수 있는 기회가 박탈되었으며, 사회적 지위나 계층 이동이 더는 어렵다고 판단했기 때문이다.

　그리고 여기에는 금융 시스템에 대한 접근성 또한 크게 영향력을 끼친다. 소외된 집단, 지역, 국가에 속한 이들은 금융에 접근하기 어렵기 때문에 더욱 부를 축적할 기회를 잃고 만다. 그리고 이러한 흐름이 반복된다면 결국 소득 불평등은 커질 것이다.

02　비트코인과 금융 포용성: 소외 계층을 위한 새로운 기회

　지금 경제계에서는 기존 금융 시스템의 한계를 이해하고 이를 개선하는 방식에 대해 논의하고 있다. 특히 금융 범위를 어떻게 소외계층까지 확장하고 어떠한 방식으로 전달해야 하는지 다양한 의견이 나타나고 있다. 그러나 기존 금융 시스템에 혁신적인 개선이 나타나지 않는 한, 결국 구조적 한계는 지속될 것이다. 그리고 금융 소외계층을 포용하기 어려운 상황이 이어질 것이다.

비트코인은 기존 금융 시스템이 감히 시도하지 못하는 변화와 혁신을 추구할 수 있다. 스마트폰만 있으면 누구나 비트코인을 통해 새로운 금융 시스템에 접근하고, 이를 활용해 불평등을 해소할 수 있다. 무엇보다 까다로운 절차와 방식 때문에 금융 시스템에 쉽게 접근하지 못했던 다수의 소외계층이 금융에 뛰어들면서 더 나은 경제 발전이 나타날 것이다.

앞으로 인터넷과 스마트폰의 보급이 더욱 광범위하게 이루어지면 이에 대한 실현은 가속화된다. 선진국은 이미 인프라를 구축하였고, 개발도상국 또한 디지털 인프라를 구축하기 위해 다양한 노력을 시도하고 있다. 금융 포용성은 선진국만이 아니라 개발도상국에서도 논의될 것이다. 그리고 그 속도가 더 빨라질수록, 비트코인으로 형성한 새로운 금융 시스템은 다수의 이용자를 포용할 수 있다.

03 비트코인의 탈중앙화 금융 시스템과 금융 민주화

비트코인을 기반으로 한 탈중앙화 금융(DeFi) 시스템은 엄격한 신용 평가를 기준으로 하는 기존 금융 시스템의 한계를 극복할 수 있다. 소수의 집단, 계층을 위한 게 아닌 모두를 위한 금융 시스템을 구축하고, 그 안에 금융 소외계층을 참여시키면 새로운 금융 패러다임을 구축할 수 있다. 궁극적으로 모두가 참여하는 금융 민주화를 실현할 수 있는 것이다.

비트코인이 금융 포용성을 이루는 원동력이 되고, 나아가 금융 민주화의 선두 주자가 된다면 얼마나 멋진 미래가 되겠는가. 모든 사람이 공정한 금융 서비스를 이용하면, 각각의 이용자가 금융의 주인이 되어 금융 공정을 이룰 수 있다. 그리하여 특정 소수가 아니라 모두가 부를 축적할 수 있는 가능성이 열린다. 고로 비트코인은 금융 소외 계층을 포함한 전 세계 모든 사람들이 경제적으로 독립할 수 있도록 지원하는 새로운 패러다임이다. 금융 접근성을 확대하고 인플레이션으로부터 자산을 보호하며, 새로운 경제 기회를 제공하는 도구로써 더 민주적이고 탈중앙화된 금융 시스템을 구축할 가능성을 보여준다.

Park's 조언

글로벌 금융위기 이후 소득 불평등, 부의 축적 가능성 배제, 격차 심화 등으로 인해 기존 금융 시스템의 한계에 대해 많은 이들이 고민하고 있다. 이는 자본주의의 본질과도 연결된다. 그래서 새로운 시스템을 구축하기 위한 노력이 나타나고 있으며, 여기에는 비트코인이 핵심적인 역할을 할 것이다. 금융 포용성을 갖춘 비트코인은 금융 민주화를 실천할 가능성을 내포하고 있다.

Chapter 7
비트코인과 문명의 미래

비트코인
문명의
개척자들

SECTION 1
비트코인과 디지털 문명의 진화

인류의 문명은 늘 새로운 연결과 정보 교환 방식을 통해 진화해 왔다. 오늘날 우리는 디지털 자산과 블록체인, 인공지능, 사물인터넷이 융합되는 디지털 문명의 전환점에 서 있다. 이 장에서는 비트코인이 개인과 사회의 경제·문화·기술 기반을 어떻게 재편하는지 살펴보고자 한다. 비트코인이 그려내는 거대한 흐름 속에서 독자들은 새로운 문명 패러다임이 주는 자유와 책임을 함께 경험하게 될 것이다.

01 새로운 시나리오의 주인공, 비트코인

2030년대의 도시생활을 상상해 보자. 당신은 카페에서 원격근무를 하며 비트코인을 결제 수단으로 사용해 해외에 돈을 송금한다. 한편, 집안의 기기들은 사물인터넷으로 연결되어 실시간으로 태양광 발전 수익을 블록체인에 기록하고, 친환경 채굴 기업과 자동 매칭되어 남는 전력을 판매한다. 이 일련의 과정들은 별다른 중앙기관의 개입 없이 이루어지고, 모든 데이터는 안전하게 기록되고 공유된다.

이 미래의 모습이 과연 상상으로만 그칠까? 아니다. 이 시나리오는 현실이다. 일전에 발표된 OECD 디지털 혁신 리포트는 '여러 국가와 기업들이 재생에너지와 결합한 비트코인 채굴 모델을 도입하고, 가상자산을 통해 글로벌 협업 방식을 바꿔나가는 사례가 급증하고 있다'라고 분석했다. 비트코인은 이렇게 인공지능(AI), 사물인터넷(IoT), 양자기술, 그리고 메타버스까지 연결하며 과거에 없던 '디지털 문명'을 열어가는 중심축이 되고 있다.

어떻게 이런 일들이 가능할까? 우선 비트코인을 중심으로 세계를 바라보면 이야기가 달라진다. 비트코인 네트워크는 물리적·가상적 공간에서 일어나는 모든 교류를 인문학·과학·금융의 관점에서 결합한 상태를 의미한다. 예컨대 사물인터넷 센서가 수집한 데이터를 블록체인에 기록하면 해당 데이터가 비트코인을 기반으로 한 스마트 계약으로 자동 처리할 수 있다.

영국 임페리얼 칼리지 연구진은 2024년 보고서에서, 소규모 전력망과 비트코인 채굴을 연동하는 실험을 진행한 결과를 발표했다. 이 연구는 '에너지 생산과 소비가 특정 지역에서 잉여를 발생시키면, 자동으로 채굴 네트워크에 연결해 비트코인 보상으로 전환할 수 있다'는 가능성을 입증해 보였다. 이러한 사례들은 비트코인이 궁극적으로 우리의 경제적 주권을 다층적이며 자율적으로 행사하게 만들 수 있음을 시사한다.

02 디지털 문명 속 개인의 경제적 자유

비트코인이 열어가는 디지털 문명에서는 개인이 곧 거래와 기록의 주체가 된다. 다만 책임이 있다는 점을 분명히 알아야 한다. 'Not your keys, not your coins'라는 유명한 문장이 말해주듯, 비트코인을 통해 개인은 직접 지갑 키를 관리하고, 자산을 보호할 의무가 동반된다.

이러한 책임은 자유의 또 다른 얼굴이기도 하다. 최근 튀르키예 리라화 가치 폭락 사태를 계기로, 해당 지역 젊은 층 사이에서 비트코인 기반 송금과 자산 이월이 폭발적으로 증가하였다. 이에 디지털화폐에 대한 관심이 높아졌는데, 다른 한편으로는 활발해지는 디지털화폐 거래를

리라화가 폭락하자 2021년 10월부터 3개월 동안 비트코인 온라인 검색이 급증했다. 46)

위협하는 여러 해킹이 시도되기도 했다. 요컨대 기존 은행계좌가 해외에서 무용지물이 되는 순간, 비트코인과 같은 탈중앙화 자산은 새로운 안전판이 될 수 있다. 그러나 개인이 본인의 자산을 스스로 지켜야만 경제적 자유를 온전히 누릴 수 있다.

03 상호 작용의 확장: 인터랙티브 비트코인 내러티브

비트코인에 합류하면 새로운 문명 속에서 '내가 어떻게 연결되고 기여하며, 보상받는가'를 직접 체험할 수 있다. 가령 누군가가 태양광 패널을 설치해 전력을 생산하고, 남는 전력으로 클라우드 마이닝을 시작했다고 상상해 보자. 당신이 만약 이 사람과 P2P로 연결된다면, 당신이 필요한 해시 파워 일부를 빌리고 그 대가를 비트코인으로 지불할 수 있다. 거래

46) 출처: 구글 트렌드

와 합의, 보상 배분에 이르기까지 대부분의 프로세스가 중개인 없이 자동화된 코드에 의해 진행된다. 이처럼 비트코인은 단절된 개인들을 연결시키고, 공동의 블록에 역동적인 스토리를 기록하는 거대한 서사를 만들어낸다.

  물론 이러한 변화가 언제나 순탄한 것은 아니다. 에너지 사용, 규제 문제, 대중적 인식의 장벽이 여전하다. 그리고 일부 대형 채굴 기업이 해시 파워를 독점할 우려가 있다. 또한 국가가 불법 자금세탁 방지 명목으로 거래소에 지나친 통제를 가할 경우, 비트코인의 자율성이 크게 훼손될 수 있다. 그럼에도 전력 소비가 줄어드는 혁신적 채굴 방식, 스마트 계약의 진화, 메타버스 경제와의 연동 등 다양한 시나리오가 제시되고 있어 비트코인이 열어가는 디지털 문명은 더 이상 소수 개발자들의 실험적 유토피아가 아니다. 국가·기업·개인이 함께 협력 또는 대립하는 거대한 무대이다. 그리고 그 무대 위에서 가장 중요한 역할을 맡는 주인공은, 코인의 소유 여부를 떠나 그 흐름을 직접 경험하고 선택하는 '우리 자신'이다.

Park's 조언

디지털 문명이란 결국 사람들이 만드는 새로운 질서다. 비트코인이 보여주는 탈중앙 네트워크 안에서 당신은 방관자가 아니라 공존의 설계자이자 참여자가 된다. 기술이 주는 편리함만 수용하는 게 아니라 그 배경에 깔린 철학과 책임을 함께 고민할 때, 비트코인이 가져올 진정한 변화에 동참할 수 있다.

SECTION 2
비트코인과 탈중앙화된 사회의 가능성
(비트코인이 열어가는 새로운 협력과 혁신의 스펙트럼)

비트코인은 탈중앙화된 경제와 사회를 꿈꾸는 체계로 진화하고 있다. 즉 국가와 은행이 독점하던 통화 발행과 금융 권력이 개인과 커뮤니티로 분산될 가능성이 열리고 있다. 이러한 변화는 제도권의 지속적인 규제와 여전히 발전해야 하는 기술적 과제를 동반하지만, 그럼에도 우리가 상상하지 못했던 협력과 혁신의 스펙트럼을 제시한다는 점에서 주목해야 할 것이다.

01 새로운 패러다임의 문턱에서

이미 여러 사람들이 디지털 자산을 소유하고 있지만, 아직 이러한 흐름을 받아들이지 못하는 이들이 많다. 그들은 여전히 주식이나 달러, 금 등 전통적인 투자 상품에 더 관심을 기울인다. 심지어 실체 없는 자산을 왜 소유해야 하는지 이해하지 못한다고 여기는 이들도 있다. 그럼 디지털 자산은 소수만 관심을 가지는가?

최근 G20 금융포용 보고서에 따르면, 현재 세계적으로 약 5억 명(세계 인구 10%) 이상이 디지털 자산 지갑을 보유하고 있다. 디지털 자산의 핵심은 비트코인이며, 이는 곧 수많은 사람들이 비트코인에 관심이 있음을 보여준다.

전 세계 국가별 비트코인 보유량 (2024년 기준)

순위	나라	보유량
1	미국	276,559
2	불가리아	213,519
3	중국	194,000
4	영국	61,000
5	독일	50,000
6	엘살바도르	5,689

특히 최근 1~2년 사이에 인도네시아, 폴란드, 캐나다 등 다양한 국가들이 비트코인 채굴과 분산형 결제 인프라를 국가 정책 차원에서 검토하기 시작했다. 이는 금융과 사회의 조직 원리를 근본적으로 바꿀 수 있는 탈중앙화의 잠재력에 이목이 집중되고 있음을 뜻한다. 물론 이러한 흐름에 제동을 거는 이들도 적지 않다. 세계의 거의 모든 정부가 자금세탁 또는 범죄 악용 리스크를 우려해 디지털화폐 규제를 정교화하고 있다. 중앙은행들이 비트코인 대신 CBDC를 개발해 자국 통화 주권을 지키려는 이유 또한, 결국 비트코인이 지닌 잠재력과 가능성을 인정하기 어렵기 때문이다. 결국 비트코인이 제시하는 탈중앙화된 사회 비전은, 기존 권력구조와 어떻게 공존 또는 충돌할지에 대한 논쟁에 직면해 있다.

탈중앙화된 사회가 실현되었을 때 나타날 수 있는 혁신적 변화와 상호작용을 상상하자. 그 여정 속에서 우리는 개인의 자유, 책임, 그리고 공동체가 새롭게 재정의되는 과정을 확인할 수 있다.

02   비트코인, 디지털 자치와 새로운 경제 협력

한 가지 상상해 보자. 가까운 미래에 당신이 사는 지역 커뮤니티가 자체적으로 운용하는 디지털 자치 조직(DAO)을 만들었다고 말이다. 이 조직은 비트코인 네트워크를 기반으로 회계와 의사결정을 수행한다. 커뮤니티 주민들은 각자 스마트폰 앱을 통해 보유한 비트코인으로 생활협동 기금을 조성한다. 국가나 지방정부가 승인하지 않아도, 이 기금은 곧바로 친환경 시설 개선이나 지역 예술축제 지원 등에 투명하게 쓰인다. 이 경우 중앙의 예산 배정 없이도 작은 도시나 마을이 필요한 자금을 모으고 결과를 공유한다. 수많은 노드가 투명하게 블록체인에 기록을 확인하며, 회계 비리를 저지르려 해도 해시값 하나만 어긋나면 즉시 알람이 뜬다.

이러한 현상이 아직 현실적으로 불가능하다고 보는가. 2024년 폴란드 비영리단체 DigiCivic이 진행한 실험에 따르면, 이런 형태의 탈중앙화 자율조직(DAO)에 참여한 주민들은 행정기관보다 40% 빠르게 사회 인프라 개선을 추진할 수 있었고, 기부금의 사용 내역에 대한 만족도도 높았다. 물론 이런 모델이 지역 전체의 재정을 완전히 대체하는 것은 아직 요원하다. 다만 비트코인이 만든 신뢰 기반에 사회 구성원이 참여해 공동 목표를 이루는 구조는, 전통적인 행정체계를 보완하거나 혁신할 가능성을 보여준다. 이것이 비트코인의 가치와 의미가 단순한 결제 수단 이상으로 나타내고 있음을 알 수 있는 사례다.

비트코인이 현실화된 사회는 국경을 넘어서는 협력을 가능케 한다. 예를 들어 사우디아라비아의 태양광 기업과 칠레의 에너지 스타트업이 비트코인 채굴 제휴를 맺는다고 가정해 보자. 사우디아라비아에서는 태양광 발전으로 생산된 전력을 블록체인 인증서로 전달하고, 칠레 쪽에서는 이를 확인해 채굴 장비와 기술 인프라를 공급한다. 결제와 보상은 비트코인으로 실시간 정산되어 환전 수수료나 은행 업무 지연 없이 프로젝트를 진행한다. 국제에너지기구(IEA)가 발표한 탈중앙화 에너지 네트워크 보고서에서도 이러한 협업 모델을 글로벌 에너지 협력의 미래상으로

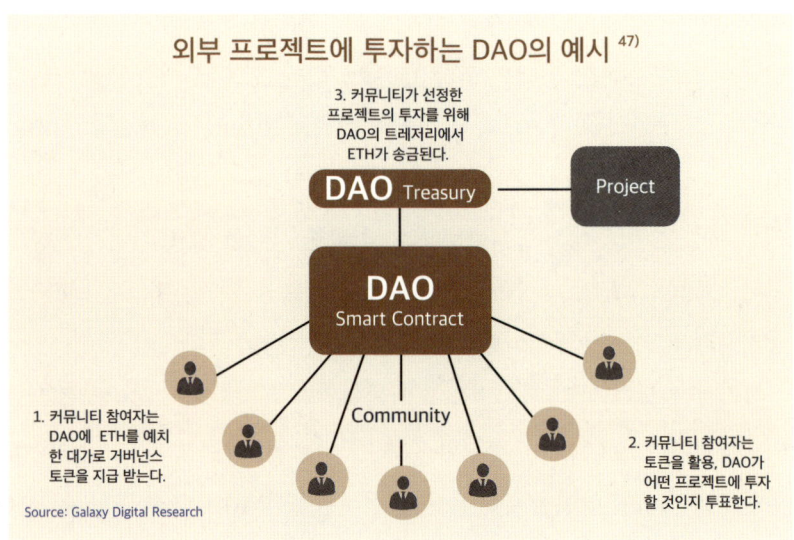

언급한다. 기존에는 국제 사업이 복잡한 서류와 환율 리스크로 지연되었으나, 블록체인 기반 탈중앙화 플랫폼을 활용하면 시간과 비용을 크게 줄일 수 있다는 것이다.

그러나 한편으로는, 비트코인이 만든 시장에서 자본과 기술을 먼저 확보한 주체가 더 큰 영향력을 발휘할 수 있다는 우려도 제기된다. 대규모 채굴기기를 가진 기업이나 국가가 해시 파워를 장악할 경우, 소외된 지역은 네트워크 의사결정에서 배제될 위험이 있다는 지적이 꾸준히 나타나고 있다. 이른바 탈중앙화 네트워크에서도 특정 이해관계자들에게 유리한 쪽으로 흐를 가능성을 배제하기란 어렵다.

---

47) 출처: Galaxy Digital Research, www.galaxydigital.io

03 규제와 새로운 협치 모델의 탄생

비트코인과 제도권 금융이 부딪히는 지점에서 가장 많이 거론되는 문제는 역시 규제다. 자금세탁방지기구(FATF)는 2025년까지 암호화폐 거래소의 트래블 룰[48]을 더 엄격하게 적용하겠다고 예고했다. 미국 연방준비제도(Fed), 유럽중앙은행(ECB) 등도 각자 CBDC 발행 계획을 구체화하여 기존 금융망에서의 통제력을 유지하려는 분위기다.

그렇다면 탈중앙화된 사회에서는 정부·기관 규제가 완전히 사라질까? 사실 불가능하다고 예측하는 전문가들이 적지 않다. 분산 네트워크에 스마트 계약 기반 규칙을 설정한 뒤 거래 투명성을 자동으로 모니터링하거나, 소비자 보호를 위한 코드화된 제도를 설계하는 시도가 늘고 있다. 캐나다 금융감독청이 발표한 DeFi 합의 규범 초안을 살펴보면, 중앙집중적 감독 대신 참여 노드 간의 자동화된 리스크 모니터링 기능을 의무화하는 등 점차 코드화된 규제의 도입 방안을 마련하려는 시도가 점차 나타나고 있다. 이렇듯 탈중앙화가 현실화된 세상에서도, 법적·윤리적·사회적 책임은 사라지지 않는다. 다만 그 책임을 누가 어디서 지고 통제하는가가 달라질 뿐이다. 즉 전통적인 거버넌스와 디지털 자율규제 모델이 뒤섞인 '하이브리드 협치 모델'이 비트코인에서 등장할 것으로 전망된다.

지금 이 순간, 당신은 비트코인을 막 접한 '뉴비(Newbie)'일 수 있다. 혹은 이미 클라우드 마이닝에 참여해 소득을 창출하는 '참여적 공증자'일 수도 있다. 아니면 DAO를 운영하며 공동 프로젝트를 추진하는 '액티비

---

48) 거래 시 송·수신자 정보를 공유하는 규정

스트'일 수도 있다. 각자의 위치와 역할에 따라 경험하는 비트코인은 다르지만, 중요한 점은 우리가 이 연결망에서 권리와 책임을 어떻게 잡아야 할지 스스로 결정해야 한다는 점이다.

'Not your keys, not your coins'라는 말은 우리가 자산을 소유하기 위해서는 스스로 키를 가지고 있어야 한다는 뜻이다. 이는 곧 비트코인을 소유하는 순간 자유와 책임을 동시에 지니게 된다는 뜻이다. 만약 개인 키를 직접 관리하는 것이 번거로워 거래소에 맡긴다면, 지금처럼 은행에 돈을 예치하는 것과 다를 바 없다. 그러나 개인 키를 온전히 지키며 네트워크 의사결정에도 적극 참여한다면, 진정한 탈중앙화의 혜택과 의무를 동시에 지니게 될 것이다.

Park's 조언

탈중앙화 사회라는 꿈은 개인이 금융과 경제의 수동적 소비자가 아니라, 능동적 창조자가 되는 과정을 의미한다. 비트코인은 기술만으로 완성되지 않는다. 소유자 또는 참여자 스스로 지갑 키를 관리하고, 규칙을 함께 만들어야 한다. 그리고 새로운 가능성에 몸소 뛰어드는 참여가 필요하다. 이제 결단은 당신의 몫이다.

SECTION 3

비트코인과 집단 지성의 실현
(비트코인이 만들어내는 새로운 협력과 통찰의 장)

인류는 지식과 정보를 공유하며 더 나은 결론에 도달하는 과정을 통해 발전해 왔다. 이제 비트코인이 제공하는 탈중앙화 네트워크에서, 집단 지성이 한층 강력한 형태로 재편될 수 있다. 비트코인 네트워크에서 집단 지성은 누구나 코드를 검증하고 경제적 보상을 공유하는 세계에서, 의사결정의 투명성을 함께 만들어가는 새로운 사회적 동력이 될 수 있다.

01 비트코인으로 바라본 집단 지성의 의미

집단 지성(Collective Intelligence)은 학계와 산업 전반에서 주목한 개념이다. 인터넷 포럼이나 위키(Wiki)와 같은 협업 도구는 이미 전 세계인의 지식 축적과 공유에 중요한 역할을 해왔다. 최근에는 비트코인이 제시하는 탈중앙화 네트워크를 기반으로, 지식의 생성과 검증 과정을 한층 진화시킬 수 있다는 주장이 힘을 얻고 있다. 예컨대 국제연구기관 GIC(Global Intelligence Consortium)의 보고서에 따르면, 블록체인 기술을 활용하면 투명한 의사결정과 인센티브 모델을 결합할 수 있다. 또 참여자들의 고유한 지식 자산을 교환 및 확인, 보완하면서도 각자의 공헌도에 비례한 가치를 직접 분배받을 수 있다. 이는 단순한 정보 교환을 넘어 '함께 만들어낸 성과를 누구나 공정하게 인정 받는다'는 확신을 심어준다. 비트코인과 집단 지성의 결합은 과거의 지식 관리 시스템과는 전혀 다른 흐름을 예고한다.

지금까지 집단 지식은 수많은 인터넷 이용자가 특정 커뮤니티에 종속되어서 활동해야만 했다. 그러나 비트코인과 집단 지성의 결합은 지식 생산과 활용에서 어디에도 종속되지 않고 작동할 수 있다. 예를 들어서 코드를 수정하거나 네트워크 업그레이드를 제안할 때, 단순히 누군가의 권위나 명령이 아니라 노드 간 합의와 기여도가 핵심적 동력이 된다.

폴란드 연구진이 진행한 오픈 소스 커뮤니티와 암호경제 실험을 확인해 보자. 이 실험에서는 '블록체인상에서 투표·기부·개발 공헌을 측정하는 시스템을 적용했을 때 프로젝트 완성도가 30% 이상 높아졌고, 참여자 만족도 또한 크게 상승했다'고 보고했다. 이처럼 같은 협업이라도 '누가 얼마나 기여했는지'를 투명하게 확인하고 자동으로 보상하는 모델이 구성될 때, 참여자의 동기가 지속적으로 강화될 수 있음을 보여준다. 이는 비트코인이 결제·금융 단계를 넘어 지금껏 보지 못했던 지식 생산과 사회적 문제 해결 방식을 나타낼 수 있음을 시사한다.

02 인터랙티브 참여: 연결된 두뇌가 만드는 혁신

비트코인이 열어가는 집단 지성의 핵심은 상호 작용(interaction)이다. 예를 들어 지역 사회에서 친환경 에너지 발전에 관한 데이터를 공유하고, 이를 블록체인에 기록하는 협동 프로젝트를 떠올려 보자. 만약 주민 각자에게 공로에 따라 가상 보상 토큰이나 비트코인을 분배한다면 에너지 절약 및 환경 개선, 데이터 분석에 대한 협업이 촉진될 것이다.

2023년 영국 생태연구소(EBI)에서는 실제로 가구별 전력 사용량을 블록체인에 기록하고, 절감율이 높은 곳은 추가 리워드를 받도록 설계한 DAO 프로젝트가 시행되었다. 그 결과 지역 전체 전력 소비가 전년 대비 15% 이상 감소했고, 관련 정보 공유와 노하우 교환이 활발해졌다. 이는 집단 지성이 단순히 생각을 모으는 과정을 넘어, 삶의 문제를 풀어가는 행동력으로 이어질 수 있음을 보여주는 사례다.

사실 공동 협력 프로젝트는 이미 여러 곳에서 진행되고 있으며 다양한 사례가 존재한다. 그러나 비트코인을 통한 집단 지성 사례가 다른 점은, 전 세계 누구나 시공간 제약 없이 참여가 가능하다는 점이다. 또 집단 지성이 특정 대기업이나 기관의 독점에서 벗어날 가능성이 커진다. 이 인터랙티브 요소가 바로 비트코인이 그려내는 미래 공동체의 매력 포인트다.

DAO 활용 사례

Maker DAO	가장 성공적인 DAO 중 하나. DAI 스테이블코인 발행하여 암호화폐 담보 대출 서비스를 제공.
Fingerprints DAO Pleasr DAO	예술 작품의 공동 수집과 관리를 위해 설립된 조직. NFT 및 디지털 예술품 공동 구매, 관리
Klima DAO	기후변화 대응을 위해 설립된 조직. 탄소배출권의 토큰화와 거래
Gitcoin DAO	오픈 소스 프로젝트 펀딩 운영
Constitution DAO	미국 헌법 원본 공동 구매 시도
우크라이나 DAO	전쟁피해지원을 위한 인도주의적 조직. 의료지원과 피해자 구호

그렇다면 이런 탈중앙화 집단 지성 모델이 자율적으로만 작동할 수 있을까? 실제로는 각국의 규제와 국제기구의 감시 속에서 미묘한 균형을 찾아야 한다. 게다가 글로벌 인터넷 인프라 자체가 균등하지 않다는 점

도 문제다. 예를 들어 국가별 인터넷 속도, 디지털 문해력, 규제 인프라가 천차만별이므로, 일각에서는 디지털 격차(Digital Divide)가 비트코인에서도 반복될 수 있다고 우려한다. 선진국이나 글로벌 기업이 대규모 자본으로 비트코인을 다수 매입하고 기술을 선점하면, 향후 집단 지성의 장을 장악하는 주도권도 이들이 쥘 수 있다.

그럼에도 국제기구와 학계는 긍정적인 시선으로 바라보고 있다. OECD 디지털 포용 리포트에서도 '투명하고 공정한 블록체인 인프라가 구축된다면, 기존 거대 기관보다 빠른 혁신과 포용성이 가능하다'는 견해를 제시한다. 자발적 참여와 분산 의사결정이 결합되면, 중앙정부나 글로벌 기업이 해결하기 힘든 지역 문제나 지식 격차를 보다 유연하게 보완할 수 있다.

03 집단 지성 모델의 미래

비트코인을 통한 집단 지성은 프로토콜에 의한 투명성과 코드화된 보상 구조를 지니고 있다는 큰 장점이 있다. 블록체인 기술을 통해 업무 분담과 기여도가 명확하게 기록되므로, 참여자는 공정성을 이해하고 동기부여를 높일 수 있다. 또한 기존 조직에 비해서 투표나 의사결정 속도도 더 빠르다.

하지만 이러한 구조가 절대적 평등을 보장하는 것은 아니다. 참여자가 단순히 참여에 의의를 두고 누군가의 목소리에 순응하기만 하면 집단 지성은 제대로 작동하기 어렵다. 모든 의사결정을 다수결이나 자동화된 합의에 맡기면, 독창적인 소수 의견이 묻히거나 거버넌스의 방향이 지나치게 획일화될 수 있다. 이는 현실에서도 발생하는 문제이며, 비트코인 네트워크에서도 동일하게 발생할 가능성이 크다. 결론적으로 탈중앙화 집단 지성은 기존 중앙체제를 완전히 대체하기보다는, 양자가 상호 보완 및 경쟁하며 새로운 협력 모델을 만들어갈 것으로 전망된다.

기술적으로는 오라클(Oracle) 문제나 확장성, 개인정보 보호 이슈 등이 뒤따른다. 상호 신뢰와 인센티브가 결합된 모델이 지금보다 훨씬 다양한 분야에서 실험될 것이다. 우리가 마주하게 될 미래는, 연결된 두뇌들이 자율적으로 움직이는 거대한 '집단 지능망'일 수 있다. 각 개인의 작은 아이디어가 모여 혁신을 일으키는 무대가 될지도 모른다.

Park's 조언

집단 지성은 사람들이 모여 아이디어를 나누고 통찰을 공유할 때 최고의 힘을 발휘한다. 비트코인은 이런 협력을 금전적 인센티브와 탈중앙화 구조로 더 촉진시킨다. 다만, 모든 것이 자율로만 돌아가기는 어렵다. 가장 중요한 것은 언제나 당신이 직접 참여하고, 작은 시도를 통해 변화를 체감하는 것이다.

SECTION 4
비트코인과 인류의 경제적 자유
(비트코인이 제시하는 새로운 주권과 선택의 지평)

인류 역사에서 경제적 자유란 단순히 돈을 많이 버는 문제를 넘어, 재화와 가치를 통제 없이 교환하고 누릴 수 있는 권리와 직결되었다. 오늘날 비트코인이 열어가는 탈중앙화 네트워크는 개인이 스스로 경제 주권을 행사할 수 있는 도전을 제시한다. 이는 기존 금융 시스템을 전복하는 과격한 실험인 동시에, 인류가 진정한 자유를 회복할 기회가 될 수도 있다.

01 자유는 누가 보장하는가

자유는 오랫동안 인간이 추구한 개념이지만, 사상적으로나 철학적으로나 상당히 복잡한 구조와 개념을 지니고 있다. 예를 들어 누군가가 자신은 자유로운 존재라고 주장한다고 가정해 보자. 그는 왜 자신이 자유로운 존재인지 구체적인 근거를 제시해야 할 것이다. 만약 그가 소속이나 관계에서 자유로운 존재라고 말한다면, 가정 또는 사회의 구성원으로 속해 있기에 완전히 자유로운 존재라고 보기 힘들 것이다.

자유는 사상, 철학, 사회적 논의에서만 그치는 게 아니라 경제에서도 마찬가지다. 현대사회에 들어서 경제 구조를 형성하는 과정은 체계적이고 합리적으로 이루어졌다. 그러나 개인이 온전히 자유로운 경제 활동을 하는 것은 아니다. 과거의 자급자족 사회와 달리 이제는 자본주의 사회에서 경제 활동을 해야 하고, 자신의 노동력과 교환할 수 있는 자산을 확보해야만 생활이 가능하다.

그럼, 이 과정에 진정한 자유가 있을까? 노동을 통해 받는 화폐는 당신이 선택한 것이고 얻은 자산에 대한 세금은 당신이 정한 것인가, 아니면 거래를 통해서 발생하는 수수료는 당신이 정한 것인가. 이러한 행위들은 사회와 국가가 정했으며, 당신은 거기에 동의했을 것이다. 그러나 동의한다고 하여 당신이 자유로운 경제 활동을 보장받는가. 당신이 여러 기관과 사회의 경제 활동에 대한 개입에 동의한 이유는, 당신이 동의하지 않는 순간 일련의 혜택을 보장받을 수 없기 때문이다. 그러므로 당신의 자유는 스스로 보장받지 못하며, 다른 누군가에 의해 보장받는다. 그러나 그 누구도 당신의 자유를 온전히 책임지지 않는다. 그러므로 우리는 비트코인이 이끄는 경제적 자유의 의미와 그 선택에 따른 책임에 관해 확인해야 한다.

02 비트코인과 주권의 재정의

비트코인이 당신의 경제 활동 주권을 온전히 보장하는 것은 아니다. 그러나 비트코인을 활용하면 지금보다 더 자유로운 경제 활동을 할 수 있다는 점은 분명하다. 개인이 재화와 가치를 스스로 운용한다는 확신은 지금까지 존재하지 않았다. 비트코인을 통해서 새로운 경제 활동을 이룰 수 있고, 이는 인간 활동 전반에 새로운 변화를 추구할 수 있다.

2024년 인도네시아 자카르타에서 열린 아세안(ASEAN) 핀테크 서밋에서는 비트코인의 장점을 결제·송금 분야에서 재조명했다. 실제로 인도네시아 루피아 환율이 심하게 변동했을 때, 현지 중소 수출입 업체들이 비트코인을 결제 대안으로 채택함으로써 환전 수수료와 지연을 크게 줄였다고 보고했다. 그들은 누구의 강요나 권장 없이 비트코인을 채택해 경제 활동을 이루었고, 그에 대한 보상을 얻었다. 이는 국가가 보장하던 화폐 가치가 아니라, 탈중앙 네트워크가 보장하는 디지털 자산으로 경제 활동을 이어가는 생생한 사례이다.

그러나 이러한 자유가 확장될수록 개인이 감수해야 할 보안과 책임도 비례해 높아진다. 해킹과 사기에 무방비 상태로 노출되면 그 손실은 전적으로 본인이 떠안아야 한다. 최근 IMF 글로벌 모니터링 리포트는 '비트코인은 누구나 접근 가능하다는 장점이 있지만, 동시에 자산관리를 스스로 해야 하는 난이도가 있어 금융 교육과 규제의 균형이 필요하다'고 지적했다. 그럼에도 불구하고 비트코인이 확산되면, 국경 없는 거래와 개인 주도의 자금 이동이 훨씬 용이해지므로 기존 질서가 뒤흔들릴 수 있다. 예를 들어 아프리카의 케냐 지역에서 시범 운영된 'BTC-Local' 프로젝트는, 은행 계좌가 없던 농촌 주민들에게 스마트폰 지갑을 보급하고, 중간 상인 없이 직접 곡물을 거래하도록 했다. 이 실험은 농부들이 중개 수수료를 절반 이하로 줄이고, 현지 시장 가격 정보를 실시간으로 취득할 수 있었던 점에서 특히 주목받았다. 세계식량기구(WFP)는 보고서에서 '이러한 암호화폐 기반 직거래가 농촌경제의 자립도를 높일 잠재력이 있다'고 언급했다.

물론 국가 단위로 보면 자본 유출이나 탈세, 불법 자금 유통 등의 문제를 우려할 수 있다. 그래서 국제기구와 중앙은행은 거래소를 압박하는 정책을 펼쳤다. 실제로 자금세탁방지기구(FATF)의 규정이 강화되면서 글로벌 거래소들은 디지털화폐의 이동 경로를 확인하는 트래블 룰(Travel Rule)⁴⁹⁾을 확대 적용하고, 사용자 신원 확인 절차를 엄격히 한다. 결국 비트코인이 불러올 경제적 자유는 개인에게는 큰 기회지만, 제도권 입장에서는 새로운 관리 및 감시 체계를 형성해야 한다는 점에서 갈등이 지속될 수밖에 없다.

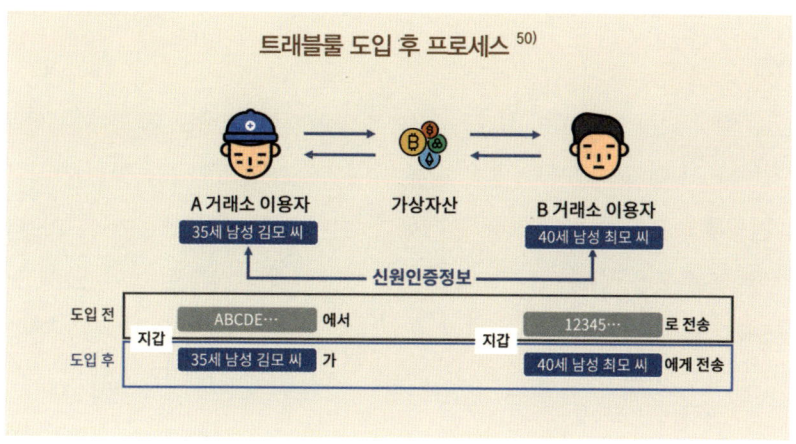

03 어느 쪽을 선택할 것인가

비트코인의 등장은 인류가 '화폐는 국가가 관리한다'는 오래된 전제에서 벗어날 수 있음을 증명하는 상징이다. 그만큼 도전도 크다. 글로벌 금융기관, 정부, 중앙은행이 불확실성과 충격을 거부하고 보수적인 입장을 취하는 이유는, 디지털화폐가 지닌 자율성에 대한 부담이 크기 때문이다.

---

49) 코인 실명제, 자금세탁 방지를 위해 기존 금융권에서 거래소간 자금 이동을 추적하는 시스템이다. 즉, 송금인과 수취인의 정보를 기록하여 불법 자금의 이동을 차단하려는 목적이 있다.
50) 출처: 업비트 투자자보호센터

철학적으로 볼 때, 개인이 자유를 얻는다는 것은 책임을 짊어진다는 뜻과 동일하다. 비트코인에서 경제적 자유를 보장받으려면 키(Private Key) 관리와 자산 운영을 스스로 해내야 하며, 사기나 오류로부터 스스로 방어할 역량도 갖춰야 한다. 이 과정에서 우리는 '왜 국가가 제공하는 안전망을 과감히 내려놓아야 할까?', '어떤 조건에서 개인의 자율성과 사회의 안정 사이에 균형을 맞출 수 있을까?'하는 철학적 질문을 마주하게 된다.

유럽중앙은행(ECB)은 '암호자산이 법정화폐를 대체할 가능성은 제한적'이라고 평가하면서도, 젊은 세대 사이에서 비트코인 보급률이 가파르게 상승하고 있다는 통계를 공개했다. 이는 제도권이 완전한 거부보다 부분적 수용을 통해 미래 화폐 경쟁에 대응하려는 신호로 볼 수 있다. 궁극적으로 금융의 판도는 정부가 통제하는 통화와 개인의 자유로운 금융 활동 자산이 뒤섞여 새로운 하이브리드 체제로 재편될 가능성이 크다.

Park's 조언

경제적 자유는 '남들이 대신 지켜주는 안전망'을 버리고, 내 손으로 자산을 통제하는 결단에서 시작한다. 비트코인은 그 길을 구체적으로 보여주지만, 동시에 그 책임도 개인에게 돌아간다. 과연 스스로 통제할 준비가 되었는지, 위험을 감내할 의지가 있는지 점검해보길 바란다. 자유는 결코 공짜가 아니다.

SECTION 5
비트코인이 빚어낼 신(新)문명적 가능성

문명은 인간이 어떻게 협력하고 가치를 공유하느냐에 따라 진화해 왔다. 비트코인이 펼쳐 보이는 네트워크 사회는 중앙 권력이 아닌, 개인과 커뮤니티가 미래 문명의 기반을 주도할 수 있음을 시사한다. 오늘날 다양한 국가 사례와 기업 참여 양상이 이 사실을 뒷받침하며, 우리는 그 거대한 가능성과 복합적 도전을 함께 마주하게 된다.

01 문명 전환의 변곡점

인류 문명은 일정한 시기마다 전환을 이루었다. 디지털화폐를 둘러싼 최근의 격변 또한 마찬가지로 지금까지와는 다른 차원을 열어주고 있다. 국제결제은행(BIS) 발표에 따르면, 전 세계 주요 은행 중 40% 이상이 이미 디지털화폐 관련 사업이나 연구팀을 운영 중이며, 상당수가 비트코인 또는 탈중앙화 금융을 자산군으로 인정하고 있다. 이제 비트코인은 디지털 자산을 넘어 새로운 금융 질서와 사회적 조직 원리를 제시한다. 그리고 이 기술이 만들어낼 문명적 파장은 훨씬 방대하다.

예를 들어 2024년 미국 캘리포니아주의 'Renewable Hub' 프로젝트는, 태양광 발전소가 생성한 전력을 지역 DAO와 연계해 실시간으로 비트코인 보상과 연동하는 시범 사업을 펼쳤다. 이 사업을 통해 확인할 수 있는 현실은 이제 새로운 생태계가 조성되고, 그 생태계에 참여한 이들이 새로운 방식의 사회적·경제적 활동을 한다는 점이다. 특히 자산과 거래를 근본적으로 재정의한다는 점에서 주목해야 한다.

가치 교환의 체계가 코드를 통해 자동화되고, 중개자 없이 일대일로 연결되는 상황이 전면화된다면, 기존 문명에서 전제하였던 중앙 권력 또는 중개 조직의 역할이 상당 부분 희석될 수 있다. 그리고 이념적, 철학적 요소를 결합할 수 있다. 자유로운 개인이 권위적 구조를 극복하고, 글로벌 협력 속에서 자원을 할당해 문제를 해결하는 구도가 21세기의 새로운 문명 모델로 급부상할 것이라는 전망이다.

02 글로벌 사례와 기업 활용 동향

비트코인의 문명적 함의는 이미 다양한 국가와 기업을 통해 현실화되고 있다. 한편으로는 국제기구와 금융당국이 촘촘히 규제를 준비하고 있지만, 동시에 새로운 참여자들이 등장해 자신들의 비즈니스와 생태계를 비트코인 네트워크와 결합시키고 있다. 이러한 현상은 국가 단위 또는 기업 단위에서 서로 다르게 나타나고 있다.

우선 국가 단위로 보면, 우루과이의 에너지부는 '2025년부터 농촌 전력망을 개선하면서, 잉여 전력을 비트코인 채굴 협동조합과 직접 연결하는 실험을 추진 중'이라고 발표했다. 이를 통해 생산 과잉분을 거래소로 보내지 않고, 즉시 디지털 자산화를 통해 수익화하는 모델을 시도 중이다. 필리핀의 중앙은행은 소액 해외송금에 비트코인 레일을 일부 허용하여, 기존 은행 수수료 대비 60% 가량 저렴한 결제 루트를 마련했다고 발표했다.

각국의 기업 또한 앞다투어 새로운 생태계에 동참하고 있다. 일부 유럽 자동차 제조사의 경우, 전기차 충전에 필요한 전력 사용량을 비트코인 블록체인에 기록하고, 클라우드 마이닝과 연계해 고객에게 마일리지 형태의 리워드를 제공하는 시스템을 시범 도입했다. 이를 통해 전기차 충전에 따른 보상이 실시간으로 투명하게 제공되면서, 구매자 충성도도 제고되었다고 발표했다. 남미에서 활동하는 부동산 스타트업의 경우, 시가총액 3억 달러 규모의 기업이 블록체인을 이용해 지역 간 부동산 거래를 간소화하고, 비트코인으로 계약금을 결제해 거래 속도를 높였다. 그들은 '국경을 넘은 부동산 투자를 제약 없이 유치'한 부분을 주된 성과로 발표했다.

이처럼 다양한 국가와 기업들이 경쟁하고 협력하고 있다. 그러한 구도 속에서 비트코인의 확산은 곧 '어떤 문명이 효율적이고 확장 가능한가'라는 근본 질문과 맞닿아 있다.

03 디지털 통제 vs 디지털 자율

빛이 있으면 그림자도 있는 법이다. 새로운 문명 패러다임에 대한 논의가 반드시 희망적이라고 보기는 어렵다. 새로운 질서가 전통적인 힘의 축을 약화시키면서 새로운 형태의 독점을 낳을 수 있기 때문이다.

이런 긴장은 문명사에서 흔히 보이는 패턴이다. 처음엔 자유를 확대한 시스템이었지만, 나중에는 소수에게 권력이 집중될 수 있음은 현실에서도 나타난다. 개방형 블록체인이 지향하는 투명성과 연결성은 기존 패턴보다 오히려 독점을 쉽게 이룰 수 있는 측면이 있다. 결국 비트코인이 장기적으로 디지털 자율을 실현할 수 있을지는, 참여자들이 네트워크 거버넌스를 구성하는 과정과 구체적인 규제 및 감독에 대해 어떻게 타협할지에 달려 있다. 이러한 전환은 국가 혹은 거대 자본에 의존하던 인간 집단이 자율적 경제·금융의 길로 나아가는 문명적 실험이다.

따라서 비트코인이 미래 문명의 기반이 되려면, 단순히 기술 발전만 논의해서는 안 된다. 지금까지 산업혁명이 촉발되었던 변곡점은 오직 기술의 발전으로만 형성된 것이 아니다. 그 기술을 집단, 사회, 국가가 서로 공유하고 다양한 이해관계를 형성하는 거버넌스 모델이 발전하였기에 가능했다. 비트코인 생태계 또한 마찬가지다. 새로운 문명 발전이 이루어지기 위해서는 국제기구와 정부, 민간기업은 물론 커뮤니티 모두가 이 거대한 변화를 어떤 방식으로 수용하고 개선해 나갈 것인지 지속적 토론과 실험이 필요하다.

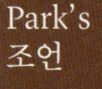

Park's 조언

문명 전환은 보통 거대한 충돌과 함께 찾아온다. 비트코인이 열어가는 길은 불확실하지만, 동시에 누구에게나 열려 있다. 스스로 노드를 운영하고, 새로운 협업 방식을 시도해 보라. 개인의 작은 실천과 결정이 쌓여 미래 문명의 기틀이 된다. 중요한 것은, 움직이는 용기다.

Chapter 8
비트코인과 글로벌 금융의 미래

비트코인
문명의
개척자들

CENTRALIZE　GOVERNMENT　TRUST　FINANCIAL　BLOCKCHAIN　CURRENCY　BIG DATA　COST

SECTION 1
비트코인과 기축통화의 다원화
(비트코인이 이끄는 글로벌 통화구조의 변주와 선택)

세계 경제는 지난 수십 년간 특정 통화에 의존하는 구조를 고착화시켜 왔다. 달러가 대표적인 기축통화로 자리매김한 이 흐름은, 미·중 무역 분쟁과 금리 변화 등에 따라 점차 흔들리는 모습을 보인다. 반면 비트코인은 새로운 가치와 기능을 사람들에게 전달해 새 통화 질서를 시사한다. 나아가 다원화된 기축통화 시대를 예고한다. 이는 기존 패권에 대한 도전인 동시에 국가와 기업, 개인 모두에게 다양한 선택지를 부여하는 분기점이 될 수 있다.

01 글로벌 통화 패권의 전환

제2차 세계대전 이후, 미국이 사실상 초강대국의 지위를 확보하면서 그들의 통화인 달러 또한 위상이 강력해졌다. 20세기 중반 이후 달러화는 전 세계 무역과 금융시장의 핵심 기축통화였다. 그리고 그 아성에

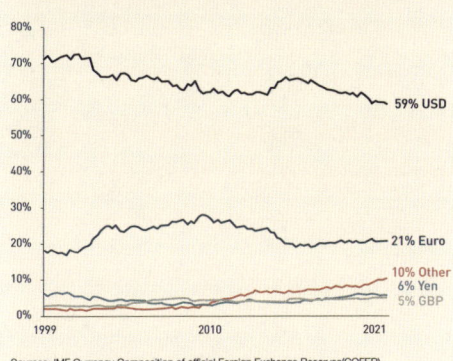

도전하는 국가들이 있었다. 미국과 냉전을 펼쳤던 소련이 대표적이고, 아시아를 넘어 서구사회에서 맹위를 떨쳤던 일본이 있다. 그리고 다수의 유럽국가가 연합한 유럽연합, 최근에는 서로의 이익이 결합한 BRICS가 있다. 저마다 차이는 있으나 여전히 미국의 독주를 뺏는 것에는 어려움을 겪고 있다.

국제통화기금(IMF) 자료에 따르면, 일부 신흥국 중앙은행들이 달러 보유 비율을 줄이는 대신 유로·위안·금(Gold) 등으로 분산해 보유하려는 경향이 두드러지고 있다. 여기에 비트코인까지 가세하면서, 기축통화 다원화라는 주제가 어느 때보다 주목받고 있다. 그렇다면 비트코인은 기축통화로서 가능성이 있는가?

02 기축통화 다원화의 배경: 신뢰의 분산

우리가 지금까지 기축통화를 신뢰하는 이유는 무엇인가. 대표적인 기축통화는 달러, 유로, 엔이 있을 것이다. 단순히 미국이 가장 강한 패권을 지녔기 때문에 달러를 기축통화로 사용하는가, 아니면 유로는 여러 유럽국가에서 통용할 수 있기에 신뢰하는가. 그렇다면 엔화는 단순히 한국과 가까워서 기축통화가 되었는가. 전혀 아니다. 기축통화로 성립하기 위해서는 해당 화폐가 글로벌 경제 주체들에게 안정적인 가치 저장 수단이자 결제 수단이 된다는 믿음을 형성해야 한다.

특히 미국의 달러는 20세기 중반 이후 세계 경제에서 상당한 영향력을 행사했다. 선진국이나 중견국 중에서 달러를 확보하지 않은 국가가 없을 것이다. 그러나 이제는 달러만 영향력을 나타내는 것은 아니다. 중국 위안

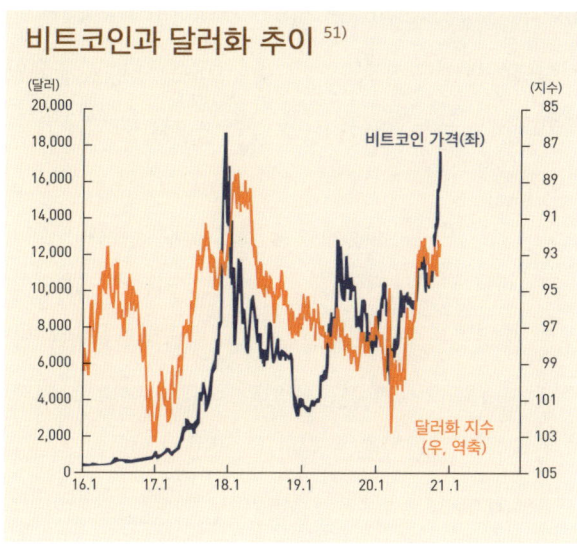

화의 부상이나 유럽연합(EU)의 유로화 강화가 기축통화 다원화를 가속했다. 그리고 여기에 완전히 다른 작동 원리를 지닌 비트코인이 등장했다. 은행이나 정부가 통제하지 않는 네트워크에서, 글로벌 참여자가 보유 및 거래, 그리고 채굴에 기여할 수 있다는 점에서 비트코인은 뜨거운 감자다. 즉 기존 선진국이 형성한 시스템이 아닌, 네트워크 그 자체가 통화정책을 행사할 수 있는 새로운 기축 개념을 제시하고 있는 셈이다.

03 비트코인이 제시하는 새로운 금융 지도

비트코인 네크워크가 기축통화 다원화 흐름에 본격적으로 가담한다면 거대한 금융 지도가 새로 그려질 수 있다. 이미 미국이 비트코인을 전략자산으로 확보한다고 하면서 세계적으로 큰 파장을 나타내고 있다. 물론 우선

---

51) 출처: https://www.edaily.co.kr/news/read?newsId=01689206625967360

은 몰수한 비트코인만 전략자산으로 비축하겠다고 밝혔지만, 그럼에도 미국이 비트코인을 인정하였다는 점에서 의의가 크다. 그리고 이 행보에 체코나 브라질 등 다른 국가에서도 비트코인을 자산으로 인정할 수 있다고 긍정적으로 여기고 있다.

아직 투자자들은 금리 인상기에 달러화 자산를 선호하려는 경우가 많다. 그러나 디지털화폐 또한 새로운 자산 기능을 지니고 있다고 여기고 있다. 경제가 디지털화를 이루는 과정에서 기축통화 또한 디지털화를 추진할 것이고, 이는 비트코인에 대한 관심으로 이어질 것이다.

그런데 비트코인이 기축통화 다원화를 촉진할 수 있다는 관측이 커질수록 각국 금융당국과 국제기구는 관련 규제를 정비하고, 협력을 도모하고 있다. G7과 G20 회의에서는 '비트코인이 기존 통화정책에 주는 영향'이 주요 의제로 떠올랐다.

이는 곧 비트코인이 자금세탁 및 불법 자금 유입 등에 취약하다는 기존 비판과, 탈중앙화로 인해 기존 중앙은행의 역할이 약화될 것이라는 우려 때문이다. 그러나 넓은 범위에서 보면 '화폐 발행과 가치 보전은 국가만이 독점해야 하는가?'라는 본질적 물음이 나타날 수밖에 없다. 비트코인은 탈중앙화된 네트워크를 통해 자율적으로 통화 기능을 유지할 수 있음을 보여준다. 이는 금융을 넘어 다양한 산업과 사상을 아우르는 쟁점으로 부상한다.

04 모두에게 돌아가는 혜택, 소수에게 집중되는 혜택

비트코인이 기축통화 다원화를 가속한다고 해도, 모든 국가와 개인이 동일하게 혜택을 누리는 것은 아니다. 어쩌면 달러나 유로처럼 국가가 얼마나 많은 비트코인을 보유하느냐에 따라서 영향력과 지위는 달라질 것이다. 거기다 비트코인은 디지털화폐이기에 달러나 유로, 엔화보다 더 많은 한계점에 노출되어 있다. 디지털 격차나 기술 인프라 부족, 채굴 자원의 편중, 불안정한 규제 환경 등이 복합적으로 작용해 비트코인이 기축통화의 다원화를 이끌어도 소수의 국가만 이를 소유할 수 있다. 그렇다면 탈중앙화 철학이 훼손될 수 있다.

또한, 비트코인 시장 변동성은 여전히 클 뿐만 아니라 스테이블코인이나 CBDC 등 경쟁 디지털화폐가 속속 등장하는 상황이다. 그렇기에 비트코인이 실제 글로벌 무역 결제에서 차지하는 비중이 얼마나 늘어날지는 아직 미지수다. 그럼에도 유럽중앙은행(ECB)의 최근 보고서에서는 '비트코인이 완전한 기축통화를 대체하진 못하더라도, 달러·유로·위안에 이어 또 하나

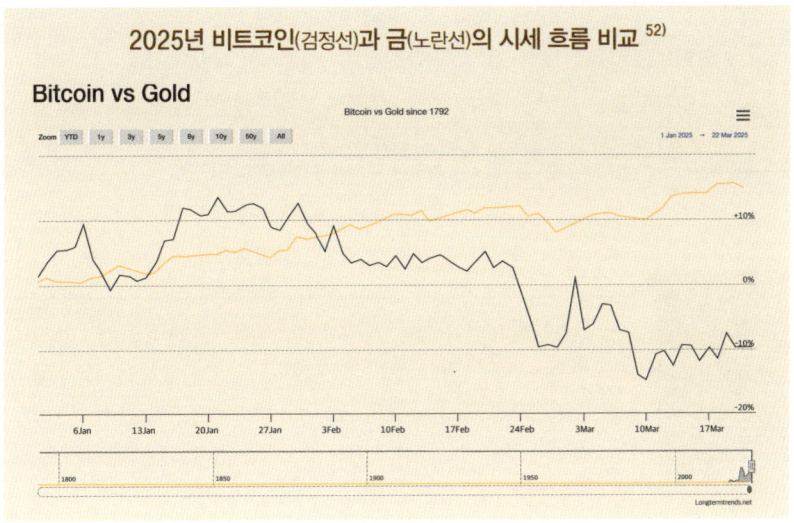

2025년 비트코인(검정선)과 금(노란선)의 시세 흐름 비교 [52]

---

52) 출처: 사진 = Longtermtrends.net [https://img.hankyung.com]

의 대체 통화 축(alternative currency axis)으로 부상할 가능성을 배제할 수 없다'고 언급했다.

결국 비트코인이 불러올 기축통화 다원화는 기회와 리스크가 공존한다. 기존 초강대국 중심의 기축통화 패권이 약화될 수 있다는 기대감, 디지털 자산을 통해 환율 위험을 분산할 수 있다는 실용적 이점, 그리고 국가·기업·개인의 다변화된 선택지를 열어준다는 장점을 고려해야 한다. 그러나 동시에 변동성·규제 충돌·환경 문제 등에 대한 대비가 필수적이다. 비트코인 네트워크와 금융질서의 충돌은 더욱 구체화될 전망이지만, 바로 그 갈등 지점에서 새로운 경제 실험과 협력이 시작될 것이다.

기축통화의 조건과 비트코인이 해결해야 할 과제

조 건	비트코인 현황
안정적인 가치 저장 수단	높은 가격 변동성으로 인한 가치 저장 수단으로서의 의문
광범위한 사용	일부 국가와 특정 산업에서만 제한적 사용
법적 인정	국가마다 다른 법적 지위의 불확실성과 규제
지속적 수급	한정적 발행량 및 환경 문제

Park's 조언

기축통화가 한 나라의 전유물이었던 시대가 흔들리고 있다. 비트코인은 이미 소규모 개별 주체에게도 글로벌 무대에 참여할 길을 열어준다. 다만 준비 없이 뛰어들면 여러 리스크를 감수해야 할 것이다. 제대로 공부하고, 네트워크 작동 원리를 파악해 보라. 디지털 통화 시대에 주도권은 스스로 쥐어야 한다.

SECTION 2
비트코인과 국제 금융 질서의 변화
(비트코인이 재편해가는
글로벌 자본 흐름과 협력의 가능성)

세계화가 이루어진 지 몇십 년이 지났음에도 국제 금융 질서는 여전히 중앙은행과 정부, 국제기구가 주도하고 있다. 그러나 비트코인 등장 이후 국가 간 자본 이동과 통화정책 운용 방식은 새롭게 다시 쓰일 조짐이 보인다. 글로벌 은행들은 디지털 자산을 대체 투자처로 편입하고, 신흥국 일부는 자본시장 개혁의 기회로 삼고 있다. 이 거대한 변화는 제도적 마찰과 혁신의 불꽃을 동시에 일으키며, 새로운 협력의 길을 열어줄지 모른다.

01 국제 금융 흐름, 어디로 향하는가

    국제 금융 흐름이 형성된 시기는 사실 그리 오래 지나지 않았다. 불과 100년 전까지만 해도 특정 지역 또는 국가는, 인접한 다른 지역이나 국가와 주로 거래하였다. 산을 넘고 바다를 건너서 다른 국가와 교류한다는 것은 그만큼 국가경쟁력이 갖춘 국가에만 해당하였다. 그래서 그러한 국가가 무역을 독식하는 사례를 우리는 역사적으로 확인할 수 있다.

    하지만 지금은 어떠한가. 두 차례의 세계대전 이후, 글로벌 무대에서 많은 국가들이 등장해 서로 협력 또는 대립하고 있다. 이 과정에서 세계화가 촉진되었으며, 이제 인접한 국가가 아니더라도 얼마든지 교류할 수 있는 기회와 환경을 갖추었다. 당장 한국만 하더라도 유럽의 여러 국가와 교류하고 있으며, 그들의 정책에 따라 영향력을 받기도 한다. 이제 세계화는 당연한 흐름이며, 국제 금융 흐름 또한 마찬가지다.

그러나 국제 금융 질서는 예나 지금이나 국가경쟁력이 강력한 국가를 중심으로 형성, 유지되고 있다. 과거에 영국 등 유럽 국가가 국제 금융 질서를 선도하였다면 이제는 미국과 중국, 유럽연합 등이 국제 금융 질서를 확보하기 위해 분투하고 있다. 인도나 브라질 등 후발주자도 이 질서에 편입하기 위해 노력하고 있다. 이제 다른 어떤 국가가 새로운 경쟁자로 나타날지 관심을 받고 있으면서도, 왜 꼭 국가만 세계 금융 질서를 선도해야 하는지 의문을 제기할 수 있다.

비트코인에 관심을 가지는 이유가 여기에 있다. 새로운 투자 방식, 나아가 새로운 금융 생태계를 구축하기 위해서 비트코인과 그와 관련한 다양한 기술이 속속 현실에서 펼쳐지고 있다. 세계 금융 질서와 연관하여 비트코인에 주목해야 하는 이유는 기술력이

비트코인의 시장 시가총액과 주요 자산 비교[53]
(2025년 1월 기준)

자산	시가총액
금	약 17조 7,340억 달러
애플	약 3조 670억 달러
엔비디아	약 3조 5540억 달러
마이크로소프트	약 3조 2900억 달러
아마존	약 2조 3190억 달러
알파벳(구글)	약 2조 1430억 달러
비트코인	약 2조 달러
은(Silver)	약 1.8조 달러
사우디 아람코	약 1.8조 달러
메타(페이스북)	약 1.7조 달러

---

53) 출처: 순위 집계 사이트 컴퍼니즈마켓캡

나 가능성 때문만은 아니다. 이제 글로벌 자산으로 비트코인은 열 손가락에 꼽힌다. 최근 비트코인의 시가총액이 8,500억 달러를 돌파했다는 Glassnode의 최근 보고가 있었다. 이는 브라질과 대만, 스위스, 러시아, 멕시코, 태국 등 다양한 국가의 자산을 모두 합친 규모보다 더 크다.

다만 거시경제 안정을 위해 자본 흐름 관리(capital controls)를 엄격히 적용하던 일부 국가에서는, 비트코인의 규모 확대가 치명적 위협으로 다가올 수 있다. 자본이 국경을 넘어 자유롭게 이동한다면 환율이나 통화정책 효과가 약화될 것이기 때문이다. 이 지점이 국제협력과 제도적 규제의 갈등을 부르는 원인이 된다.

02 규제와 협력: 국가·국제기구의 서로 다른 생각

비트코인이 글로벌 자산으로 점차 규모가 커질 때마다, 국제 금융 질서에서 나타나는 반응은 달라진다. 많은 사람들이 은보다 더 가치를 느끼는 비트코인에 관심을 기울이고 있으면서도, 지금까지 국제 금융 질서를 유지했던 국가와 국제기구에서는 이를 경계하는 움직임이 계속 나타나고 있다. IMF의 경우 비트코인 같은 디지털화폐의 과도한 자본 흐름을 우려하며, 세계 각국에 디지털화폐에 대한 세금 규정을 명확히 하고 이를 투명하게 나타내기를 요청하였다.

그러나 이러한 조치가 비트코인을 완전히 거부한다고 보기는 어렵다. 이미 다양한 투자자가 비트코인을 소유하려 하고 있으며, 글로벌 기업에서도 디지털화폐를 통한 디지털 자산 확보가 중요하다고 여기고 있다. 이전보다 디지털 자산에 대한 거부감이 계속 줄어들고 있는데 어느 누가 비트코인을 마다하겠는가. 다만 세계은행(World Bank)은 '암호자산의 완전 금지는 비현실적이나, 불법 유출이나 극단적 투기에 따른 금융위기를 막을 최소한의 가이드라인은 필요하다'고 강조했다.

결국 규제와 협력이 서로 상충하면서 이전에 없던 금융 혁신이 나타나고 있다. 이러한 흐름이 국제 금융 질서의 혼란을 야기하는 모습으로 보일 수 있겠으나, 그만큼 비트코인이 글로벌 금융 자산으로 성장하고 있다고 해석할 수도 있다.

국제적 규제와 협력의 흐름 [54]

불법 활동 방지를 위한 노력	
규제 기관	주요 활동
SEC	ICO와 관련된 법적 조치 강화
CFTC	암호화폐 상품 및 거래에 대한 규제 적용
유럽연합(EU)	MICA 법 제정을 통한 시장 투명성 증대

국제적인 협력의 가능성	
지역	국제 협력 관련 요소
유럽연합	MICA 법을 통한 통합 규제
미국	SEC와 CFTC의 협력
아시아	국가 간 정보 공유를 통한 규제 일관성 향상

03 새로운 대안을 구축하는 비트코인

비트코인 생태계는 세계 각국의 투자자가 함께 연결되어 있고, 그만큼

---

54) 출처: https://kkangs1129.tistory.com/규제와 법적 프레임워크-2025년 암호화폐의 글로벌 규제 동향과 전망

서로가 영향을 받는다. 수억 명의 투자자가 서로 다른 공간과 서로 다른 시간에 있음에도 불구하고, 비트코인이라는 글로벌 자산이 계속 성장할 수 있는 이유는 바로 연결성에 있다. 이 연결성은 그 이전까지 다른 글로벌 자산에서 보이지 않았던 방식이다. 그러니 국제 금융 질서에서도 비트코인에 주목하는 것은 당연하다.

물론 여전히 비트코인을 인정하지 않는 흐름은 존재한다. 그래서 비트코인 그 자체가 국제 금융 질서를 완전히 대체할 것이라고 단정하기는 이르다. 다만 이미 상당수 국가와 기업이 비트코인을 대안 자본 및 거래 수단으로 활용을 검토하거나 도입 중임은 부정할 수 없다. 규제와 활용이 뒤섞인 과도기적 상황에서, 기존 금융체계가 한계를 드러낼 때마다 비트코인이 보완책 혹은 혁신 동력으로 작동할 가능성은 갈수록 커지고 있다. 그렇다면 각 주체가 할 일은 스스로 이 네트워크의 원리를 이해하고, 적절한 참여 전략을 마련하는 것이다.

Park's 조언

국제 금융의 광활한 무대는 늘 강자의 논리와 힘의 균형으로 움직여 왔다. 비트코인이 던지는 물음은 '힘의 구조를 코드와 참여의 분산으로 재편할 수 있느냐'일지도 모른다. 지금부터라도 내가 할 수 있는 작은 실험과 학습을 시작해 보라. 변혁은 멀리 있는 것이 아니라, 나의 결단에서 비롯된다.

SECTION 3

비트코인과 신냉전 시대의 통화 전쟁
(비트코인을 둘러싼 갈등과 협력,
그리고 새롭게 열리는 경제 패러다임)

냉전이 종식된 뒤, 우리는 세계가 점차 하나로 통합되고 안정될 것이라고 믿었다. 하지만 2020년대 중반에 이르러 미·중 갈등, 지역 분쟁, 무역 장벽 등이 중첩되며 이른바 '신냉전' 구도가 다시금 떠오른다. 통화와 금융은 이 갈등의 최전선에 놓였다. 누가 이길 것인지 판단하는 문제는 부차적이다. 이제 비트코인이라는 탈중앙 네트워크가 새로운 판을 흔들 변수로 작용하고 있다. 기존 질서의 균열과 새로운 기회를 주목해야 할 시점이다.

01 금리와 환율이 만들어내는 새로운 전쟁터

콜드 워(Cold War), 곧 냉전은 1960년대부터 본격적으로 논의되었던 용어다. 당시만 하더라도 이념 갈등을 겪으며 세계가 두 진영으로 구분되었다. 미국을 중심으로 한 자본주의 진영과 소련을 중심으로 한 공산주의 진영의 대립은, 실제로 미사일을 쏟아붓는 등 군사행위가 본격적으로 나타나지 않았음에도 세계사에 상당한 영향을 끼쳤다. 그리고 냉전이 지속되는 동안 많은 국가들이 군비 경쟁에 뛰어들었다. 이에 파생하는 새로운 산업이 바로 인터넷이었다는 점에서 역사의 아이러니가 있다.

소련 해체 이후 자본주의 진영이 승리하면서, 세계 질서는 미국을 중심으로 재편되었다. 이제는 어느 국가에서도 갈등과 대립이 지속되어 전쟁을 펼치지 않을 것이라 예상했으며, 미국의 강대함에 도전하는 국가가 다시 나타나지 않을 것이라고 단언하기도 했다. 그러나 이제는 중국이 과거 소련의 위치를 대신해 미국의 패권에 도전하고 있다. 과거에는 이념 대립을 위한 군비 경쟁이었다면, 이제는 패권 경쟁에 따르는 무역경쟁이 나타나고 있다. 이전처럼 미사일이 날아다니는 무력행위는 나타나지 않지만, 자본의 흐름에 따라 경쟁이 지속되고 있는 셈이다.

신냉전이 지속되는 상황에서 주목받는 자산이 바로 비트코인이다. 국경을 초월해 전송되고 특정 강대국의 통제 없이 작동하는 이 네트워크는, 신냉전이라는 전쟁 속에서 때로는 은밀한 무기이자 평화적 수단이 될 수 있다고 거론된다. 통화를 통한 압박과 제재가 국가 간 갈등의 주요 수단으로 부상한 지금, 비트코인 네트워크가 이 판도에 어떠한 역할을 할지 궁금해진다.

02 신냉전 구도와 통화 전쟁

신냉전은 미국과 중국의 패권 경쟁에서 비롯된다. 이전과 달리 자본주의와 공산주의라는 이념 대립은 존재하지 않으나, 서로의 영향력이 국제사회에서 상당한 영향을 끼치는 만큼 경쟁은 더 치열해질 것으로 전망한다.

동시에 국제협력의 틀이라고 믿어졌던 세계무역기구나 세계은행, 국제통화기금의 활동 또한 주목받고 있다. 각 국가의 이익 대립 속에서 예전같이 강력한 리더십을 발휘하기란 쉽지 않아 보이기 때문이다. 이렇게 복합적인 관계가 얽히고설키는 과정에서, 비트코인은 누구의 편에 들지 않고 이익을 추구하지 않은 채 탈중앙 네트워크를 통해 거래와 자산 보존이 가능하다. 이런 점에서 신냉전 구도를 흔드는 큰 변수라고 평가받는다.

대표적인 시나리오를 확인해 보자. **우선 제재 우회 통로다.** 가령 어느 국가가 강대국의 금융 제재를 받아 은행 계좌가 동결되거나 SWIFT망에서 축출될 위기에 처했다고 치자. 과거에는 수출입 대금이 막혀 사실상 무역이 불가능했지만, 이제는 비트코인으로 해외 거래처와 직접 결제할 수 있다. 2025년 중동권의 한 스타트업이 외화 계좌가 동결된 상황에서 비트코인으로 원자재를 조달해 창업을 이어간 사례가 보고된 바 있다. 이는 기존 국제금융 질서에서 상상하기 어려운 모습이다.

다음으로 국경 없는 투자 유치다. 기업 입장에서는 신냉전 구도 속에서 환율 변동이 심하거나 특정 통화가 제재 대상이 될 때를 대비해, 비트코인에 투자해 위기를 극복할 수 있다. 가령 자체 토큰화 기법과 비트코인 연동 채권을 발행해, 선진국 투자자로부터 자금을 조달한다. 국경을 초월한 디지털 자산 거래소에서 토큰이 거래되므로 중간에 법정화폐로 전환하는 절차도 줄일 수 있다.

마지막으로 개인 자산 보존 및 송금이다. 신냉전이 지속되면 인플레이션이 발생해 개인의 자산을 온전히 지키기 어렵다. 이는 정치적 불안정이나 금융 인프라의 흔들림 때문이다. 법정화폐의 가치가 요동치는 가운데, 비트코인을 활용하면 자산을 보호할 방법을 늘릴 수 있다.

03 강대국이 바라보는 비트코인

신냉전을 주도하는 강대국 입장에서는 비트코인 활성화를 좋게 볼 수 없다. 궁극적으로 강대국들은 자국의 법정화폐가 다양한 국가의 경제 활동, 나아가 국제 금융 질서에서 영향력을 나타내는 흐름을 선호하기 때문이다. 그런데 그러한 영향력을 강대국이 아닌 비트코인이 차지하면, 결국 경쟁 구도 및 전략을 변화시켜야 한다. 그래서 미국이나 중국 모두 CBDC를 통해 디지털화폐 시대에서도 국가가 통화 주권을 가져야 한다는 원칙을 강조한다.

문제는 신냉전의 논리가 이 원칙을 어떻게 내세울지 예측하기 어렵다는 점이다. 미국이 전략자산으로 비트코인에 관심을 두면서도, 여전히 비트코인을 불법 무역의 수단으로 바라보고 있다. 양가적인 입장을 드러내는 미국만큼, 중국 또한 비트코인에 대한 우호적인 또는 억제하는 정책을 펼치고 있다. 그래서 오히려 달러와 위안화 패권에 치이지 않는 중립 통화로 비트코인을 평가하고 있기도 하다. 이렇게 패권 경쟁에 비트코인이 등장함으로써 '과연 화폐는 국가가 독점해야 할 것인가, 아니면 네트워크가 공정한 분산 발행을 보장할 수 있는가?'라는 오래된 논쟁을 한층 격렬히 불붙이는 계기가 될 터이다.

미국 VS 중국, 금융 및 자산 시장에 대한 전략

미국	중국
◎ 중국 중심이던 비트코인 시장이 미국 중심으로 이동 ◎ 비트코인 전략적 비축 자산으로 선언	◎ 2021년 비트코인 채굴과 거래 전면 금지 및 디지털 위안화 적극 추진 ◎ 달러 패권을 흔들기 위한 금 사재기

신냉전 시대에 통화 전쟁은 거시경제를 넘어 국가 안보와 국제 외교의 핵심 화두가 된다. 이 전쟁터에서 비트코인은 제3의 선택지, 어떤 동맹이나 적대 국가도 독점하거나 장악하기 어려운 자율적 네트워크로 부상

하며 모두에게 시나리오를 뒤엎을 '카드'가 될 수 있다. 많은 전문가들은 "이제 비트코인은 더 이상 선택이 아니라 시대가 부여한 하나의 거대한 변수"라고 말한다. 국내외 투자자와 기업, 그리고 정부도 스스로의 입장과 책임을 자각해야 한다. 어떻게 접근할지는 자유지만, 무시하고 외면하다가 뜻밖의 충격을 받을 수도 있다. 신냉전 구도가 강화될수록 비트코인이 보여줄 가능성은 점차 우리의 일상과 금융 시스템을 파고들 전망이다.

Park's 조언

앞으로 신냉전은 어떤 방향으로 갈 것인가. 비트코인은 이 긴장 구도를 완전히 뒤집을 수도, 혹은 새로운 분열을 일으킬 수도 있다. 중요한 것은 이 새로운 경쟁 구도를 어떻게 이해하고 대비하느냐다. 기존의 경쟁 구도에 동참할 것인가, 아니면 제3의 선택을 통해 새로운 물결을 만들 것인가. 미래는 움직이는 자의 몫이다.

SECTION 4
비트코인과 글로벌 경제의 안정성
(비트코인이 만드는 흔들림과 균형,
그 새로운 금융 지평)

글로벌 경제는 때로는 예측할 수 없는 위기에 노출된다. 각국의 통화정책이나 지정학적 갈등은 시장에 번번이 파동을 일으킨다. 기존 금융 시스템이 변동성에 허덕일 때, 비트코인이 제시하는 탈중앙 네트워크는 경제의 안정성을 어떻게 바라보고, 또 어떤 해법을 제시할 수 있을까? 개인과 기업, 그리고 정부가 함께 참여하는 이 새로운 세계관은 기존 질서의 균형을 흔들면서도, 동시에 이전에는 없던 해결책과 협력 모델을 제안한다.

01. 세이프 헤븐의 역할, 비트코인

인간에게 안정성이란 본능과 같다. 경제학적으로도 마찬가지다. 전통 경제학에서 안정성은, 중앙은행의 통화정책과 재정정책이 경기 흐름을 조절하여 가격과 고용을 적정 수준으로 유지하는 것을 의미해 왔다. 하지만 오히려 인위적인 조정이 인플레이션 발생과 환율 변동성을 일으켰고, 이는 모든 국가가 간과하기 어려운 문제로 부상하였다.

그에 반하여 비트코인을 지지하는 입장에서는 "인플레이션과 재정적자를 떠안은 기존 금융 시스템보다, 수학적 합의와 투명한 분산 원장을 지닌 비트코인이 더 믿음직할 수 있다"고 주장한다. 특히 중남미·아프리

카 등 인플레이션율이 높
은 국가들에서, 원금 이
상의 가치를 지킬 수 있
는 안전자산으로 비트코
인이 '세이프 헤븐(Safe
Haven)' 역할을 한다고 평
가받고 있다.

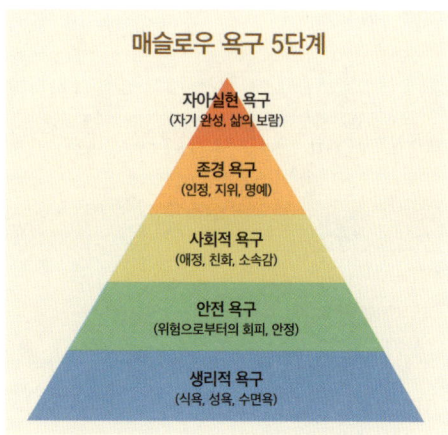

　인류가 문명을 발전할
수 있었던 계기는 인간이
지닌 호기심과 열정, 도전정신 때문일 것이다. 그러나 다른 한편으로는
안정성도 지니려고 한다. 이는 심리학적으로 오랫동안 논의되기도 했다.
가령 매슬로우[55]의 경우 인간의 욕구에는 일정한 단계가 있고, 가장 기
초적인 단계인 생리적 욕구 다음으로 안전의 욕구가 있다고 보았다. 이
때 안전은 인간을 보호할 수 있는 다양한 수단과 도구를 의미한다. 당연
히 경제적인 부분도 포함한다.

　안전은 인간에게 욕구지만 다른 한편으로는 가치를 형성하는 방향성
을 제시한다. 그래서 안전이라는 가치를 형성하기 위한 다양한 기술이
나타났고, 이를 통해서 인간은 발전하였다. 비트코인은 거대한 경제 생
태계를 이끌 선두주자이자, 안전의 욕구 충족을 위한 새로운 기술로 나
타났다. 등장 초기만 하더라도 비트코인은 실험적인 개념을 도입한 실험
체라고 여겨졌다. 그러나 이제는 기존 금융 시스템의 대안이 되는 것은
물론, 여러 투자자의 손실을 최소화할 뿐만 아니라 이익을 유지할 수 있

---

55) 에이브러햄 해럴드 매슬로(영어: Abraham Harold Maslow, 1908년 4월 1일 ~ 1970년 6월 8일)는 미국의
　　철학자이자 심리학자이다. 인본주의 심리학의 창설을 주도하였으며, 1943년에 인간의 욕구에는 단계별 위
　　계가 있다는 '욕구 5단계설'을 주장한 것으로 유명하다. [출처:위키백과]

는 수단이 되고 있다.

여전히 가격 변동이 큰 비트코인이지만, 이제 어느 정도 안정성을 확보하였다고 보는 이들이 적지 않다. 다수의 전문가들은 이제 비트코인이 0원으로 급락하는 경우는 극도로 낮다고 보고 있다. 금리 정책이나 경제 질서의 흐름에 따라 변화할 수 있으나, 이전만큼 문제가 되진 않을 거라고 보는 견해가 상당하다. 이제 비트코인을 투기 상품으로 규정하였던 이들 또한 안정성을 갖춘 글로벌 자산으로 인정하고 있다.

02 안정성, 그 다음은?

비트코인은 글로벌 자산으로 평가받고 있으며, 제도권에 편입하려는 다양한 시도가 나타나고 있다. 여기에는 연결성이나 독창성, 창조성 등이 있겠으나 안정성도 포함할 수 있다. 거기다 비트코인의 안정성은 기술 발전을 통해서 더 확고하게 나타낼 수 있다. 라이트닝 네트워크나 스테이블코인과의 결합, 혹은 하이브리드 합의 알고리즘 개발 등이 논의되는 이유이기도 하다.

디지털화폐의 안정성을 따질 때, 비트코인이 아닌 CBDC가 더 안정적이지 않느냐고 반문할 수 있다. 그러나 CBDC는 법정화폐의 디지털화를 이룬 결과물이지 근본적으로 새로운 패러다임을 제시하기에는 여러 한계를 지니고 있다. 그래서 중앙은행이 CBDC를 개발한다고 해도 비트코인과 일종의 경쟁 혹은 공존 관계를 형성할 가능성이 크다. 세계은행에서도 'CBDC가 공적 안정성을 추구한다면, 비트코인은 네트워크 기반의 자발적 안정성을 지향한다'라고 구분한다. 그러므로 비트코인이 안정성을 확보하였다면, 그 다음 단계에 대해 확인해야 할 것이다.

비트코인이 글로벌 경제의 안정적인 파트너가 될 수 있다는 낙관론도 있으나 여전히 회의론도 적지 않다. 지금 비트코인이 지닌 안정성은 한시적이며, 나중에 새로운 경제 문제로 인해서 세계 질서가 요동칠 때 가치가 하락할 것이라고 보는 이들이 적지 않다. 이를 우려해서 폭넓은 제도화가 이루어지기 어렵다. 결론적으로 비트코인은 글로벌 경제 안정성을 파괴할 수도, 보완할 수도 있다는 상반된 평가가 공존한다. 하지만 어느 쪽이든, 이 탈중앙 네트워크가 무시하기 어려운 변수로 떠오른 점은 확실해 보인다. 비트코인은 이제 단순한 가격 문제를 넘어 경제 질서의 근본과 연결되어 있기 때문이다. 우리는 앞으로도 세계 금융시장에서 비트코인이 어떤 역할을 할지 주시해야 하며, 각자 이에 맞는 대응 전략을 마련해야 한다.

Park's 조언

안정이란 말을 우리는 너무 익숙하게 써왔지만, 실제로 누가 어떻게 그 안정성을 보장해왔는지 돌아볼 필요가 있다. 비트코인이 흔들림 없는 해답은 아니어도, 적어도 중앙에만 의존하던 과거 방식을 깨는 중요한 시도임은 분명하다.

SECTION 5

비트코인과 미래 금융 시스템의 비전
(비트코인이 그려낼 금융의 재설계)

언제까지 변하지 않을 것이라고 여겨졌던 금융 시스템은 2020년대에 들어서 새로운 변화를 나타나고 있다. 이 변화가 어떻게 금융 시스템을 새롭게 설계할 수 있을지 주목받고 있다. 비트코인은 이제 한 단계 더 도약하려고 한다. 기술이 발전하고 새로움을 추구하는 사람들이 계속 등장하는 한, 비트코인의 영향력은 더욱 높아질 것이다. 그리고 금융의 본질을 다시 정의하고 자유와 책임을 새롭게 조율하는 미래의 비전을 제시할 것이다.

01 경제를 이끄는 하나의 요소, 신뢰

만약 당신이 길을 걷다가 누군가 갑자기 수억 원을 준다면? 그것을 의심없이 덥석 받을 수 있을 사람은 없다. 처음에는 어마어마한 금액에 혹할 수도 있지만 냉정하게 따져 누군가 당신에게 갑자기 돈을 줄 이유가 없다 여긴다. 그래서 돈을 주는 사람이나 돈의 정체 모두 의심하고 경계하게 된다. 이는 비단 돈을 주고받는 행위에서만 나타나는 것은 아니다. 인류 역사상 가장 기초적인 경제 활동인 물물교환도 상대에 대한 신뢰가 있어야지만 가능했다. 다른 사람이 내게 전달하는 상품이 무엇인지, 그리고 그 사람이 누구인지 명백하게 알아야만 경제적 교환이 가능했다. 그래서 가족이나 친인척으로만 제한되었던 경제 활동은 점차 마을,

사회, 국가로 발전한 것이다. 이 발전 과정에서 경제 활동은 신뢰를 통해 이루어졌다.

그러므로 경제 활동에서 신뢰는 대단히 중요한 요인이다. 오늘날 당신이 은행에 돈을 맡기는 이유, 주식과 금에 투자하는 이유는 모두 자산 또는 자본을 신뢰할 수 있기 때문이다. 만약 믿었던 은행이 파산거나 투자한 주식이 휴지 조각이 된다면 얼마나 낭패겠는가. 우리는 그 신뢰를 관리하기 위해 다양한 노력을 기울였고, 여러 법적 근거와 장치를 유지하였다. 그럼에도 불구하고 지금은 신뢰가 흔들리고 있다. 동시에 새로운 전환점을 맞이해야 한다고 주장하는 이들이 적지 않다. 국제통화기금(IMF)에서도 '글로벌 금융 구조가 정치·경제적 갈등과 기술 혁신으로 인해 근본적 전환점을 맞이했다'고 진단한다.

이제 오래된 질서를 무조건 신뢰하기란 어렵다. 그만큼 사회와 국가, 세계는 극심한 변화를 겪고 있으며, 그것이 어떠한 영향을 끼칠지 누구도 알 수 없는 불확실성을 경험하고 있다. 이러한 상황에서 미래 금융 시스템의 비전이 비트코인을 통해 어떻게 구체화 되고, 우리가 어떤 실천과 논의를 거쳐야 하는지 살펴보자.

02 비트코인이 말하는 금융의 재정의

금융, 곧 돈이 오가는 흐름은 철저히 신뢰를 바탕으로 이루어졌다. 이때 신뢰는 특정 개인이 지지를 얻는다고 이루어지는 것이 아니다. 다수가 사회적, 경제적, 법적으로 신뢰한다고 증명하기 때문에 가치를 형성한다. 은행도 마찬가지다. 우리가 은행에 대한 신뢰가 없으면 과연 누가 고객으로 관계를 형성하겠나. 문제는 이 신뢰를 은행과 중앙은행, 정부가 이용한다는 점이다. 특히 화폐를 발행하는 권한을 소유함으로써 경제 흐름을 조절한다. 신뢰는 경제를 형성하는 핵심 가치이나, 시장이 발달하고 사회가 변화할수록 개인은 점차 시장과 정부를 신뢰하기 어려워진다.

브라질의 비트코인과 암호화폐의 임금과 노동 혜택을 정규화하는 법안 [56]

비트코인은 오직 신뢰를 바탕으로 새로운 경제 관념을 형성한다. 중앙권력이 아닌 코드와 합의 알고리즘으로 신뢰를 구축해, 궁극적으로 주권 소유권을 국가가 아닌 네트워크로 형성한다. 이 급진성이 의미하는 바는 분명하다. 더는 정부가 경기 부양 등을 이유로 마음대로 돈을 찍어낼 수 없고, 금리를 조정해 경기를 억지로 조절하기도 어렵다. 어찌 보면 경제가 자율적 수급에 맡겨지는 모델로 회귀하는 셈이다. 비트코인 지지자들은 "법정화폐가 과도한 인플레이션과 부채를 야기해 왔으니, 이제 네트워크 합의로 운영되는 탈중앙 통화가 진정한 신뢰를 제공할 것"이라고 주장한다.

이런 시각을 뒷받침하듯, 브라질의 한 지역 은행은 자체적인 '비트코

---

56) 브라질 증권거래소 B3는 현지 증권 규제당국에서 비트코인 선물 제공에 관한 허가를 받아 2024년 4월 거래를 시작한다고 밝혔다. 또한 2025년에는 비트코인(BTC)을 활용한 급여 지급을 합법화하는 법안이 발의됐다. 법안에 따르면, 근로자들은 고용주와의 합의를 통해 비트코인으로 급여를 받을 수 있게 될 것이라고 밝혔다. [출처: https://bloomingbit.io/feed/news/84983, https://www.tokenpost.kr/article-171501]

인 연동 예금 상품57)'을 출시해 예금주가 법정화폐와 비트코인 간 비율을 자유롭게 조정하도록 했다. 이는 법정화폐의 안정성과 비트코인의 희소성을 결합해 인플레이션이나 환율 변동에 대비하고자 하는 시도였다. 해당 예금 상품은 인플레이션 시기에 꾸준한 자금 유입을 보이며 '법정화폐만 믿기 어려운 시대의 안전판'이라는 평가를 받았다.

03 미래 금융의 비전

세계은행은 '비트코인이 법정금융 체계와 결합해 새로운 수요를 창출하고, 기존 금융 인프라가 취약한 지역에 금융 포용을 높여줄 수 있다는 점도 간과하면 안 된다'는 비전을 제시하고 있다. 여전히 규제가 늘어나고 있으나, 이제 비트코인의 비전을 인정하고 이에 협력하려는 모습도 나타나고 있다. 그것은 동전의 양면과 같다.

비트코인에 담긴 금융 철학은 상당히 심오하다. 인문학적 성찰로 보자. 기존 금융체계는 국가적·역사적 맥락 속에서 공공재로 여겨졌다. 즉, 중앙은행이 금리나 통화량을 조절해 경기 침체와 실업을 완화한다는 믿음이 깔려 있었다. 그러나 비트코인은 '국가가 인위적으로 개입하지 않아도, 개인의 자율적 판단과 네트워크 합의만으로 통화가 유지된다'는 전혀 다른 전제를 세운다. 이는 인간이 경제적 관점에서 스스로 경제적 자유와 책임을 함께 짊어지겠다는 선언이기도 하다.

미래적 관점에서 보면, 통화정책을 디지털 시대에서도 유지해야 한다

---

57) 출처: https://livecoins.com.br/projeto-de-lei-quer-regularizar-salarios-em-bitcoin-no-brasil/

며 나타난 시도가 있다. 그 결과가 CBDC다. 그러나 비트코인은 통화정책을 네트워크에 맡기는 시대로 전환해야 한다는 전혀 다른 논리를 펼친다. 이 둘이 충돌하는 지점이 바로 미래 금융 시스템의 최대 쟁점이 될 것이라는 예측이 많다. 다만 미래 금융 시스템의 비전을 그릴 때, 비트코인은 기존 제도권 질서를 해체하기만 하는 파괴자로만 남지 않는다. 일부 영역에서는 보완재이자 협력자일 수 있음을 고려해야 한다. 어떤 국가는 CBDC를 통해 중앙통제형 디지털화폐를 주도하려 할 것이고, 그 외의 국가나 기업, 개인은 비트코인에 기대어 자율적이고 검열 저항적인 금융 활동을 이어가려 할 것이다. 둘 중 누가 정답인지는 단정 짓기 어렵다. 다만 분명한 것은 이 논쟁이 경제·금융·기술·철학을 총망라하여 인류가 다음 단계로 나아갈 지표를 결정할 거대한 의제가 될 것이다.

Park's 조언

지금껏 금융은 국가와 중앙은행에 대한 신뢰를 바탕으로 형성되었다. 그러나 이제는 중앙정부를 신뢰하기 어려운 시대가 되었다. 이에 비트코인은 개인과 커뮤니티가 스스로 통화를 운용한다는 대담한 청사진을 제시한다. 미래 금융의 설계자는 멀리 있는 누군가가 아니라 바로 우리 자신이다.

3부

비트코인과 인류의 미래 - 새로운 패러다임의 시작

BITCOIN

Chapter 9
비트코인과 인류의 진화

비트코인
문명의
개척자들

SECTION 1
비트코인과 경제적 자유의 확장
(주권의 재구성, 그리고 디지털 미래)

비트코인은 우리의 경제적 주권이 어디에 놓여 있는지 강력한 질문을 던졌다. 국가가 발행한 화폐와 정부·금융기관이 통제하는 시스템 속에서 개인은 자신의 자산을 온전히 지킬 수 있을까? 물가 상승과 통화가치 하락이 반복되는 현실에서, 비트코인이라는 탈중앙 디지털화폐는 개인의 자유로운 금융 활동을 향한 실험적 대안을 제시한다.

01 당신에게 필요한 진정한 경제적 자유

이 글을 읽는 당신은 금리나 물가의 인상에 상당히 민감하게 반응할 수밖에 없을 것이다. 현재 1만 원이 있다고 가정해 보자. 그것으로 하루를 버티기란 쉽지 않다. 당장 카페에서 판매하는 커피만 하더라도 5천 원이다. 식당에서 판매하는 음식도 1만 원을 훌쩍 넘는 경우가 상당하다. 그러니 하루를 버티려면 적어도 그 이상이 있어야 한다. 불과 몇 년 전까지만 해도 예능 프로그램 <만 원의 행복>이 있었는데……. 그만큼 물가와 금리가 상승한 탓일 게다. 이는 한 개인이 어떻게 조정할 수 있는 문제가 아니다. 모두 사회의 경제적 흐름 때문이다. 이 흐름을 주도하는 주체는 정부와 중앙은행이다. 그러니 당신은 그들이 정한 금리와 물가에 휘둘릴 수밖에 없다.

따라서 현재 당신은 경제적 자유를 누리고 있다 할 수 있는가. 경제적 자유는 단순히 돈을 벌 수 있는 기회를 얻고, 경제적 안정을 이루는 걸 뜻하지 않는다. **진정한 자유는, 당신이 정부와 중앙은행의 권력에서 벗어나 스스로 화폐의 가치를 이해하고 이를 소유할 수 있어야 한다.** 국제결제은행(BIS)이 '희소성 덕분에 비트코인은 시간이 지날수록 디지털 자산의 가치 저장소로 자리매김할 수 있다'라는 분석을 내놓았듯이, 비트코인과 디지털화폐가 중요한 이유는 권력 대신 자유를 선택했고, 희소성 있는 가치를 지녔기 때문이다.

무엇보다 비트코인의 탈중앙성은 현재 중앙집중적 권력에서 벗어나 자유를 누릴 수 있다는 점에서 긍정적이다. 탈중앙적 특성 덕분에 비트코인은 검열 저항성을 가능하게 만든다. 누구도 중앙서버를 해킹하거나 거래를 차단하기 어렵기 때문에, 비트코인을 소유한 개인은 제3자의 개입 없이 자산을 관리·이동할 수 있다. 또 소득이 낮아 은행 계좌를 개설하기 어렵던 금융 소외계층에게도, 암호화폐 지갑은 금융 참여 기회를 제공해 준다.

경제적 자유의 정도를 측정하는 5개 영역 [58]

1영역: 정부 규모
정부 지출, 세금, 정부 통제 기업의 규모가 증가함에 따라 정부의 의사 결정이 개인의 선택으로 대체되고 경제적 자유가 감소합니다.

2영역: 법률 체계와 재산권
개인과 그들이 정당하게 취득한 재산을 보호하는 것은 경제적 자유와 시민 사회의 핵심 요소입니다. 실제로 그것은 정부의 가장 중요한 기능입니다.

---

[58] 출처: Economic Freedom of the World: 2024 Annual Report의 데이터. 저작권 2024, The Fraser Institute.

3영역: 건전한 화폐
인플레이션은 정당하게 벌어들인 임금과 저축의 가치를 침식합니다. 따라서 건전한 화폐는 재산권을 보호하는 데 필수적입니다. 인플레이션이 높을 뿐만 아니라 변동성이 심할 경우 개인이 미래를 계획하고 경제적 자유를 효과적으로 활용하기 어려워집니다.

4영역: 국제 무역의 자유
가장 넓은 의미의 교환의 자유, 즉 매매, 계약 체결 등은 경제적 자유에 필수적입니다. 교환의 자유에 다른 국가의 기업과 개인이 포함되지 않으면 경제적 자유는 약화됩니다.

5영역: 규제
정부는 국제적 교환권을 제한하기 위해 여러 도구를 사용할 뿐 아니라, 교환권, 신용 획득권, 원하는 사람을 고용하거나 일할 권리, 자유롭게 사업을 운영할 권리를 제한하는 엄격한 규제를 부과할 수도 있습니다.

02 권력과 자유의 양분?

개개인은 자유를 추구하지만, 권력을 쥔 입장에서는 그러한 이들을 통제하고자 한다. 이는 비단 경제적 측면에서만 발생하는 현상이 아니다. 사회적, 정치적, 문화적, 철학적으로 오랫동안 논쟁이 되었던 문제다. 지금까지 우리 사회는 개개인 활동의 자유가 이루어져야 한다며, 이를 보장하는 다양한 제도와 정책을 마련했다. 그런데 그러한 것들이 사실 개인의 활동을 억압하고 있는 건 아닌지 고민해야 한다. 누구나 사회에서 자유를 누리고 있다고 말하지만, 그건 제도권 안에서의 자유만 해당된다. 여전히 개인은 권력이라는 울타리에 놓인 존재에 불과하다.

권력과 자유는 대립할 수밖에 없다. 이러한 이분법적 시선으로 본다면 비트코인 또한 기존의 금융 시스템이나 제도와 대립할 수밖에 없다. 실제로 비트코인에 대한 관심이 높아지자, 중앙은행은 CBDC를 개발하며 대립하는 모습을 보였다. 그러나 우리는 협력의 가능성도 함께 파악해야 한다. 실제로 일본의 금융청은 대형 은행들과 협력해 CBDC와 비트코인 등 민간 디지털화폐 간의 상호 운용 방식을 탐구 중이다. 이들은 '법정통화의 안정성과 디지털화폐의 혁신성을 동시에 살릴 방법을 모색하겠다'라고 밝히며, 장기적으로는 하이브리드 통화 체계가 등장할 여지도 열어두었다.

우리는 비트코인이 내포하고 있는 경제적 자유, 그것을 통해 형성하는 자기 주권을 받아들일 수 있어야 한다. 물론 책임도 잊지 말아야 한다. 중앙화된 거래소에 맡겨놓으면, 위기가 생겼을 때 출금이 제한되거나 자산이 동결될 위험이 있다. 그러므로 개인이 스스로 지갑의 프라이빗 키를 안전하게 보관하고, 네트워크 참여 원리에 대해 이해하는 게 필수적이다.

59) 출처: Economic Freedom of the World: 2024 Annual Report의 데이터. 저작권 2024, The Fraser Institute. https://efotw.org

커다란 힘에는 커다란 책임이 따라온다. 비트코인도 마찬가지다. 정부나 은행에 의존해 왔던 보호장치가 사라진 비트코인이기에, 보안 의식과 자산관리 능력이 부족하면 오히려 손실을 볼 수 있다. 전문가들은 "새로운 시스템을 받아들이되, 안전장치 및 학습 과정이 함께 마련되는 것이 중요하다"라고 조언한다.

Park's 조언

비트코인이 열어주는 문은 언제나 '준비된 사람'에게만 더 큰 자유를 보장해 준다. 금융 주권을 직접 행사한다는 것은 '은행 없이도 내 돈을 다룰 수 있다'는 놀라움과 동시에, 해킹이나 가격 변동성에 대한 철저한 자기 책임을 요구한다. 무턱대고 뛰어들기보다 스스로 학습하고 네트워크를 이해하길 바란다. 준비된 자유만이 오랫동안 살아남을 수 있다.

SECTION 2
비트코인과 디지털 르네상스
(새로운 문명적 상상과 금융 주권의 교차점)

비트코인이 불러온 탈중앙화 물결은 자본 흐름뿐 아니라 인간의 사고 방식과 문화까지 뒤흔드는 '디지털 르네상스'로 거듭나고 있다. 전통 권력에 종속되지 않는 통화 체계가 가능하다는 인식은 새로운 문명적 상상을 촉발한다. 역사상 르네상스는 예술과 과학, 철학이 융합하며 인류가 기존 질서를 재해석하던 시기에 찾아왔다. 오늘날 비트코인 역시 금융 주권에서 나아가 자유롭고 창의적인 디지털 문명 전반의 변화를 예고한다.

01 왜 비트코인과 르네상스가 만나는가

르네상스는 서구 중세의 봉건질서와 교권적 통제에서 벗어나 개인 주체성과 세속적 가치를 중시하는 흐름이었다. 이를 디지털 시대에 대입해 보면, 중앙은행과 정부가 자의적으로 통화 공급을 조절하는 구조는 '현대적 중세'라 부를 만하다. 경제 주권이 소수 권력에 몰려 있기 때문이다. 비트코인이 제안하는 탈중앙화 금융은 이 중세적 통제를 흔든다. 누구나 블록체인 네트워크를 통해 거래를 검증할 수 있으며, 특정 기관이 거래를 독점·검열하기 어렵다. 이렇게 개인이 주도권을 되찾는 현상을 일종의 '디지털 르네상스'로 볼 수 있다.

르네상스 시대엔 예술과 과학, 금융 혁신이 동시에 이루어졌다. 마찬가지로 비트코인도 암호학과 블록체인을 대표로 하는 첨단 기술, 탈중앙 금융을 대표하는 경제, 자기 주권 및 네트워크를 중심으로 한 문화가 융합되는 독특한 형태로 전개되고 있다. 가령, 대체불가토큰(NFT)이 예술가들에게 새로운 시장을 열어준 사례는 문화영역에서 비트코인이 가져올 변화를 암시한다. 무엇보다 디지털 르네상스의 핵심은 정보 공유와 개발 협업이 개방형으로 이루어지며, 기존에 소수 전문가만 다루던 금융 시스템이 일반 대중에게도 확장되었다는 것이다.

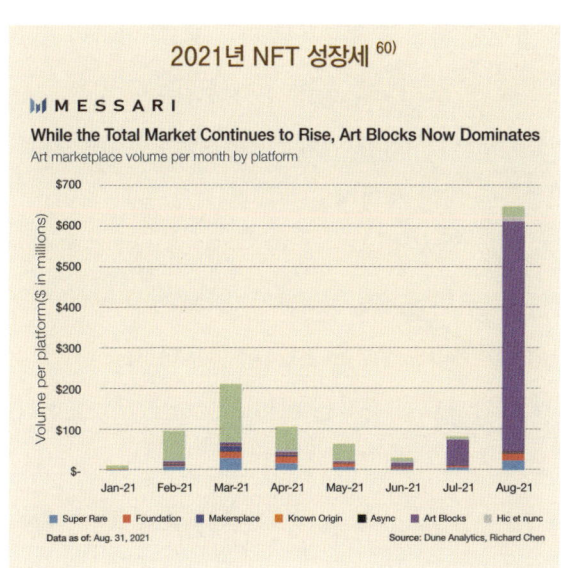

02 디지털 르네상스의 주역

현대의 우리는 스마트폰을 통해 디지털 공간에서 자유롭게 활동할 수 있게 되었다. 아침에 일어나 밤에 잠들 때까지 사회적, 경제적, 문화적

---

60) 출처: 암호화폐 데이터 분석 업체 메사리(Messari) 분석 보고서

활동은 물론이고 아주 사소한 일상까지도 스마트폰 없이 생활하기란 불가능하다. 더불어 사물인터넷과 인공지능, 블록체인 등 디지털 기술 혁신도 다양하게 나타나고 있다. 하나의 기술이 유행처럼 나타나는 것이 아니라 사회 전반에 급격한 변화를 나타낸다. 예를 들어 최근 인기를 얻고 있는 챗GPT를 비롯한 생성형 인공지능은 일상에서 상당히 영향을 끼치고 있다. 개인에게 정보와 지식을 제공하는 것은 물론, 인간의 생각과 판단에도 영향을 끼친다. 이는 하나의 놀이가 아닌 일상을 잇는 수단이자 도구가 된다. 스마트폰에서 시작된 변화된 일상, 다양한 분야의 기술 발전이 현대의 르네상스를 이룬 것이다.

이와 마찬가지로 비트코인 또한 디지털 르네상스를 이끄는 주역으로 평가받고 있다. 일부 신흥국 국민들은 법정화폐보다 비트코인에 자산을 배분하기 시작했다. 가령, 콜롬비아 정부는 2024년 말부터 자국 농업 보조금 일부를 디지털화폐 지갑으로 지급하는 실험 프로젝트를 발표했다. 농민들이 토큰화된 농산물 유통 정보를 직접 확인할 수 있어 중간상의 횡포를 줄이고, 해외 교역 상대도 손쉽게 찾도록 돕는다는 취지다. 또한 CBDC와 비트코인의 연계 가능성도 적극적으로 연구 중이다.

> **Ripple partners with Colombia's central bank to explore blockchain use cases**
>
> 더블록은 리플과 콜롬비아 중앙은행이 블록체인 사용 사례 탐색 관련 파트너십을 맺었다고 보도했다.[61]

---

61) 출처: (사진=더블록), 경향게임스(https://www.khgames.co.kr)

03 디지털 르네상스의 가치

　디지털화폐에 대한 정부와 중앙은행의 규제는 더욱 강력해지고 있다. 그런데 이는 비트코인을 비롯한 디지털화폐에 오히려 기회가 될 수 있다. 월드뱅크(World Bank)는 '강화된 규제가 오히려 장기적으로 제도권 참여를 촉진해, 더 안전하고 폭넓은 시장 형성에 기여할 것'이라고 분석했다.

　비트코인은 단순히 기회와 가능성을 제고하는 것을 넘어, 가치 그 자체를 새롭게 형성한다. 그것은 인간 자유와 창의성의 부활이다. 기존 금융은 복잡한 구조와 중앙집중적 운영 탓에 개인이 직접 개입하기 쉽지 않았다. 반면 비트코인은 오픈소스 생태계를 통해 누구든 운영과 개선에 참여할 수 있어, 개인의 창의적 역량이 발휘될 수 있는 장을 제공한다. 이는 금융뿐만 아니라 지식·문화 전반의 분산화를 가능케 한다. 국가 검열 없이 국제 구호 기금이 암호화폐로 전달[62]되거나, 검열에서 벗어난 디지털 콘텐츠 거래가 확대되는 시나리오가 대표 사례다.

　그러나 새로운 변화에는 언제나 부작용이 나타나기 마련이다. 극심한 가격 변동성과 미비한 규제 체계, 채굴에 대한 환경 부담이 단점으로 남아 있다. 기존 금융권과의 융합 과정에서 발생하는 충돌도 불가피하다. 그럼에도 비트코인은 자산이자 기술 혁신 수단이며, 미래 문명을 여는 열쇠가 분명하다. 우리가 이번 르네상스를 제대로 받아들이기 위해서는, 제도·기술·문화적 협력을 통해 개인이 주체적으로 금융 생태계에 참여하는 토대를 강화해야 할 것이다.

---

[62] 미국의 블록체인 기반 모금 플랫폼 '기빙블록'이 발표한 2023년 연례 보고서를 보면 지난해 암호화폐 기부액이 1억2500만달러(약 1637억원)를 넘어섰다고 한다.

대표적인 디지털화폐 기부 사례 [63]

우크라이나 기부 캠페인	2022년 러시아-우크라이나 전쟁 발발 후, 우크라이나 정부는 다양한 디지털화폐를 통해 기부를 받았다. 이는 군사 물자 지원 및 인도적 구호 활동에 사용되었다.
유니세프(UNICEF)의 기금	유엔아동기금은 블록체인 기술을 활용하여 디지털화폐 기부를 받아 개발도상국의 아동을 지원하는 프로젝트를 운영 중이다. 이를 통해 보다 투명한 기부금 사용과 효율적인 자금 배분이 가능해졌다.
적십자사의 비트코인 기부 캠페인	적십자사는 자연재해 발생 시 비트코인과 이더리움을 기부받아 피해지역에 신속하게 지원하는 프로그램을 운영 중이다.
테라미르(TerraMIR)	개발도상국의 교육문제를 해결하기 위해 디지털화폐 기부 플랫폼을 활용하여 학교 건립 및 교재 지원등의 프로젝트를 진행하고 있다.

Park's 조언

르네상스는 예술과 과학, 경제가 뒤섞여 인류의 시야를 넓혔다. 비트코인이 제시하는 디지털 르네상스도 마찬가지다. 개인이 주권을 쥐는 금융 혁명은 결국 우리의 삶과 문화 전반을 새롭게 디자인할 기회가 된다. 다만 그 자유를 누리려면 학습과 책임을 직접 감당해야 한다는 사실을 잊지 말아야 할 것이다.

---

63) 출처: https://dudu-mon.com/entry/암호화폐를 통한 기부 및 크라우드 펀딩

SECTION 3
비트코인과 미래 문명의 기반
(탈중앙화 경제에서 문명적 변혁으로)

비트코인은 새로운 문명의 전환점을 형성하는 수단으로 평가받는다. 누가 화폐를 발행하고 통제하는가에 대한 오래된 질문이, 탈중앙화 기술과 만나면서 인류 문명의 패러다임을 바꾸려 하기 때문이다. 개인이 주권을 쥐고, 협력적 네트워크 속에서 자발적으로 가치를 창출하는 비트코인은 과연 우리가 꿈꾸는 미래 문명의 기반이 될 수 있을까?

01 비트코인 보급의 속도

당신은 엘살바도르가 법정화폐로 비트코인을 활용하고 있으며, 현재 투자 상품으로도 적극적으로 활용해 나라의 어려움을 해소하고 있다는 사실을 알고 있을 것이다. 그렇다면 엘살바도르는 지금 세계적으로 가장 많이 비트코인을 보유한 국가일까? 결론부터 말하면 아니다. 2025년을 기준으로 엘살바도르는 세계에서 비트코인을 가장 많이 보유한 국가 5위에 불과하다. 당연히 가장 많이 보유한 국가는 약 19만 개를 보유한 미국이고, 두 번째는 약 6만 개를 보유한 영국이다. 물론 이들 국가 말고도 다양한 국가에서 비트코인을 확보하고 있다. 이 외에도 다수의 개인 또한 비트코인을 소유하고 있다.

글로벌 컨설팅기업 KPMG가 발표한 자료를 보면, 비트코인을 1달러 이상 보유한 사람의 비율이 전 세계 평균 7~8% 수준에 도달했다. 초기에는 기술 애호가나 투자자만이 비트코인을 접했으나, 이제 다양한 계층과 지역에서 이를 활용하는 모습이 뚜렷이 나타난다. 인플레이션이 심한 남미나 아프리카에서는 비트코인을 법정화폐보다 안정적 가치를 지닌 자산으로 보는 시각이 늘어났다. 필리핀이나 페루 같은 나라는 비트코인이 일상 경제에 스며드는 추세다.

그 외에도 다양한 국가에서 비트코인을 활용하고 이를 보급하기 위해 노력하고 있다. 크로아티아는 해안 휴양지 호텔에 비트코인 결제 시스템을 도입해 관광객을 유치하려고 한다. 여행객이 늘어나는 시기에 빠른 결제와 간편한 환전 효과를 누릴 수 있다는 것이 핵심이다. 아프리카 남서부의 나미비아는 국가 재정이 취약해 달러 수급에 어려움을 겪는데, 이 점을 극복하기 위해 원양어업 라이선스 수수료 일부를 비트코인으로 받는 시범사업을 내놓았다. 외화를 미리 확보하고, 거래 시간을 단축하려는 목적이 깔려 있다. 한편 카자흐스탄은 저렴한 전력과 넓은 국토를 통해 대형 채굴 사업을 적극 육성하고 있다. 물론 전력난이나 환경 부담이 대두되자, 최근에는 재생에너지 인프라를 확충하며 '친환경 채굴 허브'로 거듭나려는 움직임을 보이는 중이다.

이처럼 국가마다 비트코인을 받아들이는 맥락은 다르다. 그러나 한 가지 공통점은, 금융 인프라를 새롭게 설계하거나 보완하고자 할 때 비트코인이 상당히 유연한 도구가 될 수 있다는 사실이다. 일부에서는 "비트코인이 개도국에게 기술 도약의 기회를 제공한다"라고 말하기도 한다. 전통 금융기관이 부족한 지역이 오히려 빠르게 탈중앙 네트워크로 편입되어서, 국제 자금 흐름에 쉽게 접근할 수도 있다는 것이다.

국가별 비트코인 결제 수용 분포도 [64]

    비트코인은 한 나라 안에서만 움직이는 소규모 실험을 넘어, 국제기구와 각국 정부가 이 현상을 바라보며 협력과 갈등을 함께 고민하기에 이르렀다. 실제로 싱가포르나 유럽연합의 정책에서 이를 부분적으로 감지할 수 있다. 싱가포르 통화청(MAS)은 자국 CBDC와 비트코인 간 상호 교환 테스트를 진행했다. 유럽연합은 MiCA 규정을 시행해 디지털화폐 사업자에게 공시·자본 요건을 부과하는 동시에, 혁신적인 기업에는 혜택을 부여하는 모습을 보이고 있다. 이전에는 비트코인을 무조건 막아야 한다는 분위기가 강했다면, 이제는 규범 내에 편입시키면서도 혁신을 살릴 수 있는 방법을 탐색하는 추세다.

02 미래 문명의 기반

    비트코인에 대한 관심과 그 효과를 본다면, 오스트리아학파 경제학에

---

64) 출처: 코인맵. https://coinmap.org

서 말하는 자생적 질서(Spontaneous Order) 이론[65]이 실제로 구현되고 있다고 평가할 수 있다. 각 노드가 서로를 검증하고, 채굴자가 연산 경쟁을 통해 블록을 생성하며, 그에 따른 보상을 분산적으로 분배받는 구조는 사실상 거대한 자율조직에 가깝다.

이는 곧 미래 문명이 개인의 자유와 창의성, 협력적 네트워크를 어떻게 결합할 것인가에 관한 질문과 맞닿는다. 기존 법정화폐가 중앙은행의 통화정책에 종속되었다면, 비트코인은 모두가 동등하게 네트워크에 참여해 거래를 성사시킨다. 정치학적으로는 '재정주권 vs 개인주권'이라는 갈등이 앞으로 심화될 것이라는 전망도 있다. 국가가 예산을 편성하고 세수를 확보해야 하는데, 탈중앙화 화폐가 퍼지면 과세체계를 안정적으로 유지하는 데에 문제가 생길 수 있기 때문이다.

글로벌 불균형의 관점에서도 논쟁은 지속되고 있다. 비트코인을 옹호하는 입장에서, 비트코인이 개발도상국을 비롯한 다양한 국가에 디지털 경제 도약을 가져다줄 수 있다고 본다. 그러나 회의적인 입장에서는, 결국 대자본이 채굴이나 거대 거래소를 장악해 새로운 불평등을 양산한다고 우려한다. 다만 지분증명(Proof of Stake)이나 클라우드 마이닝처럼 더 많은 이들이 진입할 수 있는 방식이 늘어나면서 이런 문제를 일부 해소할 수 있으리라는 기대도 있다. 결국 비트코인이 문명의 기반이 되기 위해서는 누구나 참여해 혜택을 누릴 수 있는 포용적 설계가 필수적이다.

그리고 이러한 흐름이 안정적으로 이루어질 때, 비트코인은 새로운 문명 질서로 확장될 잠재력을 갖고 있다. 인터넷이 처음 보급되었을 때처

---

[65] 20세기를 대표하는 경제학자 중 한 명인 프리드리히 하이에크(F. A. Hayek)는 오스트리아학파의 중심인물로서 자유시장과 개인의 자유를 중시했다. 그의 '자생적 질서' 이론은 사회와 경제가 복잡한 상호작용을 통해 자연스럽게 발전한다는 주장을 펼쳤다. [참고: 자산키움]

럼, 지금은 제도화 전환기임과 동시에 자유로운 창의성을 분출하는 시기다. 국가의 규제와 글로벌 협약이 힘을 발휘하기 시작했고, 대형 기관투자자들도 하나둘 비트코인을 매수하며 제도권 금융과의 공생 방안을 모색하고 있다. 한편으론 개인 사용자와 소규모 스타트업이 주도해 만들어가는 분산 생태계가 진화 중이다.

궁극적으로 비트코인은 단절이 아닌 기존 질서와 새로운 질서가 접목되는 전환의 지점에 놓여 있다. 비트코인을 결제 수단이나 투자 자산으로만 보면 혁신 범위가 제한적일 수 있다. 그러나 시야를 더 넓히자. 개인이 주체가 되어 화폐와 재화를 다루고, 자발적으로 신뢰를 형성해 네트워크를 돌릴 수 있다는 점에서 비트코인은 미래 문명의 핵심 가치가 될 가능성이 있다. 우리는 이 전환을 어떻게 준비하고 어떤 시선으로 맞이할 것인지, 그리고 비트코인이 지향하는 가치가 실제로 얼마나 포용적이고 지속 가능한지 끝없이 논의해야 한다.

Park's 조언

비트코인은 궁극적으로 중앙에 묶이지 않고, 사람들의 자발적 참여로 움직이는 새 문명의 축을 꿈꾼다. 그러나 우리가 그 네트워크를 함께 만들어간다는 사실도 잊지 말아야 한다. 자금세탁이나 투기적 욕심에 빠지지 않고, 협업과 투명성에 기반해 이 흐름에 동참한다면 어떻게 될까? 오늘의 실험이 내일의 문명 기반이 될 수 있다.

BITCOIN

Chapter 10
비트코인과
지속 가능한 미래

비트코인
문명의
개척자들

SECTION 1
비트코인과 친환경 에너지의 융합
(디지털 금융과 환경 그리고 공동체)

비트코인의 가치가 금융 혁신을 넘어서, 지구의 환경과 공동체가 지속 가능해지는 미래상을 그려낼 수 있을까? 중앙화된 통화 발행 체제가 발생시켰던 불균형과 자원 낭비에서 탈피하고, 개인과 지역사회가 함께 번영하는 생태계를 구축하려면 무엇이 필요할까? 지속 가능한 비트코인의 미래를 위한 실천적 관점을 제시한다.

01 비트코인과 지속 가능성의 교차점

일반적인 의미에서 지속 가능성은 일정한 과정이나 상태를 유지하는 형태 또는 능력이다. 그러나 지금 사회에서 지속 가능성은 일반적인 의미를 넘어 사회, 경제, 그리고 환경 차원에서 논의된다. 이 세 가지 차원 말고도 우리가 다음 세대까지 인류 문명을 이어갈 방안을 마련하고, 이를 실천한다는 점에서 범용성과 포용성을 지니고 있다. 그리하여 지속 가능성은 인류는 물론 지구에서 모두가 공존하는 장기적인 포부를 담고 있다.

지금 사회는 지속 가능성을 유지하고 실천하는 것 자체가 하나의 거대한 도전이다. 늘어나는 인구 증가, 무분별한 소비, 화석연료를 중심으로 한 에너지 사용은 기후변화 등 여러 부작용을 나타냈고, 이제 인류는 문명 그 자체를 전환시켜야 한다는 인식이 나타나고 있다. 그리하여 거의 모든 산업에서 변화를 도모하고 있는데, 비트코인 또한 주목받고 있다.

비트코인과 지속 가능성을 과연 연결할 수 있을까. 대부분은 쉽지 않다고 여긴다. 이미 비트코인 채굴 자체가 환경을 파괴하는 요인인데, 어떻게 비트코인이 지속 가능한 산업을 나타낼 수 있는지 의구심을 표한다. 그러나 비트코인이 장기적으로 인간 사회의 자원 배분 방식을 바꿀 수 있는 잠재력을 지녔다고 보기도 한다. 경제적으로 볼 때, 비트코인이 인간의 생산·소비·협업 방식을 바꿀 수 있다는 가정에서 출발해 보자. 법정화폐와 다르게 통화량을 제한한 비트코인은 인플레이션을 억제하고, 새로운 형태의 가치 거래를 촉진함으로써 경제 구조를 더 효율적으로 만들 수 있다. 이렇게 새로운 경제 구조를 이끄는 과정에서 지속 가능한 변화를 촉구한다.

비트코인에 대해 회의적인 이들이 가장 많이 지적하는 문제가 바로 비트코인을 둘러싼 에너지 소비다. 그렇지만 최근 들어 재생에너지를 활용한 '그린 채굴(Green Mining)'이 점진적으로 개발되고 있다는 점에 주목해야 한다. 가령 아이슬란드는 풍부한 지열과 수력 에너지를 채굴 업계에 공급해, 지열 발전소 근처에 대규모 마이닝 팜을 조성했다. 캐나다는 친환경 전력을 앞세워 비트코인 채굴 기업을 유치하는 정책을 펼치고 있고, 노르웨이 역시 수력 발전과 풍력 자원을 채굴장에 연계해 채굴 과정에서 발생하는 탄소 배출을 획기적으로 줄이는 실험을 진행 중이다.

아시아 지역에서도 새로운 흐름이 감지된다. 인도네시아는 풍부한 수력·지열 자원을 보유한 섬 지역을 중심으로 채굴 스타트업을 지원하는 프로그램을 고려 중이라고 밝힌 바 있다. 필리핀 역시 태양광을 기반으로 한 채굴 산업에 대한 투자를 유치할 계획이다. 이러한 사례는 비트코인이 환경 파괴적 존재라는 주장을 조금씩 약화시키고 있다. 재생에너지가 확대되는 글로벌 추세 속에서, 비트코인 채굴은 친환경 에너지와 연결하면서 오히려 에너지 산업과 윈윈(win-win)하는 전략을 취하고 있다.

02 ESG 시대 속 비트코인

지속 가능성을 논의할 때 반드시 나타나는 개념인 ESG 경영은 환경, 사회, 지배구조의 변화를 촉진하여 궁극적으로 기업이 지속 가능성을 실천하는 경영을 이룬다는 뜻을 지닌다. 이는 현재 거의 모든 기업에서 논의하고 있는 이슈다.

지금 ESG 경영을 실천하는 기업들은 환경친화적인 방식으로 제품을 생산하고, 기업이 사회의 일원으로서 책임을 다하는 한편, 기업의 이해관계자들과 새로운 방향을 논의하는 지배구조를 형성하기 위해서 노력하고 있다. 그러나 여전히 기업의 경제 활동에 대해서는 적극적인 입장을 드러내지 않는데, 지속 가능성을 나타내기 위해서 비트코인에 주목할 필요가 있다.

유럽연합은 가까운 시일에 디지털 자산 사업자에게 탄소 배출 공시를 의무화하는 방안을 논의하고 있다. 즉, 채굴 과정에서 얼마나 재생에너지를 사용했는지, 혹은 온실가스 배출량이 어느 정도인지를 금융상품에 공시해야 한다. 이는 암호화폐 생태계를 단순 투기 시장이 아닌, 지속 가능한 금융상품으로 유도하려는 전략으로 해석된다.

미국에서도 ESG 경영에 민감한 기관투자자들이 비트코인을 매수할 때, 해당 코인이 어느 채굴장에서 채굴하였는지 파악하려는 움직임이 나타난다. 그래서 '그린 코인 인증'이라는 개념이 등장하고 있다. 이때 그린 코인은 크게 두 가지 의미를 지니고 있어서 오해할 수 있다. 하나는 프라이버시를 중시하는 디지털화폐를 의미하고, 다른 하나는 저전력 등 친환경적으로 채굴한 코인을 의미한다. 여기서 말하는 그린 코인은 후자에 속한다. 실제로 일부 디지털화폐 거래소는 재생에너지로 채굴한 비트코인을 프리미엄 가격에 거래하는 시범 프로젝트를 발표했다. 이러한 흐름은 ESG 가치에 주목하기 시작한 시대적 변화를 반영한다. 그리고 비트코인 또한 그 흐름을 반영하여 새로운 변화를 촉구하고 있다.

경제적 관점에서도 새로운 모델이 나타날 수 있다. 세계 각지의 지역 커뮤니티는 자신들만의 재생에너지 시설과 비트코인 채굴 장비를 결합해 분산형 에너지·금융 모델을 시도하는 사례를 보여주고 있다. 이는 소규모 공동체가 지역사회 차원의 협동조합 형태를 이루어 채굴 수익을 공유하고, 동시에 친환경 인프라를 확충함으로써 지속 가능한 로컬 경제를 창출하는 사례로 평가할 수 있다.

03 지속 가능한 미래를 위한 비트코인

향후 인류가 발전하기 위해서는 반드시 지속 가능성에 대한 논의가 계속돼야 한다. 구체적으로 지속 가능성을 어떻게 발전시켜야 하는지, 그에 대한 방법이나 대처는 어떻게 되는지 서로 다른 의견이 나타나고 있다. 하지만 다음 세대를 위해 안전하고 깨끗한 지구를 물려주어야 한다는 의견은 동일하다는 점에서, 장기적인 플랜으로 논의가 이어질 것이다.

한편으로는 비트코인 또한 지속 가능한 미래를 위해서 다양한 실험이 나타나고 있다. 세계 각국에서 친환경 모델을 비트코인에 도입해 새로운 방향을 제시하고 있다. 어느 실험은 성과를 나타냈지만, 어느 실험은 무의미했다. 그러나 성공과 실패가 반복하는 동안 비트코인의 가치와 영향력은 세계 곳곳으로 나아갈 것이다.

우선 재생에너지 인프라와 결합해 그린 채굴을 확산하면 기후변화 억제에 일조할 수 있다. 또한 금융 포용성이 낮은 국가에선 비트코인을 통한 해외 송금·수출입 거래가 경제 자립과 공동체 강화에 도움이 될 수 있다. 궁극적으로 각국 정부와 국제기구가 공조해서 투명한 규범을 마련하고, 환경·범죄·시장 안정성을 종합 고려한 제도를 꾸릴 것이다. 그럼 비트코인은 기존 법정화폐와 공존하며 세상을 더 풍요롭고 균형 있게 만들 수 있을지 모른다.

여기서 중요한 것은 의도된 설계와 협력이다. 단지 기술 혁신에만 의존해서는 지속 가능한 미래가 실현되지 않는다. 비트코인이 가진 자유롭고 개방된 속성을 제도와 결합해 효율적이면서도 공동체적 가치를 반영하는 새로운 경제 생태계를 만들어야 한다. 이러한 노력이 결실을 맺을 때 우리는 미래의 지속 가능성을 확장할 수 있다.

Park's 조언

비트코인이 지속 가능한 미래를 이끌기 위해서는 단순히 탈중앙이나 희소성만 강조해서는 부족하다. 재생에너지와 결합된 채굴, 글로벌 협력체계를 통한 규제 투명성, 그리고 지역 공동체가 자율적으로 경제를 운영하려는 의지까지 어우러져야 한다. 스스로 어떤 자리에서, 어떤 방식으로 이 생태계에 기여할 수 있는지 고민해 보자. 바로 그 책임감이 지속 가능성의 씨앗이 된다.

SECTION 2
비트코인과 지속 가능한 경제 시스템
(비트코인이 이끄는 새로운 금융 생태계)

경제적 측면에서 보면 지속 가능성을 실천하기란 상당히 어려운 부분이 많다. 새로운 시스템을 형성하고 그 안에서 나타나는 비용은 전적으로 개인이나 기업이 책임져야 하기 때문이다. 그렇기에 근본적으로 새로운 금융 생태계를 건설할 필요가 있다. 특히 비트코인은 지속 가능한 경제 시스템을 위한 대안으로 주목받는다. 비트코인이 만드는 협력적·분산적 금융 생태계는 미래 경제의 새로운 가능성을 책임질 수 있는 변화다.

01 지속 가능성을 고민하는 경제 시스템

    기업 경영에서 지속 가능성을 실천하는 게 어려운 이유는 무엇보다 비용 문제 때문이다. 기업은 근본적으로 이윤을 극대화하기 위한 기업 경영 및 전략을 추구한다. 그리고 다양한 방식으로 상품의 가격을 낮추는 방안을 고안하여 소비자에게 전달하였다. 이 과정에서 노사갈등, 불합리한 지배구조, 환경오염 등 다양한 문제가 발생하였지만, 기업은 지금의 규모를 유지하고 미래를 위해서 문제에 소극적으로 대처했던 것이 사실이다. 그런데 하루아침에 지속 가능성을 이유로 그들의 시스템과 구조를 바꾸기란 쉽지 않다. 이제 기업이 사회의 일원으로 사회적 책임을 맡아야 한다고 하지만, 이는 대중의 인식이 그렇게 변했을 뿐이다. 여전히 기업이 이를 강제로 지켜야 한다는 법적 근거는 미흡하다. 우선 몇몇 기업들이 나서서 ESG(Environment, Social, Goverance) 경영[66]을 통해 환경오염을 최소화하는 방향으로 기업 경영을 전환하고 있지만, 이러한 방식이 쉽지 않다는 것은 이미 모두가 아는 사실이다.

기업의 사회적 책임 참여를 위한 '유엔글로벌콤팩트 10대 원칙' [67]

범주	원칙	내용
인권	1	국제적으로 공포된 인권의 보호를 지지하고 존중함
	2	인권유린에 공모되지 않음을 분명히 함
노동	3	결사의 자유와 집단적 협상권을 실제적으로 인정함
	4	모든 형태의 강제노동을 제거함
	5	아동노동을 효과적으로 폐지함
	6	고용과 직업 관련 차별을 제거함
환경	7	환경적 문제에 조심하는 노력을 지지함
	8	더욱 큰 환경적 책임을 선도적으로 부담함
	9	환경친화적 기술의 발전과 확산을 장려함
반부패	10	강탈이나 뇌물 등 모든 형태의 부패를 반대함

무엇보다 환경을 위해 시스템과 구조를 변화시키고, 친환경적 상품 개발 및 생산을 유지하려면 상당한 비용이 든다. 오히려 이러한 점이 환경오염을 유발시킨다는 의견도 있다. 단적인 예로 종이 빨대가 있다. 플라스틱 빨대가 환경오염을 일으킨다고 여겨, 서비스 산업에서는 대기업을 중심으로 종이 빨대를 사용하였다. 그러나 실제 효과에 대해서는 설왕설

---

[66] ESG란 환경(Environment), 사회(Social), 지배구조(Goverance)를 뜻하는 말로, EGS 경영은 기업의 경제적, 사회적, 환경적 책임을 바탕으로 지속 가능한 발전을 추구하는 경영 방식을 말한다.
[67] 기업 차원에서의 지속가능발전에 대한 논의는 유엔글로벌콤팩트(UN GlobalCompact)로 이어진다. 1999년 세계경제포럼에서 기업에 사회적 책임 이행에 참여할 것을 요청하고, 이 요청을 실천하기 위해 설립된 UN 산하기구가 유엔글로벌콤팩트이다. 유엔글로벌콤팩트는 회원 기업들에 10개 원칙을 준수할 것을 요청했다. [출처: UN, "The Ten Principles of the UN Global Compact," 온라인 자료]

래가 오갔다. 오히려 종이 빨대를 생산하는 과정이 또 다른 환경오염을 유발하고, 비용 또한 추가된다는 사실이 밝혀져 정책이 변화해야 했다.

그래서 지속 가능성을 논의할 때, 경제적 부분에서는 그다지 적극적인 논의가 진행되지 않고 있다. 기업에서 활발하게 논의하는 ESG 경영만 보더라도 환경, 사회, 지배구조에 초점을 맞추고 있고 경제에 대한 전략과 비전은 부족하다. 다만 친환경적인 상품 개발 및 생산, 이해관계자와 긴밀해지는 지배구조 등을 논의할 뿐이다. 가장 중요한 점이 바로 ESG 경영을 통해서 기업이 얻는 이익인데 말이다. 이는 환경오염이 심각하고 기후변화를 억제해야 한다는 사실은 모두가 알고 있으나, 경제적으로 이를 어떻게 효율적으로 나타낼 것인지 논쟁만 있을 뿐이다.

이러한 상황에서 흥미로운 점이 있다. 기후변화를 억제하기 위해 탄소 배출을 줄이려면 어떻게 해야 할까? 대중교통을 이용하고, 비닐이나 플라스틱 등 환경오염의 원인이 되는 물건을 사용하지 않아야 한다. 그러나 가장 유의미한 것은 인간 활동을 줄이는 것이다. 즉, 여가 없는 최소한의 활동을 하고 채식 위주로 식사를 해야 한다. 그러나 이를 온전히 지키기는 사실상 불가능하다. 그래서 세계경제포럼에서도 물품이나 활동을 줄이는 것이 아닌 구조를 변화시켜야 한다고 덧붙였다.

지금 우리가 사용하는 동전, 지폐, 그리고 카드가 사라지면 친환경적인 활동으로 여길 수 있을까? 단순히 없애는 것에 초점을 맞추지 말고 구조를 변화시켜야 한다. 즉, 금융 시스템의 근본적인 변화에 주목해야 한다. 디지털 트랜스포메이션을 활성화하기 위해 스마트폰의 어플리케이션을 사용하거나, 인터넷 뱅킹을 한다고 경제의 디지털화가 이루어지는 것이 아니다. 가장 근본적인 변화는 경제 생태계의 재편이다.

02 비트코인과 경제 생태계의 재편

　비트코인이 현재 주목받는 이유는, 경제 시스템의 디지털화가 이루어질 때 새로운 네트워크를 조성하면서 미래의 경제 생태계를 재편할 수 있기 때문이다. 만약 미래에 카드나 지폐가 사라지고 스마트폰으로 경제 활동을 모두 해결할 수 있다고 가정해 보자. 사람들은 굳이 지갑을 들고 다니지 않아도 되고, 그 자체로 친환경적인 행동으로 여길 것이다. 하지만 우리는 그러한 단편적인 행동으로만 디지털 경제, 경제 생태계의 재편을 확인해서는 안 된다.

　경제의 디지털화가 나타날 때 CBDC 등으로 기존 시스템을 그대로 유지하면, 여전히 개인은 디지털 공간에서 시스템에 얽힌 채 경제 활동을 지속해야 한다. 하지만 비트코인은 새로운 네트워크를 형성하고, 지금까지 경험하지 못한 새로운 경제 시스템을 구축할 수 있다. 그리하여 전혀 새로운 디지털 경제를 통해서 지금까지 보지 못한 친환경 디지털 경제를 수립할 수 있다.

　하버드 대학교에서 ESG 경영을 가르쳤던 리베카 헨더슨은 자신의 저서 〈자본주의 대전환〉을 통해서 '지금의 자본주의가 지닌 문제를 해결하고 새로운 구조를 형성하기 위해서는 근본적인 변화가 나타나야 한다'고 보았다. 특히 주목해야 하는 부분은 포용적 제도를 통해 형성하는 경제 모델과 실험이다. 이를 통해 새로운 경제 생태계의 재편이 이루어질 수 있으며, 이때 진정한 ESG 경영이 나타날 수 있다고 리베카 헨더슨은 바라보았다. 이러한 관점에서 볼 때, 비트코인은 근본적으로 새로운 모델을 제시하여 경제 생태계를 재편할 수 있다.

03 비트코인이 이끄는 지속 가능한 금융 생태계

지금 비트코인이 이끄는 혁신은 단순히 '전기 소비량이 많다 vs 재생에너지로 해결할 수 있다'의 이분법적 사고에만 그치지 않는다. 이는 비트코인을 생산하는 과정에 한정해서 바라보는 시선이다. 핵심은 비트코인이 지닌 탈중앙·희소성·투명성이라는 원리가 기존 금융권력의 문제점을 어떤 식으로 완화하고, ESG 트렌드와 조화롭게 어우러질 수 있는지 확인해야 한다. 그리고 그것이 새로운 경제 생태계를 재편할 수 있는 기회로 작용하는지 확인해야 한다.

물론 실제로 지금 비트코인을 채굴하는 과정, 그리고 이를 얻는 과정에

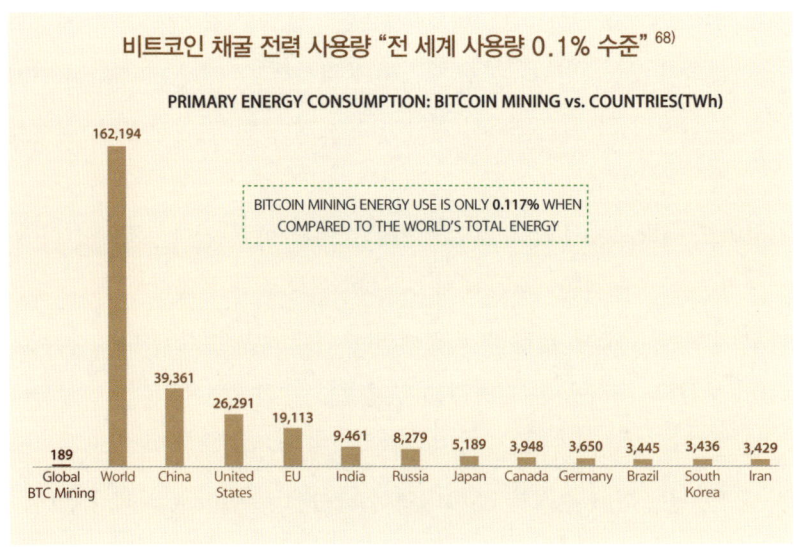

68) 2021년 미 지역 가상자산(암호화폐) 채굴 관련 단체인 '비트코인 채굴 위원회'(Bitcoin Mining Council)가 채굴 산업 현황 보고서에서, 비트코인 채굴에 사용하는 전력이 전 세계 전력 사용량의 0.1165%에 그친다고 전했다. 이는 비트코인 채굴에 지나치게 많은 에너지를 사용함으로써 환경오염 우려가 있다는 일부 주장에 정면으로 반박하고 있는 것이다. [출처: 디지털투데이(DigitalToday), 자료: Bitcoin Mining Council]

서 나타나는 환경오염을 개선하는 방법도 중요하다. 가령 선진국과 기관 투자자가 ESG 경영 관점에서 그린 코인을 선호한다면, 그리하여 비트코인이 보다 친환경적인 방식으로 채굴한다면 비트코인의 환경적인 비판을 완화함과 동시에 지속 가능한 투자의 새로운 기준을 만들 수도 있다.

그리고 이렇게 다양한 방식으로 새로운 채굴이 이루어지고, 이를 통해서 비트코인이 더 활성화를 이룬다면 우리는 진정한 디지털 경제의 새로운 가능성을 확인할 수 있다. 비트코인 네트워크를 통해서 새로운 사회, 새로운 지배구조를 형성하고 친환경적인 경제 활동을 이룰 수 있다면, 그것이야말로 진정한 ESG 경영 활동이 아닐까. 나아가 우리는 비트코인 네트워크와 함께할 때 다시 새로운 기회와 가능성을 형성할 것이다. 이것이 디지털 시대의 지속 가능성이다.

Park's 조언

지속 가능한 경제란 결국 '어떻게 성장하느냐'와 '어떻게 분배하고 보호하느냐'를 함께 묻는 문제로 연결된다. 비트코인이 이 거대한 질문에 답할 수 있으려면, 재생에너지 전환 같은 현실적 대응이 필수이며 새로운 가능성에 대한 적극적인 실천이 나타나야 한다. 당신이 이 네트워크에 동참한다면 단순한 이익 창출을 넘어 새로운 금융 질서의 동력원을 키울 수 있을 것이다.

SECTION 3
비트코인과 미래 세대를 위한 금융 시스템
(탈중앙화 혁신이 열어갈 다음 세대의 기회)

어느 시대에나 금융은 다음 세대를 결정짓는 기틀이었다. 기존의 법정 화폐는 권위에 기대어 개개인을 소외시키고 중앙 권력을 강화하는 구조를 반복적으로 유지했다. 반면 비트코인은 누구나 동등하게 참여하고 기여할 수 있는 네트워크를 꿈꾼다. 특히 비트코인은 현재와 미래의 세대가 주도할 탈중앙화 혁신을 이야기한다. 과연 이 새 질서는 어떤 금융 시스템을 만들어낼 수 있을까? 그리고 이 변화는 다음 세대에게 어떤 길을 열어줄 것인가?

01 미래 세대가 맞이할 금융의 지형 변화

지금 현재를 살아가는 사람들에게 금융 시스템이 얼마나 변화할 수 있는지 예측하기란 쉽지 않다. 이제 전 세계 사람들이 모바일·인터넷 기반 거래를 일상화하면서, 전통 금융 질서에 대한 도전을 본격화하고 있다. 그 중심에 있는 비트코인은 기존 체제를 뒤흔드는 역할을 하고 있다.

이런 변혁은 현 세대만의 혁신이 아니다. 지금의 아동, 청소년이 성인이 되어 경제 활동을 하게 될 무렵, 비트코인과 같은 탈중앙화된 금융 환경이 보편적으로 정착될 수도 있다는 예측이 심심찮게 나온다. 영국의 핀테크 리서치 기관인 MFinance가 발표한 자료에 따르면, 20~29세 연령층 중 15%가 50달러 이상의 비트코인을 보유하고 있다고 한다. 이는 4년 전 같은 조사보다 3배나 증가한 수치다. 이들은 단순 매매보다는 스타트업 펀딩 등에 비트코인을 활용하는 '에듀테크+크립토' 플랫폼에 관심을 보이고 있다. 영국에 설립된 한 교육 스타트업은 학생들이 비트코인으로 모금한 자금을 이용해 프로젝트를 진행할 수 있도록 돕고, 그 성과를 다시 토큰으로 보상하는 모델을 시범 운영 중이다. 이는 탈중앙화 금융이 젊은 세대의 창의적 학습 환경에 기여할 수 있다는 가능성을 보여준다.

또 다른 사례로, 아프리카 우간다에서는 국제 구호 단체가 청년 창업 자금을 비트코인으로 지급해, 환전·은행 절차를 거치지 않고도 즉시 자금이 전달되도록 하는 프로젝트를 운영하기 시작했다. 이 과정에서 지역 통신사와 협력해 모바일 지갑 솔루션을 보급했다. 덕분에 우간다 청년들은 소규모 농산물 거래나 디지털 서비스 결제에도 곧바로 접근할 수 있었다. 이는 미래 세대에게 금융기관 없는 자생적 경제 활동을 현실화해 주는 사례로 평가할 수 있다.

02 국내 암호화폐 개인 투자자 현황

성인들은 아동이나 청소년 때부터 스마트 기기를 사용했을 것이다. 즉 스마트 기기, 디지털 공간의 형성 및 발전을 직접 목도한 세대이다. 그러나 지금 아동, 청소년은 다르다. 그들은 태어날 때부터 이미 스마트 기기가 있었고, 어릴 때부터 디지털 환경에 쉽게 적응했다. 이른바 디지털 네이티브 세대의 출연이다.

디지털 네이티브 세대가 본격적으로 경제 주체가 되는 시점에는 법정화폐와 비트코인은 같은 디지털화폐, 그리고 CBDC가 공존하는 멀티 통화 시대가 도래할 것이라는 전망이 국제 기구에서 나오고 있다. 실제로 국제통화기금은 미래

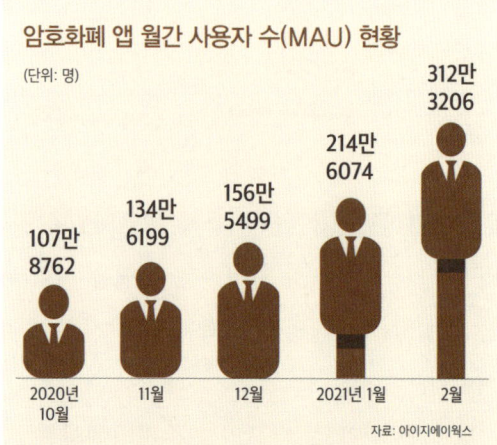

모바일 빅데이터 분석 기업 아이지에이웍스가 내놓은 '가상화폐 앱 시장 분석' 보고서에 따르면 2021년 암호화폐 앱 월간 이용자 수(MAU)는 300만 명을 넘어섰다. 이중 20대가 차지하는 비율은 30%를 넘으며, 20대와 30대를 합하면 59%에 이른다.[69]

세대를 위한 금융 거버넌스 구축이 시급하다고 지적했다. 즉 규제와 교육, 기술 표준, 소비자 보호 등 여러 측면을 종합적으로 마련해야 미래 세대가 탈중앙 금융 시스템을 안전하게 활용할 수 있다는 것이다.

세계은행 역시 개발도상국의 청년층이 비트코인이나 기타 디지털 자산을 활용해 빠르게 자립할 수 있도록, 국제 사회가 초기 인프라 구축과 규범 설정을 지원해야 한다고 제안했다. 이는 구호 단체나 민간 기업 차원에서 개별적으로 시도되는 프로젝트만으로는 한계가 있으므로, 다자간 협력 틀을 마련해 글로벌 스탠다드를 만들어야 한다는 취지를 밝혔다.

이러한 측면에서 볼 때, 미래 세대는 금융의 개념을 국가가 관리하는

---

69) 출처: https://image.edaily.co.kr/images/photo/files/NP/S/2021/03/PS21032800699.jpg

화폐보다는 네트워크가 운영하는 자산으로 받아들일 가능성이 크다. 이미 게임 아이템이나 NFT 같은 디지털 재화를 자연스럽게 사고팔고, 글로벌 온라인 커뮤니티에서 조직·활동하는 경험이 익숙하여 비트코인의 탈중앙화 원리를 더욱 수월하게 이해할 수 있을 것이다.

03 미래 세대를 위한 공동 과제

잊지 말자. 비트코인이 미래 세대에게 제공할 가장 큰 장점은 금융 자율성이다. 탈중앙화 금융 프로젝트들은 오픈소스 개발과 커뮤니티 주도로 운영된다. 이러한 방식에 익숙한 청년 개발자나 기획자들은 국적·언어장벽을 뛰어넘어 새로운 금융 아이디어를 실험한다. 그리하여 미래에는 거대한 플랫폼 기업에 종속되지 않고 자기 주권을 행사할 기회를 얻을 것이다.

다만 미래 세대가 디지털화폐에 자유롭게 접근할 수 있다고 해도 여전히 많은 과제를 해결해야 한다. 우선 교육 격차가 중요한 변수다. 많은 국가는 여전히 전통 금융교육조차 제대로 이루어지지 않은 상황이다. 미래 세대가 디지털화폐 지식을 습득하지 못하면 아무리 디지털 금융이 발달해도 실질적 혜택은 소수에게만 돌아갈 수 있다. 따라서 비트코인이라는 기회의 문이 열리는 지금부터 디지털 금융교육을 확대하고, 개발도상국의 인프라·교육을 지원하는 정책이 나타나야 할 것이다.

기술 격차 문제도 심각하다. 선진국의 젊은 세대는 고성능 기기와 빠른 인터넷, 체계적 교육을 통해 손쉽게 암호화폐에 접근한다. 그러나 개발도상국의 젊은 세대는 여전히 전력과 통신 인프라가 부족한 현실에

놓여 있다. 이 간극을 해소하지 못한다면, 비트코인을 중심으로 한 디지털 경제는 글로벌 불균형을 심화시킬 것이다.

결국, 비트코인이 미래 세대에게 제공하는 가능성과 위험은 동전의 양면이다. 이를 긍정적 방향으로 이끌기 위해서는 몇 가지 핵심 과제가 있다. 첫째, 국제기구와 각국 정부가 규범을 정비해 자금세탁·범죄 자금 흐름을 철저히 관리하되, 청년 및 소외계층이 쉽게 진입할 수 있도록 과도한 규제를 지양해야 한다. 둘째, 교육과 인프라 구축이 동반되어야 한다. 저개발국 청년들도 디지털 금융을 활용해 자립할 수 있는 환경을 조성해야 한다. 셋째, 희소성과 탈중앙화가 과연 미래 세대의 경제 성장을 안정적으로 뒷받침하는지 객관적으로 검증하는 과정이 필요하다. 이를 위해 학계와 기업, 커뮤니티가 협력해 장기적인 연구와 실증 자료를 축적해야만 비트코인이 진짜 실효성 있는 대안 통화인지, 아니면 단순 거품인지 논란을 줄일 수 있다. 결국 비트코인이 다음 세대가 주도할 새로운 금융 질서로 자리매김하려면 모두가 함께 힘을 모아야 한다. 그 길이 순탄해질 때, 미래 세대는 자유로운 금융 활동을 펼치고 안정적인 가치를 창출해나가는 모습을 실현할 수 있을 것이다.

Park's 조언

미래 세대에게 비트코인은 혁신의 상징일 수도, 격차와 불신의 화신일 수도 있다. 누구의 개입도 없이 자유롭게 화폐가 작동한다는 발상은 아름답지만, 그 발상을 미래에 현실화하려면 교육과 규제, 그리고 협업 문화가 조화를 이루어야 한다. 당신이 이 흐름을 먼저 이해하고 준비한다면, 다음 세대가 펼칠 금융 혁신의 길잡이가 될 수 있다.

Chapter 11
비트코인과
새로운 경제 패러다임

비트코인
문명의
개척자들

SECTION 1
탈중앙화 시대의 도래
(비트코인이 열어갈 자율적 금융 패러다임)

여전히 화폐 발행과 금융 시스템은 중앙집권적 구조를 지니고 있다. 그러나 이것이 과연 얼마나 이어질까. 미래 세대가 비트코인 네트워크를 적극적으로 받아들이고 활용하게 되면 디지털 경제는 폭발적으로 확장될 것이다. 지금의 한계를 넘어서 새로운 지평으로 펼쳐지는 비트코인의 가능성은 무궁무진하다.

01 중앙이라는 한계 너머

지금까지 우리는 시장에 흐르는 자본을 획득하고 자산을 축적하는 경제 활동을 이루었다. 그리고 힘들게 얻은 자본 또는 자산을 안전하게 보관하기 위해서 은행을 이용했다. 조직이라는 관점에서 이 은행 또한 사회적으로 안전을 보장받아야 했고, 정부와 협력해 지위와 영향력을 얻을 수 있었다. 그리하여 하나의 사회처럼 중앙화 구조를 형성할 수 있었다. 그리고 이 시스템은 아주 오랫동안 유지되었다.

누구도 이러한 구조를 의심하거나 저항하지 않았다. 물론 저항하려는 움직임이 아예 없었던 것은 아니다. 그러나 매번 실패했고, 그때마다 중앙화 구조는 더욱 공고해졌다. 이 철옹성 같은 구조를 해체하고 새롭게 변화하기란 쉽지 않다고 전문가들은 확신했다. 적어도 비트코인이 나타나고, 디지털 경제가 점차 활성화되기 전까지는 말이다.

다수의 전문가들은 향후 미래 세대가 중앙화 구조의 영향에서 벗어나 새로운 경제 패러다임을 주도할 것이라고 예측하고 있다. 사회학계와 교육학계에서는 오늘날 젊은 세대를 '탈중앙화 세대(Decentralized Generation)'로 부른다. 하버드 사회학 연구소는 〈The Decentralized Generation〉이라는 논문집을 통해, '비트코인이 단순한 투자수단이 아닌, 미래 문명의 기반이라는 인식이 젊은 층 사이에서 빠르게 확산되는 중'이라고 분석했다. 앞서 디지털 네이티브 세대와 다른 의미로 받아들일 필요가 있다. 이제 젊은 세대는 단순히 디지털 기술이나 공간에 익숙한 정도로 그치지 않고 플랫폼 경제와 디지털 자산이 일상화된 환경에서 활동하고 있다.

02 탈중앙화 세대는 어떻게 탄생하였는가?

탈중앙화 세대의 출현은 어쩌면 자연스러운 흐름이다. 한때 디지털 노마드(Digital Nomad)[70]로 여겨졌던 젊은 세대가 점차 기성세대로 변화하고, 그들이 사용하였던 인터넷과 디지털 기술은 더욱 발전하였다. 디지털 기기를 사용하는 젊은 세대는 그저 기술의 발전을 목도하는 것이 아니라, 태어날 때부터 디지털 공간과 기술을 받아들였다. 그리고

---

[70] '디지털(digital)'과 '유목민(nomad)'을 합성한 신조어로, 인터넷 접속을 전제로 한 디지털 기기(노트북, 스마트폰 등)를 이용하여 공간에 제약을 받지 않고 재택·원격근무를 하면서 자유롭게 생활하는 사람들을 말한다. [출처: 나무위키]

거기에 비트코인이 있다.

젊은 세대는 시대적 변화 또한 이전 세대와 다르게 받아들였다. 베이비 부머 세대[71]가 이제 은퇴를 앞두고 있고, X세대가 주도하는 시대조차 점점 저물어가고 있다. 그 과정에서 외환위기나 글로벌 금융위기는 역사의 한 페이지가 되었다. 젊은 세대가 성장하면서 본 것은 이미 새로운 시대가 열렸다는 가능성, 그로 인한 변화 그리고 코로나19 팬데믹 등 역사적 사건으로 나타나는 디지털 기술의 혁신성이다. 이제 그들은 본능적으로 새로움을 받아들이고, 그들의 선배 세대나 부모 세대와 다른 방향의 경제 활동을 보일 것이다. 누구나 디지털화폐를 소유하고 이를 거래하는 방식을 선호한다. 세계 어디에서나 이러한 흐름이 나타나고 있으며, 디지털 공간에서 자유로운 경제 활동을 만끽하려는 젊은 세대를 쉽게 찾을 수 있다. 그들에게 경제 활동은 중앙집중적 구조를 지니지 않는다. 블록체인으로 자유롭게 정보를 공유하고 새로움을 느낄 수 있는 자체적인 디지털 공동체다.

요즘의 젊은 세대가 자주 사용하는 디지털 공동체, 즉 커뮤니티에 주목해야 한다. 기존 플랫폼은 대부분 중앙 서버와 기업이 통제권을 지니고 있었지만, 비트코인 네트워크는 다르다. 이 다름이 젊은 세대가 다가가는 매력이다. 기회와 규칙을 공정하게 받아들이고 적용하며, 공정하고 투명한 구조를 통해서 경제적 활동을 할 수 있는 매력 말이다. 이는 경제의 새로운 패러다임을 제시할 것이다. 또한 향후 젊은 세대가 추구하는 방향은 미래 사회와 국가를 결정하는 선택권으로 작용할 수 있다.

---

71) 6.25 전쟁과 제2차 세계 대전이 끝난 후에 태어나고 자란 세대를 일컫는 말. 대한민국에서의 베이비 붐 세대는 1950년대생~1960년대생을 포괄하며 외국에서의 베이비 붐 세대는 1940년대생에서 1960년대생까지다. [출처: 나무위키]

03 탈중앙화 세대가 이끄는 미래

탈중앙화 세대가 어떤 미래를 펼칠지 구체적으로 확인하기는 어렵다. 그들은 경제 활동에 눈을 뜰 때부터 이미 기존의 구조와 시스템이 있었고, 이를 자연스럽게 받아들였다. 다만 기존 구조로는 자신의 자유로운 활동을 지속할 수 없다는 사실을 이해했을 것이다. 안전하지만 제한된 활동과 위험성은 있으나 자유롭고 가능성을 펼칠 수 있는 활동 중, 젊은 세대들은 후자를 선택할 것이다. 그들은 본능과도 같은 안전장치에서 벗어나 모험을 떠나기 위해 도전정신을 무장하고 새로움을 추구할 것이다.

그렇다면 왜 그것이 가능한가. 이전까지는 모험과 도전을 이룰 수 있는 장치가 없었기 때문이다. 그러나 이제는 비트코인이라는 수단이 있다. 법정화폐만큼이나 영향력이 있는 비트코인을 마다할 이유가 없다. 물론 위험은 있으나, 오히려 그 위험이 자신의 창조적인 활동을 나타내는 기회가 될 수 있으니 누가 마다하겠는가. 기회는 언제나 위험에서 나

---

72) 출처: https://sangji7.tistory.com/entry/비트코인-도미넌스-사례-코로나19-팬데믹과-비트코인-도미넌스-상승

타나기 마련이다.

　물론 탈중앙화 세대가 진정으로 자유로운 경제 활동을 하기 위해서는, 지금부터 탈중앙화된 경제 시스템을 작동시켜야 한다. 그러니 아직 탈중앙화 세대의 활동은 적극적이지 않으며 성숙하지도 않다. 그러나 비트코인이 점차 활성화되고 향후 탈중앙 경제 모델에 대한 논의가 주류로 부상할 때, 진정한 탈중앙화 세대를 위한 환경이 이루어질 것이다.

Park's 조언

이제는 미래 세대의 경제 활동에 주목해야 할 것이다. 아직 날개를 펼치기 전의 모습이지만, 그들은 언젠가 자유롭게 하늘을 날아다닐 것이다. 다만, 이 새가 잘 날기 위해서는 훈련이 필요하다. 이 훈련을 위한 환경과 구조를 지금부터 만들어야 한다. 당신이 그것을 만들 수 있다. 그리고 당신이 비트코인에 참여하는 순간, 미래 세대를 위한 훈련이 시작될 것이다.

SECTION 2
비트코인을 바라보는 중앙은행의 미래
(중앙은행은 비트코인을 어떻게 수용하는가)

이제 비트코인을 비롯해, 디지털화폐의 소유 및 거래가 활성화되는 과정을 은행도 지켜볼 수는 없는 노릇이다. 그러나 기존 시스템을 완전히 해체하고 디지털화폐를 받아들이기에는 너무나 리스크가 크다. 그렇다고 경제의 디지털화를 무시할 수도 없기에, 중앙은행은 비트코인의 가치와 의미를 점진적으로 수용하기 시작했다. 은행이 비트코인에 손을 내미는 순간, 새로운 질서가 나타난다.

01 딜레마를 극복하려는 중앙은행의 전략

이제 미래 세대가 탈중앙적 경제 활동을 추구한다는 점을 이해했을 것이다. 그러나 모두가 이를 긍정하고 수용하는 것은 아니다. 일단 은행 입장에서는 젊은 세대가 곧 고객이고 이용자이므로 이들을 확보해야 한다. 지금은 몇몇 은행에서 디지털화폐 거래를 위한 계좌 개설 또는 디지털 자산을 안전하게 지키기 위한 서비스를 전달하는 정도로 그친다. 그러나 향후엔 더 자유로운 경제 활동을 추구하는 탈중앙화 세대를 위해서 근본적인 변화를 이루어야 할 것이다.

이는 시중 은행은 물론이고 중앙은행 또한 마찬가지다. 중앙은행 입장에서는 미래 세대가 경제 주체인데, 이들의 디지털 경제 활동을 모두 받아들이기에는 여러 어려움이 있다. 오랫동안 전통으로 여겨졌던 기존 시스템을 그대로 디지털화하면, 급격하게 발전하는 기술과 디지털화폐의 영향력에 대응하기 어렵다. 그렇다고 정부와 협의하여 아예 디지털화폐를 통제할까?

이미 비트코인을 디지털 금, 투자 상품으로 여기는 이들이 많아지고 있다. 또한 실제로 비트코인을 법정화폐로 사용하는 기업과 국가가 나타나고 있으니 완전한 거부 및 통제는 힘들 것이다. 중앙은행이 최선으로 선택한 부분은 CBDC다. 그러나 이는 아직 개발 중이고, 이를 활성화하기 위해서는 여러 과제를 해결해야 한다. 그 사이, 수많은 미래 세대가 비트코인 네트워크에 뛰어들고 있다.

처음에 비트코인에 관심을 두지 않았던 중앙은행은 이제 딜레마에 빠졌다. 디지털화폐를 억제하기에는 너무 많은 투자자와 기관이 있고, 이를 수용하기에는 논의해야 할 리스크가 많다. 그래서 그들은 점진적 수용과 협력을 택했다. 이제 중앙은행도 비트코인으로 상징되는 포용적, 분산적 경제 모델에 관심을 가지고 이에 어떻게 대처해야 하는지 받아들이고 있다. 실제로 중앙은행은 물론 국제기구 또한, 디지털 자산의 국제 공조 체계를 이루어야 한다고 보았다. 가령, OECD는 디지털 자산 조세 정책 초안을 발표하면서 향후 세계의 회원국이 일관된 규범을 마련할 것을 권고하였다.

02 화폐의 미래에 대비하는 시기

앞으로 중앙은행이나 국제기구는 디지털 자산에 대한 논의에 더 적극적으로 임할 예정이다. 디지털 경제가 서서히 모습을 드러내고 있으며, 투자자와 사용자가 점차 증가하는 만큼 이 현상을 가볍게 여길 수 없기 때문이다. 그러나 다른 한편으로는 화폐의 미래에 대비하기 위한 전략 구성도 필요하다.

비트코인이 등장하고 그와 관련한 서비스를 은행들이 준비하는 한편, 이제 중앙은행까지 CBDC를 개발하니 많은 이들이 앞으로 지폐와 동전이 없는 시대로 나아가는 것은 아닌지 논의한다. 실제로 지폐와 동전을 사용하는 시대는 빠르게 저물어가고 있다. 이제 우리 사회에서도 쉽게 볼 수 있다. 현금 수납통 없는 버스가 도로를 달리고, 지폐를 주면서 거스름돈을 달라고 부탁할 때 당황하는 직원을 가게 어디서나 만난다. 혹시 이 글을 읽는 당신은 지갑을 소유하고 있는가. 그 지갑에는 얼마가 있는가. 지금 그 지갑을 매일 들고 다니는가. 아마 들고 다니더라도 거의 사용하는 경우가 없을 것이다. 사용하는 빈도는 카드가 압도적으로 높을 것이며, 그동안 지폐는 언젠가 사용할 일이 있을 것이라며 자리를 지킬 것이다.

중앙은행은 현금을 사용하지 않은 걸 넘어서, 변화될 화폐의 미래를 예측하고 있다. 디지털 경제가 이루어지는 미래에 법정화폐를 단순히 중앙은행에서 개발한 CBDC로 대체할 수 있을까. 모두가 그렇다고 여기면서도 100% 장담할 수 없다는 점이 한계로 나타난다. 디지털 공간은 현실과 다르게 자유롭게 활동할 수 있고, 새로운 기회와 창조성이 있기에 중앙은행도 쉽게 판단할 수 없는 영역이다. 2000년대 초반까지 어느 중앙은행이 비트코인의 등장을 예견했겠는가.

그러니 중앙은행은 점진적으로 디지털화폐를 받아들이고자 한다. 디지털화폐가 정부나 중앙은행의 개입이 없는 교환수단의 역할로 등장했고, 그 역할을 서서히 드러내고 있으나 여전히 한계가 있다. 다만 중앙은행은 디지털화폐의 한계에 안심하지 않는다. 디지털화폐는 다양화를 이루고 있고, 향후 미래에는 또 어떤 경제 수단이 나타날지 모른다. 그에 대응할 수 있는 방안이 필요하다.

이제 전 세계 사람들이 국경 없이 협업과 투자를 진행하고, 수익과 보상을 자동화된 스마트계약을 통해 분배하는 미래를 상상하고 있다. 이제 중앙은행도 이를 염두에 두어야 한다. 그것은 한 명의 창의적인 시나리오가 아닌 현실 가능한 미래이기 때문이다.

03 질서 정연한 탈중앙화

결국 비트코인이 새로운 금융 생태계를 구축하려면, 어느 정도의 규제와 투명성이 확보된 질서 정연한 탈중앙화가 이루어져야 한다. 이는 미래 세대의 위대한 흐름이다. 구체적으로 질서 정연한 탈중앙화를 이루기 위해서는, 우선 각국 정부와 국제기구가 상호 인정하는 표준을 마련해야 할 것이다. 이러한 표준이 확립되어야 지역경제 활성화 및 기업 활동에서 비트코인을 합리적으로 활용하고, 그에 따른 경제 발전을 꾀할 수 있다.

무엇보다 우리는 탈중앙화를 중앙화와 공존하는 방식으로 받아들여야 한다. 경제의 중앙화 구조는 여러 문제와 한계를 지녔으나, 탈중앙화 구조가 그 모든 문제의 해결방법이라고 하긴 어렵다. 무엇보다 탈중앙화 구조에는 단순히 은행 폐지 등 과격한 미래를 담아내는 것이 아니다. 핵심은 미래에 효율적이고 투명한 시스템을 어떻게 만들 수 있는지 그 가능성을 탐색하는 것이다.

그렇기에 비트코인이 그리는 그림은 반(反)정부적인 혁신이 아니다. 기존의 구조와 시스템이 형성하는 길, 그리고 앞으로 나타날 새로운 길을 연결하여 미래 금융의 지평을 넓히는 혁신이다. 결국 새 금융 질서는 탈중앙화와 기존 시스템이 융합할 때 나타난다. 그리고 이를 위해 글로벌 협약을 뒷받침하는 상호 신뢰 체계가 마련될 때 한 단계 더 발전해나갈 수 있을 것이다.

Park's 조언

미래 세대를 위해 새로운 금융 생태계를 만든다는 것은 '중앙은행을 없애자'며 단순한 구호만 외친다고 되는 일이 아니다. 비트코인이 제안하는 탈중앙화의 가치는 더 큰 투명성과 포용성을 일구자는 제안이다. 이 투명성과 포용성을 확보할 때 새로운 경제 패러다임을 이룰 수 있을 것이다.

SECTION 3
비트코인과 디지털 금융 이해력
(비트코인이 연결하는 새로운 기회의 창)

앞으로 디지털 경제는 점차 활성화될 것이다. 미래 세대가 디지털화폐를 익숙하게 받아들이는 상황에서 당신은 디지털 경제를 어떻게 받아들이고 있는가. 당신에게 디지털 금융 이해력은 얼마나 되는가. 비단 비트코인에만 국한되는 게 아니다. 이제 경제 흐름의 디지털화에 대해 이해하고 이를 받아들일 수 있어야 한다. 그리고 디지털 금융을 수용하는 자세를 가질 때, 글로벌 자금 흐름에 참여할 수 있는 새로운 길이 열린다.

01 디지털 경제를 이해하는 자세

중앙은행이 화폐의 미래에 대비하기 위해 비트코인을 비롯한 디지털화폐에 대해 논의하는 것이 여전히 낯설게 느껴지는가. 아직 당신이 이러한 현실과 미래를 받아들일 준비가 되지 않았다면, 우선 디지털 금융 이해력을 높일 필요가 있다.

단적인 예를 들어보자. 당신이 처음 키오스크를 사용했을 때 그것을 익숙하게 사용하지는 않았을 것이다. 낯선 무인 기계가 덩그러니 놓여 있는 상황에 적잖이 당황했을 테지만, 시간이 지난 지금은 익숙하게 버튼을 눌러 커피나 음식을 주문할 수 있게 되었다. 비단 키오스크만이 아니다. 당신이 음식점을 방문했는데, 종업원이 아닌 낯선 기계가 당신 앞에 주문한 음식을 가져왔을 때를 떠올려 보자. 이제는 기계가 돌아다녀도 시선 한 번 주지 않겠지만, 처음 접했던 당시의 당혹감은 쉽게 잊히지 않을 것이다. 키오스크나 음식을 옮기는 기계는 새로운 기술들이 얼마나 우리 사회에 일상화되고 있는지 알 수 있는 사례다.

사회의 변화, 기술 발전의 결과물은 때때로 당신이 예상하지 못한 순간에 다가온다. 비트코인도 마찬가지다. 처음부터 비트코인에 관심을 가지고 그에 투자한 사람이 아니라면, 대다수는 비트코인을 2010년대 후반에서 코로나19 팬데믹이 발생한 2020년대 초에나 눈여겨보았을 것이다. 당시만 해도 그저 새로운 투자상품의 일종으로 여겨졌고, 그렇기에 많은 이들이 적지 않게 비트코인의 정체에 논쟁을 벌이기도 했다. 그러나 지금 비트코인은 그 위상과 가치가 몰라보게 달라졌다. 우리가 비트코인을 처음 받아들일 때, 디지털 금융에 대한 이해가 시작된다.

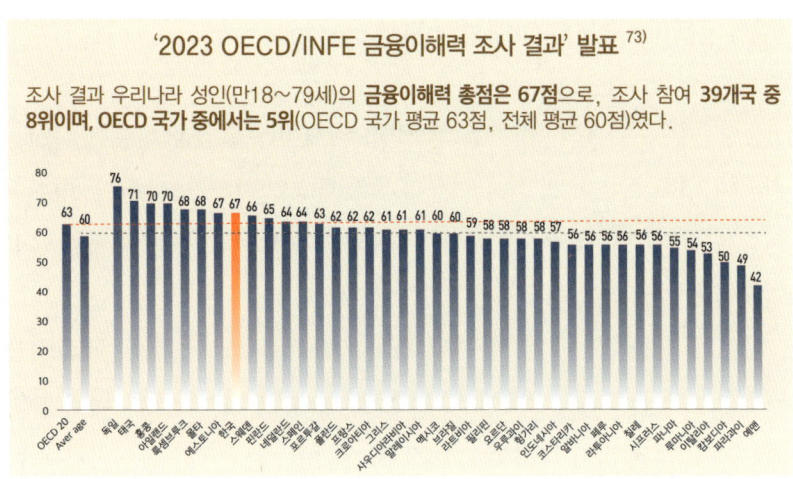

73) 출처: 금융감독원

02 디지털 금융이해력을 키우는 방법

디지털 금융이해력[74]은 지금 내 손에 있는 스마트폰으로 얼마나 은행 어플리케이션을 잘 다루느냐에 따라 달라지는 게 아니다. 디지털 금융 서비스에 대한 기본적인 개념, 그리고 그에 대한 특징과 기능, 위험을 이해하는 것이다. 은행에서 기본적으로 제공하는 상품과 서비스는 물론, 디지털 결제와 인터넷 뱅킹 상품 비교, 나아가 보험이나 연금 그리고 P2P 대출 등을 모두 이해해야 한다. 그리고 이를 바탕으로 개인이 필요한 경제 활동을 스스로 선택해야 한다.

당신의 스마트폰에는 수많은 은행 어플리케이션이 설치되어 있을 것이다. 그 많은 은행 어플리케이션 중에서 당신은 어떤 서비스를 가장 많이 활용하는가. 송금 서비스? 각 은행에서 소개하는 투자 상품? 아니면 디지털화폐의 흐름에 대한 이해와 그에 대한 투자? 그것이 무엇이든 이제 디지털 금융을 이해하는 자세가 반드시 필요하다. 디지털 경제가 보다 더 광범위한 범위로 나아가는 지금, 여전히 당신이 은행에 가서 대출 상담을 받는다면, 아니면 은행 어플리케이션의 가장 기본적인 서비스만 이용한다면 바로 지금이 디지털 금융이해력을 높여야 할 때다. 그리고 디지털 금융에 대한 이해도가 일정 수준에 이르렀을 때, 비로소 비트코인의 진정한 가치도 이해할 수 있을 것이다.

---

74) 디지털 금융이해력(Digital Financial Literacy)은 금융이해력(Financial Literacy), 금융역량(Financial Capability), 그리고 디지털이해력(Digital Literacy)을 아우르는 개념으로, 개인이 디지털 금융서비스(Digital Financial Service)를 잘 사용함으로써 개인의 금융복지(Financial Well-being)를 달성할 수 있도록 하는 역량이자 이해력이다. 디지털 금융이해력은 디지털 금융역량(Digital Financial Capability)으로 불리기도 한다. 디지털 금융이해력은 금융이해력과 디지털이해력이 조합된 개념이기는 하나, 단순히 두 개념의 합은 아니며 디지털 금융이해력만의 특성도 가지고 있다. [출처: 디지털 금융이해력의 정의-kiri.or.kr]

03 디지털 금융과 비트코인의 금융 포용성

당신이 디지털 금융을 이해하는 과정에서 반드시 마주치는 단어가 있다. 바로 금융 포용성이다. 은행 등 금융기관은 스마트폰 등을 통한 서비스를 고객에게 전달하기 위해 여러 노력을 기울인다. 그러나 결국 디지털의 흐름으로 인해서 기존 고객이나 이용자는 배제된다. 단순히 디지털 격차 때문만이 아니다. 금융기관은 디지털 서비스에 대한 배제를 해결하기 위해 여러 노력을 기울이지만, 어쩔 수 없이 나타나는 한계가 있다. 스마트폰을 소지하지 않는 사람, 디지털 금융이해력이 낮은 사람, 그것도 아니면 아예 관심이 없는 사람 등등 다양한 사람들이 나타나기 때문이다. 그리고 이를 해결하기 위해 금융 포용성이 등장한다.

비트코인은 기존 금융기관이 가지지 못한 금융 포용성을 지닌 상징이다. 수많은 은행이 기존 금융 서비스에 더 많은 사람들을 끌어들이기 위해 노력했지만, 근본적인 한계에 마주칠 수밖에 없었다. 그러나 비트코인은 스마트폰을 소지한 모든 이들에게 다가가는 포용성을 제공한다는 점에서 근본적으로 다른 방향을 제시한다. 궁극적으로 비트코인은 기존 금융기관이 이루지 못한 진정한 포용성을 실현시킨다.

경제학계에서는 금융 포용성을 경제 변화 및 성장을 앞당기는 필수 요인으로 평가한다. 누구나 모바일 지갑 하나만 있으면 비트코인을 소유하고 전 세계 누구와도 거래가 가능하니, 지금까지 보지

한국 금융 포용성 지수 순위 추이 [75]

	2022	2023	2024
금융 포용성 지수 종합순위	27위	13위	3위

---

[75] 출처: 프린시플 파이낸셜 글로벌 금융 포용성 지수(Global Financial Inclusion Index)

못한 디지털 금융 포용력을 가지고 있다. 물론 비트코인이 진정으로 금융 포용성을 지니기 위해서는 아직 많은 과제가 남아 있다.

그럼에도 불구하고 비트코인이 제시하는 방향은 기존 금융기관이 해결하지 못한 포용성을 실제로 구현해낼 잠재력을 포함하고 있다. 향후 국제기구와 국가, 민간 기업, 그리고 지역 커뮤니티가 협력한다면 글로벌 탈중앙 화폐 포용 연합 같은 다자간 기구를 형성할 수도 있다. 이 기구는 각국의 규제와 인프라 기준을 공유하고, 기술 및 교육 그리고 자금 지원을 통해 디지털 금융을 세계적으로 공유하는 과정을 이룰 수 있다. 여기서 비트코인이 안정적으로 도입된다면 새로운 포용성이 나타나지 않을까 기대해 본다.

Park's 조언

디지털 경제가 당신 앞에 나타났다. 당신은 이제 디지털 금융 이해력을 높여 디지털 경제를 받아들여야 한다. 그리고 이를 통해서 비트코인의 가치, 특히 금융 포용성을 이해해야 한다. 당신이 금융 포용성을 받아들이는 순간, 거대한 포용 체계를 이루는 공동 주체가 될 것이다.

SECTION 4
비트코인과 미래 경제의 비전
(비트코인이 제시하는 거대한 전환점)

미래로 향하는 디지털 경제는 과연 어떤 비전을 지니고 있을까? 법정화폐와 이를 형성하는 중앙화 구조의 문제를 반복하지 않기 위해서는 새로운 전환점을 지니고, 이에 대한 비전을 제시해야 한다. '새로운 비전은 없는가?'라는 근본적 물음이 여전히 논쟁적으로 나타나고 있는 이유는, 아직 미래 경제에 대한 만족스러운 비전을 제대로 구축하지 못하였기 때문일 것이다. 그래서 우리는 비트코인이라는 비전에 주목해야 한다.

01 불확실성에 대응하는 비전

지금 우리 사회에서 가장 큰 화두 중 하나가 불확실성이다. 인간은 누구나 예측 불가능이 내포한 불안과 공포를 기피했다. 그것이 자의든 타의든 어떠한 방식으로 나타났을 때 우리는 이에 대처하려고 노력했다. 또한 아예 그런 상황이 발생하지 않도록 예방했다. 우리가 지금 사회에서 지속 가능성을 논의하는 이유도 향후 미래가 어떻게 변할지 모르기 때문에 하나의 비전을 제시하는 것이다. 곧 지속 가능성은 불확실성을 예방하고 대응하는 하나의 방패다.

이제 미래 경제에 대해 알아보자. 앞으로 디지털 경제가 점점 활성화되는 시점에서, 금융기관은 다양한 정책을 통해 새로운 변화에 대응하기 위한 나름의 비전을 제시하고 있다. 디지털 경제의 다양화, 다각화를 이해하고 이에 상호작용하는 모델 구축, 디지털 공간에서 다수의 이용자가 서비스를 공유할 수 있는 인프라 설립, 그리고 기존 시스템의 분업화를 통한 차별화 방안 성립 등이 대표적이다. 그러나 이러한 비전은 결국 기존의 방향과 목적을 내포하고 있다는 점에서 답습에 불과하다.

비전은 혁신을 동반하고, 기존 시스템을 흔들 정도로 강력한 영향력을 동반해야 한다. 그리하여 불확실성을 줄이고 향후 미래를 개척할 수 있다는 믿음을 사람들에게 전달해야 한다. 따라서 비트코인이 미래 경제에 담아내는 비전에 주목해야 한다. 이미 글로벌 자산으로 인정받은 비트코인은 안정성과 포용성, 대중성을 확보한 만큼 미래로 나아가기 위한 움직임을 시도할 것이다. 미래 경제의 흐름에서 비트코인은 복합적인 역할을 수행하고, 사람들에게 새로운 비전을 제시할 것이다. 이러한 비전을 긍정적으로 보는 전문가들은 '2028년이면 비트코인 인프라가 지금의 신용카드처럼 광범위하게 채택될 것'이라는 전망을 내놓기도 한다.

02 다양화와 다각화라는 기회

미래에 금융과 경제를 담당하는 기관은 어디일까. 아마 은행은 다양한 기관 중 하나에 불과할 것이다. 이미 핀테크 기업들이 금융과 경제 서비스를 속속 담당하면서 기존 은행의 역할과 기능을 차지하고 있다. 금융기관과 비금융기관의 경쟁은 이미 시작됐고, 향후 미래에는 더 많은 경쟁과 협력이 이어질 전망이다. 혹시 아는가. 다음에는 전혀 새로운 기관이 금융 서비스를 제공지도 모를 일이다.

이제 미래 경제는 다양화와 다각화가 이루어질 것이다. 금융과 경제를 다양한 기관이 담당하면서 소비자는 자신의 선택에 따라 서비스를 얻을 수 있다. 중요한 것은 서비스를 전달하는 주체가 아니다. 그 서비스를 이용하는 당신이다. 그러니 금융기관, 비금융기관, 그리고 제3의 기관은 미래 경제를 위해 촉각을 곤두세울 것이며, 그만큼 경제의 다양화를 이룰 것이다. 여기에 현실의 서비스와 디지털 서비스가 혼합되면서 복합적인 과정이 나타나게 된다. 어느 쪽이든 금융과 경제는 신속하게 디지털화되고, 이 과정에서 플랫폼이나 커뮤니티 활성화를 통한 모델의 다각화를 이룰 것이다. 기존의 모델로는 이용자를 확보할 수 없으므로 개방형 체제로 전환하는 전략도 추구할 수 있다.

고로 미래 경제는 특정 기관이 중심을 잡는 환경이 아니다. 특히 디지털 경제로의 전환 이후에는 말이다. 그러므로 디지털화폐, 특히 비트코인이 지닌 투명성과 확장성에 주목해야 한다. 우리는 비트코인이 분산 네트워크로 운영되고 있다는 사실을 알고 있다. 이는 미래 경제의 다양화와 다각화를 연결하는 핵심으로 거듭날 것이다.

03 비트코인이 여는 미래 경제 비전

이제 비트코인은 불확실성을 타파하는 강력한 영향력을 끼칠 것이다. 다양해지고 다각화되는 미래 경제에서 한 축을 담당하며, 제3의 선택을 통해서 우리는 미래 경제의 새로운 물결을 보게 될 것이다. 모두가 공정하고 수평적이며, 함께 협력하고 협업해 새로운 가치를 추구하는 비전. 이것이 비트코인의 비전에 열광하는 이들이 많은 까닭이다.

이러한 비전을 만드는 과정은 여전히 험난하다. 그러나 디지털 경제의 가속화가 이루어지는 동안 고난은 빠르게 해결될 것이다. 비트코인을 필요로 하는 이들이 적지 않고, 비트코인 또한 다양한 기술의 접목을 통해서 점차 비전을 강화하고 있기 때문이다. 비트코인의 비전은 이미 일부 국가와 기업의 사례, 글로벌 기관들의 제도화 노력, 다양한 학술 논문에서 힘을 얻고 있다. 투기나 투자로만 그치지 않고 새로운 경제 질서로서 비트코인이 열어갈 길을 확인하자. 수많은 도전을 수반하겠지만 그 결과는 장밋빛일 것이다. 그리고 그 도전 속에서 인류는 한 단계 더 진화한 금융 생태계를 맞이할 수 있다.

Park's 조언

비트코인의 비전은 기존 금융기관, 그리고 그들과 대립 또는 협력하는 비금융기관이 제시하지 못한 새로운 가능성이다. 불확실성을 극복하며 다양화와 다각화를 이룰 미래 경제에서 비트코인의 역할은 누구도 예측하기 힘들다. 그러나 이 예측 불가능함은 불안이 아닌 희망이 될 것이다. 그리고 진정한 미래 경제의 비전으로 완성될 때, 당신은 새로운 경제 질서를 맞이할 것이다.

4부

비트코인 채굴 산업
(클라우드 마이닝) -
지속 가능성에서 찾은 미래 혁신

BITCOIN

Chapter 12
경제적 측면
(Economic Aspect)

비트코인
문명의
개척자들

SECTION 1
비트코인 채굴의 경제성

미래에는 새로운 기술 접목 및 친환경 에너지 활용이 보편화되겠지만, 여전히 비트코인 채굴에는 막대한 전기료와 장비 투자가 수반된다. 그리고 이러한 요소는 채굴 비용이나 채산성(또는 수익성)을 결정짓는다. 여기에 채굴 시장이 점차 산업화, 규모화를 이루면서 이제는 개인 채굴자와 대형 채굴 기업 간의 경쟁 구도가 형성되고 있다. 채굴 기업의 전략, 투자자들의 관심사, 지역 경제와의 상호작용 등을 폭넓게 아울러 경제적 측면에서 다음과 같은 질문들을 살펴볼 필요가 있다.

01 비트코인 채굴의 구조와 운용

현재 비트코인 한 개를 채굴하는 데 소요되는 평균 비용은 어느 정도인가? 그리고 전기료와 장비 가격 변동이 채굴자의 채산성에 어떤 영향을 미치고 있을까?

2025년을 기준으로 비트코인 한 개를 채굴하는 데 드는 비용은 약 70,000달러로 추정된다.[76] 이 비용은 전력 가격, 채굴 난이도, 장비 효율성 등에 따라 상당한 차이가 있다. 예를 들어, 전력 비용이 저렴한 국가에서는 그보다 낮은 가격으로 채굴이 가능하나 전력 비용이 많이 드는 지역에서는 훨씬 더 비싼 비용이 소요된다. 전력은 채굴에서 가장 중

---

76) 참조: 블록미디어, https://www.blockmedia.co.kr/archives/841455

요한 요소여서, 일부 국가는 전력 사용을 줄이기 위해 대체적인 마이닝 모델을 도입하고 있다. 클라우드 마이닝과 모바일 마이닝 같은 분산형 채굴 모델이 등장하면서, 소규모 투자자들도 네트워크 보안과 운영에 기여할 수 있는 길이 열리고 있다. 이는 개별 채굴자들이 고가의 채굴 장비를 구매하지 않고도 안정적인 수익을 기대할 기회를 제공한다.

채굴 장비의 성능 또한 채굴의 경제성을 결정짓는 중요한 요소다. 채굴 장비의 기능은 점차 발전하고 있는데, 최신 ASIC 장비는 구형 장비보다 전력당 연산 효율이 약 30~50% 개선되었다. 즉, 같은 전력을 사용해도 최신 장비가 더 많은 비트코인을 채굴할 수 있다. 이에 따라 기존 채굴자들은 최신 장비로 업그레이드하지 않으면 채굴 경쟁에서 밀려나는 구조가 형성되고 있다. 채굴 난이도가 높아질수록 연산력 경쟁은 더욱 치열해지며, 지속적인 하드웨어 업그레이드가 필요하다.

비트코인 네트워크의 채굴 난이도는 10분마다 새로운 블록을 생성하도록 조정되며, 해시레이트가 증가할수록 채굴 경쟁이 심화된다. 2024년 말을 기준으로 비트코인 채굴 난이도는 사상 처음 100조 해시레이트

---

77) 출처: https://img1.daumcdn.net/thumb/R800x0/?scode=mtistory2&fname=https:%2F%2Fblog.kakaocdn.net%2Fdn%2FCjiM0%2FbtsK1SXEc96%2F6gkyNl3o0m0vukB7JB3XV1%2Fimg.png

를 돌파했다. 이는 곧 개별 채굴자가 동일한 비트코인을 얻기 위해 이전보다 더 높은 연산력과 전력을 투입해야 한다는 뜻이다.

02 비트코인 채굴에 대한 인식

비트코인 채굴의 채산성을 결정짓는 요소로 정부 규제 역시 무시할 수 없다. 2024년부터 유럽연합과 일부 국가들은 채굴장의 탄소 배출량을 제한하는 정책을 시행했다. 일부 국가는 아예 채굴 금지를 검토하고 있다. 그러나 엘살바도르와 같은 국가는 오히려 화산 에너지를 이용한 친환경 채굴 정책을 추진하면서, 채굴을 국가 경제 성장의 주요 요소로 삼고 있다.

이처럼 일부 지역이나 국가에서 비트코인 채굴 관련 정책을 어떻게 추진하느냐에 따라서 채굴 산업에 직접적인 영향을 나타낼 수 있다. 이미 중국에서는 2021년 비트코인 채굴을 전면 금지하면서, 채굴업체가 인근 지역은 물론 캐나다나 미국으로 이동하였던 사례에 대해 주목해 볼 만하다. 세계 각국의 정치적, 환경적 정책은 채굴의 경제적 요인은 물론 채굴의 미래까지 결정지을 수 있다.

기존의 대형 채굴장은 막대한 초기 투자 비용과 운영비용이 필요하지만, 클라우드 마이닝은 더 많은 개인이 채굴에 참여할 수 있도록 돕는다. **클라우드 마이닝은 특정 기업이 대신 채굴을 수행하고, 투자자는 일정 금액을 지불하여 채굴 수익을 배분받는 방식**이다. 이 모델은 개인 투자자의 진입 장벽을 낮추는 요인으로 작용한다. 그 결과 다수의 투자자가 채굴에 참여함으로써 산업 구조의 탈중앙화를 강화한다.

다수의 기업이 개별 채굴자 및 투자자를 확보하기 편한 클라우드 마이닝 전략을 선호하며, 이를 적극적으로 받아들이고 있다. 문제는 클라우드 마이닝까지 기업이 장악할 경우 다시 중앙화된 권력을 형성할 수 있다는 점이다. 중앙화된 구조에서 벗어나기 위해 비트코인 네트워크를 선택했는데, 채굴 과정이 다시 중앙화된 구조를 이룬다면 과연 누가 이를 선호할까. 이에 많은 전문가들이 스마트 계약 기반의 탈중앙화 채굴 모델을 연구, 개발하고 있다. 만약 당신이 비트코인 채굴에 관심이 있다면, 클라우드 마이닝을 기반으로 한 모델 연구를 진행할 필요가 있다. 또한 P2P 기반의 연산력 공유 시스템을 논의해야 할 것이다.

Park's 조언

비트코인 채굴은 법정화폐에서 디지털화폐로의 전환이자, 디지털 자산 규모를 확장하는 시도다. 그리고 전력과 기술, 글로벌 정책이 맞물린 복합적 구조다. 이 안에서 채굴자는 미래 금융 질서를 개척하는 존재다. 법정화폐 시대가 저물어 가면서, 채굴자들은 비트코인을 통해 새로운 금융 시스템의 중심에 서게 될 것이다. 채굴 비용과 기술 경쟁을 넘어, 탈중앙화된 금융 시스템을 구축할 주역이 누구인지 생각해 볼 필요가 있다.

SECTION 2
반감기와 수익성

비트코인 채굴을 지속하기 위해서는 언제나 시대에 맞는 새로운 전략을 추구해야 한다. 특히 2024년은 비트코인 투자자나 채굴자에게 상당히 중요한 시기였다. 반감기를 지나며 채굴자의 블록 보상이 그만큼 줄어들었기 때문이다. 수익성을 유지하려면 새로운 전략을 모색할 수밖에 없었다. 그들은 과연 어떻게 수익을 보장받았는지, 향후 대책은 다시 어떻게 이루어지는지 살펴볼 필요가 있다.

01 2024년 반감기 이후 채굴 산업의 변화

비트코인 반감기는 무엇인가? 이는 4년마다 또는 채굴한 블록의 수가 210,000개가 될 때마다 비트코인 거래의 채굴 보상이 절반으로 줄어드는 것을 뜻한다. 이는 사토시 나카모토가 처음부터 프로그래밍한 것이었다. 반감기는 새로운 비트코인을 생성하는 속도를 줄여, 최대 공급 한도에 접근해 희소성을 증가시킨다. 그로인해 비트코인 가치 상승에 도움을 준다.

2024년 4월에 비트코인 반감기가 나타나면서, **블록 보상은 기존 6.25 BTC에서 3.125 BTC로** 감소했다. 이제 채굴자는 같은 비용으로 얻을 수 있는 비트코인이 절반으로 떨어졌다. 즉, 채굴자의 기본 수익 구조가 변화했다는 의미다. 그러므로 채굴자는 새로운 수익 모델을 모색해 이를 실천해야 한다. 그러나 그저 좋은 장비를 들이고 전력을 원만하게 공급하는 방식만 고수하면 안 된다. 좋은 장비와 전력 공급은 손실 또한 그만큼 커지기 때문이다. 그러므로 채굴자는 채산성에 직접 영향을 끼칠 수 있는 여러 방안을 실천해야 한다. 가령 거래 수수료 증가, 에너지 비용 절감, 채굴 장비의 효율성 향상이 대표적인 전략이다. 특히 전력 사용의 최적화와 에너지 비용 절감이 필수다.

반감기 이후 비트코인 채굴 경쟁은 더욱 치열해졌다. 최신 장비를 도입하여 연산 효율을 개선한다는 건, 결국 기존 채굴자에게 지속적인 장비 향상을 강요하는 것을 뜻한다. 대형 채굴 기업은 자본력으로 버틸 수 있으나, 그렇지 못한 채굴자는 경쟁에서 밀릴 수밖에 없다. 그러면 채굴 산업은 점점 자본력이 있는 기업만 독점할 수밖에 없다. 산업이나 경쟁이 제대로 이루어지지 않는다면 결국 일부 기업이 독과점을 이루고, 그 피해는 고스란히 이용자나 투자자에게 전달된다. 그러니 채굴업자는 재생에너지를 적극적으로 도입하는 등 비용 절감을 시도한다. 소규모 채굴 업체 또는 개별 채굴업자들은 이러한 문제에 대응하기 위해 다양한 노력을 시도하고 있다.

비용을 낮추는 것은 산업 운영에서 가장 기본적인 전략이다. 이익, 곧 보상이 줄어들었으므로 비용을 줄여 문제에 대처해야 한다. 그러나 기본 수익의 증가 또한 필요하다. 그래서 채굴자들은 새로운 수익으로 거래 수수료 증가를 선택하였다. 실제로 2024년 반감기 이후, 비트코인 네트워크에서 거래량이 증가하며 평균 거래 수수료 또한 상승하였다. 이러한 전략은 채굴자에게 보상 감소 문제를 상쇄시킬 기회를 제공하였으나, 거래자 또는 이용자에게는 비용 부담을 안겨주는 문제로 작용하였다.

지금 특히 주목해야 하는 부분은 바로 확장성 솔루션의 발전이다. 특히 라이트닝 네트워크 등이 발전하면서 기존 온체인 거래의 일부가 오프체인으로 이동했고, 채굴자의 직접적인 수익 기회가 변화하고 있다. 이러한 변화는 채굴자가 수수료에 의존하지 않고, 다른 수익을 낼 수 있는 돌파구가 된다. 따라서 온체인 거래의 전환 등 다양한 수익 모델을 개발할 때 반감기 이후 발생하는 여파에 대응할 수 있을 것이다.

02 채굴의 지속 가능성

2024년 반감기에 영향을 받은 대상은 채굴업체나 투자자뿐이 아니었다. 반감기 이후 각국 정부 또한 비트코인 채굴에 대한 입장이 변모하였다. 엘살바도르처럼 친환경 채굴 정책을 추진하는 비트코인 옹호 국가가 아니라면, 대부분은 비트코인 반감기에 부정적인 모습을 보인다. 반감기가 되면서 더 많은 자본이 비트코인 네트워크에 집중되니, 이를 규제할 방안을 모색하고 있다.

이미 다수의 국가가 반감기를 예로 들며, 비트코인 네트워크의 한계를 지적한다. 그러나 미국이나 영국 등 세계에서 가장 많이 비트코인을 보유한 국가에서는 오히려 비트코인 반감기를 일시적인 현상이자, 안전성을 다지기 위한 흐름으로 인식하고 있다. 실제로 반감기 이후 비트코인은 2024년 12월까지 약 129% 정도 상승했고, 트럼프 당선 이후에는 비트코인 랠리가 지속되고 있다. 정부 정책이 채굴자의 수익성이나 지속 가능성에 상당한 영향을 끼치고 있다는 점을 알 수 있다.

그런데 채굴업체가 취할 수 있는 전략이 수수료 전환이나 비용 절감뿐일까. 아직 클라우드 마이닝이 있다. 그저 투자 비용, 운영비용을 절감하는 선에서 그치지 않고 새로운 투자자를 이끄는 방안을 선택하는 것이 유용할 것이다. 클라우드 마이닝은 지역, 국가를 막론하고 다양한 투자자를 끌어들일 수 있다는 점에서 지금의 상황에 대처할 수 있는 최선의 방식이다.

클라우드 마이닝의 장점

접근성	◉ 기술에 대한 이해도나 지식이 없어도 채굴 가능 ◉ 해시 파워를 구입하여 이용료만 내면 이후 업체에서 채굴 전반을 담당
진입 비용 낮음	◉ 채굴 장비를 구매하고 유지하는데 필요한 사전 투자하지 않아도 됨 ◉ 장비에 대한 공간적 제약 없고, 전기세나 장비 수리비 등의 부담 없음
간편성	◉ 채굴 하드웨어 오류 해결 및 성능 최적화 등의 기술적 유지 관리 불필요 ◉ 채굴을 금지한 일부 국가에서 원격 채굴이 가능

Park's 조언

비트코인 채굴은 반감기 이후 급격한 변화를 겪고 있다. 블록 보상이 줄어들면서 이 상황에 대처할 방안과 전략을 형성하고 있다. 투자 비용과 운용비용에 대한 변화가 급선무이지만, 결국 클라우드 마이닝으로 더 많은 투자자를 확보할 때 변화에 대응할 수 있을 것이다. 그리고 이 기회를 통해 비트코인 채굴에 동참하는 이들은 새로운 변화를 함께 나아갈 개척자로 평가받을 것이다.

SECTION 3
산업화와 규모의 경제

불과 몇 년 전까지만 해도 비트코인 채굴 산업은 개인 중심 구조였다. 그러나 빠르게 거대 자본이 축적되고 있으며 첨단 기술이 주도하는 산업으로 변모하고 있다. 특히 2024년 이후 미국을 중심으로 대형 채굴 기업들이 빠르게 성장해 채굴 단가를 낮추고 있다. 문제는 대형 기업이 차지하는 해시레이트가 급격히 증가하면서 채굴 산업의 탈중앙화 원칙이 위협받고 있는 점이다. 이에 새로운 기술과 전략이 등장하면서 개인 채굴자들에게 생존의 기회를 제공하고 있다.

01 채굴 산업의 대형화와 개인 채굴자의 생존 전략

수익이 일정하게 보장되면 너나 할 것 없이 시장에 뛰어든다. 기회와 가능성이 개방된 영역이라면 더욱 그렇다. 비트코인 채굴도 마찬가지다. 과거에는 개인이 단독으로 비트코인을 채굴하였지만, 이제 그러한 흐름은 소수에 불과하다. 현대 막대한 자본과 효율적인 전력 관리가 가능한 대형 채굴 기업이 속속 시장에서 점유율을 확대하고 있다. 바야흐로 비트코인 채굴의 산업화가 진행되고 있다.

매러선 디지털 홀딩스, 라이엇 플랫폼, 그리고 클린스 파크. 혹시 당신은 이 이름들을 들어 본 적이 있는가? 비트코인 채굴에 조금이라도 관심이 있는 사람이라면 알겠지만, 대다수 사람에게는 생소한 기업일 것이다. 이들은 비트코인 채굴을 선도하고 있는 세계적인 채굴 기업들이다.

비트코인 네트워크에서 이 기업들이 지닌 영향력은 어마어마하다.

전 세계 비트코인 채굴기업 시가총액(시총) 순위 (2022년 기준) [78]

순위	이름	시가 총액	본사
1	라이엇 블록체인 (Riot Blockchain)	$3.13 B (약 4조)	미국
2	매러선 디지털 홀딩스 (Marathon Digital Holdings)	$2.71 B (약 3.46조)	미국
3	사이퍼 마이닝 (Cipher Mining)	$0.87 B (약 1.11조)	미국
4	헛 8 마이닝 (Hut 8 Mining)	$0.73 B (약 9,333억)	캐나다
5	테라울프 (TeraWulf)	$0.70 B (약 8,949억)	미국
6	카난 (Canaan)	$0.54 B (약 6,903억)	중국
7	하이브 디지털 테크놀로지스 (HIVE Digital Technologies)	$0.42 B (약 5,369억)	캐나다
8	비트팜즈 (Bitfarms)	$0.42 B (약 5,369억)	캐나다
9	아이리스 에너지 (Iris Energy)	$0.34 B (약 4,346억)	호주
10	비트 디지털 (Bit Digital)	$0.32 B (약 4,091억)	미국

 지금 비트코인 채굴 기업들의 규모는 세계적으로 400억 달러에 이른다. 그리고 대부분 앞서 말한 대형 채굴 기업의 영향력으로 이루어졌다. 이들은 미국 텍사스와 켄터키 같은 지역에서 대규모 채굴장을 형성하고, 풍력과 태양광을 활용한 친환경 채굴을 진행하고 있다. 글로벌 채굴 기업들은 대량의 전력을 저렴한 가격에 확보할 수 있으며, 최신 장비를 통해 채굴 효율을 극대화하고 있다. 자본과 기술로 무장한 기업이 시장에 들어오면서 개개인의 영향력은 급격히 줄어들고 있다.

 하나의 시장이 형성되고, 그 안에서 규모가 큰 기업이 점유율을 높이는 것은 어느 시장에서나 나타나는 현상이다. 그렇다고 개인 채굴자의 지속적인 수익 창출이 어려워지는 상황까지 그냥 보고 있을 수는 없는 노릇이

---

78) 출처: 매거진K,https://magazine-k.tistory.com/1955

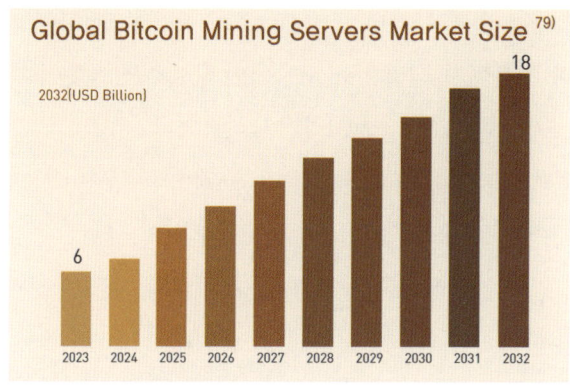

다. 그들에게는 여전히 기회가 존재한다. 클라우드 마이닝으로 하나의 거대한 협력체를 이룬다면, 개인들 또한 대형 채굴 기업 못지않게 수익을 창출할 수 있다. 오히려 기업보다 더 큰 잠재력을 지녔다는 점에서 산업화의 변화를 도모할 수도 있다.

02 채굴 산업화의 장점과 문제점

산업화는 의미 그대로 산업이 형성 및 확대되는 현상을 의미한다. 이때 가장 중요한 것이 바로 기술이다. 기술의 발달 정도는 시장 형성과 산업 발달에 큰 영향을 끼친다. 산업화를 이룰 만큼 기술이 발전하기 위해서는 다수의 참여자, 곧 개인이나 기업이 활동해야 한다. 또한 일정한 자본이 흐르면서 수익을 창출할 수 있어야 한다. 이제 비트코인 채굴도 개개인이 활동하였던 영역에서 벗어나 기술 발달을 통해 기업이 활동하게 되었으니, 비트코인 채굴이 산업화를 이루었다고 평가할 수 있다.

---

79) 출처: Business Research INSIGHTS, 비트코인 마이닝 서버 시장 규모. 점유율, 성장 및 산업 분석에 의한(하드웨어, 소프트웨어) 응용 프로그램(에너지, 은행, 금융 서비스 및 보험(BFSI), 기타 지역 통찰력 및 2032년 예측

산업화가 진행되면 가장 먼저 단가가 낮아진다. 과거엔 가내수공업으로 제작하였던 상품이 공장에서 대량으로 생산되면서 자연스레 단가가 낮아졌다. 이는 비트코인 채굴도 마찬가지다. 자본을 지닌 기업이 대량으로 장비를 운용하면서 비트코인을 채굴하니 점차 단가가 낮아졌다. 고도의 운용 효율성을 통해 비용을 절감한 것이다. 거기에 비트코인 네트워크 보안까지 강화되면서 안정성도 증가하였다. 이제 대형 채굴 기업은 지속 가능한 모델을 구축하기 위한 전략을 구성하고 있다.

하지만 우리는 비트코인의 근본 철학에 대해 고민해야 한다. 대형 채굴 기업을 위주로 산업화가 이루어지면, 기존의 현실과 무엇이 다르겠는가. 그렇게 되면 탈중앙화 원칙이 위협받을 수 있다. 결국 검열 저항성과 분담 시스템이라는 비트코인의 핵심 가치가 훼손될 위험이 높다. 이에 대형 채굴 기업은 경제 활성화와 일자리 창출을 약속하였지만, 그것이 기대만큼 이루어지지 않고 있다.

물론 비트코인 채굴의 산업화는 필연적인 흐름이다. 일부 개인들이 나름의 기술과 자본을 확보하여 채굴 시장에서 경쟁력을 유지하고 있지만 장기적으로 볼 때 대형 채굴 기업의 채굴 산업은 지속적으로 확대될 가능성이 크다. 이를 해결하기 위해 일부 채굴 구조를 탈중앙화 구조로 유지하려고 시도하면서, 스마트 계약 기반의 운용 모델이 등장하고 있다. 이들은 개인 채굴자들이 대기업과 경쟁할 수 있도록 기술적 지원을 제공하고, 네트워크 분산화를 촉진하는 방향으로 나아가고 있다. 궁극적으로는 개개인이 참여하는 클라우드 마이닝 모델을 형성해야 비트코인 채굴 산업에서 생존할 수 있다. 나아가 개인들이 기업과 공존할 방안을 마련할 수 있다.

실제로 일부 국가는 개인 채굴을 지원하는 정책을 도입하여 지나친 채굴 집중화를 방지하려 하고 있다. 예를 들어 카자흐스탄과 캐나다의 일부 지역에서는 개인 채굴자들이 낮은 전력 비용으로 채굴할 수 있도록 정부 차원의 인프라 지원을 확대하고 있다. 그리고 이를 통해 소규모 채굴자들도 채굴 생태계에서 역할을 지속할 수 있도록 돕고 있다.

Park's 조언

비트코인 채굴의 산업화는 피할 수 없는 현실이며, 대형 채굴 기업들의 시장 지배는 시간문제일 것이다. 그렇기에 비트코인의 원칙, 곧 탈중앙화의 가치를 유지하려면 개인 채굴자들의 생존 전략이 필요하다. 다양한 모델 형성 및 공존을 위한 전략을 이룰 때, 개인 채굴자와 대형 기업이 공존할 수 있는 균형점을 형성할 것이다. 그것이 비트코인 네트워크의 지속 가능성을 결정짓는 핵심 요소가 된다.

SECTION 4
글로벌 시장 경쟁

비트코인 채굴 시장은 중국의 채굴 금지 이후 급격한 지각 변동을 겪고 있다. 미국과 중앙아시아 국가들이 해시레이트 점유율을 높이며 새로운 채굴 중심지로 떠올랐고, 대형 채굴 기업들의 투자가 집중되면서 산업의 구조가 더욱 대기업 중심으로 재편되고 있다. 하지만 이 변화는 단순한 지리적 이동이 아니라 글로벌 에너지 정책, 규제 환경, 그리고 경제적 요인들이 복합적으로 작용한 결과다. 향후 채굴 산업의 경쟁력은 친환경 에너지 활용, 법적 안정성, 그리고 효율적인 채굴 인프라 구축에 의해 결정될 것이다.

01 미국: 세계 최대 채굴 국가로의 부상

코로나19 팬데믹 이전까지, 비트코인 관련 산업을 주도했던 국가는 중국이라고 해도 과언이 아니었다. 그만큼 중국에서 비트코인 채굴을 금지하였다는 사실은 모든 이들에게 상당히 충격적인 일이다. 비트코인 채굴 산업을 선도하였던 중국이 이제 비트코인과 관련한 모든 것을 단속하니, 채굴업자는 물론 투자자는 새로운 지역을 찾아야 했다. 그중 하나가 바로 미국이다.

미국은 풍부한 에너지 자원, 다른 나라와 비교하기 어려울 정도로 안정적인 규제 환경을 통해 비트코인 채굴 최대 국가로 올라서게 되었다. 2025년 3월까지 미국의 해시레이트 점유율은 세계적으로 약 40%를 돌파하며 시장의 지배력을 강화했다. 이 수치는 채굴 기업만 해당하고, 마이너맥(TheMinerMag)의 보고서에 따르면 소형 채굴자와 개인 채굴업자도 전체 블록의 37.84%를 생성하고 있어 이를 합치면 더욱 늘어날 수 있다.

미국이 비트코인 채굴 최대 국가로 도약하면서, 대형 채굴 기업 또한 급속하게 성장하고 있다. 이들 기업은 대규모 채굴 인프라를 강화하는 한편, 재생에너지를 활용한 채굴 기술을 적극적으로 도입하고 있다. 여기에 트럼프 행정부 또한 비트코인에 긍정적인 태도를 보이면서, 미국 내 비트코인 채굴업체[80]의 활동은 더 확장될 것으로 전망한다.

모든 산업이 초강대국으로만 이루어지는 것은 아니다. 중앙아시아 국가들에서도 비트코인 채굴 산업에 대한 관심이 상당히 높아졌다. 이들 국가는 저렴한 전력 비용과 지리적 이점을 지니고 있어 새로운 채굴 거점으로 주목받고 있다. 앞서 중국과 마찬가지로 세계적으로 높은 해시레이트 점유율을 차지하고 있는 국가인 카자흐스탄이 대표적이다. 다만 카자흐스탄은 물론 중앙아시아 국가들은 지속적인 전력 공급 문제와 정부의 규제 불확실성으로 인해서 장기적 채굴 허브로서의 안정성은 높지 않다고 볼 수 있다.

2024년 12월 기준에서 미국 다음으로 가장 많은 해시레이트 점유율을 차지한 러시아는, 천연가스를 활용한 채굴 기술을 도입하며 자체적인 채굴 산업 구조를 구축하려고 한다. 다만 우크라이나와의 전쟁이 아직 해결되지 않은 상태고, 유럽 국가들과의 갈등으로 인한 금융 시스템의 제약 때문에 아직 러시아로 기업이 진입하기에는 요원하다.

---

80) 미국 기반의 두 채굴 풀인 파운드리 USA(Foundry USA)와 마라 풀(MARA Pool)이 전체 채굴 블록의 38.5% 이상을 채굴한 것으로 전해졌다. [출처: 블록체인투데이(https://www.blockchaintoday.co.kr)]

02 글로벌 채굴 시장의 향후 전망

 현재 비트코인 채굴 산업은 세계적으로 관심을 받고 있다. 혹자는 새로운 블루오션으로 평가하기도 한다. 다만 글로벌 비트코인 채굴 시장에서 경쟁력을 갖추고 우위를 점하려면 안정적인 전력 공급과 친화적인 규제 및 제도, 지속 가능한 에너지를 활용할 수 있는 환경이 필요하다. 지금 미국이 큰 관심을 받는 이유는 바로 이러한 요소가 적절하게 나타나고 있기 때문이다. 하지만 에너지 비용 상승과 환경 규제 강화는 채굴 기업에 새로운 도전 과제가 될 것이다.
 한편 중앙아시아 국가에서 채굴 산업을 유지하기 위해서는 장기적 정책의 안정성과 인프라 구축이 필수적이다. 중앙아시아의 각국 정부가 비트코인 채굴에 관심을 기울이고 있으나, 그게 반드시 장밋빛 미래를 보장하는 것은 아니다. 과연 중앙아시아 국가들이 국가 경제 성장의 일부로 비트코인 채굴 산업을 편입할 수 있을지 여부를 통해서, 중앙아시아의 채굴 경쟁력이 결정될 것이다.
 세계 곳곳에서 비트코인 채굴 산업과 관련한 흐름이 나타나고 있는 상황에서, 기업들은 채굴 산업의 지속 가능성을 높이기 위해 다양한 방안을 모색하고 있다. 이미 기업들은 재생 가능한 에너지를 적극적으로 활용하는 한편, 탄소 배출 감소를 위한 기술 도입에 열을 내고 있다. 기업들은 우위를 점하기 위해 해시레이트를 최대한 많이 확보하려 하는데, 만약 이러한 현상이 유지될 경우 시장에서 기업의 영향력은 점차 공고해질 것이다. 그러나 일부 채굴업자들은 여기에서 벗어나 비트코인의 근본적 가치를 계속 유지하기 위해 노력하고 있다.
 잊지 말자. 비트코인이 지금까지 가치를 유지할 수 있었던 이유는 네트워크의 탈중앙화 덕분이다. 개인 채굴업자들이 기업의 활동에서 벗어나 자유로운 경제 활동을 유지하기 위해 노력했기에 비트코인 네트워크가 유지될 수 있다. 이제 채굴 집중화를 방지하는 움직임에 동참해 지속적인 탈중앙화 과정에 동참해야 할 것이다.

Park's 조언

비트코인 채굴의 글로벌 시장 경쟁은 이제 기업에서 국가 단위로 나타나고 있다. 미국과 러시아, 중국, 중앙아시아가 현재 주도권을 잡고 있다. 그러나 장기적인 승자는 지속 가능한 채굴 방식을 채택하고, 정부 규제에 유연하게 대응하는 국가와 기업이 될 것이다. 여기에 대형 채굴 기업의 활동은 물론 개인 채굴자들도 참여할 수 있는 구조가 지속해야 한다. 그래야 비트코인 채굴 산업의 지속적인 성장이 이루어질 수 있다.

SECTION 5
채굴 수익의 변동성

비트코인 채굴은 높은 변동성을 수반하는 산업이다. 비트코인의 가격이 급등하면 채굴 기업들은 보유한 자산의 평가이익을 기대할 수 있다. 그러나 반대로 가격이 급락하면 채굴 비용 대비 수익성이 떨어져서 생존 자체가 위협받을 수 있다. 이러한 극심한 변동성 속에서 채굴 기업들은 정교한 재무전략[81]을 통해 시장 변동성을 관리하고 있다. 비트코인 보유 전략과 즉시 매도 전략, 그리고 파생상품을 활용한 헷지(Hedge)[82] 전략까지, 채굴 기업들의 선택이 시장에 미치는 영향은 크다. 이는 향후 비트코인의 가격 안정성에도 중요한 요소로 작용할 것이다.

01 비트코인 가격 변동성과 채굴 기업의 대응 전략

비트코인 가격은 경제적 이슈나 정치적 논의가 나타날 때마다 바뀐다. 이러한 변동성은 채굴 기업의 재무 상태에 직접적인 영향을 끼친다. 그러므로 채굴 기업은 그들의 사업을 지속하기 위해, 그리고 생존하기 위해 전략을 다각화한다.

일부 기업은 비트코인을 채굴하는 즉시 매도해 운영 비용을 충당하는 방식, 곧 현금 흐름을 안정화하는 전략을 취한다. 이 전략은 가격 변

---

81) 예: 비트코인 보유 vs 즉시 매도
82) 상품의 가격 변동으로 인해 발생하는 리스크를 관리할 목적으로 사용하는 자산관리 방법

동성이 큰 환경에서 채굴 기업의 재무적 리스크를 최소화하는 데 유리하다. 반면 일부 기업들은 채굴한 비트코인을 장기간 보유한 뒤 점차 가격 상승을 기대하는 전략을 선택한다. 대표적인 사례로 마이크로스트래티지[83]가 있다. 이 기업은 지속적으로 비트코인을 매입하여 자산으로 쌓고 있다. 이는 비트코인의 장기적인 상승 가능성을 신뢰하는 방식으로, 단기적인 현금 흐름보다는 장기적인 자산 가치를 극대화하는 데 초점을 맞추고 있다.

다만 모든 기업이 이 두 가지 전략 중 하나만 선택하는 건 아니다. 대다수 기업은 즉시 매도 전략과 장기 보유 전략을 혼합하여 유동성을 유지한다. 왜냐하면 각 전략은 저마다 다른 장단점을 지니고 있기 때문이다. 그러면서 대체로 장기적인 가치 상승 기회를 놓치지 않는 방식을 유지하고 있다. 클린스파크[84]와 같은 대형 채굴 기업들은 일정 부분의 비트코인을 즉시 매도하여 운영 자금을 확보하고, 나머지는 보유하여 시장 상승을 기대하는 전략을 사용하고 있다.

이러한 전략은 채굴 기업들이 유동성을 확보하면서도 미래 시장 상승의 이점을 취할 수 있도록 돕는다. 이 전략을 적절하게 이루기 위해서는 시장 상황을 파악해야 한다. 상황이 어떻게 되느냐에 따라 매도와 보유 중 어느 한 쪽을 선택할지 판단할 수 있기 때문이다. 그래서 기업은 정교한 시장 분석을 통해 최적의 매도 및 보유 비율을 조정해야 한다.

---

83) 본래 마이크로스트래티지(MicroStrategy)라는 이름의 소프트웨어 서비스 기업이었으나, 비트코인 투자에 집중하면서 2025년 2월 회사명을 스트래티지로 바꾸는 리브랜딩을 단행했다. 2024년 말 도널드 트럼프 전 대통령이 당선을 확정지은 뒤 비트코인이 폭등하면서 회사의 주가도 덩달아 급등했다. 이 덕에 2024년 12월 13일 나스닥 100 지수에 공식적으로 편입되었다.

84) 채굴기업 클린스파크는 최근 미시시피에 있는 비트코인 채굴 시설 세 곳을 현금 1980만 달러에 매입했다. 이에 대해 클린스파크는 반감기를 앞두고 초당 2.4엑사해시(EH/s)로 채굴 용량을 늘렸다고 발표했다. 또, 이 기업은 조지아주 달튼에 건설 중인 채굴시설을 인수하는 계약을 체결했으며, 약 690만 달러를 추가로 투자해 채굴시설을 0.8 EH/s로 운영할 계획이다. [출처: https://kr.beincrypto.com/base-news/47640/]

02 파생상품을 활용한 리스크 관리

   기업들은 옵션과 선물 계약을 활용해 가격 변동성을 헷지(hedge)하는 방식을 택하고 있다. 이를 통해 예상하지 못한 가격 변동에 대응하며 수익성을 안정적으로 유지할 수 있다. 특히 대형 채굴 기업들은 비트코인 선물 시장을 활용하여 채굴한 비트코인의 미래 가격을 고정하여 가격 하락 리스크를 방어하고 있다. 이는 전통 금융 시장에서 원자재 기업들이 사용하는 헷지 전략과 유사하며, 채굴 기업의 재무 안정성을 높이는 데 기여했다. 궁극적으로 비트코인 시장의 장기적 성장에도 긍정적인 영향을 미친다.

비트코인 변동성 대응 전략 5가지, 급등락 속에서도 안정적으로 수익 내기 [85]

1. **포트폴리오 다각화**
   비트코인 외에도 다양한 자산에 투자하여 리스크를 분산시킵니다.

2. **분할 매수(DCA) 전략**
   정기적으로 일정 금액을 투자하여 평균 매입가를 안정화합니다.

3. **헷징(Hedging) 전략**
   선물 거래나 옵션을 활용하여 가격 하락 리스크를 줄입니다.

4. **기술적 분석과 트렌드 이해**
   차트 분석을 통해 시장 트렌드를 파악하고 적절한 매매 시점을 찾습니다.

5. **리스크 관리와 손절매 설정**
   미리 손실 한도를 정하고 손절매 라인을 설정하여 큰 손실을 방지합니다.

---

85) 출처: https://small-business.tistory.com/entry/비트코인-변동성-대응-전략-5가지-급등락-속에서도-안정적으로-수익-내기

이처럼 채굴 기업들의 전략은 비트코인 시장 전반에 큰 영향을 미친다. 기업들이 비트코인을 대량으로 보유할 경우, 시장 내 유통량이 감소하여 공급이 줄어드는데 이는 가격 상승 요인으로 작용할 수 있다. 반대로 기업들이 보유한 비트코인을 한꺼번에 매도하면 시장에 과도한 공급이 발생하여 가격 하락 압력이 증가할 수 있다. 특히, 대형 채굴 기업들이 보유 전략을 변경할 경우 시장 변동성이 더욱 심화될 가능성이 크다. 이에 따라 채굴 기업들은 시장에 미치는 영향을 최소화하기 위해 점진적인 매도 전략을 활용하거나 보유한 비트코인을 담보로 활용하여 현금 유동성을 조달하는 등의 방법을 검토하고 있다.

03 전통 금융권과 대형 투자자들의 채굴 산업 참여

전통 금융권과 대형 투자기업의 움직임이 심상치 않다. 최근 블랙록(BlackRock)[86] 등 글로벌 투자기업들은 매러선 디지털 홀딩스나 라이엇 플랫폼과 같은 대형 채굴 기업의 지분을 매입하면서 시장 영향력을 강화하고 있다. 대규모 자본 투자는 단기적인 이익 추구에 그치지 않고, 장기적으로 비트코인 네트워크 확장을 예상해 전략적으로 움직이는 것이라 해석할 수 있다. 가령, 클린스파크는 투자를 받은 덕분에 해시레이트를 두 배로 늘렸으며, 신재생에너지를 활용한 채굴 방식 도입에도 박차를 가하고 있다. 이처럼 대형 채굴 기업들은 투자를 통해 운영 비용을 감당하고, 안정적인 수익 모델을 구축한다.

---

[86] 1988년에 설립된 BlackRock은 처음에는 기업 위험 관리 및 채권 기관 자산 관리자였으며, 2024년 현재 11.5조 달러의 자산을 관리하는 세계 최대의 자산 관리자이다. [출처: 위키디피아]

우리도 기업별로 나타나는 이익에만 초점을 맞출 게 아니라, 채굴 산업의 지속적 성장에 주목해야 한다. 채굴 산업은 높은 초기 투자 비용과 지속적인 전력 관리 비용이 부담된다. 이때 외부에서 투자를 받아 자본이 유입한다면 기업 운영 안정성은 물론 시장 확장에 상당히 도움이 된다.

그러나 투자 유입이 반드시 성장으로 이어지는 것은 아니다. 비트코인의 가격 변동성이 높은 만큼, 채굴 기업들의 수익성도 크게 변동할 가능성이 있다. 2021년과 2022년의 상황을 되짚어보면, 당시 과도하게 확장 전략을 펼쳤던 일부 채굴 기업들은 시장 조정기에 심각한 타격을 입었다. 만약 비트코인 가격이 다시 조정된다면 과도한 투자와 레버리지 전략을 펼친 채굴 기업들은 심각한 재무적 위기에 직면할 수 있다. 실제로 일부 분석가들은 현재 채굴 산업 내 자본 유입이 다소 과잉되어 시장에 거품을 형성할 가능성이 있으며, 투자자들이 시장의 장기적인 지속 가능성을 충분히 고려해야 한다고 경고한다.

그럼에도 여전히 비트코인 가격에 대한 안정성, 그리고 낙관론은 존재한다. 이미 2025년 가격 예측에 대해, 월가의 거물들은 비트코인이 20만 달러까지 올라갈 수 있다고 발언하기도 했다. 그리고 많은 전문가들은 비트코인 자체도 중요하지만, 비트코인을 채굴하는 기업에 대한 투자를 권유한다. 금 대신 금을 캐는 곡괭이에 투자할 때 비로소 혜택을 얻을 수 있다는 말이다. 따라서 과열된 투자는 경계하면서도, 여전히 비트코인 채굴 기업에 관심을 기울일 필요가 있다.

미국 증시의 상승세 '코인 관련 종목' [87]

순위	기업명	분류	상승세
1	코인베이스 (COIN)	암호화폐 거래소	2023년 4분기 매출액이 9억 5379만 달러로 예상치인 8억 2236만 달러를 초과했다고 발표했다. 이 소식이 발표된 뒤 코인베이스(COIN) 주가는 11%가량 상승했다.
2	매러선디지털 (MARA)	비트코인 채굴 기업	2024년 2월 28일 연례 보고서에서 4분기 매출액이 1억 5680달러로 전문가 예상치 1억 4880달러를 상회했다고 밝혔다. 전문가들은 매러선디지털이 이 기간 채굴한 비트코인 56%를 매도해 매출액을 끌어올렸다고 말했다.
3	클린스파크 (CLSK)	비트코인 채굴 기업	2024년 3월 클린스파크(CLSK)의 최고가는 20.89달러로 한 달 동안 125% 상승했다. 클린스파크는 미시시피에 있는 채굴 시설 3개를 2000만 달러에 매입했고, 조지아에 또 다른 채굴장을 매입하기 위해 700만 달러를 지출했다.
4	마이크로 스트래티지 (MSTR)	비트코인 채굴 기업	마이크로스트래티지는 S&P500 지수 편입을 눈앞에 두고 있다. 2024년 2월 15일부터 25일 사이 평균 5만 1813달러에 비트코인 3000개를 추가로 매입했다. 미국 증권거래위원회(SEC)에 따르면, 마이크로스트레티지는 비트코인 보유액이 103억 달러 상당으로 불어났다고 밝혔다.

Park's 조언

비트코인 채굴 산업에 대규모 자본이 들어와 영향력을 떨치고 있다. 수많은 돈과 기회가 오가는 가운데, 비트코인 채굴 산업의 발전은 자본과 기술, 그리고 정책이 어떤 방식으로 조화를 이루느냐에 달려있다. 시장이 어떤 방향으로 움직이든, 채굴 기업들과 투자자들은 장기적인 비전을 가지고 신중하게 움직여야 할 것이다.

---

[87] 출처: https://kr.beincrypto.com/base-news/48907/

SECTION 6
지역 경제에 미치는 영향

산업이 특정 지역에서 활성화되면 새로운 국면을 맞이한다. 비트코인 채굴 산업도 마찬가지다. 채굴 기업은 대규모 설비를 형성하고 이를 운영하여 지역사회를 발전시킨다. 그들은 성실히 세금을 납부하며 일자리를 창출해 지역 경제를 활성화한다. 그러나 채굴 활동은 전력 수급 문제와 환경적 부담을 동반할 수 있다. 따라서 균형을 맞추는 정책이 중요한 과제가 된다. 비트코인 채굴이 단순한 경제적 기여를 넘어 지역사회와 공존할 수 있는 방향으로 발전하려면 무엇이 필요할까?

01 채굴 산업이 지역 경제에 미치는 긍정적 영향

미국의 러스트 벨트에 대해 들어본 적이 있을 것이다. 한때 대량생산을 주도하였던 수많은 글로벌 제조업체가 있었던 펜실베이니아, 미시간, 일리노이, 위스콘신 등은 미국 산업과 경제 부분에서 세계적으로 맹위를 떨쳤다. 이렇게 특정 산업이 지역사회에 영향을 끼치며 도시를 발전시키는 사례는 미국 외에도 다수 확인할 수 있다. 비트코인도 마찬가지다. 가령 미국 텍사스의 경우, 채굴 산업을 통해서 상당한 경제 기여 효과 및 일자리의 창출을 얻었다. 이는 채굴 산업의 경제적 이점이 지역사회의 발전과 공공 서비스 개선으로 이어지는 사례다.

채굴 기업의 활성화는 공공 인프라 확충에 기여한다. 또한 지역 업체와의 협력을 통해서 부가적인 경제 활동을 촉진하기에, 궁극적으로 지방

경제를 활성화하는 산업으로 평가받고 있다. **특히 채굴장의 입지는 고용 창출에도 긍정적인 영향을 미친다.** 직접적인 채굴 운영 인력뿐만 아니라 전력 공급, 냉각 시스템 유지보수, 보안 서비스, 물류 등의 관련 산업에서도 추가적인 일자리가 창출될 수 있다.

물론 반드시 긍정적인 영향만 있는 것은 아니다. 비트코인 채굴 산업은 막대한 전력을 소비하기에 해당 지역의 전력 공급에 영향을 끼칠 수 있다. 전력 공급이 한정적인 곳에서는 전력 공급 그 자체가 문제가 되어서 전기 요금이 상승할 가능성이 크다. 이란과 같은 국가에서는 비트코인 채굴로 인해 정전이 빈번하게 발생하였으며, 이는 지역 주민들의 생활에 직접적인 불편을 초래했다. 이러한 문제를 해결하기 위해 채굴 기업들은 지역 전력망과 협력하고, 전력 수급을 조절하는 대책을 마련해야 한다.

02 지속 가능한 채굴을 위한 정책적 대응

종합적으로 비트코인 채굴 산업을 논의하려면 반드시 정부의 정책 수립이 필요하다. 지역사회에서 채굴 기업에 한하여, 일정 비율의 재생에너지 사용을 의무화하거나 전력 수급을 조절하는 규제를 도입할 수 있다. 또 기업들이 지역사회와 협력하여 지속 가능한 개발을 추진할 수 있도록 인센티브를 제공하는 것도 하나의 방법이다.

일부 지방정부는 공공 인프라 투자, 환경 보호 정책과 연계된 채굴 허가제를 도입하고 있으며 이를 통해 지역사회와의 공생을 도모하고 있다. 한편 채굴 기업들은 자체적으로 효율적 에너지를 위한 기술을 도입할 필요가 있다. 실제로 일부 기업은 풍력, 태양광, 수력 등 친환경 에너지를 활용하는 채굴 방식을 도입하고 있다. 이러한 사례를 확인하여 채굴 업체의 친환경 모델을 분명하게 이룰 필요가 있다.

무엇보다 비트코인 채굴 산업이 지속 가능한 방향으로 발전하기 위해서는, 경제적 이익 창출을 넘어서 지역사회와의 공생 모델을 구축하는 것이 필수적이다. 예를 들어 지역사회는 주민에게 교육과 훈련 프로그램을 제공해 블록체인 기술과 비트코인 경제에 대한 이해도를 높일 필요가 있다. 이는 채굴 산업의 장기적 가치에 대해 긍정적으로 인식시킬 수 있다. 또 기업과 지방정부 간 협력을 강화하여 지역 내 에너지 인프라를 개선하는 것이 중요하다.

비트코인 채굴 산업이 지역사회에 끼치는 영향이 사회적, 경제적, 문화적으로 넓어지는 만큼 지역사회의 신뢰를 얻기 위해서는 에너지 사용량과 탄소 배출 데이터를 투명하게 공개해야 한다. 이를 통해 채굴 산업이 경제적 기여를 넘어 지역사회와 함께하는 산업으로 성장할 수 있을 것이다.

채굴 산업과 다른 산업과의 연계 가능성 [88]

재생 가능 에너지 산업	● 재생 가능 에너지를 활용하여 지역사회 에너지 공급 및 지역 경제 활성화 ● 재생 가능 에너지원 생산과 채굴의 통합
데이터 센터 산업	● 기존 데이터 센터와의 인프라 공유 ● 데이터 센터에서 발생하는 열을 재사용하여 자원 활용의 최적화
금융 서비스 산업	● 채굴 관련 새로운 금융 상품을 창출할 수 있는 기회 ● 블록체인 기술을 활용한 금융 서비스 개발
환경 관리 산업	● 환경 관리 산업과 연계하여 탄소 배출을 줄이는 기술 개발 ● 환경 관리 산업과 협력하여 지속 가능한 채굴 기술 개발
IoT 및 스마트 기술 산업	● 사물인터넷 기술을 활용하여 채굴과정의 효율성 높인 최적화 및 운영 비용 절감 ● 스마트 계약을 활용해 운영의 효율성을 높이고 신뢰성 강화

[88] 출처: https://aforestbird.tistory.com/entry/암호화폐-채굴의-경제적-효과규제-사례,다른-산업과의-연계성미래과제-및-해결방안

03 정책 인센티브가 채굴 산업에 미치는 영향

비트코인 채굴의 연간 경제적 이익 [89]

The Annual Economic Benefits of Bitcoin Mining

	Total Expenditures (Millions of 2024 Dollars)	Gross Product (Millions of 2024 Dollars)	Personal Income (Millions of 2024 Dollars)	Employment (Jobs)
Georgia	$811.22	$316.83	$196.10	2,334
Kentucky	$222.73	$88.05	$54.86	641
North Carolina	$157.77	$61.27	$38.05	448
North Dakota	$546.41	$215.42	$133.36	1,538
Nebraska	$142.99	$56.23	$34.57	409
New York	$567.66	$225.89	$140.23	1,639
Ohio	$127.35	$49.92	$31.10	366
Pennsylvania	$428.27	$169.28	$105.36	1,242
South Carolina	$66.28	$25.45	$15.75	184
Tennessee	$228.37	$87.53	$54.02	636
Texas	$4,231.17	$1,665.03	$1,029.55	12,219
Washington	$46.69	$18.40	$11.39	134
Rest of US	$2,987.62	$1,160.32	$738.78	9,230
UNITED STATES	$10,564.53	$4,139.62	$2,583.12	31,020

지역사회가 활발히 발달하려면, 안정적인 경제 활동을 지속할 수 있는 산업이 필요하다. 그래서 지역사회에서는 기업 유치를 위해 다양한 정책 인센티브를 제공한다. 비트코인 채굴 산업도 마찬가지다. 비트코인 채굴 기업은 원활한 운영을 위해서 인센티브를 줄 수 있는 지역에서 활동하기 시작했다. 미국, 카자흐스탄, 러시아 등의 국가에서도 비트코인 채굴 산업의 가능성에 주목하였다. 비트코인 채굴 산업은 미국에서만 약 3만 개의 일자리를 창출하고 5조 원의 경제 효과를 나타내고 있다. 즉, 채굴 산업이 국가 경제에 상당한 긍정적 영향을 미치는 것이다.

그동안 비트코인 채굴 산업에 기관이나 투자자가 회의적인 모습을 보였던 이유는, 비트코인 채굴 산업의 불투명한 회계처리 및 화력발전으로

---

89) 출처: 텍사스 블록체인 위원회

인한 환경오염 때문이었다. 그러나 미국 등에서 활동하는 채굴 기업은 나스닥에 상장되어 있어서 정보 공개가 비교적 투명하고, 친환경 에너지를 활용하고 있어서 지역사회와 국가 또한 이를 긍정적으로 보고 있다. 그래서 다수의 국가에서 정책 인센티브를 통해 채굴 기업을 유치하고, 경제적 이익을 얻은 한편 미래 잠재력을 확장하려고 한다.

Park's 조언

채굴 기업들은 단순히 비용 절감을 위해 특정 지역으로 이동하는 것이 아니라 장기적인 운영 모델을 구축해야 한다. 지역사회 또한 정책 인센티브를 에너지 효율성, 환경적 책임을 전제로 제공해야 할 것이다. 결국 비트코인 채굴 산업의 성장은 정부, 기업, 지역사회가 협력하는 방식으로 이루어져야 한다. 그것이 비트코인의 핵심 가치인 지속 가능성을 유지하는 길이다.

SECTION 7
채굴 장비 산업

비트코인 채굴 산업의 성장과 함께 채굴 장비 제조업 또한 급격하게 성장하고 있다. ASIC과 같은 고성능 채굴 장비에 대한 수요가 폭증하면서 채굴 장비 시장은 수십억 달러 규모의 산업으로 자리 잡았다. 그러나 반도체 공급망의 불안정성이 지속되면서 장비 가격과 채굴 비용에도 상당한 영향을 미치고 있다. 이러한 변화를 주도하는 요인은 무엇이며, 향후 채굴 장비 산업이 지속적인 성장을 유지할 수 있을지 알아볼 필요가 있다.

01 채굴 장비 산업의 시장 성장과 경제적 가치

글로벌 비트코인 채굴 서버 시장 규모는 2023년 기준 약 60억 달러로 평가되었다. 그리고 연평균 성장률이 꾸준히 높아져, 2032년에는 약 180억 달러에 이를 것으로 전망된다. 이는 비트코인 채굴 산업이 향후 수년간 지속적으로 확장될 것임을 시사하며, 관련 기술 및 장비 시장에도 상당한 영향을 미칠 것으로 예상된다.

이러한 성장에 맞춰 기업은 전력 소비를 줄이면서 더 높은 해시레이트를 제공하는 장비 개발에 힘쓰고 있다. 또한 경쟁력을 확보하고자 지속적인 연구개발에 투자하고 있다. 비트코인 채굴 난이도가 높아질수록 그에 맞는 장비가 필요하고, 이는 채굴 산업의 지속 가능성을 높이는 중요한 요소로 작용한다.

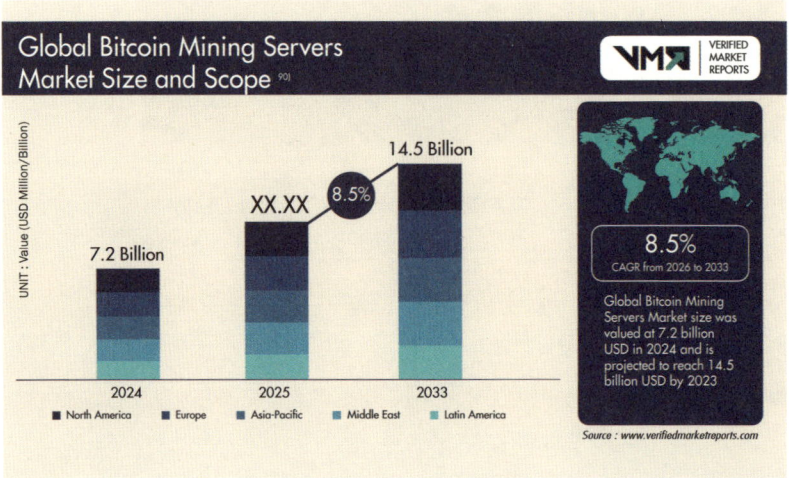

특히 주목받는 기술이 바로 반도체다. 반도체는 다양한 산업에서 반드시 사용되는 부품이고, 국가 기반 산업으로 평가받고 있다. 비트코인은 블록체인을 기반으로 하고 있기에 비트코인과 반도체의 상관관계는 상당히 높다. 즉, 비트코인을 채굴하기 위해서는 성능 좋은 반도체 기술이 반드시 필요하다. 최근 몇 년 동안에는 반도체 공급망에서 불안정성이 나타나면서, 채굴 산업에 큰 영향을 끼쳤다.

그나마 최근에 들어서는 이러한 흐름에 변화가 나타났다. 이제 인텔 등 글로벌 기업들은 비트코인 채굴 기업과 협력해 안정적인 반도체 공급을 약속하였다. 덕분에 비트코인 채굴 기업은 불안정성에서 벗어날 수 있었다. 하지만 다시 반도체 공급 불안정성이 나타날 경우, 비트코인 산업이 흔들릴 수 있다. 반도체 공급 부족은 채굴 장비의 가격 상승을 초래

---

90) 출처: 2025 Verified Market Reports: 광업 기술 (ASIC (Application-Specific Integrated Circuit) Miners, GPU (그래픽 처리 장치) 광부 (Solo Mining, Poolsed Mining), 전력 소비 (저전력 소비량) (저전력 소비량) (《《《《 500W, 중간 전력 소비 (500W -1500W)), 최종 사용자 (개별 광부, 광업 농장), 기술 (Guidance System, INERTIAL, GPS), 지리적 범위 및 예측

하고, 나아가 채굴 기업의 운영 비용 증가로 이어질 수 있기 때문이다.

02 채굴 장비 시장의 미래 전망과 대응 전략

세계적으로 높이 평가받는 반도체 제조 기업은 손에 꼽힌다. 또 그들이 생산하는 반도체가 모두 비트코인 채굴에 사용되는 것은 아니다. 거기다 반도체 가격이 상승하는 등 여러 요인이 작용할 경우, 당연히 채굴 시장에 적잖은 파문을 일으킬 수 있다. 그리고 채굴 하드웨어의 높은 비용은 산업 성장의 잠재적 걸림돌로 작용할 수 있다.

현재는 국가가 반도체 공급망 강화를 위해 정부 지원 프로그램을 확대하고 있다. 가령 미국은 반도체 지원법(Chips Act)을 통해 반도체 생산 능

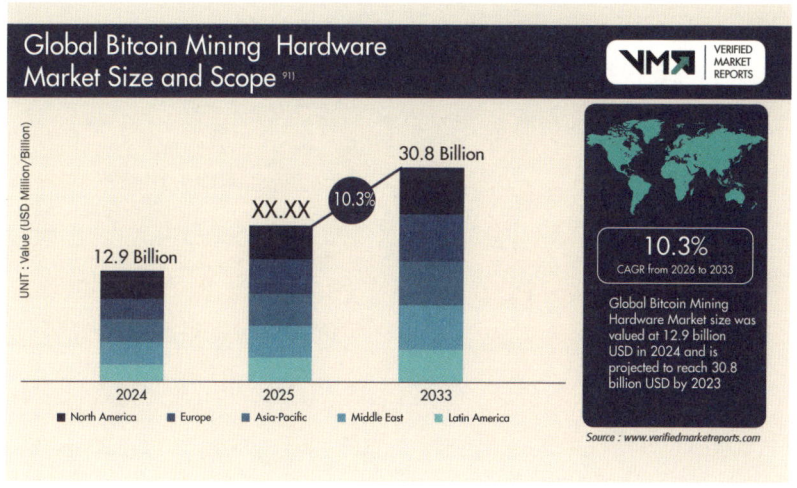

91) 출처: 2025 Verified Market Reports: Global Bitcoin Mining Hardware 시장 유형 (ETH 유형, BTC 유형), Application (Enterprise, Personal), 지리적 범위 및 예측별로

력을 강화하고 있으며, 유럽연합(EU) 역시 자체 반도체 공급망 구축을 위한 투자를 확대하고 있다. 일부 기업들은 반도체 재활용 및 효율적 칩 설계를 통해 공급 문제를 해결하려 노력하고 있다. 그리고 이를 통해 향후 채굴 장비 산업의 안정성을 확보하려 하고 있다. 또 친환경 채굴 장비 개발에 대한 관심이 높아지고 있으며, 에너지 소비를 절감하는 하드웨어가 시장에서 더욱 주목받을 것으로 예상된다.

한 가지 안심할 수 있는 소식은 최신 ASIC 장비의 전력 효율성이 개선되면서, 이전보다 낮은 전력 비용으로 동일한 해시레이트를 확보할 수 있는 기술적 진보가 이루어지고 있다는 점이다. 결국 채굴 기업들은 반도체 공급 이슈에 대응하기 위해 **공급망 다변화, 최신 기술 적용, 에너지 효율성 극대화**와 같은 전략을 고려해야 한다.

03 비트코인 가격 전망과 채굴 산업의 수익성

비트코인에 보수적이었던 전통적인 투자자나 기관은 이제 비트코인을 긍정적으로 보고 있다. 일부 전문가들은 2030년까지 비트코인 가격이 30만 달러 이상으로 상승할 가능성이 있다고 보고 있다. 이러한 상승세가 지속한다면 채굴 산업은 여전히 높은 수익성을 유지할 것이다.

다만 나쁜 시나리오도 있다. 비트코인 가격이 하락할 경우, 채굴 비용 대비 수익성이 급감할 수 있다. 이는 2018년, 2022년의 시장 조정기에도 나타난 현상이다. 당시에도 비트코인 가격에 대응하지 못한 다수의 소규모 채굴자들이 사업을 중단해야 했다. 따라서 장기적인 상승 전망이 있더라도, 우선 발생하는 가격 변동에 대비한 안정적인 운영 전략이 필수적이다.

우리는 지금까지 비트코인 채굴 기업이 경제적 변화에 대처하는 다양한 모델과 전략을 확인하였다. 지속 가능한 모델을 구상하고, 반도체 공급이나 환경 오염 등에 대응하기 위한 기술 개발을 이루어야 한다고 보았다. 다른 한편으로는 지역사회나 정부의 정책 인센티브를 확보하는 한편, 지역사회와 정부, 기업이 협력해 새로운 가능성을 나타내기 위한 방안을 마련해야 한다고 논의하였다.

앞으로도 이러한 논의는 계속 이어질 것이다. 산업은 언제나 변화하기 마련이고, 기업은 기술 발전을 위해 힘쓸 테니 말이다. 앞으로 비트코인 채굴 산업이 더 성장하고 확장되기 위해서라도 이러한 노력은 필수적이다. 그리고 이러한 노력에 따라서 채굴 산업의 미래 또한 달라질 것이다. 어떤 미래가 우리에게 나타나는지 세심하게 살펴보자.

04 미래 채굴 산업의 두 가지 시나리오

전문가들은 채굴 산업의 미래, 곧 발전 방향에 대해 두 가지 시나리를 제시한다. 하나는 **친환경 채굴 산업으로의 전환**이다. 이는 신재생에너지를 적극 도입하여, 규제 환경에 맞춰 지속 가능한 채굴 방식이 자리를 잡는 경우다. 이 시나리오에 따르면 채굴 기업은 효율적인 에너지 장비를 도입하며 탄소 배출을 점진적으로 감소하는 기술을 개발하는 한편, 장기적인 비용 절감을 실현할 수 있다. 그리고 채굴 기업이 친환경 정책에 맞춰 활동할 경우, 현재 일부 지역사회나 국가에서만 활동하였던 기업이 점차 규모를 확장하여 채굴 산업이 더욱 글로벌화할 수 있다.

그러나 다른 하나의 시나리오에 대해 우리는 경계해야 한다. 바로 **대**

형 채굴 기업을 중심으로 한 중앙화된 산업 구조다. 이 시나리오대로라면 에너지 비용과 규제 강화가 나타나면서, 비트코인 채굴 시장이 오직 몇몇 대형 채굴 기업으로만 형성되는 것이다. 소규모 채굴자는 경쟁력을 잃고 산업 또한 주요 기업을 중심으로 운영될 것이다. 이처럼 독과점이 일어날 경우, 시장이 과연 지속적으로 성장할 수 있는지 우리는 고민해야 한다.

어느 시나리오가 우리에게 펼쳐질지 아직 알 수 없다. 다만 지금 우리가 어떤 것을 선택하고 실천하느냐에 따라서 두 시나리오 중 하나가 우리 앞에 나타날 것이라는 점은 분명하다.

Park's 조언

향후 채굴 산업의 미래는 어떻게 될 것인가? 친환경 기술을 통해 새로운 변화를 이룰 것인가? 아니면 다른 산업처럼 일부 기업이 독과점하는 시장으로 변모할 것인가? 아직 아무도 모른다. 그러나 향후 5~10년 동안 채굴 산업이 지속 가능해지려면 에너지 효율성을 극대화하고 정책 변화를 면밀히 모니터링해야 한다. 만약 채굴 기업들이 기술 혁신과 친환경 채굴을 통해 지속 가능한 모델을 구축한다면 미래의 안정적인 성장을 기대할 수 있을 것이다.

Chapter 13
기술적 측면
(Technical Aspect)

비트코인
문명의
개척자들

SECTION 1
작업증명 vs 지분증명

비트코인은 탄생할 때부터 지금까지 작업증명(PoW, Proof of Work) 방식을 유지해 왔다. 이는 블록체인의 신뢰성과 보안성을 보장하는 가장 강력한 합의 알고리즘으로 평가받는다. 반면 이더리움 등 다른 블록체인들은 점차 지분증명(PoS, Proof of Stake)으로 전환하며 에너지 효율성과 확장성을 강조하고 있다. 왜 디지털화폐들은 서로 다른 방식을 추구하는 걸까? 이 두 가지 방식이 가지는 장단점을 깊이 탐구해 보자.

01 작업증명(PoW)의 작동 원리와 보안성

비트코인에 투자하지 않는 사람들이라면 모든 디지털화폐가 비슷하다고 여길 수 있다. 그러나 거기엔 근본적인 차이가 있다. 비트코인은 작업증명을 원리로 하고 있는데, 이는 다른 디지털화폐와는 다른 방식이다. 우리는 이미 앞서 작업증명에 대해 이해했다. 이번에는 채굴 측면에서 논의하고자 한다.

작업증명은 채굴자가 연산력을 사용해 블록을 생성하는 방식이다. 그렇다면 빠르게 블록을 형성하기 위해서는 어떻게 해야 하는가? 이것이 작업증명의 핵심인, **물리적 연산 자원의 투입**이다. 즉, 채굴자는 전력과 컴퓨팅 파워를 사용해 작업을 수행하고, 이를 통해 블록체인의 무결성과 보안성을 유지한다. 비트코인이 작업증명 방식을 고수하는 가장 큰 이유는 높은 보안성 때문이다.

그러나 높은 보안성을 지닌 비트코인이지만 단점도 명백하다. 작업증명 방식의 치명적인 문제는 바로 **에너지 소비량**이다. 비트코인 채굴 과정은 매년 수백 테라와트시(TWh)의 전력을 소비한다. 이러한 에너지 소비는 환경적 부담을 초래하며, 지속 가능성에 대한 논란을 불러일으키고 있다. 그래서 비트코인과 구분되는 디지털화폐의 경우 작업증명 방식이 아닌 지분증명 방식을 선택한다. 지분증명(PoS)은 채굴자가 아닌, 네트워크 참여자들이 자신이 보유한 코인을 스테이킹하여 블록 생성 권한을 얻는 방식이다. 지분증명 방식은 검증자(Validator)를 무작위로 선택하며, 이 선택 확률은 보유한 코인의 양과 기간에 따라 결정된다.

그렇다면 왜 비트코인을 제외한 다른 디지털화폐들은 지분증명 방식을 선택할까? 지분증명 방식의 가장 큰 장점인 **에너지 효율성**이 그 이유다. 작업증명 방식과 달리 지분증명 방식은 대규모 전력 소비가 필요하지 않으며, 네트워크 유지 비용이 훨씬 적다. 하지만 지분증명 방식은 작업증명 방식에 비해 보안성이 낮다. 여기에 대량의 코인을 보유한 검증자가 네트워크에서 과도한 권한을 가지게 될 가능성이 크다. 이는 '부자가 더 부자가 되는 구조'로 이어질 위험이 있을 뿐만 아니라 디지털화폐의 가치인 탈중앙화의 본질을 해칠 수 있다.

지분증명 방식 또한 보안을 지키기 위해 노력하고 있다. 그러나 비트코인처럼 강력한 보안 메커니즘을 기대하긴 어렵다. 그리고 지분증명 방식과 연결된 블록체인은 특정 개인이 블록체인을 형성하기 위해 일부러 다른 블록에서 체인을 분기해 블록을 형성하는, 롱 레인지 어택(Long Range Attack)[92]과 같은 새로운 형태의 보안 위협에 취약할 수 있다.

02 비트코인이 여전히 작업증명을 유지하는 이유

이더리움은 2022년 머지(The Merge)[93] 업그레이드를 시도하였다. 그러나 오히려 이 업그레이드는 이더리움에 대한 신뢰를 떨어뜨리는 결과를 초래하였고, 가격이 폭락하는 상황을 만들었다. 네트워크 확장성과 에너지 효율을 위한 결정이었지만, 장기적으로 보안의 취약성이 드러나는 선택이었다. 그래서 지금까지도 이더리움에 대한 투자자의 인식은 좀처럼 회복되지 않고 있다.

이러한 점에서 비트코인이 작업증명 방식을 고수하는 이유에는, 그들의 가치를 지키기 위함도 있다. **보안성과 탈중앙화의 완벽한 조화**라는 가치 말이다. 작업증명 방식은 지난 10여 년 동안 단 한 번도 해킹당한 적이 없으며, 네트워크의 견고성을 유지하는 데 가장 강력한 방식으로 자리 잡았다.

비트코인은 글로벌 금융 시스템에 대한 대안으로 설계되었고, 여기에는 보안성과 신뢰성이 핵심 요소로 작용한다. 지분증명 방식이 확장성과 에너지 효율성을 강조하지만, 작업증명 방식은 네트워크의 절대적인 보안성을 유지하는 데 초점을 맞춘다. 만약 비트코인이 지분증명 방식으로 전환된다면 과연 지금과 같은 명성을 유지할 수 있을까? 아마 일부 대규모 자본과 코인 보유자가 네트워크를 지배할 가능성이 커질 것이다. 이는 비트코인의 탈중앙화 철학에 어긋난다.

---

92) 포크된 상태에서 올바른 블록을 검증하기 위해 투표를 할 경우 많은 지분을 가지고 있는 노드가 거짓 블록을 올바른 블록인 것처럼 계속해서 체인에 연결되도록 조작하여, 올바른 블록을 검증한 노드들에게 손해를 보게 하는 공격이다.
93) 이더리움의 매커니즘을 PoW(Proof of Work, 작업증명)에서 PoS(Proof of Stake, 지분증명)으로 업그레이드 하는 단계.

일각에서는 비트코인이 향후 두 방식의 장점을 결합한 하이브리드 모델을 채택할 가능성도 제기하고 있다. 그러나 현재로서는 작업증명 방식이 비트코인의 근본적인 철학과 가장 잘 맞아떨어지는 합의 메커니즘으로 평가된다.

Park's 조언

작업증명 방식은 그 자체로 경제적 희생을 통한 보안 매커니즘이다. 비트코인의 높은 전력 소비는 단순한 에너지 낭비가 아니라, 해킹을 막기 위한 강력한 장치다. 블록체인은 결국 신뢰의 문제다. 미래에는 하이브리드 모델이나 새로운 합의 매커니즘이 등장할 수도 있겠지만, 현시점에서 가장 검증된 방식은 여전히 작업증명 방식이다. 변하지 않는 것은 변해야 할 필요가 없는 것일 수도 있다.

SECTION 2
해시레이트와 최신 채굴 하드웨어

비트코인 네트워크의 총 해시레이트가 사상 최고치를 기록하며 채굴 난이도도 점차 증가하고 있다. 비트코인 네트워크의 해시레이트는 매년 꾸준히 성장해 이제는 새로운 기록을 경신할 예정이다. 이러한 변화에는 대형 채굴 기업들의 적극적인 투자 확대가 주요 원인으로 작용하고 있다. 하지만 이러한 현상이 네트워크 보안에 기여하는 한편, 개별 채굴자들에게는 상당한 압박을 가하고 있다.

01 해시레이트 급등의 주요 원인

전문가들은 2024년까지 비트코인 네트워크의 해시레이트가 약 4배 이상 상승했다 보고 있다. 그렇다면 왜 해시레이트가 계속해서 상승하는가? 거기에는 다양한 이유가 있다. 우선 기관 투자자나 대형 채굴 기업의 인프라 확장이 크게 작용하였다. 여기에 트럼프 행정부의 친(親)비트코인 정책으로 인해 미국 내 비트코인 채굴 활동이 활발해졌다. 현재 미국은 비트코인 네트워크 해시레이트의 약 40% 이상을 차지하고 있다.

또한 최신 ASIC 채굴 장비의 발전과 효율성 증가는, 기존 채굴자들이 장비를 업그레이드하도록 유도하면서 네트워크 전체의 해시레이트를 끌어올리고 있다. 특히 Bitmain, MicroBT, Canaan과 같은 주요 제조업체들은 연산력과 에너지 효율이 개선된 최신 모델을 출시하며 시장 경쟁력을 강화하고 있다.

해시레이트 증가를 긍정적으로 평가하면 네트워크 보안이 더 강화되었다고 볼 수 있다. 더 많은 채굴자가 네트워크에 참여하면서 블록체인의 분산성이 높아졌으며, 이전처럼 악의적인 공격도 어려워졌다. 또한 해시레이트 상승은 비트코인 블록체인의 안정성을 더욱 공고히 하며, 거래 검증 속도 및 네트워크 효율성을 유지하는 데 기여한다. 즉, 채굴자들이 계속해서 경쟁적으로 연산을 수행하면 네트워크의 무결성이 유지된다고 볼 수 있다. 이는 장기적으로 비트코인의 신뢰성이 더욱 높아지는 결과를 불러온다.

02 개별 채굴자들의 수익성 압박

그러나 해시레이트 증가가 긍정적인 효과만을 가져오는 것은 아니다. 특히 소규모 채굴자들에게는 상당한 경제적 부담이 가중된다. 대규모 자본을 지닌 기업 입장에서는 적절한 대응이 가능하나, 그렇지 못할 경우 시장에서 퇴출될 수 있기에 주의가 필요하다.

해시레이트 증가는 우선 채굴 난이도를 상승시킨다. 즉 블록을 채굴하기 위해 더 높은 연산력을 동원해야 하는데, 경제적으로 본다면 수지타산이 안 맞게 된다. 왜냐하면 동일한 연산 능력을 투입하더라도 블록을 성공적으로 채굴할 확률이 낮아지기 때문이다.

다음으로 운영 비용 증가가 문제가 된다. 해시레이트 경쟁이 심화됨에 따라 최신 채굴 장비를 보유하지 않은 채굴자들은 점점 더 불리한 입장에 처한다. 가령 ASIC 장비의 업그레이드는 막대한 비용을 수반하는데,

이러한 문제가 지속될 경우 자본력이 부족한 소규모 채굴자들에게 심각한 부담으로 작용할 수 있다.

마지막으로 에너지 비용의 부담이 있다. 2024년 10월을 기준으로 비트코인 한 개를 생산하는 데 드는 비용이 약 49,500달러로 상승하였고, 2025년에는 7만 달러로 상승할 예정이다. 이는 채굴자의 수익성을 압박하는 요인이며, 그만큼 에너지 비용에 대한 부담이 커진다는 것을 의미한다.

이러한 변화에 대응하기 위해 채굴자들은 다양한 전략을 모색하고 있다. 우선 고효율 채굴 장비를 도입하는 것이다. 최신 ASIC 칩을 활용하여 전력 대비 연산 효율을 극대화하고, 채굴 비용을 절감하는 방식이다. 다만 이 경우에는 결국 높은 비용을 들여서 채굴 장비를 도입해야 하기에, 개인에게는 어려운 측면이 있다. 다음으로 전기료가 저렴한 지역으로 이전하는 방법이 있다. 그러나 이 방법의 경우에도 소규모 채굴업자가 선택하기에는 여러 문제가 있을 수 있다.

가장 현실적인 대안은 크게 둘이다. 하나는 **클라우드 마이닝 및 채굴 풀에 가입하는 것**이다. 이는 개인이 대형 채굴 기업과 협력하여 안정적인 수익을 확보하는 방법이라서 주목할 필요가 있다. 다음으로 **인공지능 데이터센터로의 전환**이다. 실제로 일부 채굴 기업들은 인공지능 및 클라우드 컴퓨팅 서비스를 제공하는 방향으로 사업을 확장하면서 모델의 변화를 꾀하고 있다. 이러한 전략은 개별 채굴자의 생존 가능성을 높이는 동시에, 채굴 산업 전체의 지속 가능성을 보장하는 역할을 한다.

03 채굴자의 생존 전략과 대응 방안

최신 채굴 하드웨어는 연산 성능을 대폭 향상시키면서 동시에 전력 효율성을 극대화하고 있다. 비트메인의 3nm 공정 ASIC 채굴기는 동일한 에너지를 소비하면서도 더 많은 비트코인을 채굴할 수 있다. 이렇게 새로운 채굴 장비가 등장하면 기존 장비를 사용하는 채굴자 입장에서는 상당한 부담을 느낄 수밖에 없다. 새로운 채굴 장비가 기존 장비보다 성능이 뛰어난 만큼 시장에서 경쟁력이 약화할 수밖에 없기 때문이다. 거기다 대형 채굴 기업은 최신 장비를 대량 도입해 시장 점유율을 계속 확대하고 있다. 이러한 현상은 훗날 소규모 채굴자들이 경쟁에서 밀려날 가능성을 높이게 된다.

ASIC 채굴기 주요 제조사와 대표 모델 [94]

제조사	모델명	추천 사용자
Bitmain	Antminer S21	대규모 채굴장을 운영하며, 최대 해시레이트와 효율성을 원하는 사용자.
MicroBT	WhatsMiner M60S+	안정성과 성능을 중시하는 중대형 채굴장 운영자.
Canaan	AvalonMiner A1466I	신뢰성과 내구성을 중시하는 장기 투자자.
Innosilicon	T3 50T	소규모 채굴 및 가정용 채굴기에 관심 있는 사용자.

기업이 새로운 장비를 구입하여 경쟁력을 갖추는 만큼 개인 채굴자 또한 이에 대응해야 한다. 물론 가장 확실한 방법은 최신 장비를 사용하는

---

[94] 출처: 2025 COINMAKERS NEWS – OnePress 테마 제작자 FameThemes, https://coinmaker.kr/2025년 ASIC 채굴기 대표 기업과 채굴기 모델 비교 – 최고의 선택은?

것이다. 그러나 고성능 채굴 장비는 그만큼 가격이 비싸기에 개인 채굴자가 독단적으로 투자 및 유지하기가 상당히 어렵다. 그래서 가장 좋은 대안은 바로 채굴풀 전략이다. 채굴풀은 여러 채굴자가 해시파워를 모아서 공동으로 블록을 채굴해 보상을 나눌 수 있다는 점에서, 개별 채굴자들에게 안정적인 수익을 안겨준다. F2Pool[95], Poolin[96] 등 개인 비트코인 채굴자가 활동할 수 있는 환경과 여건을 만들기 위한 다양한 노력이 나타나고 있다.

비트코인 채굴 산업에서 기업의 활동은 반드시 필요하다. 하지만 오직 기업 활동으로만 수익이 나타나서는 경쟁력을 갖출 수 없다. 비트코인이 더 많은 이들에게 전달되면서 그 가치를 공유하기 위해서는, 반드시 비트코인 채굴 산업 또한 다양화와 다각화를 수용해야 한다. 그렇게 되면 여러 전략을 통해서 지속적인 수익 창출을 모색할 수 있을 것이다. 이러한 흐름이 나타날 때 비트코인 채굴 산업 또한 시너지 효과를 이룰 수 있다.

기술 발전에는 언제나 경쟁력 심화가 따라온다는 점을 알아야 한다. 기술 발전이 불가피한 흐름이라면, 채굴자들은 이를 적극적으로 활용하여 자신만의 전략을 마련해야 한다. 특히 클라우드 마이닝, 채굴 풀 가입, 중고 장비 활용 등의 현실적인 대안을 고려해야 한다. 새로운 기회를 얻으려면 변화에 빠르게 적응하고 지속 가능한 전략을 마련해야 할 것이다.

---

95) Discus Fish라고도 불리며, 전 세계적으로 가장 큰 비트코인 채굴 풀 중 하나로 네트워크 해시율의 약 20%를 제어한다. 2013년에 설립되었으며, 비트코인을 넘어 여러 암호화폐를 채굴할 수 있다.
96) Poolin은 BTC.com 창립자들이 시작한 중국 비트코인 채굴 풀. 2013년 Bitmain에 인수되었고 그 이후로 세계에서 두 번째로 큰 비트코인 풀로 성장했으며 비트코인 및 기타 암호화폐를 지원한다.

SECTION 3
채굴 풀의 영향

비트코인 네트워크의 보안과 탈중앙화 원칙은 분산된 채굴자들의 참여에 의해 유지된다. 그러나 최근 몇 년간 상위 몇 개의 대형 채굴 풀이 해시레이트의 상당 부분을 차지하면서, 비트코인의 탈중앙화에 대한 우려가 커지고 있다. 해시레이트가 특정 풀에 집중될 경우, 네트워크의 보안성과 공정성에 대한 의문이 제기될 수 있다. 심각할 경우 51% 공격 가능성도 배제할 수 없다. 그렇다면 이러한 해시레이트 집중이 네트워크에 미치는 영향은 무엇이며, 이를 방지하기 위한 해결책은 존재하는가?

01 대형 채굴 풀의 부상과 해시레이트 집중

2024년 말 기준으로 미국은 비트코인 네트워크의 전 세계 해시레이트 중 40% 이상을 차지한다. 그리고 디지털커런시그룹의 자회사 파운드리는 비트코인 채굴업계에서 가장 최대 규모를 자랑한다. 이들은 세계적으로 약 33%의 채굴을 담당한다고 평가받고 있다. 해당 회사에서 운영하는 대형 채굴 풀인 파운드리 USA 또한 크게 주목받고 있다.

미국 말고도 대형 채굴 풀은 다양한 지역에서 활동하고 있다. 중국은 비트코인 채굴을 정책적으로 금지했지만, 우회적으로 채굴 풀을 운영하고 있어서 여전히 글로벌 해시레이트의 과반을 점유하고 있다. 카자흐스탄이나 엘살바도르 등에서도 채굴 풀을 운영하고 있으나 사실상 점유율은 미비하다. 그래서 채굴 분포의 지리적 다양성이 과제로 남아 있다.

이러한 해시레이트 집중은 대형 채굴 풀의 경제적 이점을 나타내지만, 다른 한편으로는 네트워크의 탈중앙화 원칙을 위협할 가능성이 있다. 비트코인의 핵심 철학 중 하나는 누구나 자유롭게 네트워크에 기여하고 검증할 수 있는 환경을 제공하는 것이다. 그러나 특정 풀이 지나치게 높은 점유율을 차지하면, 일부 주체가 네트워크 운영을 독점적으로 결정할 가능성이 커진다.

단순히 산업과 시장의 독점만 우려하는 것이 아니다. 상위 소수 풀이 협력하거나 특정 지역에 해시레이트가 집중하면 그에 대한 공격 가능성이 더 높아질 가능성이 크다. 실제로 2014년, 지해쉬(GHash.IO)라는 채굴 풀이 일시적으로 전체 비트코인 해시레이트의 50%를 초과하며 보안 위협 논란을 일으킨 사례가 있다. 당시 비트코인 커뮤니티는 적극적으로 해시레이트 분산을 유도하였고, 해당 채굴 풀도 자발적으로 해시레이트 점유율을 줄이

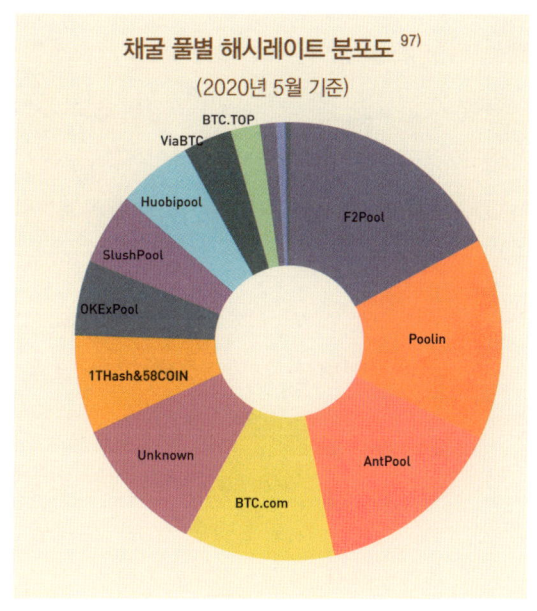

97) 출처: blockchain.com

는 결정을 내렸다. 이 사건은 대형 채굴 풀의 해시레이트 집중이 초래할 수 있는 위험성을 분명히 보여주는 사례였다.

해시레이트 집중은 또한 검열 저항성에도 영향을 미칠 수 있다. 어떤 국가나 기업이 주요 채굴 풀을 통제할 경우, 특정 트랜잭션을 검열하거나 블록 승인에 영향을 미칠 위험성이 존재한다. 이는 비트코인의 핵심 가치인 검열 저항성과 탈중앙화를 훼손하는 결과로 이어질 수 있다.

02 탈중앙화를 위한 해결책

이제 대형 채굴 풀은 다양한 전략을 통해 공격에 대처하려고 한다. 문제는 대형 채굴 풀이 서로 협력할 경우 시장에서 독점화가 더 공고하게 나타날 가능성이 크다는 점이다. 대형 채굴 풀이 서로 협력해 시장 점유율을 높인다고 해도 공격 가능성이 줄어드는 것은 아니다. 그래서 여러 개발자들은 해시레이트 집중화를 완화하기 위한 다양한 접근법을 논의하고 있다.

우선 Stratum V2 프로토콜 도입이다. Stratum V2는 개별 채굴자가 블록 템플릿을 선택할 수 있도록 하여, 채굴 풀이 가진 중앙화된 권한을 줄이는 기술적 해결책이다.

다음으로 채굴 풀 경쟁 촉진이다. 지금 시장에서 활동하는 대형 채굴 풀 외의 새로운 채굴 풀의 출현을 장려한다면, 해시레이트가 보다 균형 있게 분산될 수 있도록 유도할 수 있다.

다른 방법으로는 분산형 채굴 장려다. 이는 채굴 풀에 의존하지 않고 개별 채굴자들이 직접 블록을 생성하는 방식으로, 이를 유도하기 위해 소규모 채굴자들에 대한 인센티브 제공이 논의되고 있다. 그리고 실제로 단독으로 채굴하여 성공한 사례도 분명 존재한다. 디크립트의 보도에 따르면 단독으로 채굴하여 약 26만 달러의 이익을 얻은 사람이 2025년 2월에 등장하여 화제를 모으기도 하였다.

마지막으로 지역 간 채굴 분산 정책이다. 일부 국가는 특정 지역에 채굴이 집중되는 것을 방지하기 위해, 정책적으로 분산을 유도하는 방안을 고려하고 있다. 이러한 방식들이 점진적으로 도입될 경우, 비트코인 네트워크는 보다 안전하고 공정한 방식으로 운영될 가능성이 높아질 것이다.

Park's 조언

우리는 비트코인의 핵심 원칙이 탈중앙화에 있다는 점을 잊어서는 안 된다. 대형 채굴 풀이 네트워크를 과도하게 지배하는 것은 장기적으로 비트코인의 본질을 훼손할 위험이 있다. 다만 채굴 풀 그 자체를 부정하기는 힘들다. 소규모 채굴자들에게는 채굴 풀 참여가 경제적으로 필수적인 요소다. 다만 채굴 풀 간 균형을 유지하고, 개별 채굴자들에게 더 많은 선택권을 제공해야 한다. 그리고 기술과 커뮤니티의 협력을 통해 미래를 개척해야 할 것이다.

SECTION 4
에너지 효율과 채굴 기술

비트코인 채굴은 거대한 에너지 소비를 수반하는 산업이다. 현재 비트코인 네트워크는 전 세계 전력 소비의 약 0.55%를 차지한다. 이러한 에너지 소비 문제를 해결하기 위해 새로운 채굴 기술과 에너지 효율적인 방식이 연구되고 있다. 그중에서도 특히 플레어 가스(flare gas) 활용과 수력·태양광 등의 재생에너지를 이용한 채굴 방식이 주목받고 있다.

01 플레어 가스를 활용한 채굴: 폐기 에너지를 자원으로

여러 번 강조하지만 비트코인 채굴에는 상당한 전력이 들어간다. 2024년을 기준으로, 비트코인 채굴에 사용되는 전 세계의 전력이 오스트레일리아의 전체 전력 소비와 맞먹는다고 한다. 이제 비트코인 채굴은 전력 소비 측면만 보면 국가 활동과 다르지 않다. 그러니 다양한 친환경 에너지 기술을 개발하여 전력 소비에 능동적으로 대처해야 한다.

그중 하나가 플레어 가스[98]다. 플레어 가스는 원유 생산 과정에서 부산물로 발생하는 천연가스로, 보통 대기 중으로 연소되며 사라진다. 하

---

[98] 플레어 가스는 플레어 스택, 플레어 붐, 지상 플레어 또는 플레어 피트 라고도 불리며 석유 정제소, 화학 공장 및 천연가스 처리 공장, 유정, 가스정, 해상 석유 및 가스 굴착 장치, 매립지와 같은 장소에서 사용되는 가스 연소 장치이다. [출처: 위키디피아]

지만 최근에는 이 가스를 활용하여 비트코인을 채굴하는 방식이 등장했다. 2023년에 미국 텍사스주에서는 플레어 가스를 재활용한 비트코인 채굴을 법적으로 승인하였다. 이를 통해 온실가스 배출을 63%까지 줄일 수 있다는 연구 결과가 나왔다.

플레어 가스를 채굴에 활용하는 방식에는 분명한 장단점이 있다. 우선 장점을 보면, **환경 보호 효과**가 있다. 버려지는 가스를 에너지원으로 사용하여 탄소 배출을 줄일 수 있다. 다음으로 **저렴한 전력 비용**이 있다. 일반적인 가스를 활용하는 것보다 플레어 가스를 활용하면, 기존 전력망보다 낮은 비용으로 전력을 확보할 수 있다. 마지막 장점은 **규제 완화의 기회**이다. 플레어 가스를 활용하는 분야는 비트코인 채굴만이 아니다. 다양한 산업에서 플레어 가스를 활용할 수 있으면, 온실가스 감축 목표에도 한 걸음 더 나아갈 수 있다.

그러나 이 방식에도 한계가 있다. 우선 플레어 가스 공급이 지속적이지 않다는 점이다. 플레어 가스를 공급하기 위해서는 결국 가스를 생산해야 하는데 이는 특정 국가에서만 가능하다. 그러니 장기적으로 안정적인 전력 공급을 보장받기 어렵다. 다음으로 플레어 가스를 활용하려면 채굴 장비와 가스를 연계하는 인프라 구축이 필요하다. 단순히 채굴 장비와 가스만 있다고 문제가 해결되지 않는다. 이를 관리할 수 있는 인프라가 반드시 필요하다. 무엇보다 초기 투자 비용이 상당히 높다는 점도 문제다.

02 재생에너지를 활용한 채굴: 지속 가능한 해법인가?

플레어 가스만이 아니라, 비트코인 채굴에는 다양한 친환경 또는 재생

에너지 사용 방안이 마련되고 있다. 수력, 태양광, 풍력 등 지속 가능한 에너지에 관심을 가지고 이를 활용해 채굴하는 방식을 '재생에너지 채굴'이라 한다. 특히 태양광과 풍력을 결합한 하이브리드 시스템은 낮에는 태양광, 밤에는 풍력을 이용하여 24시간 안정적인 전력 공급이 가능하다는 점에서 크게 각광받고 있다.

이미 많은 산업에서 재생에너지를 활용하는 방안을 마련하고 있다. 그럼 비트코인 채굴에 이를 활용하면 어떤 장점이 있을까?

우선 탄소 배출 감소다. 기존의 화석연료를 기반으로 채굴을 지속하면 환경오염에 치명적일 수밖에 없다. 이는 어느 산업에서도 마찬가지다. 재생에너지를 활용하면 탄소 배출을 줄여서 친환경적 채굴이 가능해진다.

다음으로 장기적인 비용 절감이다. 재생에너지 채굴은 초기 투자 비용이 높은 편이지만, 장기적으로 보면 오히려 이익이다. 환경오염 해결에 필요한 비용, 국가의 강한 규제 등에서 벗어날 수 있기 때문이다.

다음으로 규제 대응 가능성이다. 이제 많은 국가들이 탄소 배출 규제를 강화하고 있고, 비트코인 채굴 산업도 이에 대응해야 한다. 재생에너지를 활용하면 친환경 채굴이 가능해지고, 장기적인 경쟁력을 갖출 수 있다.

물론 플레어 가스 활용과 마찬가지로, 재생에너지를 활용한 채굴에도 한계가 존재한다. 기후와 날씨에 따라 전력 생산량이 변동되고, 전력 저장을 위한 추가 인프라가 필요하다. 무엇보다 초기 설비 비용이 높아서 소규모 채굴자들에게는 부담이 될 수 있다. 그러나 재생에너지를 적극적으로 활용해 귀감이 된 사례도 존재한다. 가령, 캐나다의 Hut 8 Mining은 수력 발전을 활용하여 탄소 배출을 줄이면서도 안정적인 전력 공급을 유지하고 있다.

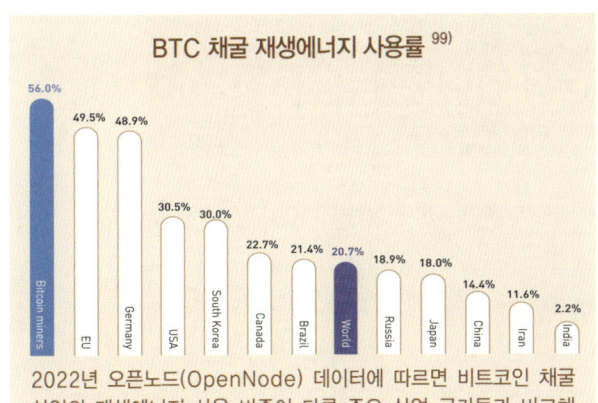

2022년 오픈노드(OpenNode) 데이터에 따르면 비트코인 채굴 산업의 재생에너지 사용 비중이 다른 주요 산업 국가들과 비교해 가장 높은 것으로 조사됐다. 보고서에 따르면 비트코인 채굴 산업의 재생에너지 사용률은 56.0%로, 글로벌 평균(20.7%) 보다 높다.

에너지를 효율적으로 활용하는 것도 하나의 방법이지만, 기술적으로 이를 극복하려는 시도도 존재한다. 일부 기업들은 폐열 회수 시스템을 활용하여 채굴 과정에서 발생하는 열을 난방이나 산업 공정에 재사용하는 방안을 도입하고 있다. 또 차세대 액침 냉각 기술이 채굴 산업에서 빠르게 도입되고 있다. 이 기술은 채굴 장비를 특수 냉각액에 담가 과열을 방지하고 전력 소모를 줄이는 방식으로, 기존 공랭식 냉각 대비 30~40%의 에너지 절감 효과를 기대할 수 있다.

Park's 조언

비트코인 네트워크의 장기적 미래를 보장하려면 에너지 절약 및 지속 가능한 채굴이 실현되어야 한다. 플레어 가스나 재생에너지를 활용한 채굴 모두 장단점이 분명하다. 따라서 채굴자들은 장기적인 지속 가능성과 수익성을 고려한 전략을 수립해야 한다. 이를 통해 우리는 비트코인 채굴의 미래가 에너지 효율성과 지속 가능성을 얼마나 확보하느냐에 달려있다는 것을 알 수 있다.

---

99) 출처: 코인니스, https://coinness.com/news/1021406

SECTION 5
채굴 소프트웨어와 프로토콜 혁신

비트코인 채굴 환경은 빠르게 변화하고 있다. 해시레이트가 증가함에 따라 더 높은 보안성과 효율성을 요구하는 채굴자들의 목소리가 커지고 있고, 그 해결책으로 Stratum V2와 같은 차세대 채굴 프로토콜이 등장하고 있다. Stratum V2는 비트코인 네트워크의 탈중앙화와 검열 저항성을 강화하는 혁신으로 평가받는다. 과연 이 프로토콜이 채굴 산업에 어떤 변화를 가져올 것이며, 기존 시스템과 비교했을 때 어떤 차별점을 제공할까? 우리는 Stratum V2가 만들어낼 미래를 분석할 필요가 있다.

01 Stratum V2의 보안 강화와 네트워크 효율성 개선

Stratum V2[100] 이전까지 활용하였던 Stratum V1은 암호화되지 않은 채굴 데이터 전송 방식을 사용하여, 중간자 공격 등의 보안 취약점에 노출되었다. 그래서 많은 채굴자나 투자자는 이보다 더 강화된 프로토콜을 요구했다.

Stratum V2가 관심을 받는 이유는 보안성 강화 덕분이다. Stratum V2는 NOISE 프로토콜 인증을 도입하여 데이터 전송을 암호화함으로써

---

100) Stratum V2는 주로 채굴자와 채굴 풀이 채굴 작업의 효율적인 분배를 보장하기 위해 사용하는 통신 프로토콜. Stratum V1의 여러 약점, 특히 보안 및 효율성을 해결하며, 또한 채굴자에게 블록에 포함될 거래를 선택할 수 있는 기능을 제공함으로써 채굴 산업에서 더 많은 분산화를 위한 길을 열어준다.

네트워크 상에서의 트래픽 가로채기를 방지한다. 이는 채굴자와 채굴 풀 간의 통신 보안을 획기적으로 강화하는 요소로 작용한다. 그리고 해시레이트 하이재킹과 같은 공격을 원천 차단하는 효과를 가져온다.

또한, Stratum V2는 기존 Stratum V1 대비 데이터 전송량을 약 50% 절감할 수 있도록 최적화되었다. 네트워크 대역폭 사용량을 줄이면서도 블록 검증 속도를 높이는 방식으로 채굴자의 운영 효율성을 높인다. 또 인터넷 연결이 불안정한 지역에서도 안정적인 채굴이 가능하게 한다. 실제로 많은 비트코인 채굴 기업은 Stratum V2를 도입한 후 데이터 전송량이 절반 이상 감소했다.

무엇보다 Stratum V2는 탈중앙화를 강화한 프로토콜이다. 비트코인의 근본적인 가치는 탈중앙화에 있다. 그러나 현재의 채굴 시스템에서 대형 채굴 풀 운영자가 블록 템플릿을 결정하는 구조는 네트워크의 중앙 집중화를 초래할 위험이 있다. Stratum V2는 이러한 문제를 해결하기 위해, 채굴자들이 블록 템플릿을 독립적으로 구성할 수 있도록 하는 기능을 제공한다.

이전 Stratum V1에서는 블록 내에 포함될 트랜잭션이 채굴 풀 운영자에 의해 선택되었기 때문에 특정 트랜잭션이 검열될 가능성이 있었다. 그러나 Stratum V2는 개별 채굴자가 직접 블록 템플릿을 구성할 수 있도록 허용함으로써 검열 저항성을 강화한다. 이는 대형 채굴 풀이 과도한 권한을 행사하는 것을 방지하고, 소규모 채굴자들의 독립성을 보장하는 중요한 개선점이다. Stratum V2를 도입할 경우 블록 생성 과정이 보다 분산되고, 특정 주체가 네트워크를 통제하는 위험이 줄어들게 된다. 이는 채굴자의 자유도를 확대하고, 비트코인 네트워크의 지속적인 탈중앙화를 유지하는 데 핵심적인 역할을 할 것으로 예측할 수 있다.

02 Stratum V2의 점진적 도입과 기존 인프라와의 호환성

　Stratum V2는 분명 여러 강점이 있지만, 단기간 내에 기존의 Stratum V1을 완전히 대체하는 건 어렵다. 이를 고려하여 Stratum V2는 기존 프로토콜과의 점진적 호환을 지원하는 설계를 채택했다. Stratum V1과 Stratum V2 간의 통신은 프록시 번역(proxy translation)을 통해 가능하다. 기존 채굴자들은 인프라를 완전히 교체하지 않고도 점진적으로 업그레이드할 수 있도록 설계되었다.

　Stratum V2의 채택은 채굴자들에게 선택의 자유를 제공하고, 점진적인 업그레이드를 통해 네트워크의 안정성을 유지할 수 있도록 한다. 이는 신기술 도입 과정에서 발생할 수 있는 과도기를 최소화하면서, 안전하고 효율적인 프로토콜의 전환을 가능하게 한다. Stratum V2가 만능이라고 말할 수는 없다. 그러나 Stratum V2를 통해서 우리는 새로운 가능성과 기회를 얻을 수 있다.

Stratum V1과 Stratum V2 비교 [101]

특징	stratum V1	stratum V2
블록 템플릿 제어	풀에 의해 제어	자신만의 것으로 창작 가능
통신 보안	암호화되지 않음	완전 암호화됨
데이터 전송 형식	텍스트 기반	이진법
대역폭 효율성	낮은	높은
검열의 위험	높은	낮은

---

101) 출처: bitcoinmagazine, What is Stratum V2?, https://bitcoinmagazine.com/glossary/stratum-v2

03 양자 컴퓨터에 대응 방안

비트코인은 강력한 암호화 기술을 기반으로 작동하며, 오늘날까지 그 보안성은 단 한 차례도 깨진 적이 없다. 하지만 기술은 끊임없이 진화하고 있으며, 양자 컴퓨팅과 같은 새로운 패러다임이 등장하면서 현재의 SHA-256 해시 알고리즘이 향후 위협받을 가능성이 제기되고 있다.

이미 많은 전문가들은 양자 컴퓨터가 가져올 보안 위협을 심각하게 인식하고 이에 대한 여러 가지 대응책을 논의하고 있다. 이를 크게 다음과 같이 구분할 수 있다.

첫째, 양자 저항성 서명 알고리즘으로의 전환이 검토되고 있다. 현재 비트코인은 타원 곡선 디지털 서명 알고리즘(ECDSA)을 사용하여 거래를 서명하고 있다. 그러나 이 방식은 양자 컴퓨터의 연산력 앞에서는 안전하지 않을 가능성이 있다. 이에 램포트 서명(Lamport Signature)[102] 및 빈터니츠 서명(Winternitz)[103]처럼 양자 저항성 서명 방식이 대안으로 고려되고 있다. 이는 현재 사용되는 방식보다 더 많은 데이터 저장 공간을 필요로 하지만, 양자 컴퓨터의 공격에 대응할 수 있는 기술이다.

램포트 서명 작동 원리 [104]

① 각각 256개의 256비트 난수를 포함하는 2개의 세트(세트 A와 세트 B)를 생각해 보자. 이것들은 당신의 개인 키로 비밀로 해야 한다.

---

102) 암호화에서 램 포트 서명 또는 램포트 일회성 서명 체계는 디지털 서명을 구성하는 방법이다. 일반적으로 암호화 해시 함수를 사용한다. 일회성 서명 체계이므로 하나의 메시지에만 안전하게 서명하는 데 사용할 수 있다. [출처: 위키피디아]
103) Winternitz 서명 방식은 키 생성에 약간의 시간을 투자하여 서명 공간을 절약하는 방법이다. 2비트의 경우, 메시지 M에 대한 서명은 n/2개의 문자열 Xi의 집합이다. 이는 메시지를 2비트 청크로 나누고 i번째 비트를 사용하여 새로 공개된 비밀을 검증하기 위해 함수 f의 반복 횟수를 선택하여 결정한다.
 [출처: crypto.stackexchange.com/questions/52836/ winternitz -해시 기반 서명 및 검증]
104) 출처: https://www.geeksforgeeks.org/lamport-one-time-signature-scheme

② 각 비밀번호의 SHA-256 해시를 가져온다. 이 512개 해시는 공개 키이다.
③ 서명하려는 문서의 SHA-256 해시를 얻자.
④ 각 비트에 대해 비트 값이 1인지 0인지에 따라 개인 키의 숫자 쌍에서 해당 숫자를 선택한다. 즉, 비트가 0이면 첫 번째 숫자가 선택되고, 비트가 1이면 두 번째 숫자가 선택된다.
⑤ 이제 서명(3단계의 해시 비트에 해당하는 4단계의 난수 256개)과 공개 키(서명의 각 비트에 대한 비트 값이 0인지 1인지 정의하는 2단계의 해시 512개)가 있다.

Private Key 2×256 = 512 values	PK1[0]	PK1[1]	PK1[2]	...	PK1[254]	PK1[255]
	PK2[0]	PK2[1]	PK2[2]	...	PK2[254]	PK2[255]
Message (in bits)	0	1	1	...	0	1
Signature	PK1[0]	PK2[1]	PK2[2]	...	PK1[254]	PK2[255]

둘째, SHA-256 해시 알고리즘의 대체도 논의되고 있다. 현재 SHA-256이 강력한 보안을 제공하고 있지만, 앞으로 양자 컴퓨터가 보급될 경우 이를 대체할 SHA-3 계열의 해시 함수 또는 SPHINCS+[105]와 같은 양자 저항성 해시 기반 서명 알고리즘이 도입될 필요가 있다. 다만 기존 블록체인의 호환성과 네트워크 전반의 변경 과정을 요구하므로, 이에 대한 논의는 신중하게 진행되고 있다.

셋째, 기술 발전의 지속적인 모니터링과 단계적 전환 계획이 마련되고 있다. 현재의 양자 컴퓨터는 수천 개의 큐비트 수준에 불과하며, 비트코인 네트워크를 실질적으로 위협하려면 수백만 큐비트 수준의 양자 컴퓨팅 성능이 필요하다. 이에 전문가들은 양자 기술의 발전 속도를 계속 모

---

105) SPHINCS+는 양자 공격에 대한 보안을 제공하는 것을 목표로 하는 서명 체계이다. 해시 함수의 하이퍼트리, 몇 번의 서명 체계, 검증 가능한 인덱스 선택을 사용하여 충돌 및 다중 대상 복원력을 달성한다.

니터링하며, 필요한 경우 단계적으로 네트워크를 업그레이드해야 한다고 평가한다.

만약 양자 컴퓨터가 상용화된다면 비트코인 채굴 방식도 근본적으로 변화할 가능성이 있다. 현재 비트코인 채굴은 SHA-256 기반 작업증명(PoW) 방식으로 이루어지며, ASIC 채굴기들이 연산력을 활용하여 블록을 생성하는 경쟁을 벌이고 있다. 하지만 양자 컴퓨터가 채굴에 도입될 경우, 기존 ASIC 채굴기의 역할이 축소될 수 있으며 '**양자 채굴**(Quantum Mining)'이라는 새로운 개념이 등장할 것이다.

이를 방지하기 위해 여러 논의가 나타나는 것이 사실이다. 작업증명(PoW)에서 지분증명(PoS), 또는 하이브리드 방식으로의 전환 가능성이나 새로운 기술 개발을 통해서 양자 채굴을 활용하는 방안도 모색 중이다. 저마다 실용성이나 효율성에 있어 의문을 품지만, 앞으로 비트코인 채굴의 새로운 기회와 가능성을 제공할 수 있다는 점에서 계속 주시할 필요가 있다.

> **Park's 조언**
>
> 기술의 진보는 위기와 기회를 동시에 지니고 있다. 비트코인은 지금까지 수많은 기술적 도전을 극복하며 성장했다. 그리고 이번에도 다르지 않다. 우리는 변화에 적응하며 네트워크를 더욱 강력하게 만들 것이다. 비트코인은 기술적 혁신을 통해 미래에도 안전하게 작동할 것이고, 그것이 바로 우리가 신뢰하는 금융 시스템의 힘이다.

BITCOIN

Chapter 14
법적 및 규제 측면
(Legal and Regulatory Aspect)

비트코인
문명의
개척자들

SECTION 1
미국의 비트코인 채굴 규제

각 정부의 법적 정의와 규제 방침은 비트코인 채굴 산업의 성쇠를 좌우할 정도로 강력한 영향을 미친다. 미국은 아직 연방 차원에서 명확한 채굴 금지 규정이 없지만, 환경세나 전기료 특별세 부과 등이 논의된 바 있고, 주(州)마다 규제를 다르게 적용한다. 중국은 2021년 암호화폐 채굴을 전면 금지했으며, 러시아·카자흐스탄 등은 합법화를 추진하고 있다. 또 채굴 소득에 대한 세금이나 에너지 사용 제한 등의 정책이 채굴자의 국가 선택과 글로벌 해시레이트 분포에 큰 영향을 준다. 세계 각국의 다양한 채굴 규제가 채굴 산업에 파장을 일으킨다는 점에서 알아봐야 할 것이다.

01 미국 연방 vs 주(州) 규제

비트코인 채굴에 대한 접근이 서로 다르게 나타나는 이유는 에너지 소비, 정책 환경, 그리고 경제적 이해관계가 복합적으로 얽혀 있기 때문이다. 어느 나라도 예외는 아니다. 특히 미국에서는 연방정부와 각 주 정부 간의 암호화폐 채굴 규제 접근이 서로 다르게 전개되면서, 지역별 채굴 산업의 발전 방향이 크게 엇갈리고 있다. 이러한 정책 차이는 채굴업체들에 기회와 도전 과제를 동시에 제공하며, 미국 내 채굴 산업의 지형을 변화시키고 있다.

아직 미국 연방정부는 암호화폐 채굴을 직접적으로 규제하는 포괄적 법률을 제정하지 않았다. 2025년부터 집권한 트럼프 행정부 2기가 친(親) 비트코인 정책을 펼치고 있으나 정부 입장에서는 여전히 환경 보호, 금융 규제, 에너지 소비 관리 등의 측면에서 조심스러운 움직임을 보이고 있다. 가령 환경 보호청(EPA)은 비트코인 채굴이 탄소 배출과 에너지 사용에 미치는 영향을 분석하고 있으며, 에너지부(DoE)는 채굴 업계의 전력 소비 패턴을 공유할 것을 논의하고 있다. 그러는 한편 증권거래위원회(SEC)는 비트코인 현물 ETF를 심사하고 있다. 그리고 상품선물거래위원회(CFTC)는 암호화폐의 금융 상품적 성격을 규정하는 과정에서 채굴된 비트코인의 법적 지위에 대해 논의를 이어가고 있다. 연방 차원의 명확한 규제가 없는 상황에서 각 주는 자체적인 정책을 시행하고 있으며, 그 차이는 극명하다.

우선 뉴욕주는 미국 내에서 가장 강력한 암호화폐 채굴 규제를 시행하는 대표적인 주이다. 2022년, 비트코인 채굴이 환경에 미치는 영향을 이유로 2년간 신규 채굴을 금지하는 모라토리엄(moratorium) 법안을 통과시켰다. 이는 비트코인 채굴로 인한 대규모 전력 소비와 환경적 부담을 줄이려는 목적에서 도입되었으며, 온실가스 배출 감소를 위한 조치로 평가받고 있다. 뉴욕주는 2050년까지 온실가스 배출량을 85% 감축하는 목표를 가지고 있으며, 실제로 과다하게 온실가스를 배출하는 기업에는 상당한 과태료를 부과하고 있다.

뉴욕주의 규제는 암호화폐 채굴에 대한 새로운 표준을 제시하고 있다. 채굴업체들은 친환경 에너지원을 활용해야 하며, 탄소 배출 감축을 위한 전략을 마련해야 한다는 지역사회의 압력이 나타난 것이다. 기존 채굴자들에게는 운영상의 부담이 될 수 있지만, 친환경 채굴을 연구하는 기업에는 오히려 기회로 작용한다. 뉴욕의 강경한 규제는 지속 가능한 채굴을 장려하는 정책적 의지를 반영하는 것이며, 장기적으로는 미국 내 다른 주에도 영향을 미칠 가능성이 크다.

반면, 텍사스는 비트코인 채굴을 적극적으로 유치하는 정책을 펼치며, 미국 내 주요 채굴 허브로 자리 잡았다. 텍사스는 저렴한 전기료와 친기업적인 환경을 바탕으로 대형 채굴업체들의 최적의 운영지로 떠올랐다. 특히, 텍사스 전력 신뢰도위원회(ERCOT)는 채굴업체들이 남는 전력을 효율적으로 활용할 수 있도록 지원하며, 전력 수요 조절을 통해 채굴업체들이 인센티브를 받을 수 있도록 하고 있다.

텍사스의 채굴 친화적 정책은 기업에 안정적인 사업 환경을 제공하면서, 기업과 주 정부가 서로 협력할 때 새로운 방안을 마련할 수 있다는 메시지를 전달하는 사례다. 대규모 채굴 시설들이 전력 수요가 높은 시간대에는 가동을 줄이고, 전력이 남는 시간대를 활용하는 방식은 전력 소비 최적화를 가능하게 한다. 이는 전통적인 산업 구조와 차별화된 접근 방식이다.

02 미국 내 주(州) 별 규제 차이가 채굴 산업에 미치는 영향

그렇다면 미국의 다른 주는 비트코인 채굴을 어떻게 바라보는가? 이미 백악관에서 비트코인을 전략자산으로 확보한다고 밝혔고, 약 20개 주가 비트코인을 전략적으로 비축할 법안을 추진 중이다. 가령, 애리조나와 유타는 적극적으로 비트코인 비축을 논의하고 있고 펜실베이니아, 켄터키, 오클라호마, 뉴멕시코 등이 잇고 있다.

앞으로 미국 내 암호화폐 채굴 산업은 비트코인 전략자산 확보에 따라

순항할 것으로 예상한다. 그러나 주마다 다른 행동을 취하고 있고, 채굴 업체 또한 미국 내 운영 지역을 신중하게 선택하고 있다. 아예 일부 기업은 더 안전한 환경을 찾아 해외로 이동하는 사례도 있다.

이처럼 미국 내 암호화폐 채굴 산업은 특정 주에 집중되지 않는 모습을 보이고 있고, **정책적 유인책과 규제 환경이 채굴업체들의 선택을 좌우하는 핵심 요소**가 되고 있다. 그리고 규제 차이는 단순한 법률적 문제를 넘어, **비트코인 네트워크의 탈중앙화와 채굴 산업의 지속 가능성에도 영향을 미치는 요소**로 작용하고 있다. 친환경 채굴 방식이 강조되는 지역에서는 재생에너지 채굴 모델이 빠르게 확산되고 있으며, 규제가 완화된 지역에서는 대규모 시설 투자가 활발히 진행되는 모양새다.

03 정치적 입장 - 경제적 지원과 세금 감면 정책

미국의 암호화폐 채굴 정책은 규제 완화와 산업 육성 쪽으로 변화하고 있다. 트럼프 행정부 1기 때도 트럼프는 기업 친화적인 정책을 다수 추진했었다. 그리고 2025년에 돌아온 트럼프는 친환경 정책 대신, 친기업적 정책을 추진하면서 미국의 산업을 부흥시키겠다고 약속했다. 'Drill, Baby, Drill'[106]은 시추 산업에만 집중하겠다는 게 아니라, 모든 산업에 대한 규제를 완화해 어느 때보다 발전시키겠다는 트럼프의 의지가 담긴 슬로건이다.

---

106) 2008년 공화당 전당대회에서 처음 사용된 2008년 공화당 선거 구호로, 나중에 공화당 전국 위원회 위원장으로 선출된 전 메릴랜드 부지사 마이클 스틸이 사용했다. 이 구호는 추가 에너지원으로서 석유와 가스에 대한 시추 증가에 대한 지지를 표현했으며, 공화당 부통령 후보 세라 팔린이 부통령 토론에서 사용한 후 더욱 유명해졌다. [출처: 위키디피아]

디지털화폐라고 다르지 않다. 트럼프는 취임 이후 디지털화폐의 중요성을 강조하면서 관련 정책을 쏟아냈다. 그가 취임하기 전부터 비트코인을 비롯한 디지털화폐의 가격은 말 그대로 급상승하였었다. 실제로 트럼프는 미국을 '세계의 비트코인과 디지털화폐의 수도'로 만들겠다는 공약을 통해, 암호화폐 채굴을 포함한 관련 산업에의 지원 의지를 표명했다.

그러나 암호화폐 관련 법인의 법인세율 인하, 채굴 시설 구축에 대한 구체적인 혜택은 아직 공식적으로 발표된 바가 없다. 다만 미국의 인플레이션 감축법을 폐지할 경우 여러 산업에 여파가 나타날 텐데, 이는 비트코인 채굴에 오히려 긍정적인 영향을 주지 않겠느냐는 조심스러운 관측도 있다.

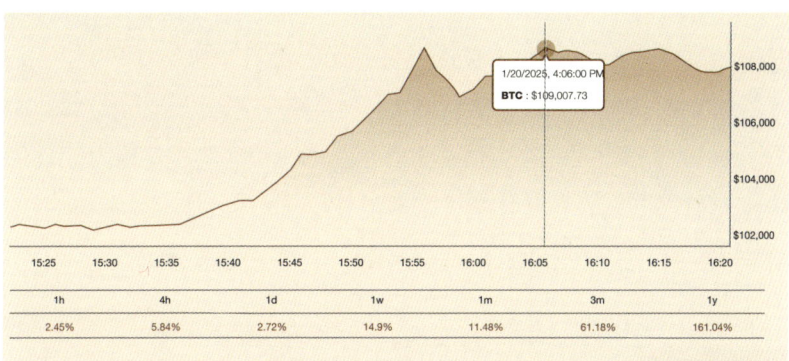

비트코인의 가격이 도널드 트럼프 미국 대통령 당선인의 취임식 당일 사상 최고치를 경신했다.[107]

미국 내에서도 아직 비트코인 채굴에 대한 입장이 명확하게 나타나지 않았기에, 규제 강화 또는 완화 어느 쪽으로 정책이 기울어질지 모른

---

107) 출처: (사진=코인데스크) 2025.01.20. photo@newsis.com

다고 말하는 이들도 적지 않다. 그러나 비트코인 채굴 산업의 지속 가능성은 분명히 존재하기에, 이를 유지할 전략을 갖춰야 한다. 앞으로 트럼프 행정부는 친환경 채굴을 촉진하는 동시에, 산업 성장 가속화 정책을 추진할 가능성이 크다. 실제로 태양광, 수력, 풍력 에너지를 활용한 채굴 시설이 점차 증가하고 있다. 여기에 인공지능 등 새로운 기술을 접목하면 더 친환경적인 모델을 구축하여 효과적인 비트코인 채굴이 가능해질 것이다.

무엇보다 채굴업체에 중요한 요소 중 하나는 전력 비용이다. 트럼프 행정부는 채굴 기업에 저렴한 전력 요금을 제공하거나, 전력망 안정화 기여에 따라 인센티브를 지급하는 방안을 검토할 가능성이 있다. 이는 트럼프가 미국 내에서 비트코인 채굴을 장려하고, 남은 비트코인을 채굴할 때 '미국산'으로 나타내기 위한 포부가 담겨있다. 따라서 규제 완화 및 친(親)비트코인 정책이 연방 차원에서 확대될 가능성도 배제할 수 없다. 텍사스는 물론 점차 다른 주에서도 비트코인 채굴에 관심을 보이는 만큼, 향후 비트코인 채굴에 대한 긍정적인 정책이 연방 차원에서 구체화된다면 어떻게 될까? 정말 트럼프의 확신처럼 미국은 비트코인의 수도가 될 수도 있다.

Park's 조언

트럼프 행정부의 정책은 미국 내 암호화폐 채굴 산업의 중요한 변곡점이 될 것이다. 규제 완화와 세금 감면이 실현된다면, 미국은 채굴 산업의 글로벌 허브로 자리 잡을 가능성이 크다. 트럼프 행정부가 채굴 산업을 육성하는 과정에서 친환경 채굴 모델을 동시에 장려한다면, 이는 미국이 세계적인 암호화폐 채굴 강국으로 자리 잡는 데 결정적인 요소가 될 것이다. 법과 기술이 공존하는 정책 변화는 기회이자 도전이다. 이에 대해 이해하고 활용한다면 비트코인의 미래를 밝힐 수 있다.

SECTION 2
중국 정부와 채굴의 이중성

2021년, 중국 정부는 금융 리스크 관리와 탄소중립 목표를 이유로 디지털화폐 채굴을 전면 금지했다. 이 조치는 전 세계 비트코인 네트워크에 즉각적인 충격을 주었으며, 당시 글로벌 해시레이트의 상당수를 차지하였던 중국 내 채굴업체들은 미국, 카자흐스탄, 러시아 등으로 급격하게 이동하였다. 하지만 중국의 이러한 규제에도 불구하고 비트코인 채굴이 완전히 사라졌을까?

01 디지털화폐에 대한 중국의 입장

지금도 중국은 디지털화폐 거래 및 비트코인 채굴을 전면 금지하고 있다. 그러나 2024년을 기준으로 비트코인 관련 글로벌 해시레이트에는 여전히 중국이 있다. 심지어 이는 카자흐스탄 등과 비교해도 월등히 높은 편이다. 전문가마다 분석하는 방식과 접근이 다르지만, 적어도 글로벌 해시레이트 중 30~40%를 차지하고 있는 것으로 나타난다. 그렇다면 중국은 디지털화폐를 금지하면서도 어떻게 해시레이트를 차지하고 있을까?

결론부터 말하면 불법으로 운영하는 채굴장이 존재한다. 중국의 채굴자들은 정부의 감시를 피하기 위해 다양한 전략을 활용하고 있다. VPN을 이용해 위치를 숨기거나 소규모 분산 채굴 방식을 도입하는 등 규제를 우회하는 기술들을 적극적으로 활용하고 있다. 또 일부 채굴자들은 공장의 여유 전력을 활용하거나 재생에너지원을 이용한 '그린 마이닝' 방식을 선택하기도 한다.

그러나 중국 정부는 여전히 암호화폐 채굴을 단속하고 있다. 2024년, 일부 지역에서는 전력 사용 추적 기술을 활용해 불법 채굴을 색출하는 정책이 시행되었다. 그리고 대외적으로 채굴 장비의 구매 및 수입 경로에 관한 감독도 강화하고 있다. 이는 중국 내 비트코인 채굴이 단기적으로는 계속 규제받을 가능성이 크다는 뜻이다. 그럼 중국은 계속 디지털 화폐에 강경한 입장을 보일까?

최근에 들어서는 변화가 포착되고 있다. 우선 중국이 보유한 비트코인 또한 분명히 존재하기에, 이를 활용하는 방안과 연관하여 살펴볼 필요가 있다. 현재 홍콩은 비트코인 ETF 발행을 조건부로 승인하였는데, 이를 통해 아시아의 디지털화폐 허브로 자리 잡으려는 움직임을 보이고 있다. 이는 홍콩을 통해 중국이 보유한 비트코인을 활용할 묘책으로 여겨진다.

이러한 변화는 중국 본토에서도 일부 규제 완화 가능성을 시사하는 신호로 해석될 수 있다. 중앙정부에서 발행하는 CBDC의 도입이 성공적으로 이루어질 경우, 암호화폐 금지 정책이 완화될 가능성이 있다는 전망도 있다. 그러나 중국 정부는 2024년 들어 새로운 외환 규제 및 금융 통제 정책을 강화하며, 암호화폐 거래 및 해외 송금에 대한 감독을 더욱 엄격히 하고 있다. 이는 중국이 암호화폐 채굴에 대한 입장을 바꿀 가능성이 낮다는 점을 시사한다. 결국 장기적인 정책 변화 가능성은 정치적, 경제적 요인에 의해 결정될 것이다.

02 중국의 입장이 글로벌 산업에 미친 영향

중국 정부는 디지털화폐에 강경한 입장이다. 이러한 중국 정부의 입장은 글로벌 비트코인 채굴 생태계의 지형을 변화시키는 계기가 되었다. 우선 채굴의 분산화를 가속하였다. 중국 채굴업체들의 대규모 해외 이전으로 인해 비트코인 해시레이트가 미국, 카자흐스탄, 러시아 등으로 분산된 사례가 여기에 해당한다. 그리고 이는 네트워크의 탈중앙화를 강화하는 요인으로 작용했다. 실제로 중국에서의 비트코인 채굴 금지 이후 미국과 카자흐스탄이 새로운 채굴 허브로 부상하였다. 지금 미국 전역에서 채굴에 대한 관심이 높아지는 이유도 중국의 채굴 금지 정책과 관련이 있다고 할 수 있다.

또 친환경 채굴 모델의 확대에도 상당한 영향을 끼쳤다. 중국이 채굴을 금지한 이유는 표면적으로 환경 문제와 관련이 있다. 그리고 중국 정책에 대응하기 위해 중국 채굴업체들은 수력, 풍력, 태양광 등 친환경 에너지를 활용하는 채굴 방식으로 전환을 시도하였다. 그리고 이 흐름은 여전히 유효하다. 이러한 이유로 중국의 입장이 변한다면, 글로벌 채굴 분산화 트렌드 또한 분명 새로운 변화가 나타날 것이다.

Park's 조언

현재까지도 중국이 채굴 금지를 유지하는 이유는 단순하지 않다. 금융 안정성과 통화 정책의 통제를 유지하려는 정부의 전략적 판단이다. 하지만 디지털화폐 산업이 글로벌 경제에서 차지하는 비중이 커지는 만큼, 장기적으로 중국이 암호화폐 시장을 다시 포용할 가능성을 완전히 배제할 수는 없다. 다시 중국이 비트코인을 수용하는 날이 오면, 지금과 다른 변화를 우리는 직면하게 될 것이다.

SECTION 3
러시아와 '스탄' 국가들의 움직임

러시아와 중앙아시아 국가들의 채굴 산업은 활발한 움직임을 보인다. 러시아는 풍부한 에너지 자원을 바탕으로 비트코인 채굴을 합법화하려 하고, 카자흐스탄을 비롯한 중앙아시아 국가들이 대규모 채굴 허브로 급부상했다. 러시아의 비트코인 채굴 전략은 국제 제재로 외화 획득이 어려워지자, 채굴을 통한 암호화폐로 제재를 우회하려 한다는 분석도 있다. 최근 러시아의 채굴 관련 법안과 그 지정학적 의도는 무엇일까? 또한 중앙아시아 국가들의 채굴 정책 변화와 지역 채굴 산업 생태계에는 어떤 영향이 나타나고 있을까?

01 러시아의 비트코인 채굴에 대한 입장

2022년 우크라이나 침공 이후, 러시아는 국제은행간통신협회(SWIFT)에서 배제되며 글로벌 금융 시스템에서 고립되었다. 서방의 강력한 경제 제재로 인해 국제 거래가 제한되면서, 러시아는 디지털화폐를 대체 결제 수단으로 고려하기 시작했다. 2023년부터 러시아 중앙은행과 재무부는 디지털화폐를 국제 무역 결제에 활용하는 방안을 연구하였다. 그리고 2024년에는 대외무역에 비트코인을 비롯한 디지털화폐를 적극적으로 활용하기 위한 시도가 나타나고 있다.

러시아는 디지털화폐 채굴 또한 합법화하려고 한다. 특히 비트코인 채굴에 상당한 관심을 보이는데, 2024년 8월에는 현지 비트코인 채굴 합법화 방안을 공식 승인하였다. 이는 러시아 영토의 풍부한 에너지 자원을 활용한 비트코인 채굴을 통해 외화 유입을 증가시키고, 기존 금융 네트워크를 벗어난 경제 구조를 구축하려는 의도로 해석된다.

02 러시아는 비트코인 채굴 강국이 될 수 있을까?

러시아의 디지털화폐 채굴 합법화 조치는 국제사회에 강한 반발을 불러일으켰다. 미국과 유럽연합은 러시아의 디지털화폐 활용이 제재 회피 수단으로 악용될 가능성을 경계했다. 이에 러시아를 대상으로 한 추가적인 금융 제재, 국제 디지털화폐 거래소와 네트워크에서 참여를 제한하는 조치를 고려하고 있다. 그러나 이는 러시아 경제는 물론, 러시아에서 채굴한 암호화폐의 글로벌 유동성을 저하할 수 있다. 종합적으로 고려할 때 러시아가 디지털화폐 채굴을 통해 금융 제재에 대응하기란 여러 어려움이 있을 것이다.

환경적 요소 역시 중요한 논점으로 떠오르고 있다. 러시아는 에너지가 풍부한 국가 중 하나로, 시베리아 지역의 저렴한 전력을 활용한 대규모 채굴 프로젝트를 추진 중이다. 그러나 채굴 과정에서 발생하는 전력 소비와 탄소 배출 문제는 국제 환경단체 및 기후변화 대응 기구들의 주요 비판 대상이 될 가능성이 크다. 이러한 문제를 해소하기 위해 친환경 채굴 연구를 진행하고 있으나, 단기간 내 실질적인 성과를 내기 어려울 것이라는 분석도 있다.

비트코인 채굴에 미국이 선두로 나서고 있는 가운데, 러시아가 경쟁에 참여하면서 새로운 변화가 나타날 것으로 전망되고 있다. 과연 과거처럼 미국과 러시아가 서로 경쟁할 것인지, 아니면 제3의 국가가 선두로 치고 나올 것인지 귀추가 주목된다.

03 중앙아시아 국가의 채굴 정책 변화

중국의 비트코인 채굴 금지 정책 발표 직후, 중국에서 활동했던 채굴업체는 새로운 채굴 지역을 모색해야 했다. 그렇게 물색해서 찾은 지역이 바로 중앙아시아다. 중앙아시아 국가들은 처음에 비트코인 채굴업체의 활동을 환영했다. 채굴업체가 활동함으로써 얻는 경제 이익이 상당하다고 여겼기 때문이다. 그러나 점차 중앙아시아 국가들의 입장이 변화하고 있다. 경제 이익만큼이나 상당한 부담이 나타나고 있기 때문이다.

그리하여 **카자흐스탄은 2021년부터 채굴업체 등록 의무화를 도입**하고, **2023년에는 채굴 수익에 세금을 부과하는 정책을 본격적으로 시행**했다. 카자흐스탄 국립은행과 에너지부는 전력 수요 조절을 위해 채굴업체에 전력 사용량 제한을 두었으며, 이로 인해 대규모 채굴업체들은 전력 공급이 안정적인 지역으로 이전을 고려하고 있다. 그러나 카자흐스탄의 이러한 정책이 반드시 산업 성장을 둔화시키는 것은 아니다. 카자흐스탄은 합법적인 채굴을 위해 다양한 정책 또한 시도하고 있다. 이러한 정부의 입장 변화는 지속 가능한 채굴 산업을 운영하는 데 초점을 맞추고 있다.

우즈베키스탄은 2022년 5월부터 디지털화폐 관련 규제를 도입하는 한편, **디지털화폐 채굴 사업에 대한 허가제를 시행**하고 있다. 즉, 채굴 활동은 당국의 허가를 받아야만 진행할 수 있으며 무단 채굴은 금지된다. 또한 채굴 활동 시 사용되는 전력에 높은 요금을 부과하여 채굴업체 입장에서는 부담이 될 수밖에 없다. 그러나 우즈베키스탄 정부 또한 디지털화폐 관련 규제 말고도 새로운 에너지 모델을 도입하여, 지속 가능한 채굴 방안을 논의 중이다. 비록 채굴 규제와 새로운 에너지 정책이 직접적으로 연결하는 증거는 현재로서 찾기 어렵다. 하지만 높은 전기 사용료 부과와 에너지 활용 모델 논의를 통해, 친환경 에너지를 사용하도록 유도하고 있음을 알 수 있다.

키르기즈 공화국은 국제통화기금과 협력하여 디지털화폐 관련 법적 제도를 강화하고 있다. 최근에는 무분별한 채굴업체 활동에 제동을 걸기 위해, 과도한 전력을 사용하는 기업에 환경세를 부과하는 방안을 검토하고 있다. 현재 키르기즈 공화국 또한 심각한 전력난을 겪고 있기에 이를 억제하는 한편, 합법적인 경제 활동으로 유도하는 방향으로 정책을 조정하고 있다.

이러한 변화는 중앙아시아 채굴 산업에 다양한 영향을 미치고 있다. 기존에는 낮은 전력 비용을 활용해 지속적으로 채굴 사업을 확장했었다. 그러나 이제는 정부 규제와 맞물려, 효율적인 에너지 사용과 합법적 운영이 필수적인 요소로 자리 잡고 있다.

04 중앙아시아 채굴 산업의 지정학적 영향

중앙아시아의 채굴 산업 발전은 여러 지정학적 의미를 지닌다. 러시아와 중국은 이 지역의 전력 자원을 활용해 암호화폐 채굴 네트워크를 강화하려는 움직임을 보이고 있다. 일부 서방 국가들은 중앙아시아 국가들과 협력하여 친환경 채굴 솔루션을 지원하는 방안을 모색 중이다.

특히 러시아는 서방의 경제 제재를 우회하기 위한 도구로 중앙아시아 국가들과 협력하려는 움직임을 보이고 있다. 반면 유럽연합(EU)과 미국은 러시아의 암호화폐 활용이 경제 제재 회피 수단이 될 가능성을 경계하며, 중앙아시아 국가들과 긴밀한 관계를 유지하려 노력하고 있다. 따라서 중앙아시아 국가들은 이러한 지정학적 흐름 속에서, 채굴 산업을 규제하면서도 경제적 기회를 극대화하려는 전략을 취하고 있다. 장기적으로는 국제 협력을 통해 지속 가능한 채굴 모델을 개발하는 방향[108]으로 나아가고 있다. 당장은 채굴 산업에 제동을 걸고 있지만, 중앙아시아 국가는 지속적으로 채굴 산업에 친화적인 태도를 보일 것이다. 그들은 당장 수익을 낼 수 있는 경제적 요인은 채굴업체이기에 향후 정책 변화에 주목해야 한다.

Park's 조언

러시아와 중앙아시아 국가들의 디지털화폐 채굴 산업 변화는 국제적인 경제 질서와 에너지 정책 변화의 결과다. 이 지역의 채굴 산업이 장기적으로 자리 잡기 위해서는 에너지 공급 안정화, 친환경 채굴 모델 개발, 국제 협력 강화 등이 필수적인 요소가 될 것이다. 단기적으로는 규제로 인해 채굴 산업의 성장 속도가 둔화될 수 있지만, 장기적으로는 지속 가능한 채굴 환경을 구축하는 데 긍정적인 역할을 할 것으로 보인다.

---

108) 예: 2024년 글로벌 기업 X3 홀딩스(NASDAQ:XTKG)는 중앙아시아의 저명한 비트코인 채굴 호스팅 시설과 다년간의 호스팅 계약을 체결했다. 이 계약을 통해 X3 홀딩스는 에너지 효율이 높은 첨단 비트코인 채굴기를 배치하여 2025년까지 1.4EH/s의 해시 속도를 달성할 수 있게 된다.

SECTION 4
국가별 세금과 과세 정책

디지털화폐 채굴에 대한 과세 정책은 국가마다 다르게 적용한다. 이는 채굴자들의 지역 선택과 각국의 산업 경쟁력에 직접적인 영향을 미친다. 어떤 국가는 채굴 소득에 적극적으로 과세하여 세수를 확보하는 데 집중하지만, 어떤 국가는 낮은 세율과 세제 혜택을 제공하여 채굴 기업을 유치하려는 전략을 펼치고 있다. 과연 이러한 정책 차이가 글로벌 채굴 시장의 지형을 어떻게 변화시키고 있을까?

01 디지털화폐 채굴 소득에 대한 국가별 과세 정책

미국 소설가 마크 트웨인과 미국 정치인 벤저민 프랭클린은 서로 다른 시대를 살았지만, 모두 "죽음과 세금은 피할 수 없다"는 격언을 남겼다. 세금은 인간의 모든 사회적, 경제적 활동에 따라붙는다. 비트코인 채굴 또한 마찬가지다.

미국 국세청은 디지털화폐를 자산으로 간주해, 채굴로 얻은 비트코인을 소득으로 판단하고 세금을 부과한다. 그리고 채굴자가 비트코인을 매도할 경우 발생하는 차익에도 자본 이득세를 부과한다. 채굴자 입장에서는 이러한 이중과세가 부담스러울 수밖에 없다. 그러나 이는 미국만의 상황이 아니다. 이스라엘 또한 디지털화폐를 자산으로 취급해, 채굴 소득에 대해 소득세와 부가가치세를 부과하고 있다. 또한 채굴 활동을 영리 목적의 사업으로 간주하는 경우 법인세도 적용된다. 디지털화폐가 의미 그대로 화폐의 역할을 한다면 이에 대한 세금을 부과해야 한다는 것이 미국과 이스라엘의 입장이다.

반면 채굴 친화적인 정책을 펼치는 국가도 있다. 대표적으로 조지아나 벨라루스와 같은 국가이다. 조지아는 암호화폐에 대해 비교적 자유로운 규제 환경을 조성하고 있다. 물론 디지털화폐 거래로 얻은 소득에 대해 개인의 경우 20% 소득세, 법인의 경우 15% 법인세를 부과하고 있다. 벨라루스는 더 적극적인 정책을 펼친다. 2025년, 자국의 초과 전력을 활용해 디지털화폐 채굴 산업을 육성하라는 정부 정책이 발표되었다. 벨라루스 또한 미국의 정책에 영향을 받아 비트코인을 비롯한 다양한 디지털화폐를 보유하는 국가로 거듭나기 위해 다양한 시도를 펼치고 있는 것이다.

이러한 정책은 저비용으로 채굴장을 운영하려는 채굴자들에게 매력적인 선택지가 된다. 나아가 국가 간 채굴 산업 유치 경쟁을 심화시키고 있다.

02 채굴자들의 이동과 국가 간 경쟁력 변화

과세 정책의 차이는 채굴자들의 운영 전략과 투자 흐름에 직접적인 영향을 미친다. 높은 세율이 적용되는 국가에서는, 채굴자들이 운영 비용 절감을 위해 친환경 에너지를 지원하는 지역이나 세금 부담이 적은 국가로 이전하려고 한다. 가령 카자흐스탄의 경우 높아지는 전력 소비에 전기세를 인상하는 방안이 검토되었다. 이에 채굴업체가 카자흐스탄에서 다른 지역으로 채굴장을 이동하려는 시도가 나타나고 있다. 엘살바도르는 자국 화산의 지열을 활용해 비트코인 채굴을 시도하며, 여러 기업을 유치하기 위해 노력하고 있다. 부탄 또한 국왕의 전폭적인 지원 아래 비트코인 채굴 기업을 확보하기 위한 다양한 정책을 시도하고 있다.

이러한 국제사회의 흐름을 분석해 보면, 디지털화폐 채굴 산업이 지속 가능성을 확보하기 위해서는 단순한 세금 감면이나 혜택을 주는 것으로는 부족하다. **전력 공급 안정성, 법적 보호, 장기적인 규제 환경 등의 구조적, 환경적 요소가 중요한 역할을 한다.** 세율이 낮더라도 전력 인프라가 불안정하거나 정책이 불확실한 국가에서는 채굴자들이 장기적으로 활동하기 어려우니 사업 진행을 주저하게 될 것이다. 이러한 흐름은 채굴자들에게 보다 신중한 의사 결정을 요구한다. 단편적인 이익이 아닌 전체적인 운영 환경을 고려해서 신중하게 최적의 입지를 찾아야 할 것이다.

Park's 조언

디지털화폐 채굴 산업은 국가 간 경쟁력과 경제 전략의 중요한 축으로 자리 잡고 있다. 세금 감면이 단기적인 유인책이 될 수는 있지만, 장기적인 채굴 산업의 지속 가능성을 위해서는 법적 안정성과 친환경적인 에너지 정책이 함께 수반되어야 한다. 세금뿐만 아니라 전력 공급의 안정성, 규제의 명확성, 법적 보호 등의 요소를 종합적으로 분석하고 투명한 운영을 유지해야 할 것이다. 비트코인의 미래는 법과 기술, 경제가 균형을 이루는 곳에서 더욱 강력해질 것이다.

BITCOIN

Chapter 15
환경적 및 사회적 측면 (Environmental and Social Aspect)

비트코인
문명의
개척자들

SECTION 1
비트코인 채굴과 환경변화의 연관성

비트코인 채굴과 환경 문제는 이제 뗄 수 없는 관계가 되었다. 특히 화석연료를 기반으로 하는 채굴은 환경단체는 물론 국제기구에서도 분명히 비판받는 부분이다. 반면 채굴 산업이 재생에너지 활용, 전력망 안정화, 지역경제 발전 등의 사회적 이익을 창출할 거라는 긍정적 시각도 존재한다. 비트코인 채굴은 채굴 열[109]이나 낙후 지역에 대한 투자 유치, 전자폐기물 문제 등 다양한 쟁점이 얽혀 있어 환경적·사회적 파급효과를 균형 있게 살펴볼 필요가 있다.

01 비트코인 채굴과 환경 문제

오늘날 기후변화는 상당히 심각한 상황을 직면하고 있다. 2024년 11월, 세계기상기구의 보고에 따르면 이미 기후 위기 마지노선인 1.5도를 넘어서 인류에 상당한 영향이 나타날 것이라고 경고하였다. 이에 거의 모든 국가는 국제기구의 협약에 따라 탄소 배출 관련 정책을 진행하고 있다. 친환경 에너지를 활용하는 기업에 혜택을 전달하고, 과도하게 에너지를 사용하는 기업에 대해서는 과태료 등 법적 처벌을 내리고 있다.

---

109) 열에너지 재활용

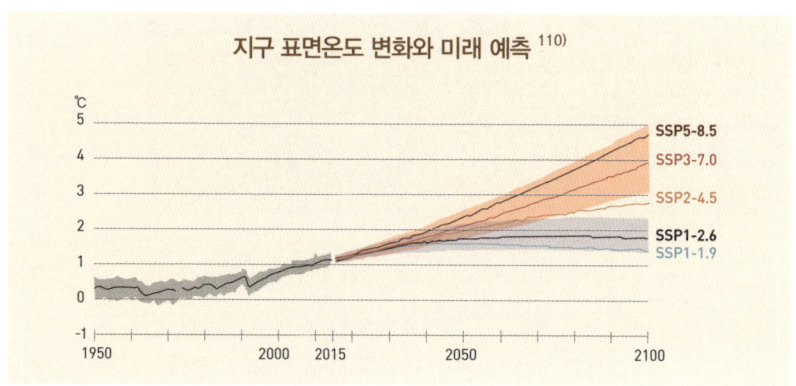

이는 비트코인 채굴 산업에도 영향을 끼친다. 일부 채굴업체는 친환경 에너지가 풍부한 지역으로 이전하거나 탄소 배출을 줄이기 위한 기술적 혁신을 추진하고 있다. 이러한 움직임은 단순한 환경 보호 조치를 넘어, 채굴 산업의 지속 가능성을 높이는 데 기여하고 있다.

2024년 말을 기준으로 비트코인 채굴에 사용되는 연간 전력은 155TWh(테라와트시)에서 172TWh로 추정된다. 평균적인 가정의 월 전기 소비량이 약 300kWh(킬로와트시)인 걸 참고하면, 1TWh는 약 250만 가구의 월 전기 사용량과 같다. 비트코인 채굴에 얼마나 많은 전력을 소비하고 있는지 가늠이 될 것이다. 말 그대로 국가 규모로 전력을 소비하고 있는 셈이다. 당연히 비트코인 채굴로 인한 전력 소비에도 민감하게 반응할 수밖에 없다. 그렇다면 정말로 비트코인 채굴은 사람들이 생각하는 것만큼 환경 문제의 주범일까?

결론부터 말하면 그렇지 않다. 현재 채굴에 사용하는 에너지의 57%는 수력이나 풍력, 태양광 등 신재생에너지에서 나온다. 채굴업체 입장에서

---

110) 출처: IPCC AR6 WG1, 2021

도 에너지 소비가 계속 늘어나면, 그만큼 운영 비용이 부담될 수밖에 없다. 그러므로 일부 국가에서는 신재생에너지 발전시설에 있는 잉여 전력을 비트코인 채굴에 사용하고 있다. 이처럼 비트코인 채굴에서의 클린에너지 사용 비중이 계속 높아지고 있다고 전문가들은 주장한다. 심지어 인공지능 사용에 소비되는 전력이 더 많다고 의견을 제시하는 경우도 있다. 따라서 비트코인 채굴이 환경 문제를 일으키는 주범이라는 주장에는 신중하게 접근해야 할 것이다.

02 국제 협력 및 권고

비트코인 채굴에 대해 국제기구의 의견과 태도도 다양하다. 특히 부정적인 견해를 드러내는 국제에너지기구는, 비트코인 채굴에 소비되는 전력량이 2010년대에 비해 2020년대 들어 수십 배 늘어났다고 추산한다. 이러한 추세가 계속될 경우 향후 기후변화의 직접적인 원인이 되기에 이를 해결해야 한다고 촉구했다. 무엇보다 비트코인의 인기가 올라갈수록 탄소발자국[111]이 커질 것이니 유의해야 한다고 보았다. 즉, 비트코인 채굴 산업이 더 활성화될수록 탄소 배출이 급격히 높아진다는 뜻이다.

특히 국제에너지기구를 비롯하여 여러 국제기구에서 우려하는 것이 비트코인 채굴에 사용되는 대량의 에너지다. 친환경 에너지로 전환하기 위해 노력하고 있다지만, 여전히 비트코인 채굴에 많은 화석 에너지가 사용되고 있다. 따라서 국제기구는 비트코인 채굴이 미칠 악영향을 우려

---

111) 탄소발자국이란 사람이 활동하거나 생산 및 소비 과정에서 발생하는 탄소의 총량을 의미한다.

하여, 세계 각국에 친환경적 정책을 펼치거나 비트코인 채굴을 줄여야 한다고 권고하고 있다. 비트코인 채굴이 지닌 경제적 이익도 중요하지만, 환경 문제로 인한 경제적 손실이 더 클 것이라는 말도 덧붙였다. 그러나 이에 대한 반박도 존재한다. 2024년 전문가들의 조사에 따르면, 세계적으로 이루어지고 있는 비트코인 채굴보다 미국 빅테크 기업들의 활동이 더 많은 탄소를 배출한다는 주장이 제기되고 있다.

결국 모든 산업이 환경문제에서 자유로울 수 없다. 친환경적 요소를 수용하고, 관련 비즈니스 모델을 형성해야 한다. 기후변화에 대응하는 국제기구의 협약이 있듯이, 비트코인 채굴 또한 인프라와 기술 발전을 통해서 점진적인 발전을 이루어야 할 것이다. 가령 음지에서 활동하는 채굴장을 단속하고, 친환경적 채굴장 형성을 위해 정부와 국가가 나설 수도 있다. 이제 국제기구의 협약과 다자간 협의체의 협업을 이해하고, 그에 대응하는 변화가 예상된다.

03 환경 문제에 대응하는 기업들의 전략

환경 문제에 대응하기 위해 세계적으로 정부와 국가가 규제를 강화하고 있다. 채굴업체 또한 이에 발맞춰 새로운 전략을 도입해야 한다. 무엇보다 재생 가능한 에너지가 풍부한 지역으로 이전해, 운영 비용을 절감하고 새로운 에너지 모델을 도입하려는 움직임이 나타나고 있다. 특히 캐나다나 북유럽 국가 등에서는 친환경 에너지를 적절하게 활용할 수 있어, 여러 에너지 모델이 실험적으로 나타나고 있다.

뉴욕주가 비트코인 채굴을 금지했던 이유 중 하나가 세네카 호수의 수

온 상승 때문이다. 세네카 호수가 갑자기 온천처럼 수온이 상승해 조사해보니, 비트코인 채굴업체가 인근에서 24시간 채굴을 진행하면서 열이 발생했기 때문이었다. 이 문제는 뉴욕 시민들에게 비트코인 채굴에 대한 경각심을 알려준 사례다. 이처럼 기업은 환경 문제를 인식하고 이에 적절한 대응을 해야 한다.

당장 떠올릴 수 있는 친환경 에너지는 무엇인가? 태양광, 풍력, 수력, 지력 정도일 것이다. 예컨대 엘살바도르는 지열 에너지를 활용한 친환경 비트코인 채굴 모델을 구축했다. 실제로 2021년 테카파 화산 근처의 지열 발전소에서 비트코인 채굴을 시작했다. 그리고 미국 텍사스에서는 비트코인 채굴 기업이 적극적으로 태양광과 풍력을 활용하고 있다. 특히 테슬라는 블록스트림과 블록(Block) 등 채굴업체에 자사의 태양광 패널과 배터리를 제공해 채굴을 진행하고 있다. 또, 아르헨티나

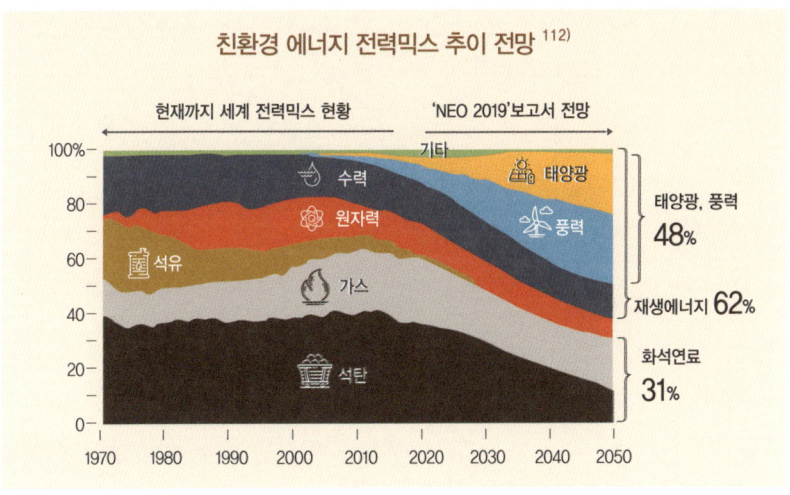

112) 출처: 블룸버그 신에너지 파이낸스(BNEF) 'NEO 2019' 보고서, 연합뉴스/https://img5.yna.co.kr/etc/graphic/YH/2019/06/25/GYH20190625000500004400_P4.jpg

는 석유 생산 과정에서 발생하는 플레어 가스(Flare Gas)를 활용해 비트코인 채굴의 전력 소비를 줄이고 있다. 에너지 기업 입장에서는 남는 에너지를 비트코인 채굴업체에 전달하여 부차적 수익을 낼 수 있으니 마다할 이유가 없다.

그러나 여전히 비트코인 채굴에 사용되는 에너지가 근본적으로 화석 연료를 통해 생산된다는 점에서 비판은 피할 수 없다. 그래도 희망적인 사실은 비트코인 채굴업체 또한 ESG 경영에 동참하기 위한 모델을 구축하고, 이를 실험하고 있다는 점을 우리는 기억해야 한다.

04 폐열의 재활용 및 기술적·경제적 과제

폐열 또는 여열은 에너지를 소모하는 과정에서 생성되는 열로, 대부분의 공정 과정에서 발생하기 마련이다. 기존에 폐열은 본래 에너지원보다 유용성이 낮다고 평가받았다. 그러나 이제는 폐열 또한 새로운 에너지원으로 사용할 수 있는 기술 발전이 이루어지면서, 이를 활용하는 사례가 점차 늘어나고 있다.

대표적인 경우가 데이터센터다. 세계적으로 데이터센터는 전체 전력 소비의 약 1.5%를 차지한다. 데이터센터에서 전력을 사용하면 그만큼 열이 발생하기 마련인데, 이를 해소하기 위해 액체 냉각 방식을 사용한다. 액체 냉각을 사용할 때 데이터센터에서 폐열이 발생하는데, 이 에너지는 어떻게 활용되고 있을까? 대부분 지역난방이나 산업 공정에 재활용한다.

실제로 세계적인 데이터센터를 운영하는 기업 에퀴닉스는 유럽 여러 국가와 캐나다 등에 히트 엑스포트 프로그램(Heat Export program)[113]을 운영하여, 데이터센터에서 발생한 폐열을 회수해 다른 에너지로 변환하고 있다. 이처럼 폐열을 그냥 방치하지 않고 활용하는 기술이 나타나고 있는데, 비트코인 채굴에서도 이러한 사례를 활용할 수 있다. 예를 들어, 캐나다의 채굴업체 민트그린은 폐열을 활용한 난방 서비스를 선보였다. 스웨덴과 네덜란드에서도 유사한 모델이 도입되어, 채굴 폐열로 지역사회 난방 서비스를 공급하는 방안이 시도되었다. 그 결과 겨울철 난방 비용 절감과 에너지 효율 증대에 기여할 수 있었다. 이는 비트코인 채굴이 지역 경제와 공존할 수 있는 모범적인 사례다.

이러한 폐열 재활용 방안이 널리 확산하려면 몇 가지 기술적·경제적 과제가 존재한다.

첫째, 폐열을 효과적으로 수집하고 전달하기 위한 고성능 열 교환기와 단열 시스템이 필요하다. 채굴 장비의 높은 온도를 안정적으로 조절하고, 폐열을 효율적으로 이동시키기 위한 기술적 개선이 필요하다.

둘째, 높은 초기 설치 비용을 개선해야 한다. 폐열을 활용한 난방 시스템이나 산업 공정을 통합하는 데 필요한 인프라 구축에는 높은 투자비용이 들어간다. 이러한 문제를 해결할 수 있는 기업이 얼마 없다 보니, 설비 비용의 개선이 필요하다.

셋째, 지역의 에너지 수요와 채굴 시설의 위치를 고려한 최적의 인프라 설계가 필요하다. 채굴장이 에너지 수요가 높은 지역과 근접해 있지

---

[113] 기존에는 데이터센터 운영자가 IT 장비 냉각에서 발생하는 잔여 열을 제거하고 대기로 방출했지만, 히트 엑스포트 프로그램은 잔여 열을 대기로 방출하는 대신 열 교환기를 통해 다시 열 네트워크로 전송한다. 열 교환기는 데이터센터 냉각 시스템의 물을 열 네트워크 운영자가 인프라의 물과 분리한다. 많은 경우, 열 네트워크 운영자는 열 펌프를 사용하여 물 온도를 높여 지역난방에 적합하게 한다. 그런 다음, 일반적으로 도로와 보도 아래에 설치된 지하 파이프를 통해 가열된 물을 분배한다. [출처: Equinix, Inc.]

않다면 폐열 활용의 경제성이 떨어진다. 대부분의 채굴장 또는 채굴업체가 지역사회와 밀접한 거리에서 운영되고 있지 않기에 이에 대해 논의해야 할 것이다.

이러한 기술적, 경제적 문제를 해결하려면 정부와 기업 간 협력이 필요하다. 친환경 정책과 연계된 인센티브가 제공될 경우 폐열 활용 모델은 더욱 확산될 수 있다.

Park's 조언

비트코인 채굴 산업은 친환경 채굴로의 전환을 위해 다양한 시도를 펼치고 있다. 이러한 시도는 어느 산업보다 적극적이고 실험적이다. 모든 사례가 긍정적이라고 평가할 수는 없으나, 그럼으로써 비트코인 채굴은 환경 파괴가 아니라 에너지를 순환시키는 산업의 일부가 될 수 있다. 기업들이 저탄소 에너지를 활용하여 에너지 효율을 높이는 방향으로 나아가고, 지역사회와 공존할 수 있는 모델을 구축해야 한다. 그리고 정부와 협력하여 지속 가능한 채굴 생태계를 구축한다면, 친환경 채굴은 미래 비트코인 산업의 핵심 전략이 될 것이다.

SECTION 2
채굴 도시 프로젝트

디지털화폐 산업이 실제 지역 경제 발전의 도구로 자리 잡고 있다. 채굴 산업을 중심으로 도시를 개발하고, 경제 활성화를 도모하려는 시도가 세계 여러 지역에서 등장하고 있다. 이들 프로젝트는 투자 유치와 일자리 창출을 목표로 하지만, 해결해야 할 기술적·경제적·사회적 도전 과제가 존재한다. 채굴 도시가 현실적으로 지속 가능한 모델이 되려면 어떤 변화가 필요할까?

01 산업에서 도시로, 비트코인 채굴의 확장

하나의 산업이 도시를 형성하고 발전시킨 사례를 우리 사회에서 다양하게 확인할 수 있다. 과거에는 제조업이 도시를 형성하였고, 최근까지는 IT 기업이 도시를 발전시켰다. 그리고 이제는 비트코인 채굴의 시대가 되었다. 이미 비트코인 채굴을

부탄의 '교육 도시' 자리를 차지한 비트코인 채굴장 [114]

---

114) 출처: 포브스(사진: PLANET LABS PBC) 비트코인 채굴장으로 보이는 시설의 위성사진.

나이브 부켈레(가운데) 엘살바도르 대통령이 2021년 11월 20일 엘살바도르 미사타의 비트코인 행사에서 '비트코인 도시' 건설을 발표하고 있다. [115]

도시 프로젝트로 활용하는 사례를 다양하게 확인할 수 있다.

 부탄은 본래 교육 도시 프로젝트를 통해 젊은 세대의 실업을 해결하고, 국민의 미래를 확보하기 위한 시도를 펼쳤다. 여기에는 컨설팅 기업 맥킨지 앤드 컴퍼니가 동참하기도 하였는데, 해당 도시는 아시아 고등교육의 중심지로 탈바꿈할 계획이었다. 그러나 부탄 내부 사정으로 인해서 교육 도시 프로젝트는 결국 실패하고 말았다. 이 프로젝트에는 본래 세계적인 대학의 위성 캠퍼스와 연구개발 시설, 실험실 등이 들어설 예정이었다. 그만큼 프로젝트로 활용할 부지가 넓었는데, 이제는 그곳에서 비트코인 채굴이 시작되었다. 오랫동안 부탄은 관광 수입에 의존하였는데, 채굴 도시로의 탈바꿈 때문에 새로운 경제 마스터플랜을 형성했다.

 채굴 도시 프로젝트에 가장 적극적인 국가는 역시 엘살바도르다. 엘살바도르는 비트코인을 법정화폐로 채택하고, 화산 옆에 비트코인 시티를 건설할 계획을 발표하면서 디지털화폐 자체를 국가 경제 전략의 핵심으로 삼았다. 이 프로젝트는 화산 지열 에너지를 활용한 친환경 채굴 모델을 기반으로 하며, 외국인 투자 유치 및 블록체인 기술 허브로의 성장을 목표로 한다.

---

115) 출처: 로이터=연합뉴스

02 채굴 도시의 도전 과제와 해결 방안

　산업도시가 성장하기 위해서는, 무엇보다 그 도시의 산업이 지속적인 발전을 이루어야 한다. 그리고 해당 산업에서 활동하는 기업을 도시에 유치해 도시 발전을 위한 인프라를 구축해야 한다.

　부탄과 엘살바도르를 포함한 세계 여러 국가에서 채굴 도시 프로젝트에 관심을 보이고 있다. 그러나 프로젝트 초기 단계에서의 인프라 구축과 자금 조달이 중요한 도전 과제로 꼽힌다. 채굴 도시 프로젝트가 성공적으로 운영되기 위해서는 몇 가지 핵심 과제를 해결해야 한다.

　첫째, 안정적인 에너지 공급과 환경적 지속 가능성을 보장해야 한다. 친환경 에너지를 활용한 채굴 방식이 확대되어야 하며, 정부 차원의 전력 정책과 연계하여 에너지 부담을 최소화하는 전략이 필요하다.

　둘째, 지역사회와의 협력이 필수적이다. 채굴 도시의 경제적 이익이 지역 주민들에게 실질적으로 돌아갈 수 있도록 일자리 교육, 사회 기반 시설 개선 등의 정책이 함께 추진되어야 한다.

　셋째, 디지털화폐 시장의 변동성과 국제 규제에 대한 대비가 필요하다. 정부와 기업은 시장의 변동성을 고려한 장기적인 재정 계획을 마련하고, 국제적인 규제 변화에 대응할 수 있는 체계를 구축해야 한다. 엘살바도르의 비트코인 도시 계획 또한 이러한 변동성에 도시 건설이 중단되기도 하였다.

　디지털화폐 채굴은 이제 글로벌 금융 시스템과 연계하는 산업으로 성장하고 있다. 이제 과거 제조업과 IT산업이 그러했듯이, 비트코인 채굴 산업 또한 도시의 성장동력이 될 수 있다. 그리고 이것이 실현될 때 지역사회와 국가의 경쟁력을 확보할 수 있는 새로운 산업을 확보하게 될 것이다.

03 지역사회와의 공존

비트코인 채굴장이 도시로 진입하면서 지역사회와의 갈등이 심화되고 있다. 특히 채굴장에서 발생하는 소음, 열섬 효과, 전력망 부하 등의 문제는 주민들의 생활 환경에 직접적인 영향을 끼치고 있다. 따라서 우리는 채굴 산업과 지역사회가 어떻게 공존할 수 있는지를 고민해야 한다.

혐오시설은 지역사회 입장에서 상당히 민감하게 받아들이는 사안 중 하나다. 쓰레기 매립지, 화장터, 교도소 등 지역사회의 환경과 경제 흐름에 영향을 미치는 시설이 들어오지 않도록, 주민이 단결하여 플랜카드를 설치하거나 집회를 여는 모습을 목격한 적이 있을 것이다. 이처럼 주민들이 혐오시설을 거부하는 이유는, 그 시설이 지역사회에 들어오면서 발생하는 여러 문제에 대한 두려움 때문이다. 사실 혐오시설에 대한 명확한 기준이 따로 있는 건 아니다. 주민들은 시설 운영 이후 발생할 문제를 미리 예측하여 거부한다. 경우에 따라서는 특정 기업도 혐오시설에 포함할 수 있다. 그리고 이는 비트코인 채굴업체 또한 마찬가지다.

그럼 비트코인 채굴업체가 도시에 진입하면 어떤 문제가 발생할까? 우선 여러 차례 강조했던 전력난이 발생할 수 있고, 대규모 열이 발생해 주변 생태계를 파괴할 수도 있다. 처음엔 채굴업체를 환영했던 지역사회가 나중에는 규제를 강화하거나 아예 갈등을 겪기도 한다. 따라서 지역사회의 갈등을 원만하게 해결하지 못하면 산업 발전이 제대로 이루어지기 힘들 것이다.

비트코인 채굴이 지역사회와 공존하고 지속 가능성을 확보하려면 사회적 책임과 환경 보호를 동시에 고려하는 접근 방식이 필요하다. 이는 기업이 사회의 일원으로 사회적 책임을 다하고, 이를 위해 노력하는

ESG 경영과도 연결할 수 있다. 이에 대한 해결책은 다음과 같다.

첫째, 채굴 에너지를 지역사회에 재활용하는 방안이 도입되어야 한다. 앞서 폐열을 다른 에너지로 활용하여 지역난방 에너지로 활용하였던 사례에서도 알 수 있듯이, 채굴 과정에서 발생하는 열과 에너지를 지역 주민을 위한 서비스로 전환하여 채굴업체와 지역사회 간의 상생모델을 구축할 수 있다.

둘째, 소음 문제를 해결하기 위한 기술적 개선이 필요하다. 일부 채굴업체들은 저소음 냉각 시스템과 방음벽을 설치하고 있다. 또 다른 기업들은 채굴 시설을 지하에 배치하여 소음과 열섬 효과를 최소화하는 방법을 강구하고 있다. 중요한 것은 채굴장에서 발생하는 소음과 열섬을 최소화하기 위한 전략 구성이다.

셋째, 지역사회와 채굴업체 간의 협력을 통한 사회적 기여 모델이 필요하다. 이제 채굴업체가 지역사회에서 활동하기 위해서는, 경제적 이익을 지역사회에 전달하는 정도로 그쳐서는 안 된다. 인프라 구축, 교육 서비스 전달 등 사회적 기여를 이룰 때 채굴업체의 인식이 개선될 것이다. 이를 위해서는 지역사회와의 협력이 반드시 필요하다.

Park's 조언

비트코인 채굴이 나아가야 할 궁극적인 방향이 친환경 에너지를 활용하는 모델이라는 점은 분명하다. 가시적인 효과를 얻기 위해서는 우선 에너지 믹스에 초점을 맞춰야 한다. 화석연료 소비와 친환경 에너지로의 전환이 균형을 갖추는 순간, 비트코인 채굴은 환경 문제의 주범이라는 비판에서 벗어날 수 있을 것이다. 그러므로 채굴업체들은 이제 ESG 경영에 관심을 갖고, 이를 위한 구체적 계획을 수립하고 실천해서 지역사회에 기여하는 엔진으로 작동할 수 있는 길을 모색해야 한다.

SECTION 3
전력망과 채굴의 공존

비트코인 채굴은 전력 소비량이 크다는 이유로 종종 비판받는다. 그러나 반대로 전력망 안정화에 기여할 수 있다는 주장도 제기되고 있다. 남는 전력을 활용하고, 전력 수요가 급증하는 시점에서는 채굴을 중단하여 전력망의 부담을 줄이는 방식이 가능하다는 것이다. 텍사스에서 채굴업체들이 전력망 수요 조절자로 기능하는 경우가 대표적인 예다. 하지만 이 모델이 지속 가능하려면, 경제적 인센티브와 정책적 명확성이 확보되어야 한다.

01 전력망 안정화에 기여하는 비트코인 채굴 모델

미국 텍사스는 풍부한 재생에너지를 보유한 지역이지만, 계절별 온도차가 급격한 지역이기도 하다. 여름철에는 폭염이, 겨울에는 한파가 불어닥친다는 점에서 한국과 사뭇 비슷하다. 그러니 전력 수요 변동성 또한 크게 나타나는데, 텍사스에서 운영 중인 비트코인 채굴장은 이러한 환경에 맞춰 활동한다. 실제로 2023년 텍사스에서 활동하는 비트코인 채굴업체 라이엇 플랫폼(Riot Platforms)은 여름철의 전력망 수요에 대응해, 일시적으로 채굴 작업을 중단하는 대신 수백만 달러에 이르는 보조금을 지급받았다. 이는 텍사스 전기 신뢰성 위원회(ERCOT)에서 운영하는 전력 수요 관리 프로그램의 일환으로, 채굴업체들이 일종의 '**수요 반응**(Demand

Response)[116]' 역할을 수행하여 전력 사용을 탄력적으로 조정할 수 있음을 보여준다. 덕분에 지역사회 전력망의 균형을 유지하는 데 기여하고 있다.

텍사스 사례처럼 채굴 산업이 지역사회 또는 국가의 전력망과 공존하기 위해서는 그만큼 체계적인 방안을 마련해야 한다. **우선 채굴업체들이 전력망에 미치는 실제 영향을 체계적으로 분석해야 한다.** 비트코인 채굴이 전력망 안정화에 기여할 수 있다지만, 반대로 높은 에너지 소비로 인해 전력 공급에 부담을 준다는 주장도 있다. 따라서 채굴업체들의 전력 사용 패턴을 모니터링하고, 데이터 기반의 조정이 필요하다.

다음으로 채굴업체와 지역사회 간의 갈등을 해결해야 한다. 텍사스 사례는 기업 입장에서 긍정적이지만, 지역 주민은 실제로 존재하지 않은 상품을 생산하는 기업이 보조금을 얻었다는 이유로 비판했다. 이러한 비판을 해결하기 위해서는 채굴업체들이 지역사회와 협력하고, 일정 비율의 전력을 재생가능에너지로 조달하는 방안을 모색해야 한다. 또한 채굴업체들이 지역사회 개발 및 인프라 구축에 기여할 수 있는, 사회적 책임 프로그램을 마련하는 것도 중요하다.

정책적 지원과 규제의 명확성도 필요하다. 지역사회와 국가의 여건이 서로 다른 만큼, 전력망에 대한 채굴업체의 운영은 서로 다를 수밖에 없다. 따라서 채굴업체들이 전력망의 유연성을 제공하는 동시에 친환경적인 운영 모델을 확립할 수 있도록 정책적 가이드라인이 필요하다.

또한 기술적인 발달도 필요하다. 대표적으로 스마트 그리드 기술과 에너지 저장 시스템을 활용하는 방식이 있다. 특히 스마트 그리드 기술은

---

116) 수요 반응(Demand Response)이란, 전기회사의 요구에 따라 전기 사용량을 조정하도록 유도하는 것이다. 이는 가격 또는 전기요금 인하와 같은 인센티브를 제공하여 피크 수요를 줄이거나 피크가 아닌 시간대로 전환하는 방식으로 이루어진다.

채굴업체가 전력망 상태를 실시간으로 모니터링하고, 전력 공급이 불안정할 때 즉각적인 대응을 할 수 있다는 점에서 주목할 필요가 있다.

이외에도 채굴업체가 전력회사와 협력할 수 있도록 기회를 제공해야 한다. 채굴업체가 전력망 운영의 중요한 파트너로 자리 잡을 수 있다면, 비트코인 채굴은 새로운 산업 모델을 구성할 수 있을 것이다.

02 전자폐기물 문제에 대한 논의

비트코인 채굴 산업은 매년 막대한 양의 전자폐기물을 발생시킨다. 조사에 따르면 비트코인 채굴로 인해 버려지는 전자폐기물은 이탈리아 전체 전자폐기물의 양과 비슷하다고 한다. 특히, 전자폐기물의 상당 부분을 재활용하지 않고 폐기하면서 심각한 환경 문제가 발생하고 있다. 그러므로 현재 글로벌 IT 기업은 물론 비트코인 채굴업체도 사용하는 전자기기를 재활용하는 방안을 다양하게 마련하고 있다. 계속 새로운 장비를 구매하여 효율성을 높이는 것도 중요하지만, 전자폐기물을 해결하기 위해 다음과 같은 노력도 필요하다.

우선 채굴 장비의 재활용 및 재사용을 촉진해야 한다. 기존 채굴 장비의 성능이 다소 낮더라도 전력 비용이 저렴한 지역이나 소규모 채굴자에게 판매할 수 있다. 이렇게 한다면 장비의 수명을 연장할 수 있다. 일부 기업은 중고 장비의 부품을 재활용하여 새로운 하드웨어로 제작하는 순환경제 모델을 도입하고 있다.

다음으로 모듈형 설계를 도입하여 부품 교체를 손쉽게 만드는 방안이 추진되고 있다. 만약 모듈형 디자인을 적용하면 특정 연산 칩이나 냉각 부품만 교체하여 장비를 계속 사용할 수 있다. 이를 통해 전자폐기물을 줄일 수 있다.

또한 친환경 냉각 기술을 도입해야 한다. 데이터센터 사례처럼 채굴 산업 또한 액침 냉각 기술을 활용하여 장비의 효율성을 높여야 한다. 그러면 폐기율을 줄일 수 있는 것은 물론 운영 비용을 절감할 수 있다.

기업의 노력만큼 정부의 역할도 중요하다. 우선 전자폐기물 관리 표준을 마련해 정부와 기업이 협력해야 할 것이다. 정부가 지속 가능한 장비 사용과 폐기물 처리를 위한 가이드라인을 수립하면, 기업들은 환경친화적인 운영을 시도할 것이다. 필요하다면 전자폐기물 재활용 프로그램에 참여하는 기업에 세제 혜택을 제공해야 할 것이다. 마지막으로 친환경 채굴 장비 개발을 위한 연구비 지원을 확대하고, 친환경 채굴을 수행하는 기업에게 보조금을 지급하는 방안도 검토할 수 있다. 이처럼 전자폐기물을 줄이는 다양한 노력이 나타날 때 지속 가능성을 높일 수 있을 것이다.

Park's 조언

나는 비트코인 채굴이 전력망과 협력하는 새로운 산업 모델로 발전하는 미래를 꿈꾼다. 이제 채굴업체도 전력 사용을 최적화하고 친환경 에너지를 적극 도입하는 방향으로 나아가야 한다. 또 정부와 전력회사는 이를 장려할 수 있는 정책적 유인을 마련해야 한다. 그럼으로써 비트코인 채굴은 전력망의 효율적 운영을 돕는 역할을 수행할 수 있을 것이다.

BITCOIN

Chapter 16
지정학적 측면
(Geopolitical Aspect)

비트코인
문명의
개척자들

SECTION 1

비트코인 채굴에 대한 패권 경쟁
- 미국, 중국, 러시아의 전략

비트코인 채굴은 국가 간 지정학적 전략의 일환으로 부상하고 있다. 국가 차원에서 비트코인 채굴은 에너지·외교·금융 패권과 얽혀 있고, 심지어 정치적 무기화 가능성까지 거론하고 있다. 채굴 산업이 국가 전략과 국제 질서에 어떤 영향력을 끼치는지 알아볼 필요가 있다.

01 비트코인을 바라보는 트럼프 행정부의 전략

트럼프 행정부는 비트코인을 복합적인 요인이 담긴 자산으로 평가한다. 지금 비트코인 채굴 산업을 적극적으로 진행하는 이유도 여기에 있다. 미국이 비트코인을 바라보는 시선과 그에 대한 전략은 지정학적으로 해석해야 한다. 달러를 여러 차례 발행한 미국은, 이제 인플레이션을 오직 달러만으로 해결할 수 없다는 걸 깨달았다. 이미 여러 전문가들은 달러 체제 자체가 흔들리고 있다고 평가하기도 한다. 미국은 달러를 보완할 수 있는 새로운 자산이 필요했고 금과 은 또는 석유 등 전통적인 자산이 아닌 새로운 자산, 즉 비트코인을 인식하게 되었다.

이제 미국은 비트코인 채굴을 국가안보 전략의 일환으로 삼으며 전폭적인 지원을 아끼지 않을 것이다. 아직 연방정부 차원에서는 공식적인 정책 논의가 이루어지지 않고 있으나, 여러 주 정부에서는 비트코인 채굴을 위한 산업 정책을 적극적으로 추진하고 있다. 궁극적으로 미국이 노리는 자리는 디지털화폐의 패권이다. 세계의 디지털화폐 흐름을 미국이 주도함으로써 새로운 발전 동력을 얻겠다는 의지가 강하다. 그리고 그 중심에는 비트코인이 있다. 당장은 전략자산으로 몰수한 비트코인을 소유하는 정도로 그치고 있으나, 나중에는 정부가 직접 채굴하거나 비트코인 채굴업체의 지분을 인수할 수도 있다.

종합적으로 볼 때, 미국은 비트코인을 첨단 기술과 국가 경제 및 안보가 집약된 자산으로 평가하고 있다. 이제 미국은 그들의 패권을 공고히 하기 위해 비트코인을 다른 나라보다 더 많이, 적극적으로 채굴할 것이다. 그것이 디지털화폐의 권력을 얻는 전략이다.

02 중국은 미국을 바라보기만 할까?

미국이 디지털화폐의 수도가 될 것이며 앞으로 비트코인은 미국산이어야 한다는 트럼프의 발언에, 아직 중국은 이렇다 할 반응을 보이지 않고 있다. 언뜻 보면 중국은 이제 비트코인, 나아가 디지털화폐에 크게 관심을 보이지 않는 듯하다. 그러나 미국이 디지털화폐의 주도권을 잡는 것을 그냥 지켜볼 중국이 아니다.

이미 많은 전문가들은 중국의 디지털화폐에 대한 태도가 이전과 달라질 것이라고 예측하고 있다. 이미 전략자산으로 비트코인을 비축하는 미국과 경쟁하려면 중국 또한 가만히 있을 수 없을 것이다. 미국뿐만 아니라 다른 국가 또한 경쟁에 뛰어들고 있으니 중국의 입장이 금방 바뀔 것이라고 예상하는 이들이 적지 않다. 그리고 여전히 중국은 상당한 양의 비트코인을 보유하고 있다. 홍콩을 통해 비트코인을 활용한 수익을 내고 있으니, 중국이 완전히 비트코인을 포기했다고 보기에는 이른 감이 있다.

그렇다면 중국이 다시 채굴을 허용하면 어떻게 될까? 무엇보다 글로벌 비트코인 시장에 상당한 영향을 끼칠 것이다. 우선 중국 내 저렴한 전력 비용을 활용한 대규모 채굴이 재개된다면, 비트코인 해시레이트는 다시 중국으로 집중될 가능성이 크다. 이는 미국 중심으로 형성된 채굴 주도권이 다시 중국으로 이동시키는 결과를 초래할 수 있다. 만약 미국처럼 중국이 비트코인을 전략자산으로 인정한다면 채굴 경쟁은 더 심화될 것이다. 다만 중국은 CBDC를 발행하는 만큼, CBDC와 비트코인을 적절하게 활용하여 글로벌 경쟁력을 강화할 수 있다. 이는 국제 암호화폐 시장에 중대한 변화를 초래한다. 나아가 비트코인의 제도권 내 포용성을 높이는 계기가 될 수 있다.

다만 중국의 입장 변화를 모두 환영하는 것은 아니다. 우선 미국은 디지털화폐의 패권을 유지하기 위해 다시 중국과 경쟁해야 한다. 유럽연합이나 중앙아시아 또한 중국의 디지털화폐 채굴 허용이 국제 금융 질서를 교란할 가능성이 있다고 판단하여, 이에 대해 기존의 입장을 번복하고 새로운 전략을 구상할 것이다. 그리고 중국의 디지털화폐 허용은 동맹국에게도 좋지 않은 소식이다. 비트코인 채굴에 적극적인 러시아는 중국과 상호협력하기보다는 경쟁할 가능성이 크다. 적어도 디지털화폐 패권 경쟁에서는 말이다.

03 러시아의 패권 경쟁 참여, 삼파전 가능성?

러시아는 비트코인 채굴에 가장 적극적으로 나서는 국가 중 하나다. 규모로 따지면 전 세계에서 세 번째이고, 해시레이트를 약 16% 차지하며 그 영향력을 점차 확대하고 있다. 거기다 비트코인으로 얻는 수익 또한 점차 높아지고 있다. 러시아는 미국과 중국에 이어 비트코인 채굴을 통해 디지털화폐 패권을 장악하기 위해 노력 중이다.

무엇보다 정책적으로도 비트코인 채굴에 상당히 적극적이다. 러시아 연방금융감독국은 2024년 새로운 법안 발표를 통해서 디지털화폐 채굴장의 정부 기관 인가와, 생산한 디지털화폐를 정부 기관에 보고하는 것을 의무화하였다. 그리고 정부 기관의 채굴자 폐쇄 여부를 결정하는 것을 명시화하기도 했다. 이를 통해 러시아는 국가가 주도하여 비트코인 채굴 산업을 진행할 예정이다. 기존에는 채굴한 디지털화폐의 해외 유통을 금지하였는데, 이제는 중앙은행의 감독하에 러시아 거래소 내에서 자유로운 거래를 허용하였다. 러시아 안팎으로 디지털화폐를 적극적으로 활용하면서 패권을 장악하려는 의도를 명확하게 드러내고 있다.

러시아의 비트코인 채굴 확대는 자국의 경제적 이익을 얻는 것에 그치지 않고, 국제 무역 경제에도 영향을 끼칠 전망이다. 특히 유럽연합 입장에서는 러시아의 정책을 환영할 수가 없다. 아직 우크라이나와의 전쟁이 계속되고 있는 만큼, 유럽연합은 러시아의 정책에 맞춰 더 강한 규제와 제재를 나타낼 전망이다.

현재 유럽연합은 러시아와 관련된 암호화폐 지갑 주소를 추적해, 불법 자금세탁 및 제재 회피 시도가 확인될 경우 이를 차단하고 있다. 2025년에는 러시아와 관련이 있는 암호화폐 거래소 활동을 제재하기도 했다.

향후 유럽연합은 러시아와 관련된 디지털화폐에 규제 및 제재를 하기 위해 미국과의 협력을 진행할 수 있다. 미국 입장에서도 디지털화폐 패권을 지키기 위해, 유럽연합의 제안을 마다할 이유가 없다. 다만 트럼프가 친러시아적 행보를 보이고 있어서 유럽연합의 계획이 실현될지는 미지수다.

미국이나 중국처럼, 러시아는 비트코인 채굴을 통해 패권을 차지할 수 있을까. 유럽연합의 강경한 태도를 해소하지 않은 한 힘들 것으로 보인다. 그러나 러시아 역시 다양한 전략으로 이에 대처하고 있다. 가령 중국과의 대외무역결제에 디지털화폐를 사용하는 사례가 여기에 해당한다. 이제 러시아는 디지털화폐를 통한 디지털 경제 시스템에 유연한 태도를 취할 것으로 추측된다.

Park's 조언

미국은 비트코인 채굴을 국가 경제 안보와 기술 패권을 강화하는 전략적 수단으로 활용하고, 중국은 디지털 경제에서 유리한 입지를 차지하기 위해 전략을 바꿀 가능성이 있다. 러시아의 전략은 아직 큰 효과를 내고 있지는 않지만 장기적으로 유럽연합과의 갈등을 피해 유연한 전략을 내세움으로써 패권 경쟁에 적극적으로 임할 것이다. 우리가 해당 국가의 채굴 정책에 주목해야 하는 이유는 그들이 국가 경제 전략과 글로벌 디지털화폐 시장의 흐름을 결정짓는 중요 요소이기 때문이다. 과연 세 나라가 어떤 방식으로 이 문제를 다룰지 면밀히 살펴보고, 비트코인의 글로벌 경제적 역할을 다시 정의할 필요가 있다.

SECTION 2
주변 국가들의 심상치 않은 움직임

중동 국가는 풍부한 석유를 바탕으로 경제적 풍요를 누리고 있다. 그들이 지금까지 비트코인에 관심을 가지지 않았던 이유도 이러한 경제적 배경 때문이다. 그러나 중동 국가의 태도가 변화하기 시작했다. 이제 그들도 새로운 자산, 디지털 금에 대한 관심을 높이고 있다. 중동 국가의 행보가 앞으로 비트코인 채굴에 어떤 영향을 끼칠 것인가?

01 비트코인 채굴을 시도하는 중동 국가들

지금까지 중동 국가들은 일부 지역이나 국가를 제외하면 비트코인에 크게 관심을 기울이지 않았다. 오히려 부정적인 견해를 드러내는 경우도 있었다. 가령 2010년대에 사우디아라비아와 카타르 등은 디지털화폐 투자가 상당한 위험성을 지니고 있다면서, 지역 내 거래를 금지하기도 했다. 이처럼 다소 냉담했던 국가들이 지금은 바뀌고 있다. 미국에서 진행하는 셰일오일 산업의 성과가 저조하고, 러시아와 우크라이나의 전쟁으로 인해서 에너지 가격이 상승한 탓에 전 세계 국가는 물론 중동 국가들도 피해를 보았다. 이에 중동 국부펀드들은 다양한 상품에 투자하였다. 디지털화폐라고 예외는 아니다. 그리고 달러 의존에 대한 변화도 크게 작용한다. 특히 사우디아라비아 등 여러 중동 국가는 지정학적으로 이스라엘, 그리고 미국과 대립하고 있다. 향후 관계의 변화가 나타날 수 있겠으나, 중동 국가는 미국과의 경제적 관계를 재편할 필요가 있다. 그 일환으로 디지털화폐가 달러를 대신하는 대안이 될 수 있다.

또한 새로운 산업을 형성하기 위해 블록체인을 도입하는 것이다. 블록체인은 여러 산업 분야에서 복합적으로 활용할 수 있기에, 중동 국가의 미래를 위해 반드시 투자해야 하는 기술이다. 그러니 비트코인을 비롯한 디지털화폐에 관심을 갖고 친화적인 태도를 보이는 것은 당연하다. 많은 이들이 '중동 국가는 소유한 석유 외의 다른 자산에 보수적인 태도를 보인다'라고 여긴다. 그러나 중동 국가 또한 세계적으로 그들의 영향력을 확장하기 위해서는 새로운 기술과 자본이 필요하다. 비트코인이 이에 부합하며, 현재 여러 중동 국가에서 비트코인 채굴에 긍정적인 태도를 보이고 있다.

비트코인 채굴을 허용한 몇 안 되는 중동 국가 중 하나가 바로 이란이다. 이란은 몇 차례 규제 완화와 강화를 반복해 왔지만, 2024년부터 새로운 규제를 통해 비트코인 채굴은 물론 디지털화폐를 수용하는 자세를 취하고 있다. 이러한 이란의 태도는 비트코인 채굴과 디지털화폐를 통해서 국가 경쟁력을 갖추기 위함이다. 한편 카타르는 비트코인과 디지털화폐의 채굴 및 투자를 오랫동안 금지하였으나 최근에는 디지털 자산 및 블록체인 투자를 논의하고 있으며, 이에 대한 정책도 나올 것으로 전망하고 있다.

사우디아라비아는 비트코인에 가장 강경한 태도를 보이는 국가 중 하나다. 그러나 2024년부터 디지털 자산 및 CBDC 프로그램을 이끌 책임자를 고용하고, 블록체인을 구현하기 위한 시도를 펼치고 있기에 변화의 조짐이 나타나고 있다.

이처럼 오랫동안 디지털화폐와 비트코인 채굴에 소극적인 자세를 보였던 중동 국가들도 새로운 패권 경쟁 흐름에 관심을 두고 있다. 이들은 향후 디지털 경제의 흐름을 확보하기 위해서라도 디지털화폐, 그리고 비트코인 채굴에 집중할 것으로 보인다.

02 중앙아시아의 고민

중앙아시아 국가들은 새롭게 형성되고 있는 디지털화폐 패권 경쟁을 달갑게 보기 어렵다. 지금까지 중앙아시아 국가들이 비트코인 채굴 산업을 성장시킬 수 있었던 배경에는 중국의 강경한 태도가 크게 영향을 끼쳤다. 그 흐름에 탑승해 유연한 규제 환경과 저렴한 전력 비용을 채굴업체에 약속한 부분도 크다. 그러나 현재는 상황이 많이 달라졌다. 이제 채굴 산업은 경제 기회 창출은 물론, 국가 간 에너지 협력 및 기술 주도권 경쟁과도 밀접한 연관이 있기 때문이다. 따라서 산업을 유지하는 한편, 인접 국가의 산업 변화에 대응하여 균형 있는 전략을 시도할 것으로 예상된다.

지정학적으로 중앙아시아 국가들, 특히 카자흐스탄이나 우즈베키스탄은 중국, 러시아와 밀접한 관계를 형성하고 있다. 따라서 이들과의 관계를 유지하기 위해 다양한 정책을 나타낼 것으로 보인다. 특히 러시아가 디지털화폐를 통한 대외 무역 결제를 시도하고 있기에, 중앙아시아 국가 또한 이를 수용할 가능성이 크다. 그러나 다른 한편으로는 부족한 기술과 자본을 획득하기 위해, 미국 등 서방 국가와의 협력이 필요하므로 이를 무시하지는 않을 것이다.

종합하자면 중앙아시아 국가들은 비트코인 채굴 산업을 국가 경제 및 외교 전략의 일부로 활용할 수 있다. 그러나 가장 중요한 점은 중앙아시아 국가들이 비트코인 채굴로 얻는 이익이다. 그들 입장에서는 채굴이 장기적인 산업 발전을 모색할 수 있는 수단이기에, 이를 지속 가능하도록 여러 방안을 모색해야 한다. 현재 일부 중앙아시아 국가는 채굴 수익을 재투자하여 다른 산업을 발전시키는 정책을 논의하며, 국가 산업의 변화를 꾀하고 있다. 그러나 다른 중앙아시아 국가에서는 채굴 산업에 대한 인프라 투자를 위해, 외국 기업과의 협력을 추진하여 비트코인 채굴 산업을 강화하고 있다.

03 기술 선진국은 비트코인을 어떻게 바라볼까?

이스라엘은 세계적으로 유명한 스타트업 강국이다. 그만큼 세계에서 통용되는 수많은 선진 기술을 개발하여 국가 경쟁력을 갖추고 있다. 인근 국가들과 군사적 충돌이 있음에도 불구하고, 수백 개 이상의 글로벌 스타트업이 활동하고 있다. 이에 사회적, 경제적 발전이 매우 우수한 국가 중 하나로 꼽히고 있다. 그런데 이런 이스라엘이 비트코인 채굴 산업에는 관심을 보이지 않는다. 적대적 관계인 하마스가 디지털화폐를 통해 자금을 확보하고 있을 때 비판적 태도를 보이는 것이 고작이다.

한편 일본은 세계적으로 유명한 기술 선진국이지만, 국가 차원에서 비트코인 채굴 산업에 관심을 보인 적은 거의 없다. 다만 2024년에 일본 최대 전력 기업 도쿄전력이 재생에너지로 비트코인 채굴을 시작하였고, 2025년에 소프트뱅크가 비트코인 채굴 기업 사이퍼마이닝에 약 5천만 달러를 투자했다. 이렇게 기업 차원에서 비트코인 채굴 산업에 관심을 보이고 있지만, 국가 주도적으로 나서는 활동은 사실상 전무하다.

영국은 우수한 기술력을 지녔을 뿐만 아니라, 비트코인 보유량 4위[117]인 국가다. 그러나 다른 유럽 국가처럼 디지털화폐 규제에 대해 엄격한 입장을 고수하고 있다. 기업 차원에서는 비트코인 투자 및 채굴 산업 활성화를 시도하고 있으나, 국가의 정책과 부딪히는 경우가 많다.

유럽연합을 이끄는 독일과 프랑스는 유럽을 대표하는 기술 선진국이다. 이 두 국가는 유럽연합의 기조처럼 비트코인 채굴에 강경한 입장을 보이고 있지만, 모두 수만 개의 비트코인을 보유하고 있다. 그리고 매매와 매각을 반복하면서 차익을 얻는 등, 비트코인 채굴과 다르게 디지털화폐에 대한 투자가 국가 차원에서 이루어지고 있다. 즉, 채굴 산업 발전에 대한 투자와 별개로 디지털화폐를 투자 상품으로 인식해 거래하고 있다.

그동안 이들 국가들이 비트코인 채굴에 적극적이지 않은 이유는 그들이 처한 사회적, 경제적, 정치적 요인이 서로 달라 세밀하게 분석하기 어렵다. 다만 공통점은 비트코인 채굴의 높은 에너지 소비 및 환경문제가 걸림돌로 작용하는 것이 분명하다. 또한 비트코인 채굴의 경제적 수익도 문제이다. 비트코인 채굴은 전적으로 전기료가 저렴한 지역에서 운영할 때 높은 수익성을 기대할 수 있다. 그러나 기술 선진국으로 평가받는 국가 모두 전력 소비에 불리한 환경을 지니고 있다. 재생에너지를 통해 손실을 낮출 수 있겠으나, 채굴업체 입장에서는 기술 선진국 대신 다른 국가에서 활동하는 편이 더 높은 수익성을 얻을 수 있다.

무엇보다 기술 선진국들은 비트코인 채굴보다 국가 전력망의 안정성

---

117) 2024년 기준. 국가 예산을 사용한 국가 차원의 보유량.

을 중요하게 여기고 있다. 전력망 사용은 사회 안전 및 국가안보와 연결되기에, 비트코인 채굴에 적극적으로 임할 이유가 없다. 다만 최근 디지털화폐 패권 경쟁이 심화되는 가운데 기술 선진국들은 미국, 중국, 러시아 등 다른 국가의 비트코인 채굴 산업에 관심을 가지고 있다. 그리고 향후 몇 가지 요인에 따라 이들의 입장이 변화할 가능성이 있다.

그 요인으로는 에너지 효율적인 채굴 기술의 발전에 있다. 비트코인 채굴에서 지분증명(PoS) 방식과 같은 효율적인 합의 알고리즘이 등장하거나, 재생 가능 에너지 사용을 확대하는 모델이 등장하면 기술 선진국들도 긍정적인 입장을 취할 수 있다. 무엇보다 글로벌 디지털화폐 패권 경쟁이 심화되면 기술 선진국들도 새로운 접근법을 모색할 것이다. 비트코인을 전략자산으로 확보하려는 세계 질서가 본격적으로 나타난다면, 기술 선진국들도 경쟁에 뛰어들 가능성이 크다. 그렇다면 비트코인 네트워크의 흐름은 다시 바뀔 것이다.

04 작은 국가들의 반란

초강대국과 기술 선진국이 비트코인 채굴에 적극적인 정책을 펼쳐 비트코인을 확보하려고 하는 지금, 작은 국가들의 반란 또한 만만치 않다. 가장 적극적인 모습을 보이는 엘살바도르는 2024년 12월을 기준으로 비트코인을 약 6,000개 보유하고 있다. 미국이나 중국 등에 비하면 적은 양이지만, 가격만 따지면 약 5억 6,000만 달러에 달한다. 거기다 2024년 말부터 평가이익은 100%를 넘은 상태다. 그리고 엘살바도르는 추가적인 비트코인 채굴에도 힘쓰고 있으니, 앞으로 더 많은 수익을 창출할 예정이다.

또 다른 작은 국가로 부탄이 있다. 부탄은 현재 약 1만 3,000개의 비트코인을 보유하고 있으며, 이는 GDP의 36%에 해당하는 9억 달러 규모로 추산된다. 심지어 부탄은 비트코인이 5,000달러였을 때부터 채굴하였던 것으로 드러나, 현재 수익률은 다른 국가들보다 상당히 높을 것으로 예상한다.

엘살바도르와 부탄 말고도 비트코인 채굴 산업에 조용히 손을 얹은 국가들이 있다. 가령 우크라이나는 약 4만 6,000개, 핀란드는 약 1,900개, 조지아는 66개를 소유하고 있다. 미국이나 중국, 러시아, 영국에 비하면 분명 적은 숫자이지만 이들은 향후 비트코인 채굴 산업에 더 본격적으로 뛰어들 예정이다.

Crypto Ownership by Continent [118]

	2023	2024	% Change
Asia	268.2M	326.8M	21.8%
North America	52.1M	72.2M	38.6%
Africa	40.1M	43.5M	8.5%
Europe	30.7M	49.2M	60.3%
South America	25.5M	55.2M	116.5%
Oceania	1.4M	3.0M	114.3%

작은 국가들이 비트코인 채굴 산업에 뛰어든 이유는 무엇일까? 물론

---

118) 출처: TRIPLE-A 2024 보고서

경제적 이익을 확보하기 위해서다. 하지만 세부적인 사정에 대해서도 확인할 필요가 있다. 우선 경제적 다각화와 자립성 강화이다. 엘살바도르와 부탄은 전통적인 산업 의존도를 줄이고, 비트코인 채굴을 통해 경제적 독립성을 높이려는 목표를 가지고 있다. 경제적 자산을 축적하고 이를 장기적인 성장동력으로 활용하려는 의도로 국제 금융 시스템에서 독립적인 경제 주체로 자리 잡으려는 전략이다. 그들에게는 비트코인의 가격 변동성이 어려운 문제가 되겠지만, 적어도 2025년 지금은 어느 때보다 행복한 시간을 보내고 있다.

Park's 조언

디지털 경제의 흐름이 본격적으로 나타나고 있는 지금, 디지털 화폐 패권 경쟁에 중동 국가는 물론 주변 여러 나라들도 저마다 야심을 드러내기 시작했다. 기존 금융 시스템에서 불리한 위치에 있는 국가들이, 비트코인이라는 새로운 기술을 활용하여 경제적 자립을 추구하는 건 혁신적인 시도이다. 물론 비트코인 가격 변동성이 그들에게 가장 큰 걸림돌이 되겠으나, 비트코인과 디지털화폐를 활용한 새로운 경제 모델을 구축할 수 있다는 점에 의의가 있다.

SECTION 3
그 밖의 채굴을 둘러싼 패권 경쟁

비트코인 채굴은 보유량의 경쟁뿐만 아니라 특정 국가의 해시레이트와 채굴기 경쟁에도 불을 지폈다. 특히 해시레이트의 과반수를 특정 국가나 기업이 장악한다면, 이는 경제적·정치적 무기로 악용될 가능성이 있다. 따라서 해시레이트 집중 현상은 지정학적 리스크를 동반하는 글로벌 금융 질서의 변화를 의미한다. 또한 주로 중국 기업이 제조했던 채굴기도 기술 경쟁이 펼쳐지면서, 미국을 비롯한 다른 국가들도 채굴 장비 개발 및 생산을 위한 정책 지원을 펼치고 있다.

01 해시레이트 패권 경쟁 시대

현재 세계적으로 비트코인 해시레이트 점유율이 높은 국가는 미국과 중국, 러시아, 카자흐스탄이다. 특히 미국은 전 세계 해시레이트 점유율의 40% 이상을 차지하고 있다. 중국 또한 채굴 금지 정책을 펴고 있음에도 여전히 높은 해시레이트를 유지하고 있다. 여기에 러시아나 카자흐스탄 또한 점유율 확보를 위해 정책을 시행할 가능성이 크다. 만약 이러한 상황이 지속된다면 해시레이트 집중 현상은 필연적으로 발생할 것이다. 그렇다면 비트코인 네트워크의 검열 저항성과 탈중앙화 원칙 훼손을 심각하게 고민해야 한다.

우리는 해시레이트 집중화가 지정학적 리스크를 발생시킬 수 있다는 점을 반드시 확인해야 한다. 세부적으로 살피면, 네트워크 검열 가능성이다. 이는 특정 국가가 다수의 채굴 노드를 운영하면서 블록 유효성을 임의로 조정할 가능성이 있다는 점을 내포한다. 그리고 51% 공격 리스크도 존재한다. 만약 국가 또는 기업이 네트워크 연산력의 과반수를 차지할 경우, 특정 거래를 무효화하거나 중복 승인할 수 있는 51% 공격이 발생할 수 있다. 아직 해시레이트 집중화 가능성은 낮지만, 국가 차원의 전략적 개입이 이루어진다면 이러한 공격이 현실화될 가능성을 배제할 수 없다. 이 외에도 채굴 규제 및 과세 압력이 발생할 수 있다. 따라서 우리는 대응 방안을 논의해야 한다.

우선 분산형 채굴 풀 모델을 적극적으로 활용해야 한다. 이는 채굴 연산력을 균등하게 분산하는 풀 방식의 개발을 통해, 특정 국가에 해시레이트가 집중되지 않도록 방지할 수 있다. 다음으로 친환경 채굴 지역의 확산이 필요하다. 이는 일부 지역과 국가로 집중되는 채굴 기업의 활동을 크게 넓히면서 해시레이트 집중화를 예방할 수 있다. 그리고 해시레이트 집중이 국가안보와 직결될 수 있다는 점에서, 국제 채굴 거버넌스를 구축하여 글로벌 채굴 정책을 조율하는 방안을 마련해야 한다. 이러한 방안이 모색된다면 네트워크 연산력이 분산될 것이고, 현재의 분산 네트워크를 유지할 수 있다.

02 채굴 장비 공급망 - 중국이 주도한 ASIC 채굴기 시장

2024년을 기준으로 ASIC 칩 설계를 선도하는 기업은 비트메인이다. 비트메인은 중국 베이징에 본사로 둔 글로벌 기업으로, 현재 비트코인 채굴 장비 시장의 90%를 차지하고 있다. 사실 비트메인 말고도 중국 기업은 오랫동안 채굴기 장비 시장을 선도했었다. 현재 중국 정부의 채굴 금지 정책이 중국 채굴 장비 기업에 영향을 끼치고 있으나, 여전히 그들의 시장 점유율을 가볍게 보아서는 안 된다. 이는 국제적인 기술 패권 경쟁과 연결되어 있기 때문이다.

이에 미국은 비트코인 채굴 장비의 중국 의존도를 줄이고, 자체적인 하드웨어 개발을 통해 공급망을 다변화하려는 전략을 추진 중이다. 실제로 인텔(Intel)은 2022년 엔비디아의 GPU 'H100'보다 3배 이상 가성비를 지녔다고 평가하는 ASIC 반도체 가우디2(Gaudi 2)를 발표한 적이 있다. 그리고 비슷한 시기에 비트코인 채굴에 최적화된 '보난자 마인(Bonanza Mine)'을 발표했었다. 이런 새로운 기술의 등장에도 불구하고, 인텔이 사실상 사업을 철수하면서 비트코인 채굴기 제조 시장에서 미국의 점유율은 그리 높지 않았다.

그러나 현재 미국이 비트코인 채굴을 국가 주도로 진행하려 하면서, 중국 기업의 채굴기에서 벗어나 다시 채굴기 개발 및 제조에 나설 것으로 전망된다. 이미 미국은 중국에 대한 대외무역 제재를 강화하고 있어 본국의 기업이 채굴기 개발 및 생산에 집중할 수 있는 방안을 마련할 것이다. 비트코인 채굴 산업에서도 경쟁력을 강화하여 자국은 물론 유럽 등 전통적인 동맹국에 이를 전달할 가능성이 크다.

다만 이 과정에서 몇 가지 과제가 존재한다. 우선 비용 문제다. 중국의 비트메인이 지금까지 채굴기 제조 시장을 거의 독점할 수 있었던 이유는 저렴한 가격 때문이다. 그런데 미국이 자체적으로 채굴기를 생산할 경우 중국보다 높은 비용으로 책정할 것이다. 그렇다면 과연 경쟁력이 있는지 따져야 한다. 만약 미국이 기술력을 앞세워 채굴기를 생산한다면, 향후 채굴기 가격 상승으로 이어질 가능성이 크다.

그리고 기술적 역량 확보도 문제가 된다. 중국은 이미 제조기 시장에서 오랫동안 축적한 노하우를 보유하고 있다. 미국이 중국의 기술적 역량을 따라잡을 수는 있겠으나, 단기간에 해결하기는 어려울 것이다. 그 사이에 비트코인 채굴 산업의 변화가 나타나면, 미국 입장에서는 기술 개발 및 확보에서 크나큰 손실을 얻을 것이다.

마지막으로 채굴기 시장의 변화도 주목해야 한다. 만약 미국이 저렴한 제조기 개발에 성공하여 이를 생산한다 해도, 미국 내에서만 판매될 가능성이 크다. 중국 외에 러시아 등 여러 국가들도 비트코인 채굴에 적극적인 상황에서, 반드시 미국의 채굴기를 수입할 이유가 없다. 이제 비트코인 채굴은 특정 국가가 주도하지 않고 여러 국가가 점유율을 높이려고 하는 만큼, 미국의 영향력이 채굴기 제조 쪽에서는 크게 나타나기 힘들 것이다. 나아가 서방 국가들이 중국의 채굴기 지배력을 약화시키고 독자적인 공급망을 구축하려면 기술 개발, 생산 비용 절감, 시장 경쟁력 확보라는 세 가지 과제를 해결해야 한다.

Park's 조언

채굴 산업을 전략자산으로 간주하는 국가들이 늘어나면서, 채굴 산업 그 자체를 국가 경제 및 안보와 연결하려는 시도가 나타나고 있다. 해시레이트는 물론 채굴 장비 공급망까지 또 하나의 패권 경쟁이 벌어지고 있는 만큼, 우리도 미래 디지털 금융 시스템에서의 주도권 확보를 위한 전략이 필요한 때다.

BITCOIN

Chapter 17
클라우드 마이닝
(Cloud Mining)

비트코인
문명의
개척자들

SECTION 1
클라우드 마이닝의 세계

클라우드 마이닝은 개인이 직접 채굴기나 전력 인프라를 갖추지 않아도, 원격 데이터센터를 활용해 해시레이트를 임대받아 채굴에 참여하는 서비스다. 적은 자본으로도 참여가 가능하고, 기술적으로도 편의성을 제공받을 수 있다. 그러나 지금까지 운영 측면에서 여러 문제가 제기되었을 뿐만 아니라 실제 피해 사례도 나타난다. 클라우드 마이닝을 신뢰할 수 있는지 고민하는 사람들이 적지 않을 것이나 분명 신뢰도 높은 운영 방식으로 운영해 성공한 기업들이 존재한다. 또 최근에는 규제 정비와 함께 미래 사업 전망을 제시하는 흐름도 있다. 이제 우리는 클라우드 마이닝의 전망을 확인해야 할 것이다.

01 클라우드 마이닝의 작동 원리

과거에는 개인 컴퓨터로도 비트코인 채굴이 가능했었지만, 이제는 고성능 채굴기를 소유하지 않으면 사실상 참여하기 어려운 구조다. 그렇다면 개인은 기업에 밀려 비트코인 채굴에 참여하지 못하는가? 그렇지 않다. 클라우드 마이닝을 통해 개인도 얼마든지 채굴에 참여할 수 있는 길이 열렸다.

클라우드 마이닝이란 일종의 주식회사와 유사하다. 기업의 이익과 영속성을 위해 경영 활동을 펼쳐 얻은 수익을 기업의 이해관계자들과 분배하는 것이다. 가령 주주로 예를 들 수 있다.

주주는 회사에 일정한 자본금을 납입해 주식을 취득하고, 소유한 주식 규모에 따라 배당금을 받는다. 클라우드 마이닝 또한 참여자(주주)가 데이터센터(기업)의 해시레이트를 임대하고, 해시레이트를 통해 디지털화폐를 채굴(기업 활동)하면서 발생한 수익(배당금)을 받는 것이다. 당신이 직접 기업을 경영하지 않고 주식에 투자하여 주주가 되듯이, 클라우드 마이닝에 참여한 참여자는 채굴기 구입이나 유지보수, 전력 소비 문제 등 채굴 운영 및 관리에서 자유롭다. 그저 계약만으로 채굴 생태계에 참여할 수 있는 셈이다.

클라우드 마이닝의 구조는 해시레이트 규모와 계약 기간에 따라 달라진다. 단기계약부터 장기계약까지 다양한 선택지가 있으며, 사용자는 자신의 예산과 투자 전략에 맞춰 해시레이트를 임대할 수 있다. 일부 서비스는 고정형 계약을 제공하여, 사용자가 미리 정해진 기간 동안 일정한 수익을 얻을 수 있다. 다른 계약으로는 변동형 구조를 택하여 시장 상황에 따라 수익을 분배받을 수 있다.

클라우드 마이닝 계약의 수익 분배 방식은 기업 운영 방식이나 방향에 따라 상이하다. 기본적으로 채굴한 코인은 계약한 해시레이트 비율에 따라 배분한다. 다만 매일 혹은 주 단위로 지급할지는 계약에 따라 다르다. 또한 수익성은 네트워크의 난이도, 비트코인 가격 변동성, 채굴 풀의 운영 효율성 등에 따라 달라질 수 있다. 가령 비트코인의 가격이 급등하는 시기엔 일정한 해시레이트로 많은 수익을 낼 수 있지만, 비트코인의 가격이 폭락하는 시기에는 동일한 해시레이트로 큰 수익을 내지 못할 것이다. 오히려 손해가 발생할 수도 있다. 그래서 클라우드 마이닝 계약 모델을 따져야 하는데, 여기엔 크게 두 가지 형태가 있다.

우선 해시레이트 임대형(호스트 마이닝, Host Mining)이다. 이 모델은 사용자가 특정 해시레이트를 일정 기간 임대하고, 그에 따른 채굴 수익을 배분받는 방식이다. 대부분의 클라우드 마이닝 서비스가 이 방식을 채택한다.

다른 하나는 수익 공유형(해시 파워 리스, Hash Power Leasing)**이다.** 이 모델은 사용자가 초기 투자금을 지불한 뒤 채굴 수익에서 일정 비율을 배분받는 방식이다. 이 모델은 채굴 수익이 증가할 경우 높은 수익을 기대할 수 있으나 반대의 경우에는 수익을 얻지 못한다. 즉, 시장 상황에 따라 변동성이 크다는 특징이 있다.

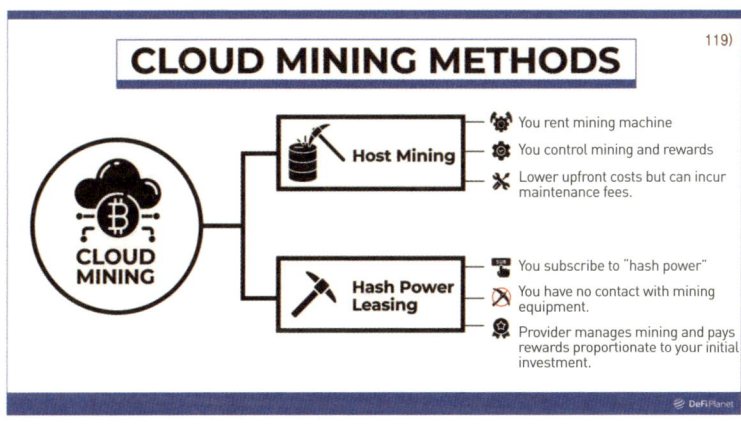

02 클라우드 마이닝을 시작하기에 앞서

이제 비트코인 채굴 산업은 기업화를 이루었다. 대규모 자본과 수많은 채굴기로 무장한 대형 기업들이 세계 곳곳에서 활동하고 있다. 채굴 산

---

119) 출처: DeFi Planet, https://coinmarketcap.com

업에 이제 막 발을 들이는 이에게는 정글과 같은 환경이다. 그래서 **비트코인 채굴 산업에 막 입문하는 사람에게는 클라우드 마이닝을 추천한다.**

클라우드 마이닝은 채굴에 직접 참여하기 어려운 개인 투자자들에게 새로운 기회를 제공한다. 이때 몇 가지는 주의해야 한다.

우선 클라우드 마이닝을 운영하는 기업의 투명성이다. 반드시 믿을 만한 기업과 계약하고, 조건을 꼼꼼히 따져야 한다.

그리고 수익 분배 방식도 미리 확인해야 하고, 시장 변동성 역시 잊지 말자. 비트코인의 가격 변동은 클라우드 마이닝의 수익에 직접적인 영향을 미친다. 비트코인 가격이 하락하면 채굴 수익성이 떨어지며, 심한 경우에는 투자금조차 회수하지 못할 수도 있다는 점을 명심하자.

마지막으로 해시레이트 경쟁 심화를 염두에 두어야 한다. 현재 기업과 국가를 중심으로 해시레이트 경쟁이 본격적으로 이루어지고 있다. 이러한 상황에서 비트코인 네트워크 난이도가 상승하면, 이전과 동일한 해시레이트로도 적은 보상을 받을 수 있다. 이는 장기 계약을 체결한 사용자들에게 불리한 조건이 될 수 있다.

만약 당신이 비트코인에 관심이 있고 채굴 산업까지 시야를 확장했다면 클라우드 마이닝 또한 눈여겨봐야 할 것이다. 다만 섣부른 진입은 금물이다. 먼저 클라우드 마이닝을 확실하게 이해할 필요가 있다.

클라우드 마이닝의 유의점

클라우드 마이닝 사기	클라우드 마이닝의 가장 큰 문제 중 하나는 사기 위험이 높다는 것이다. 클라우드 마이닝에 투자하기 전에 충분한 조사가 필수이다. 다른 사용자의 온라인 후기나 사기 탐지 서비스 등을 통해 클라우드 마이닝 서비스의 신뢰성을 확인하자.
낮은 이익 마진	클라우드 마이닝은 편리함의 이점에 비례하여 수수료로 인해 예상한 수익보다 낮을 수 있다. 서비스 제공업체가 재정적, 법적, 기술적인 문제에 직면하면 잠재적 수익에도 영향을 미칠 수 있다. 또한 시장 상황에 따라 채굴 운영에 큰 영향을 미쳐 약세장에서는 채굴을 통해 얻는 수익보다 전기요금 등의 형태로 더 많은 비용이 발생할 수 있다.
직접적인 통제권 부족	클라우드 마이닝은 서비스 이용자의 제한 사항이 발생한다. 모든 채굴 작업을 서비스 제공업체에 의존해야 되며, 사업의 안정성과 경영 관행에 따라 잠재적 수익이 좌우된다. 만약 클라우드 마이닝 서비스가 폐업하거나 사기에 연루된다면 투자 수익과 원금이 위험에 처할 수도 있다.

Park's 조언

클라우드 마이닝은 비트코인의 탈중앙화 철학과 금융 혁신이 만들어낸 또 하나의 진화된 채굴 모델이다. 참여자는 직접 장비를 소유하지 않아도 채굴 생태계에 참여할 수 있는 기회를 얻고, 전 세계 어디서나 개인이 디지털 자산을 축적할 수 있다. 하지만 이 기회는 올바른 정보와 분석을 바탕으로 활용해야만 진정한 가치를 발휘할 수 있다. 당신이 아무 주식회사에 투자하지 않듯이, 클라우드 마이닝에도 정확한 정보 탐색과 신중한 결정이 필요하다.

SECTION 2
기술적 이점과 접근성

개인이 직접 채굴하는 방식과 비교할 때, 클라우드 마이닝의 긍정적 기술 측면과 접근성은 무엇인가? 또한 대규모 데이터센터의 운영 효율성과, 재생에너지 활용 가능성을 공유할 수 있다는 장점이 실제로 어느 정도 효과적일까?

01 클라우드 마이닝의 경제적 효율성

　인류 발전에서 가장 중요한 요인은 바로 기술 발달이다. 저마다 방향과 차이는 있어도, 인류가 지금 활용하는 여러 기술은 효율성과 편의성에 의해서 급격한 변화를 나타냈다. 클라우드 마이닝도 다르지 않다. 긴 시간 동안 클라우드 마이닝이 경제적 효율성을 지니지 않았다면 이미 사라졌을 것이다. 만약 현재 클라우드 마이닝이 없다면 무슨 일이 벌어질까? 여전히 사람들은 개인이 직접 채굴 장비를 소유해 관리해야 하고, 대규모 자본을 지닌 기업에 밀려 비트코인 채굴 자체에 손을 대지도 못했을 것이다. 일정한 자본만 투입하면 개인은 물론 산업 전반적으로 따져도 클라우드 마이닝은 상당한 비용 절감을 이룰 수 있다. 즉, 개인 채굴과 비교할 때 더 안정적인 수익 모델을 산업적으로 형성할 수 있다.

물론 클라우드 마이닝이 완벽한 솔루션은 아니다. 다만 편의성과 효율성을 선호하는 투자자에게는 충분히 매력적인 투자처가 될 것이다. 이제 기업도 클라우드 마이닝 서비스를 개선하여, 스마트 계약을 통해 자동화된 배분을 받을 수 있도록 블록체인 기반의 투명한 거래 구조를 도입하고 있다. 또한 수익 배분도 보다 명확히 하고, 사용자들에게 리스크를 사전에 공지하는 정책을 강화하는 움직임을 취하고 있다. 만약 당신이 채굴의 복잡한 구조를 이해하기 어렵다면, 클라우드 마이닝은 최선의 선택지가 될 것이다.

02 대표적인 클라우드 마이닝 업체와 운영 모델

시장에서 잘 알려진 클라우드 마이닝 업체들은 어떤 운영 모델을 채택하고 있을까? 세계적인 범위로 따진다면 현재 클라우드 마이닝 업체는 수십, 수백에 이른다. 2024년을 기준으로 현재 대표적인 클라우드 마이닝 업체는 어디인지 살펴보자.

우선 ECOS가 있다. 2017년에 설립된 ECOS는 현재 40만 명 이상의 참여자를 이끄는 대표적인 클라우드 마이닝 업체다. 비트코인 클라우드 채굴 계약을 지원하는 ECOS는 500달러부터 투자할 수 있는데, 계약 기간은 옵션에 따라 최소 6개월에서 최대 30개월까지 정할 수 있다. 그리고 수익은 매일 지급하지만, 채굴 비용과 유지 관리 비용은 따로 작성해야 한다.

다음으로 바이낸스 클라우드 마이닝이 있다. 아마 비트코인에 투자하는 투자자라면 세계 최대 디지털화폐 거래소 바이낸스를 모르지 않을 것이다. 바이낸스 클라우드 마이닝은 바로 그 바이낸스에서 운영하는 서비스다. 계약은 보통 90일 기간으로 하지만 단기 계약도 가능하다. 수익은 매일 지급하는 대신, 바이낸스에서 일정한 활동을 할 때마다 수수료를 지불해야 한다. 그리고 비트코인 클라우드 마이닝만 지원한다는 점에서 신중한 선택이 필요하다.

비트디어는 2013년에 설립한 업체로, 세계적으로 데이터센터를 보유하고 있다. 북아메리카, 유럽, 그리고 아시아 어디에서나 데이터센터를 보유하고 있어서 안정적인 활동을 보장한다. 또한 비트코인은 물론 여러 디지털화폐 채굴을 지원하기에 범용성까지 확보하고 있다. 계약 기간은 최소 30일이며, 다른 업체와 달리 아주 적은 비용으로도 투자가 가능하다. 수익은 매일 지급하고, 계약별로 수익률과 수수료를 명확하게 명시하고 있다. 다만 일부 디지털화폐 채굴은 수개월 동안 계약해야 하니 신중한 검토가 필요하다.

당신이 비트코인 채굴 산업에 아주 적은 비용을 투자한다면 어느 업체를 선택해도 크게 다르지 않다. 하지만 우리가 투자해야 하는 돈은 최소 몇십만 원, 어쩌면 수백만 원 이상일 것이다. 그러니 우리는 깐깐한 투자자가 되어야 한다. 투명한 구조와 수익률, 그리고 계약 조건은 어떻게 되는지 꼼꼼히 따져봐야 할 것이다.

Park's 조언

클라우드 마이닝에 대한 관심이 높아지는 만큼 다양한 업체가 활동하고 있다. 우리는 선택권이 있는 투자자라는 점을 명심하고 그들의 운영 방식, 수익 배분 구조를 철저하게 확인한 뒤 손을 내밀어야 한다. 당신이 손을 내미는 순간, 클라우드 마이닝 업체와의 협력관계가 형성될 것이다. 결국 모든 수익과 책임은 당신에게 달렸음을 되새겨야 한다.

SECTION 3
사기 및 다단계(MLM) 위험을 피하기 위해

비트코인 채굴이 대규모 산업으로 성장하면서 폰지 사기, 다단계(MLM) 투자 유치, 불투명한 운영 등 부정적인 요소가 투자자와 산업을 위협하고 있다. 클라우드 마이닝을 이용하면서 안전한 투자를 보장받기 위해서는 부정 업체를 판별하는 기준을 명확히 하고, 합법적이고 신뢰할 수 있는 사업자를 선택하는 전략을 수립해야 한다. 이런 부정 업체를 판별하기 위해선 어떤 점을 살펴봐야 하며, 합법적이고 신뢰할 만한 사업자를 고르는 방법은 무엇일까?

01 무조건 고수익을 책임집니다

산업이 일정한 규모로 성장하면 다양한 사업가와 기업이 활동한다. 모두가 정당한 방식으로 사업 활동을 하면 좋겠지만, 그렇지 않은 이들도 적지 않다. 특히 고수익을 보장한다면서 투자자의 자본을 가져가는 범법 행위는 매년 꾸준히 증가하고 있다. 2023년 조사에 따르면 한국에서만 사기 혐의로 검거되는 사람이 한 해에 평균 30만 명이라고 하니, 경각심을 가질 필요가 있다. 클라우드 마이닝 시장도 마찬가지다. 소규모 투자자들은 직접 채굴하기 어렵다보니 클라우드 마이닝 업체에 관심을 가지는데, 이때 당신을 노리는 '가짜' 업체들이 있으니 주의해야 해야 한다.

클라우드 마이닝 시장에서 사기 업체를 판별하기 위해서는 다음 몇 가지 요소를 기억해야 한다. **우선 비현실적인 수익률을 약속하는 업체는 의심해야 한다.** 암호화폐 시장은 본질적으로 높은 변동성을 가지므로, 안정적인 고수익을 지속적으로 보장한다는 주장은 신뢰하기 어렵다. 수익률이 지나치게 높거나 '100% 확정 수익'을 강조하는 업체는 경계하자.

다음으로 투명성이 부족한 운영 방식을 지닌 업체는 경계해야 한다. 신뢰할 수 있는 클라우드 마이닝 업체는 채굴 장비의 위치, 데이터센터 운영 방식, 기업 소유 구조 등을 명확히 공개한다. 앞서 소개한 글로벌 클라우드 마이닝 업체들이 대표적이다. 그런데 불분명한 정보만 제공하거나 기본적인 운영 정보조차 밝히지 않는 업체는 신뢰도가 낮을 수밖에 없다. 그러니 투자자는 반드시 회사의 물리적 주소, 운영팀 구성, 사업 등록 여부를 확인해야 한다.

또한 사용자 리뷰와 평판 분석이 필수적이다. 클라우드 마이닝 업체는

주요 마이닝 사기 유형 [120]

클라우드 마이닝 사기	◉ 실제 채굴 시설 없이 가상의 채굴 서비스를 제공 ◉ 투자금을 모은 후 일정 기간 동안 일부 수익 지급, 그 이후 잠적 ◉ 터무니없이 높은 수익률 제시로 투자자를 현혹
채굴기 투자 사기	◉ "고성능 채굴기를 저렴한 가격에 판매"한다며 투자 유도 ◉ 채굴기를 대여해주겠다며 투자금을 받고 가로채는 방식
다단계 사기 (폰지 사기)	◉ 하위 투자자를 모집하면 추가 수익을 보장하는 다단계 방식 ◉ 일정 기간 동안 수익을 지급하다가 결국 모든 투자금을 들고 사라짐 ◉ 지인을 통한 투자 권유가 주된 특징
가짜 마이닝 플랫폼 사기	◉ 허위로 만들어진 플랫폼을 통해 투자를 유도 ◉ 사이트 내에서만 거래가 이루어지며, 출금 요청 시 여러 이유로 거절 ◉ 실제로는 투자금만 빼돌리는 방식

---

120) 출처: 법무법인대환

기본적으로 다수의 투자자가 계약 관계를 맺는다. 그러니 수많은 사람들이 정보를 공유하는 경우가 많다. 각종 포털 사이트나 커뮤니티, 하다못해 소셜 미디어를 활용하여 해당 업체에 대한 피드백을 확인하는 것이 중요하다. 특정 플랫폼이 반복적으로 투자금을 지급하지 않거나 고객 응대가 미흡하다는 평가를 받는다면 신뢰하지 말자.

마지막으로 공식 웹사이트의 보안 인증 및 데이터 보호 조치를 점검해야 한다. SSL 인증이 없는 웹사이트는 사용자의 데이터를 보호하지 않을 가능성이 크다. 이러한 사이트로 운영되는 클라우드 마이닝 업체는 계약 정보나 지갑 주소를 안전하게 관리하지 않을 위험이 있다. 신뢰할 수 있는 업체는 웹사이트 보안은 물론 투자자의 자금을 안전하게 관리하는 체계를 갖추고 있다는 점을 명심하자.

02 선택해야 하는 클라우드 마이닝 업체의 기본 조건

첫째, 업계에서 오랜 기간 운영한 업체를 선택하자. 가령 ECOS나 비트디어 등 글로벌 클라우드 마이닝 업체는 적어도 10년 정도 운영한 업체들이다. 이들 업체가 지금까지 살아남을 수 있었던 이유는 단순히 사람들이 많이 이용하기 때문이 아니다. 채굴 시설과 계약 구조를 투명하게 공개하고 있기 때문이다. 오랫동안 업계에서 활동한 업체는 사기 가능성이 낮고, 채굴 환경과 사업 모델이 신뢰할 수 있는 수준으로 관리될 가능성이 크다.

둘째, 분명한 계약 조건을 알려주는 업체를 선택하자. 당신의 투자금만 노리는 '가짜' 업체들은 계약 조건이 상당히 불분명하다. 어떤 방식으로 당신의 투자금을 가져갈지 모른다. 그러나 신뢰할 수 있는 업체는 유지보수 비용, 전기료, 수익 분배 방식 등을 명확하게 알려준다. 만약 계약 조항이 모호하거나 사업자가 계약 변경 권한을 과도하게 가지는 경우에는 투자 리스크가 커질 수 있다.

셋째, 고객 지원 서비스의 질을 확인하자. 신뢰할 수 있는 업체는 사용자의 문의나 문제에 대해 신속하고 전문적으로 대응하는 지원 체계를 갖추고 있다. 반면 신뢰하기 어려운 기업은 고객 지원 서비스가 전무하거나 형식적인 경우가 많다.

최근에는 **모바일 애플리케이션을 통한 사기 수법도 증가하고 있다.** 일부 앱은 채굴 기능이나 관련 서비스를 제공하는 것처럼 보이지만, 실제로는 구독 서비스나 광고 클릭을 유도하는 방식으로 사용자에게 경제적 피해를 입힐 수 있다. 따라서 앱 설치 이전에 신뢰할 수 있는 업체에서 운영하는 앱인지 사용자 리뷰 등을 확인해야 한다. 그리고 설치 후에도 수상한 데이터 사용이나 사용자에게 서비스 비용을 청구하는 등 의심스러운 활동이 있는지 면밀히 관찰해야 한다.

03 과거 실패 사례에서 배우는 교훈

2015년부터 서비스를 시작한 해시플레어는 한때 클라우드 마이닝 업체 중 세계 규모 2위를 차지했었다. 그들은 짧은 시간 안에 비트코인을 비롯한 다양한 디지털 화폐를 채굴하는 서비스를 제공하여, 단기간에 참여자를 250만 명까지 확보할 수 있었다. 그러나 2018년에 디지털화폐 시장의 불안정성에 대한 대응이 모두 실패하면서 비트코인 채굴을 중단했다. 문제는 이 과정에서 수백만 명의 투자자가 자금을 회수하지 못해 상당한 피해를 입었다. 이와 비슷한 또 하나의 사례가 비트클럽 네트워크다. 2010년에 독일에서 설립된 비트클럽 네트워크는 적극적인 투자자들의 힘을 빌려 세계 10위권 업체로 성장할 수 있었다. 그러나 불안정한 비트코인 가격을 감당하지 못하고 결국 철수했다. 문제는 이 과정에서 운영진 3명이 매출 관련 수치를 조작해 약 7억 2,200만 달러 상당의 부당 이득을 취하였다. 여기엔 한국인 피해자도 있어서 국내에서도 논란이 일어났다.

이처럼 몇몇 클라우드 마이닝 업체들은 여러 사정을 이유로 지속적인 운영을 하지 못했다. 이 과정에서 투자자는 투자한 금액을 회수하지 못하면서 적잖은 피해를 입어야 했다. 우리는 과거의 실패를 반복하지 않아야 한다. 이를 위해 몇 가지 핵심적인 변화가 필요하다.

먼저 운영 투명성을 강화해야 한다. 클라우드 마이닝 업체들은 채굴 장비의 실제 가동 여부, 데이터센터의 위치, 전력 소비 내역 등을 전적으로 공개해야 한다. 신뢰할 수 있는 기업들은 투자자들이 실시간으로 채굴 성과를 확인할 수 있도록 모니터링 시스템을 도입해 신뢰도를 높인다.

또 현실적인 수익 모델을 제시해야 한다. 무리한 수익 보장을 피하고, 채굴 난이도와 시장 상황에 따라 변동하는 수익 모델을 채택해야 한다. 계약서에 리스크 요소를 명확히 명시하여, 투자자들이 신중한 결정을 내릴 수 있도록 유도해야 한다. 클라우드 마이닝은 본질적으로 투자 상품이므로, 실제 수익 가능성을 투명하게 공개하는 것이 필수적이다.

여기에 법적 규제를 준수하고 공식 인증을 확보해야 한다. 신뢰할 수 있는 클라우드 마이닝 업체들은 각국의 금융 규제를 따르고, 정식 등록된 사업자로 운영된다. 투자자들은 업체의 법적 상태를 확인하고, 해당 업체가 금융당국의 승인을 받은 합법적인 플랫폼인지 검토해야 한다. 또 고객 보호 정책을 명확히 하고, 환불 및 계약 해지 조건을 명시하는 것이 중요하다.

마지막으로 스마트 계약을 활용한 투명한 운영 모델을 구축해야 한다. 스마트 계약을 도입하면 클라우드 마이닝 수익 배분을 자동화할 수 있다. 또한 투자자들이 실시간으로 채굴 성과를 확인할 수 있도록 운영 방식을 개선할 수 있다. 이러한 기술적 접근은 신뢰성을 높이고, 운영 투명성을 보장하는 데 중요한 역할을 할 수 있다.

클라우드 마이닝이 개인 투자자들에게 매력적인 기회로 남기 위해서는 산업 자체의 신뢰도를 회복하는 것이 필수적이다. 이를 위해 기업들이 시장에서 자리 잡고, 지속적으로 운영 모델을 개선하는 노력이 중요하다. 투자자들 역시 신중한 검토 과정을 거쳐, 투명한 운영을 보장하는 업체를 선택하는 것이 현명하다.

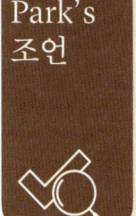

Park's 조언

클라우드 마이닝은 비트코인의 본질인 탈중앙화된 금융 네트워크를 확장하는 중요한 기회가 될 수 있다. 이 산업이 지속 가능한 방식으로 운영되기 위해서는 신뢰성과 투명성이 핵심 역할을 해야 한다. 우리는 성공과 실패 사례를 통해 향후 클라우드 마이닝이 어떠한 개선점과 보완점을 가져야 하는지, 이를 통해 어떤 미래를 구축해야 하는지 진지하게 고민할 필요가 있다.

SECTION 4
클라우드 마이닝 계약 유형과 수익 모델

클라우드 마이닝 계약에는 고정 기간 계약과 오픈엔드(무기한) 계약이 존재한다. 각각의 계약 유형은 채굴 난이도, 비트코인 가격 변동에 따라 어떤 수익 모델을 형성하는가? 그리고 투자자가 유의해야 할 해지 조건이나 유지비 문제는 무엇인가?

01 고정 기간 계약과 오픈엔드 계약의 차이

당신이 신중하게 고민하여 클라우드 마이닝 업체를 선택했다고 가정해 보자. 투자자로서 업체의 파트너가 되어 채굴 산업에 들어섰다. 이때 업체가 당신에게 전달하는 계약서에는 여러 옵션이 존재한다. 특히 계약 기간이 정해져 있는데 당신은 업체 선정만큼이나 계약 기간 결정에 주의해야 한다. 세부적으로 옵션에 따라 차이가 있으나, 보통 고정 기간 계약과 오픈엔드 계약으로 구분한다.

고정 기간 계약은 일정 기간 동안 정해진 해시레이트를 임대하는 형태다. 보통 몇 개월에서 1년, 2년을 계약 기간으로 둔다. 투자자는 계약 체결 시 명확한 채굴 조건과 비용 구조를 확인할 수 있으며, 계약 기간 동안 예상 가능한 수익을 미리 계산할 수 있다. 이러한 계약 방식은 채굴 시장의 불확실성을 줄이는 동시에, 투자자가 채굴 비용과 수익을 예측할 수 있다는 이점이 있다. 그러나 채굴 난이도가 상승하거나 비트코인 가격이 하락할 경우 계약 종료 시점까지 수익성이 악화될 위험이 있다.

오픈엔드 계약은 특정 종료 시점을 정하지 않고, 채굴을 지속하는 동안 수익을 받는 구조다. 이 계약 방식은 비트코인 가격이 상승하거나 채굴 난이도가 일정하게 유지될 경우, 장기적으로 안정적인 수익을 창출할 가능성이 높다. 무엇보다 투자자가 중간에 계약을 해지하지 않는 이상, 계속해서 수익을 얻을 수 있다. 하지만 오픈엔드 계약은 유지비가 채굴 수익을 초과할 경우, 자동으로 해지될 가능성이 높아 투자자의 지속적인 모니터링이 필요하다. 만약 오픈엔드 계약을 선택한다면 장기적인 시장 동향을 분석하고, 유지비와 채굴 수익 간의 균형을 면밀히 검토해야 한다.

02 시장 변동성을 대응하는 방안

클라우드 마이닝 업체가 특히 주목하는 부분이 바로 비트코인의 변동성이다. 여러 업체가 클라우드 마이닝 산업에 뛰어들었다가 철수한 이유도 비트코인 가격 또는 채굴 난이도의 변화 때문이다. 그러니 업체는 다양한 전략으로 위기에 대응해야 한다.

우선 고려해야 할 부분은 '해시레이트 자동 조정'이다. 채굴 난이도가 상승하면 동일한 해시레이트로는 수익성이 감소한다. 그 때문에 일부 클라우드 마이닝 업체들은 실시간 해시레이트 조정 시스템을 운영하여 최적의 수익성을 유지하고자 한다. 이러한 유동적 해시레이트 조정 시스템은 채굴 난이도 증가에 따른 손실을 최소화하고, 투자자가 효율적으로 성과를 달성할 수 있도록 돕는다.

다음으로 '즉시 매도'다. 이 전략은 채굴한 디지털화폐를 즉시 매도해 가격 변동에 따른 손실을 줄이는 것이다. 이와 반대로 가격 상승이 예상될 경우 채굴된 코인을 일정 기간 보유하여 추가적인 수익을 기대하는 방식도 활용한다. 최근 미국의 주요 비트코인 채굴업체들은 수익성 압박에 대응하기 위해, 채굴한 비트코인을 축적하는 전략을 병행하며 활용하고 있다. 이는 단기적인 시장 변동성을 최소화하면서도 장기적인 수익 가능성을 극대화하려는 접근 방식이다.

마지막으로 생각해봐야 할 전략은 '수수료 유연화'다. 클라우드 마이닝 업체들은 투자자와의 관계를 유지하며, 장기적인 채굴 지속성을 확보하기 위해 이 전략을 사용한다. 채굴 수익이 감소할 때 일부 클라우드 마이닝 서비스는 투자자들의 부담을 줄이기 위해, 일시적으로 수수료를 인하하거나 면제하는 정책을 시행한다. 이는 투자자들에게 안정적인 채굴 환경을 제공하며, 장기적인 계약 유지율을 높이는 데 기여한다. 또한 일부 업체들은 수익성과 연동된 수수료 체계를 도입해, 투자자들이 예상치 못한 시장 변동에도 일정 수준의 보호를 받을 수 있도록 설계하고 있다.

03 다양한 위기에 맞서는 클라우드 마이닝

클라우드 마이닝의 수익성은 비트코인 채굴에서만 그치지 않는다. 채굴기에 들어가는 비용들, 가령 전력 등 에너지 사용 비용이나 운영 비용 등도 상당한 영향을 끼친다. 여기에 여러 기업과 국가가 채굴에 참여하면서 발생하는 해시레이트 증가 및 집중화 등도 클라우드 마이닝 업체가 고려해야 하는 요소들이다.

채굴 수익만큼이나 운영 비용이나 해시레이트 점유율은 유동적이다. 무엇 하나 고정되어 있지 않다. JP모건의 최근 분석에 따르면, 비트코인 네트워크의 해시레이트가 증가함에 따라 채굴 기업들의 수익성이 점점 더 압박받고 있는 것으로 나타났다. 따라서 클라우드 마이닝 업체는 여러 변동성에 대응하기 위해 여러 전략을 시도하고 있다. 그러므로 투자자 또한 업체의 전략을 이해하는 한편, 스스로 전략을 추구하고 실천할 필요가 있다. 당신이 클라우드 마이닝 업체와 계약하였다고 하여 오직 수익에만 집중해서는 안 된다는 말이다. 이제 당신도 투자자로서 시장의 흐름을 분석할 수 있어야 한다. 시장의 변동성과 업체의 입장을 다양하게 이해할 때 비로소 손해 대신 이익을 늘릴 수 있다.

Park's 조언

비트코인의 변동성은 파도처럼 계속 발생한다. 따라서 클라우드 마이닝 시장이 안정적인 수익 모델을 갖추기 위해서는 변동성을 감안한 대응 전략이 필수다. 해시레이트 조정, 즉시 매도 전략, 수수료 유연화 등 다양한 요소가 조화를 이루지 않는다면, 클라우드 마이닝은 쉽게 흔들릴 수밖에 없다. 투자자들 또한 시장 변동성에 대한 업체의 대응 전략을 철저히 분석해야 한다. 이러한 접근 방식이야말로 클라우드 마이닝이 진정한 비트코인 생태계의 한 부분으로 자리 잡을 수 있는 길이다.

SECTION 5
클라우드 마이닝 미래 사업 전망

비트코인 채굴 산업화가 가속화되면서, 클라우드 마이닝이 지속 가능한 비즈니스 모델로 자리 잡을 수 있을지에 대한 논의가 활발해지고 있다. 특히 각국 규제 기관들은 클라우드 마이닝 서비스의 투명성과 합법성을 보장하기 위한 법적 프레임워크를 구축하고 있으며, 대형 암호화폐 거래소도 클라우드 마이닝 산업에 진입하면서 새로운 변화가 일어나고 있다. 이 변화가 클라우드 마이닝 산업을 더욱 신뢰할 수 있는 투자 환경으로 발전시킬지, 아니면 탈중앙화 철학을 위협하는 요소로 작용할지 지켜볼 일이다.

01 클라우드 마이닝 산업을 위한 규제 정비와 투명성 강화

2025년 3월에 미국 증권거래위원회(SEC)는, 작업증명 방식으로 운영하는 암호화폐 채굴은 연방 증권법에 적용되지 않는다고 보았다. 채굴은 타인의 기업가적, 관리적 노력으로부터 이익을 얻는 기대감을 충족시키지 않는다고 보았기 때문이다. 이에 미국 증권거래위원회가 채굴을 규제할 것이라는 우려는 당분간 해소될 전망이다. 그리고 클라우드 마이닝에 대한 관심도 점차 높아지고 있다.

다만 클라우드 마이닝이 지속 가능성을 높이기 위해서는 규제 정비나 운영 투명성이 반드시 필요하다. 현재 여러 국가에서 투자자 보호 조치가 강화되고 있는데, 여기에는 클라우드 마이닝 기업도 포함되고 있다.

이러한 규제 강화가 채굴 산업에 악영향을 줄 것이라는 우려도 물론 있다. 하지만 신뢰할 수 있는 사업자들에게 안정적인 운영 환경을 제공하며 시장의 불법적 요소를 제거한다는 점에서 긍정적이다. 실제로 업체들은 데이터센터의 실시간 운영 정보, 채굴 성과 및 수익 배분 내역을 명확하게 공개하는 방향으로 사업 모델을 조정하고 있다.

02 금융기관과 거래소의 클라우드 마이닝 시장 참여

지금까지 클라우드 마이닝 산업에 진출한 업체는 대부분 디지털화폐 채굴업체였다. 하지만 이제는 거래소나 금융기관 등도 클라우드 마이닝 산업에 진입하고 있어 새로운 변화가 나타난다. 대표적으로 바이낸스 클라우드 마이닝이 있다. 세계 최대의 디지털화폐 거래소인 바이낸스가 자체 클라우드 마이닝을 운영함으로써 거래는 물론 채굴 산업 투자까지 거래소의 활동 범위를 넓힌다는 목표가 있다. 그 밖에도 스톰게인 역시 레버리지 상품을 제공하는 인기 디지털화폐 거래 플랫폼이었다가 클라우드 마이닝 툴을 개발하면서 사업을 시작했다.

이러한 변화는 클라우드 마이닝 시장에 새로운 기회를 제공하는 동시에 부작용을 초래할 수 있다. 대형 거래소의 참여가 클라우드 마이닝의 신뢰도를 높이고, 더 많은 투자자를 유치할 수 있다는 점에서 긍정적인 측면도 분명 있다. 그러나 대형 거래소 참여가 향후 중앙화된 모델로 적용해 비트코인의 근본적인 철학을 훼손할 수 있다는 부정적인 측면도 크다. 그러므로 클라우드 마이닝 시장은 앞으로 중앙화된 금융 인프라와 탈중앙화된 비트코인 철학 간의 균형을 유지하는 방향으로 발전할 필요가 있다.

03 클라우드 마이닝이 나아가야 할 방향

이를 해결하기 위해 **블록체인 기반 스마트 계약을 통한 자동화된 수익 배분 모델을 활용해야** 한다. 특히 스마트 계약을 도입하면 수익 배분 과정이 사전 프로그래밍된 규칙에 따라 자동 실행되며, 모든 거래 내역은 블록체인에 기록되어 조작 가능성이 원천적으로 차단된다. 이러한 접근 방식은 이미 탈중앙화 금융(DeFi) 생태계에서 검증된 바 있으며, 클라우드 마이닝에도 충분히 적용될 수 있다.

또한 **NFT를 활용한 해시레이트 거래 모델을 제안**할 수 있다. 만약 해시레이트를 NFT로 발행하여 거래한다면, 투자자들은 필요에 따라 자신이 보유한 연산력을 자유롭게 사고팔 수 있다. 이 방식은 클라우드 마이닝 계약의 유동성을 크게 증가시키고, 더 많은 투자자들의 시장 참여를 유도할 수 있다. 예를 들어 한 투자자가 장기 계약을 체결한 후 더 이상 채굴을 지속할 필요가 없을 경우, NFT 마켓플레이스를 통해 자신의 해시레이트를 다른 투자자에게 양도할 수 있다. 이러한 구조는 클라우드 마이닝 시장을 효율적으로 운영할 기회를 제공하며, 계약 유동성을 높이는 데 기여할 것이다.

마지막으로 **ESG 경영을 강화하여 친환경 채굴 방식에 동참해야** 할 것이다. 장기적으로 볼 때 클라우드 마이닝 기업들이 탄소 배출량을 줄이고 재생 가능 에너지를 적극 도입하지 않는다면, 산업 자체가 규제 압박에 직면할 수밖에 없다. 따라서 친환경 채굴 방식 도입을 클라우드 마이닝의 생존 전략으로 삼아야 한다.

다만 앞서 설명한 혁신이 실제 클라우드 마이닝 산업에 적용되는 데에는 몇 가지 기술적, 경제적 한계가 존재한다. 가령 스마트 계약을 통한 자동 수익 배분은 기술적 복잡성과 법적 규제의 문제를 동반한다. 그리고 NFT를 활용한 해시레이트 거래는 기존 금융 시스템과 충돌할 가능성이 있다. 또한 재생에너지를 이용한 채굴은 초기 인프라 구축 비용이 높아 일부 국가에서는 도입이 어려울 수 있다. 따라서 클라우드 마이닝 산업을 지속하려면 단계적인 접근이 필요하다. 급변하는 비트코인 채굴 산업이지만, 이럴 때일수록 우리는 점진적인 변화를 이루어야 한다. 기업들은 스마트 계약 기술을 도입하는 과정에서 법적 명확성을 확보하고, NFT 기반 해시레이트 거래를 실험적으로 도입하여 시장 반응을 살펴야 한다. 그리고 재생에너지를 활용한 채굴 방안을 검토해야 한다.

혁신은 어느 날 갑자기 나타나지 않는다. 꾸준한 계획과 시도를 통해서 이루어지는 결과다. 클라우드 마이닝이 더 밝은 미래로 나아가기 위해 기업만 고민해서는 안 된다. 투자자인 우리 또한 앞으로 클라우드 마이닝의 변화를 위해 다양한 논의를 이루고 실제로 참여해야 할 것이다.

Park's 조언

클라우드 마이닝이 경제적 지속 가능성을 갖춘 산업으로 자리 잡으려면 투명성 강화, 유동성 확대, 친환경적 운영 모델 구축이라는 세 가지 요소를 충족해야 한다. 블록체인 기술을 활용한 계약의 신뢰성 향상, NFT 기반의 해시레이트 거래를 통한 유동성 극대화, 장기적인 ESG 친화적인 채굴 모델 도입이 대표적이다. 이러한 변화가 이루어진다면, 클라우드 마이닝은 비트코인 경제 생태계의 한 축으로 자리 잡을 수 있다.

Epilogue
비트코인이 가져올 새로운 문명의 가능성

프롤로그에서, 나는 비트코인이 기존 금융 시스템에 던지는 질문을 강조했다. 중앙은행과 정부가 발행하는 법정화폐 시스템이 과연 지속 가능하며, 개인의 경제적 자유를 보장할 수 있는가? 법정화폐의 무한 발행과 금융기관의 통제속에서 우리는 어떤 대안을 가질 수 있는가? 이러한 의문이야말로 비트코인의 존재 이유이며, 내가 이 혁신적인 기술을 탐구하게 된 계기였다. 그 과정에서 나는 나의 비트코인 세계관을 형성하는 데 결정적인 역할을 한 책을 만났다. 그것은 바로 일본 저자 노쿠치 유키오의 『가상통화 혁명』이다. 이 책의 표지에는 검정 바탕에 거대한 'B'가 새겨져 있었으며, 그 'B'자는 0과 1로 이루어진 디지털 패턴으로 형성되어 있었다. 그리고 표지 아래에는 강렬한 문장이 있었다.

'비트코인은 시작에 불과하다.'

이 한 문장이 내 사고방식을 완전히 바꾸었다. 비트코인은 금융의 혁신을 넘어 인류 문명의 새로운 방향성을 제시하는 거대한 흐름이다. 『가상통화 혁명』은 내 비트코인 철학의 중심이 되었고, 지금도 나의 신념을 지탱하는 기둥이다.

비트코인은 금융 시스템을 변화시키는 것에 그치지 않고, 새로운 시대를 여는 핵심 기술로 자리 잡고 있다. 전통적인 중앙화 시스템에서 벗어나 자율적이고 개방적인 경제 체제가 형성될 것이며, 개인이 더욱 강력한 경제적 주권을 가지는 미래가 도래할 것이다.

기업과 정부 또한 비트코인을 비롯한 블록체인 기술을 활용하여, 더 효율적이고 투명한 시스템을 구축하려는 움직임을 보이고 있다. 이미 일부 국가에서는 비트코인을 법정화폐로 인정하거나, 국가 차원에서 블록체인 기술을 활용한 금융 시스템 개혁을 시도하고 있다. 이는 비트코인이 단순한 실험적 프로젝트에서 벗어나, 글로벌 금융 시스템의 중요한 일부로 자리 잡고 있음을 보여준다.

이러한 변화가 단숨에 이루어지지는 않을 것이다. 사회적 저항과 기존 금융 시스템의 강력한 방어 기제, 그리고 기술적 도전 과제들이 여전히 남아 있기 때문이다. 전통적인 금융 기관과 정부는 비트코인의 부상을 경계하며, 규제와 법적 장벽을 통해 그 확산을 억제하려 한다. 또한 블록체인 기술의 확장성과 보안 문제, 에너지 소비 문제 등 지속 가능한 비즈니스 모델 구축을 위한 난제들도 해결해야 할 과제이다.

그러나 이 모든 장애물을 넘어 비트코인은 계속해서 진화하고 있으며, 점진적으로 금융과 경제의 새로운 표준을 형성해 나갈 것이다. 비트코인은 이제 더 이상 실험이 아니다. 그것은 현실이 되었다. 이제 우리는 이 혁명의 주체가 되어 보다 자유롭고 정의로운 금융 시스템을 함께 만들어가야 한다.

참고문헌 및 출처

1부

1. Nakamoto, S. (2008). Bitcoin: A Peer-to-Peer Electronic Cash System.
2. Federal Reserve. (2023). Quantitative Easing and Inflation Trends.
3. Bank for International Settlements (BIS). (2024). The Impact of Decentralized Finance.
4. IMF. (2024). The Role of Cryptocurrencies in Global Finance.
5. European Central Bank. (2023). The Evolution of Digital Currencies.
6. Seonho Shin, 〈블록체인 합의 알고리즘 이해하기〉, 《브런치》, 2019-04-09
7. 〈블록체인 합의 알고리즘이란 무엇인가요?〉, 《바이낸스 아카데미》, 2019-11-09
8. Wilson, Kathleen Bridget; Karg, Adam; Ghaderi, Hadi(2021년 10월). "디지털 경제에서 대체 불가능한 토큰 탐색: 이해 관계자와 생태계, 위험과 기회". Business Horizons. 65 (5): 657–670
9. Clark, Mitchell (2021년 3월 11일). "NFT에 대한 설명". The Verge.
10. Majocha, Courtney. "판매용 밈? NFT를 이해하다". Harvard Law Today.
11. Dash, Anil (2021년 4월 2일). "NFT는 이렇게 끝나지 않을 예정이었다". The Atlantic.
12. Vereš, Igor (2019년 4월). "블록체인 네트워크에서 비정상적인 거래 식별". 브라티슬라바 슬로바키아 공과대학, 정보학 및 정보 기술
13. Bamakan, Seyed Mojtaba Hosseini; Nezhadsistani, Nasim; Bodaghi, Omid; Qu, Qiang(2022년 2월 9일). "특허 및 비대체 토큰으로서의 지적 재산 자산; 핵심 기술 및 과제". Scientific Reports. 12(1):2178.
14. Ali, Omar; Momin, Mujtaba; Shrestha, Anup; Das, Ronnie; Alhajj, Fadia; Dwivedi, Yogesh K. (2023년 2월 1일). "비대체 토큰의 주요 과제에 대한 검토". 기술 예측 및 사회 변화. 187:122248. doi:10.1016/j.techfore.2022.122248. ISSN 0040-1625. S2CID 254394090.
15. [커버스토리] "금보다 비트코인" 기관들도 나섰다, 주간조선, 2020년 11월 30일
16. 비트코인을 활용한 아프리카 마이크로파이낸스 사례분석: 금융포용성과 소규모 기업의 경제적 자립 가능성(An Analysis of Bitcoin-Driven Microfinance in Africa: Financial Inclusion and Economic Self-Sufficiency of Small Businesses)제2권 제3호 (2024. 12)/장윤영
17. 김동섭·김형주·오세경·이영환·김재필·권혁준·송주한·정혜경·박승비. 2016. 분산원장 기술의 현황 및 주요 이슈. 서울: 한국은행 은행결제국.
18. 김예구. 2015. 블록체인 기술과 금융의 변화. KB 지식 비타민 15권, 91호: 1-6.
19. 김제완. 2018. 블록체인 기술의 계약법 적용상의 쟁점: '스마트계약(Smart Contract)'을 중심으로. 법전 67권, 1호: 150-200.
20. 전우정. 2019. 암호화폐의 법적 성격과 규제개선 방안 – 민법상 물건, 금전, 자본시장법상 증권인 여부 검토. 금융법연구 16권, 1호: 147-199.
21. 블록체인 업계가 공 들인 'NFT' 마켓 속속 출시, https://zdnet.co.kr/view/?no=20221025153224
22. Popper, Nathaniel (2017년 8월 15일). "소프트웨어 업데이트에 대한 거래 이후 비트코인 가격 급등". 보스턴 글로브. 2019년 12월 13일

23. 김도형. 2017. 블록체인 스케일업을 통한 모기지상품 활용 가능성 모색. 주택금융월보 159호, 18-35
24. 박원익·민병길. 2019. 암호화폐, 지급 수단인가 투기적 자산인가? 사회경제평론 58호: 69-101.
25. 이정훈. 2018. (이정훈의 암호화폐 읽기) <11> 스마트 계약, 한층 더 강력해진 블록체인. 이데일리, 2월 10일, https://www.edaily.co.kr/news/read?newsId=01525206619109208&mediaCodeNo=257
26. McGee, Suzanne; Lang, Hannah (2024년 1월 11일). Price, Michelle; Choy, Marguerita (편집자). "미국 현물 비트코인 ETF로 가는 10년 여정". Reuters.
27. McGee; Lang, Hannah (2024년 7월 25일). Fincher, Christina; Coates, Stephen (편집자). "미국 현물 이더 ETF가 암호화폐 산업의 또 다른 승리로 시장에 데뷔". Reuters.
28. 2017 "비트코인의 자산 성격에 관한 연구" 한국전자거래학회지 = The Journal of Society for e-Business Studies v. 22 no. 4
29. World Economic Forum, The future of financial infrastructure, 2016. 8. 12.
30. Ministry of Public Administration and Press release (January 2, 2017). E-Government Gets Smarter with High Tech Convergence. Avaliable: http://www.korea.kr/news/pressReleaseView.do?newsId156178437
31. Young-young Lee, Cheong-won Woo, (2018). Prospects, Limitations, and Implications of Blockchain Technology. Future Horizon(38)
32. Heeyoul Kim. (2018). Analysis of Security Threats and Countermeasures on Blockchain Platforms, Journal of KIIT. vol. 16, no. 5.
33. Shamistha Dash, Anirban Majumdar, Presanna Gunikkar, "Blockchain: A Healthcare Industry View," Gapgemini. 2017(7).
34. Thomson Reuters (2016. 1. 16.). Blockchain technology: Is 2016 the year of the blockchain?. Avaliable: https://blogs.thomsonreuters.com/answerson/blockchain-technology
35. Jamal Hayat Mosakheil. (2018). "Security Threats Classification in Blockchains," Culminating Projects in Information Assurance. 48. Avaliable: https://repository.stcloudstate.edu/msia_etds/48
36. Xiaoqi Li, Peng Liang, Ting Chen, Xiapu Luo, Qiaoyan Wen. (2017). "A survey on the security of blockchain system," Future Generation Computer system. Avaliable: http://dx.doi.org/10.1016/j.future.2017.08.020.
37. Xiaochun Yun, Weiping Wen, Bo Lang, Hanbing Yan, Li Ding, Jia Li, Yu Zhou. (2018). Cyber Security, Communications in Computer and Information Science. Avaliable: https://doi.org/10.1007/978-981-13-6621-5
38. Atzei, N., Bartoletti, M., & Cimoli, T. (2016). A survey of attacks on Ethereum smart contracts (No. 1007). Retrieved from http://eprint.iacr.org/2016/1007.
39. 블록체인 기술 동향에 관한 연구(An Overview of Blockchain Technology: Concepts, Consensus, Standardization, and Security Threats), 한국융합신호처리학회논문지, v. 20 no. 4, 2019년, 박찬홍(상지대학교 정보통신공학과), 이영실(동서대학교 컴퓨터공학부)
40. 나카모토 사토시가 구상한 비트코인의 체계와 약간의 법적 고찰(Bitcoin: A Peer-to-Peer Electronic Cash System(2008)), (사)한국기업법연구소, 2018 대한민국 정책컨벤션&페스티벌 싱크탱크 세션 세미나
41. 비트코인에 대한 안정성 확보를 위한 문제점 분석(Problem Analysis to Secure Stability of Bitcoin), 디지털산업정보학회 논문지 제13권 제3호-2017년 9월(최식식, 조양현). http://dx.doi.org/10.17662/ksdim.

2부

1. [국가R&D연구보고서] 양자 컴퓨팅에 안전한 래티스 기반 암호, 해시, 서명 기술 연구, A Study on Lattice-based Encryptions, Hashes, and Signatures for Post Quantum/서울사이버대학교,과학기술정보통신부(Ministry of Science and ICT)/TRKO202100014980
2. [국가R&D연구보고서] 양자암호통신 기반 공동활용 네트워크 기반 구축, Development of Building next KREONET technologies based QKD/한국과학기술정보연구원/TRKO202300002661
3. 양자컴퓨터가 뭐죠?. 과학기술정보통신부. 2019년 11월 29일.
4. 안호균. IBM이 뽑은 미래 이끌 '5대 혁신기술'…양자컴퓨터·블록체인 등. 뉴시스. 2018년 3월 30일.
5. 안희권. MS, 클라우드 양자컴퓨팅 서비스 내놨다. 아이뉴스24. 2019년 11월 5일.
6. 양자 컴퓨터 실용화 앞당겨질까?…미지의 입자 '마요라나 페르미온' 존재.
7. 이승환. POSTECH, 국내 첫 확장형 양자컴퓨팅 구축 나선다. 대학저널. 2019년 6월 28일.
8. 고재원. 속도와 정확도 한층 개선한 실리콘 양자컴퓨터. 동아사이언스. 2019년 7월 21일.
9. Simulating Physics with Computers,ByRichard P. Feynman, 1st Edition 2002 Imprint CRC Press Pages 21 eBook ISBN 978-0-429-50045-9) Feynman, R. P. 10. Simulating physics with computers. Int J Theor Phys 21, 467–488 (1982). https://doi.org/10.1007/BF02650179
10. Michael Nielsen and Isaac Chuang (2000). Quantum Computation and Quantum Information. Cambridge: Cambridge University Press. ISBN 0-521-63503-9. (Nielsen & Chuang 2000)
11. D-Wave Systems. "Learning to program the D-Wave One".
12. Martyn Williams. NASA-구글, 양자 컴퓨팅 성능 시험 결과 공개…"싱글코어 PC의 1억 배 성능". ITWorld.
13. 그린 마이닝 (친환경 채굴, Green Mining) 시장 : 유형 (지상 채광, 지하 채광), 기술 (전력 감소, 연료 및 유지보수 감소, 배출 감소, 용수 감소), 지역별 (북미, 유럽, APAC, MEA, 남미) – 2027년까지의 세계 예측
14. Green Mining Market by Type (Surface Mining, Underground Mining), Technology (Power Reduction, Fuel And Maintenance Reduction, Emission Reduction, Water Reduction) And Region (North America, Europe, APAC, MEA, South America) – Global Forecast to 2027
15. "lightningnetwork/lnd". GitHub. 2022-07-12
16. "Joseph Poon과 Thaddeus Dryja의 Lightning Network 백서 0. 5". 2015년 2월 28일
17. Burchert, Conrad; Decker, Christian; Wattenhofer, Roger (2018년 8월 29일). "Scalable Funding of Bitcoin Micropayment Channel Networks" (PDF). Royal Society Open Science. 5(8): 180089. Bibcode: 2018RSOS....580089B. doi: 10. 1098/rsos. 180089. PMC 6124062. PMID 30225004. 2019년 6월 28
18. 블록체인 상호 운용성과 원자 스왑 기술 분야를 선도하는 코모도의 CTO인 카단 슈타델만.
19. 컨센시스 블로그 - 이더리움 인프라 기반에서 왜 인퓨라가 비밀무기인 것인가? https://consensys.net/blog/news/why-infura-is-the-secret-weapon-of-ethereum-infrastructure
20. 인프런, 웹 3.0, 그것이 궁금하다! https://www.inflearn.com/pages/infmation-55-20221101?utm_source=mailchimp&utm_medium=email&utm_campaign=traffic_infmation_web3&utm_content=20221101
21. 미러, 텍스트 콘텐츠를 NFT로…, https://www.sbiz.news/news/articleView.html?idxno=21068
22. 지금 꼭 알아야 할 개념, 웹 3.0, https://contents.premium.naver.com/3mit/wony//220612204532349ym

23. 웹 3.0이 가져올 미래 변화는? https://magazine.hankyung.com/money/article/202202143142c
24. WP 19-14 부동산 유동화 수단으로 블록체인 기술의 활용가능성 연구, 이후빈 국토연구원 책임연구원
25. 공태인·김동현·신유란. 2019. 자산 유동화를 위한 STO는 핵심이 아니다. Coinone Research: 1-7.
26. 박주환. 2019. '돈'이 못된 비트코인…가상화폐 시장, 혼란 속 규제 본격화. 투데이신문, 9월 28일.
27. 백명훈·이규옥. 2017. 블록체인을 활용한 ICO의 이해와 금융법상 쟁점. 금융법연구 14권, 2호: 73-118.
28. 송인방·양명식. 2018. 부동산거래에서 블록체인 스마트계약의 활용 가능성에 관한 연구. 법학연구 18호, 4호: 1-26.
29. 오세진·송범근·차이새·임정건·이동욱·김창근·박찬현. 2019. STOpedia, A research on security token and asset tokenization. Decipher Security Token Research, no. 1: 1-36.
30. 최지혜·한명욱. 2018. 증권형 토큰(Security Token) 과연 정답인가. Hexlant Issue Report 1: 1-24. 서울: Hexlant Research·Security Token.
31. 한국블록체인협회. 2019. 토큰 경제 차세대 주역으로 떠오른 'STO(Security Token Offering)' - 증권형 토큰의 상대적 강점과 리스크 그리고 활용 잠재력 분석. 이슈 리포트 4호, 2-14. 서울: 한국블록체인협회. Amuial, S., Dewey, J. and Seul, J. 2016. The Blockchain: A Guide for Legal & Business Professionals. Stockholm: LegalWorks.
32. Consensys Media. 2018. Real Estate Needs a Revolution. https://media.consensys.net/using-blockchain-to-expand-access-to-real-estate-4a2e3fb15f90
33. Dhir, H. 2019. How QuantmRE Tokenizes Real Estate on the Blockchain. Lending Times. June 4, 2019. https://lending-times.com/2019/06/04/how-quantmre-tokenizes-real-estate-on-the-blockchain
34. Graglia, M. and Mellon, C. 2018. Land Governance in an Interconnected World – Blockchain and Property in 2018: at the End of Beginning. In Proceedings of 2018 World Bank Conference on Land and Poverty, March 19-23. Washington DC: The World Bank.
35. Merido. 2018. Stop Selling your Upside: How Blockchain Can Unlock Value in Real Estate Through Fractional Ownership. https://medium.com/meridio/stop-selling-your-upside-how-blockchain-canunlock-value-in-real-estate-through-fractional-b492400b47a
36. QuantmRE. 2018. White Paper Version 3. 7 December 11. 2018. RNTB. 2017. White Paper: Multi-blockchain platform for construction and real estate market.
37. Sullivan, M. 2018. Equity Freedom – How to unlock the value tied up in your home without taking on more debt. Uvas 홈페이지. https://trade.atlant.io
38. Zhukov, G. and Kisliy, V. 2018. Bloquid: System for collective governance for issuance of proof-of-mortgage digital guarantees. https://docs.google.com/document/d/19cXmJsS\U68iGhZztPeFHRKOZXN92sn6sSAtugcAAaEk/edit#
39. 비트코인을 활용한 아프리카 마이크로파이낸스 사례분석: 금융포용성과 소규모 기업의 경제적 자립 가능성(An Analysis of Bitcoin-Driven Microfinance in Africa: Financial Inclusion and Economic Self-Sufficiency of Small Businesses). 장윤영. 삶의질연구회. 삶의질향상연구 제2권 제3호 2024. 12 pp. 1-9
40. 법적 프레임워크-2025년 암호화폐의 글로벌 규제 동향과 전망. https://kkangs1129.tistory.com
41. 21세기 미중 경쟁에 대한 신냉전 논쟁과 쟁점 연구(American-Chinese Competition in the 21st Century - Focused on a New Cold War): 중국지역학회, 2022, vol. 9, no. 2, 통권 23호
42. 반길주, "냉전과 신냉전 역학비교: 미·중 패권경쟁의 내재적 역학에 대한 고찰을 중심으로,"『국가안보와 전략』제21권 제1호(2021)
43. [국가R&D연구보고서] 디지털경제의 등장과 경제적 해석의 문제점: 정보통신연구진흥원Institute for Information Technology Advancement, 박명호, TRKO200500016916

3부

1. 아메드, S. 그리고 아마드, H. 케이. (2020) "경제의 영향ic와 폴리tical 자유경제 성장에 관하여 아시아 경제", 유럽 온라인 저널 자연 및 사회 과학
2. Bundă, NR, Moise‐Țiței, A. 및 Jaliu,DD(2012) "새로운 제도적 접근" 복합체의 경제적 자유와 경제의 상관관계 "ic Growth", 유럽 과학 저널신학
3. 경제 성장에서 경제적 자유의 역할. 아이페르 외질마즈/크리르칼레 대학교, 2022년 10월
4. Economic Freedom of the World: 2024 Annual Report의 데이터. 저작권 2024, The Fraser Institute. https://efotw.org
5. 더나은미래, "'NFT' 활용한 새로운 모금이 온다", 2021. 9. 27. https://futurechosun.com/archives/58860
6. 조선일보, "NFT, 모금의 미래가 될 수 있을까", 2022. 01. 18. https://www.chosun.com/national/national_general/2022/01/18/JFWWGLOFHFF3RM2R6RPGX3VJPA/
7. 암호화폐 데이터 분석 업체 메사리(Messari) 분석 보고서
8. Barry, Norman (1982). "The Tradition of Spontaneous Order". Literature of Liberty. 5 (2).
9. 하이에크의 자생적 질서와 협조적 행위규칙, 조필규. 한국경제학보 제20권 제2호 The Korean Journal of Economics Vol. 20, No. 2(Autumn 2013)
10. 글로벌 ESG 동향 및 국가의 전략적 역할(금융정책, 환경정책) / ODA정책연구, 한상범, 권세훈, 임상균
11. ESG 동향 및 국가의 글로벌 역할(글로벌 ESG 동향과 한국 정부의 전략적 역할), KIEP 연구논문, ODA 산업연구 21-01
12. 강노경, 한승권. 2021. 「EU의 ESG 관련 입법 동향과 시사점」. KITA Market Report. 한국무역협회.
13. 한민수, 김수빈, 이진희. 2021. 「2021년 G7 정상회담의 주요 내용과 시사점」. KIEP 세계경제 포커스 21-38. 대외경제정책연구원.
14. Edmans, Alex. 2020. Grow the Pie: How Great Companies Deliver Both Purpose and Profit. UK: Cambridge University Press.
15. EPA. 2011. "Greening Our Future By Educating Tomorrow's Workforce: Module 1: Environmental Sustainability." U. S. Environmental Protection Agency.
16. European Parliament. 2021. "(Resolution) Corporate due diligence and corporate accountability."
17. EUTEG. 2020. Taxonomy: Final report of the Technical Expert Group on Sustainable Finance. EU. (March)
18. Fisch, J. 1997. "Questioning Philanthropy From a Corporate Governance Perspective." The New York Law School Law Review
19. Friedman, M. 1970. "The Social Responsibility of Business is to Increase Its Profits." New York Times Magazine.
20. 「기재부, ESG 산발적 정책 교통정리한다」. 2021. Impact On. (8월 27일). http://www.impacton.net/news/articleView.html?idxno=2401
21. 산업통상자원부. 2021. 「산업부, K-ESG 지표 정립 본격 착수」. http://www.motie.go.kr/motie/ne/presse/press2/bbs/bbsView.do?bbs_cd_n=81&bbs_seq_n=164036
22. 「슈나이더 일렉트릭, 생물 다양성 보호를 위한 대책 공약 발표로 ESG 경영 지속」. 2021. 「뉴스와이어」. https://www.newswire.co.kr/newsRead.php?no=923857
23. KIEP 세계경제 포커스 「OECD 디지털세 기본합의안의 주요 내용과 전망」, 오태현 세계지역연구센터 선진경제실 유럽팀 전문연구원
24. 디지털 경제에서의 조세 : OECD/G20 성명서 주요 내용과 앞으로의 과제, 변혜정 in KISO저널

25. 「2023 OECD/INFE*」 금융이해력 조사 결과, 한국은행(http://www.bok.or.kr)과 금융감독원(http://www.fss.or.kr)
26. "세계 경제 전망 데이터베이스, 2022년 4월". IMF. org. 국제 통화 기금. 2022년 4월.
27. Gary McWilliams (2017년 5월 31일). "Exxon 주주, 활동가들의 승리로 기후 영향 보고서 승인". Reuters.
28. "2024 연례보고서"(PDF). Fidelity.
29. Gyftopoulou, Loukia (2024년 3월 22일). "Fidelity의 Abby Johnson이 Far-Flung Family Empire에 대한 통제력을 강화하다". Wealth Management.
30. '블룸버그' 라이싱, 매튜(2021년 3월 24일). "Fidelity, 미국 증권 규제 기관에 비트코인 ETF 신청". CNBC
31. 경제적 요인으로 살펴본 비트코인의 변동성에 관한 연구(A Study in Bitcoin Volatility through Economic Factors), 한국전자거래학회지, v. 24 no. 4, 2019년, pp. 109 - 118, 손종혁 (Department of Business Administration, Sangmyung University), 김정연 (Department of Business Administration, Sangmyung University)
32. Choi, D. H. and Lee, J. S., "A Study on the Determinants of Gold Prices - From Alternative Investment Assets Perspective," The Korean Finance Association, Vol. 31, No. 3, pp. 79-112, 2014.
33. Dyhrberg, A. H., "Bitcoin, gold and the dollar: A GARCH volatility analysis," Working Paper Series, UCD Centre for Economic Research, No. 15/20, 2015.
34. FRED, https://fred.stlouisfed.org.
35. Hwang, Y., "Bitcoin(Gold)'s Hedge. Safe-Haven. Equity. Taxation," Journal of Society for e-Business Studies, Vol. 23, No. 3, pp. 13-32, 2018.
36. Jang, S. I. and Kim, J. Y., "A Study on The Asset Characterization of Bitcoin," Journal of Society for e-Business Studies, Vol. 22, No. 4, pp. 117-128, 2017.
37. Jeong, S. Y., "Characterisation of Virtual Currencies in Tax Law-focused on the Bitcoin Case," Journal of IFA, Vol. 31, No. 1, pp. 85-140, 2015.
38. Kim, Y. S., "Legal Nature of Bitcoin in Private Law," Law Review, Vol. 59, No. 4
39. Lee, J. S., Kim, K. W., and Park, D. H., "Empirical Analysis on Bitcoin Price Change by Consumer, Industry and Macro-Economy Variables," JIIS, Vol. 24, No. 2, pp. 195-220,

4부

1. 국제결제은행(BIS) Annual Economic Report, 2024
2. 유럽연합(EU) MiCA 정책 문서, 2024
3. 미국 에너지부(DoE) 채굴 산업 현황 보고서, 2025
4. "비트코인 클라우드 마이닝에 대하여". 클라우드 마이닝 보고서.
5. 글로벌 비트코인 채굴기 시장 조사 보고서: 제품 유형별(ASIC, GPU), 애플리케이션별(대기업, 중소기업, 클라우드 채굴 기업), 전체 해시 속도별(50TH/s 미만, 50~100TH/s, 100~200TH/s, 200~500TH/s, 500TH/s 초과), 전력 소비별(100W 미만, 100~500W, 500~1000W, 1000~2000W, 2000W 초과), 냉각 시스템별(공랭, 침지 냉각, 액체 냉각) 및 지역별(북미, 유럽, 남미, 아시아 태평양, 중동 및 아프리카) - 2032년까지의 예측.
6. 비트 코인 마이닝 서버 시장 규모, 점유율, 성장 및 산업 분석에 의한 (하드웨어, 소프트웨어) 응용 프로그램 (에너지, 은행, 금융 서비스 및 보험 (BFSI), 기타 지역 통찰력 및 2032 년 예측. Source: https://www.businessresearchinsights.com/ko/market-reports/bitcoin-mining-servers-market-115218

7. "BlackRock, Inc. 2024 Form 10-K Annual Report". 미국 증권거래위원회. 2025년 2월 25일.
8. Gledhill, Alice; Lacqua, Francine (2023년 10월 9일). "BlackRock's Hildebrand Wants IMF to Address New Economic Reality". Bloomberg News.
9. McLaughlin, David; Massa, Annie (2020년 1월 9일). "The Hidden Dangers of the Great Index Fund Takeover". Bloomberg Businessweek.
10. Kostas, Leo. "투자자들이 Crypto ETF 도입을 어떻게 활용할 수 있는가". Benzinga.
11. Mikhail Vnuchkov 트레이더스 유니온의 저자, 미국 비트코인 채굴 산업이 31,000개의 일자리를 창출한다는 연구 결과 발표. https://tradersunion. com/ko/news/cryptocurrency-news/show/100824-study-reveals-u-s
12. 2025 Verified Market Reports: 광업 기술 (ASIC (Application-Specific Integrated Circuit) Miners, GPU (그래픽 처리 장치) 광부 (Solo Mining, Poolsed Mining), 전력 소비 (저전력 소비량) (저전력 소비량) (<<<<< 500W), 중간 전력 소비 (500W - 1500W)), 최종 사용자 (개별 광부, 광업 농장), 기술 (Guidance System, INERTIAL, GPS), 지리적 범위 및 예측별로
13. 2025 Verified Market Reports: Global Bitcoin Mining Hardware 시장 유형 (ETH 유형, BTC 유형), Application (Enterprise, Personal), 지리적 범위 및 예측별로
14. Policy assessments for the carbon emission flows and sustainability of Bitcoin blockchain operation in China Shangrong Jiang, Yuze Li, Quanying Lu, Yongmiao Hong, Dabo Guan, Yu Xiong & Shouyang Wang/Nature Communications.
15. "섹션 3: VOC 제어, 챕터 1: 플레어" (PDF). EPA 대기 오염 비용 관리 매뉴얼(보고서)(6판). Research Triangle Park, NC: 미국 환경 보호청(EPA). 2002년 1월. EPA 452/B-02-001.
16. A. Kayode Coker(2007). Ludwig's Applied Process Design for Chemical And Petrochemical Plants, Volume 1(4th ed.). Gulf Professional Publishing. pp. 732–737. ISBN 978-0-7506-7766-0.
17. Sam Mannan, ed. (2005). Lee's Loss Prevention in the Process Industries: Hazard Identification, Assessment and Control, Volume 1(3rd ed.). Elsevier Butterworth-Heinemann. pp. 12/67–12/71. ISBN 978-0-7506-7857-5.
18. "고도 플레어 화염 및 연기에 대한 제안된 종합 모델", 데이비드 쇼어, 플레어가스 기업, AIChE 40회 손실 방지 심포지엄, 2006년 4월.
19. "IPIECA - 자원 - 플레어링 분류". 국제 석유 산업 환경 보호 협회 (IPIECA). 글로벌 가스 플레어링 감소 파트너십(GGFR), 세계은행.
20. "EPA 시행, 효율성 위반 급증에 대한 타깃" (PDF). 시행 경고. 워싱턴 DC: EPA. 2012년 8월. EPA 325-F-012-002.
21. 그린 마이닝 (친환경 채굴, Green Mining) 시장 : 2027년까지의 세계 예측, MarketsandMarkets (마켓츠앤마켓츠).
22. L. Lamport, Constructing digital signatures from a one-way function, Technical Report SRI-CSL-98, SRI International Computer Science Laboratory, Oct. 1979.
23. Efficient Use of Merkle Trees - RSA labs explanation of the original purpose of Merkle trees + Lamport signatures, as an efficient one-time signature scheme.
24. Lamport, Leslie(1979년 10월). "일방향 함수에서 디지털 서명 구성". SRI International (CSL-98).
25. SPHINCS+ Submission to the NIST post-quantum project, Daniel J. Bernstein, Christoph Dobraunig, Maria Eichlseder, Scott Fluhrer, Stefan-Lukas Gazdag, Andreas Hülsing, Panos Kampanakis, Stefan Kölbl, Tanja Lange, Martin M. Lauridsen, Florian Mendel, Ruben Niederhagen, Christian Rechberger, Joost Rijneveld, Peter Schwabe.
26. "드릴, 베이비, 드릴": 미국의 화석 연료 붐이 유럽에서 붕괴 위기에 처하다. POLITICO.

27. 샤르마, 가우라브(2025년 1월 20일). '드릴 베이비, 드릴': 도널드 트럼프가 미국 에너지 비상사태를 선언하다. 포브스.
28. IPCC 특별 보고서(SRCCL); 변화하는 기후에서의 해양 및 빙권에 대한 IPC Climate Change 2021 The Physical Science Basis Summary for Policymakers.
29. 블룸버그 신에너지 파이낸스(BNEF)가 최근 발간한 보고서 'NEO 2019'
30. 2023 Equinix 지속 가능성 보고서 및 글로벌 보고 이니셔티브(GRI) 지표
31. 한국금융연구원, (2024). "러시아의 암호화폐 채굴 전략과 국제 금융 제재."
32. U. S. Treasury Department, (2024). "Cryptocurrency Sanctions and Russia's Economic Response."
33. European Commission, (2025). "The Role of Crypto Mining in Economic Sanctions Evasion."
34. Bloomberg, (2025). "How Russia is Leveraging Bitcoin Mining to Bypass Financial Sanctions."
35. Cambridge Centre for Alternative Finance (CCAF), (2024). "The Impact of Sanctions on Global Cryptocurrency Markets."
36. 한국금융연구원, (2024). "이란과 베네수엘라의 암호화폐 전략 분석."
37. 한국금융연구원, (2024). "중앙아시아 국가들의 암호화폐 채굴 산업 분석."
38. U. S. Energy Information Administration (EIA), (2024). "Cryptocurrency Mining Trends in Central Asia."
39. European Commission, (2025). "Policy and Sustainability in Crypto Mining Expansion."
40. Bloomberg, (2025). "Kazakhstan and Uzbekistan's Role in Bitcoin Hashrate Distribution."
41. Cambridge Centre for Alternative Finance (CCAF), (2024). "The Impact of Bitcoin Mining on Regional Geopolitics."
42. The State of Global Cryptocurrency Ownership in 2024, An in-depth look at cryptocurrency ownership trends across the globe and their evolving role within the financial ecosystem. www.triple-a. io
43. 한국에너지공단(KEA), (2024). "유럽 및 이스라엘의 암호화폐 채굴 정책 분석."
44. 한국금융연구원, (2024). "비트코인 해시레이트 집중과 글로벌 금융 리스크 분석."
45. 한국전자정보통신산업진흥회(KEA), (2024). "반도체 산업과 비트코인 채굴 장비 공급망 분석."
46. 한국블록체인학회, (2024). "클라우드 마이닝과 암호화폐 채굴의 경제학적 분석."
47. European Commission, (2025). "Cryptocurrency Mining and Sustainability Policy."
48. Cambridge Centre for Alternative Finance (CCAF), (2024). "Decentralized Mining and Cloud-Based Hashpower Distribution."
49. U. S. Securities and Exchange Commission (SEC), (2024). "Cloud Mining Investment Risks and Best Practices."

부록

비트코인 15년사

비트코인
문명의
개척자들

CENTRALIZE GOVERNMENT TRUST FINANCIAL BLOCKCHAIN CURRENCY BIG DATA COST

part1. 문명의 전환점을 이끈 100대 사건들

혁명의 순간은 위기 속에서 피어난다. 2008년 글로벌 금융위기는 새로운 금융 혁명의 싹을 틔웠다. 사토시 나카모토는 정부와 은행의 신뢰가 무너진 시대를 마주하며 기발한 대안을 제시했다. 비트코인은 중앙집중적 권력에 의존하지 않는 탈중앙화 화폐 시스템을 구축했고, 이는 단순한 실험이 아니라 디지털 문명의 새로운 금융 질서로 자리 잡아가고 있다.

지난 15년 동안 비트코인은 금융위기, 법정화폐의 불신, 규제 당국과의 충돌, 제도권 금융의 수용 등 거대한 변화를 겪으며 성장해왔다. 이 부록에서는 2008년부터 2024년까지 비트코인의 결정적 순간을 연대기 형식으로 정리하고, 금융··경제·사회적 함의를 함께 탐구한다.

● 태동기 (2008-2010): 혁명의 서막

비트코인은 금융위기의 한복판에서 탄생했다. 신뢰가 붕괴된 기존 금융 시스템을 대신할 새로운 통화 체계가 필요했고, 이에 대한 응답으로 사토시 나카모토의 비트코인 백서가 세상에 등장했다.

❶ 2008년 10월 31일 – 비트코인 백서 발표
글로벌 금융위기가 절정에 이르렀을 때 사토시 나카모토라는 익명의 개발자가 "Bitcoin: A Peer-to-Peer Electronic Cash System"이라는 백서를 발표했다. 이 백서는 중앙은행이나 금융기관을

부록 481

거치지 않고 개인 간 직접 거래가 가능한 디지털 화폐 시스템을 제안하며, 기존 금융 질서에 대한 혁명적 대안을 제시했다.

❷ 2008년 11월 9일 – 비트코인 프로젝트 공개 토론 시작

백서 발표 후 사토시는 암호학 커뮤니티에 비트코인 프로젝트에 대한 논의를 개시했다. 이때부터 그는 주요 암호학자 및 개발자들과의 토론을 통해 비트코인의 기술적 기반을 다듬어 나가기 시작했다.

❸ 2009년 1월 3일 – 제네시스 블록 생성

비트코인의 첫 번째 블록, 제네시스 블록이 생성되었다. 블록 안에는 "The Times 03/Jan/2009 Chancellor on brink of second bailout for banks"라는 문구가 포함되어 있었다. 이는 중앙은행의 개입이 불가피한 기존 금융 시스템을 비판하는 상징적 메시지였다.

❹ 2009년 1월 9일 – 비트코인 소프트웨어 최초 배포

사토시는 최초의 비트코인 소프트웨어를 공개하며, 네트워크 가동을 시작했다. 이를 통해 비트코인의 기술적 구조가 실질적으로 구현되었으며, P2P 방식의 탈중앙화 금융 시스템이 첫발을 내딛게 되었다.

❺ 2009년 1월 12일 – 첫 비트코인 거래

비트코인의 첫 번째 실제 거래가 이루어졌다. 사토시 나카모토는 개발자인 할 피니(Hal Finney)에게 10BTC를 전송했다. 이는 암호학적으로 보장된 디지털화폐가 실제로 거래될 수 있음을 입증한 순간이었다.

---

121) 출처: https://fineartamerica.com/profiles/sreejith-vinodkumar/shop/Studio Grafiikka
122) 출처: https://img1.daumcdn.net
123) 출처: 트위터@halfin

❻ **2009년 10월 5일 – 비트코인 최초의 환율 형성**
New Liberty Standard가 비트코인의 최초 환율을 정했다. 1달러에 1,309.03BTC라는 가격이 책정되었으며, 이는 비트코인이 금전적 가치로 평가되기 시작한 순간이었다.

❼ **2010년 2월 6일 – 최초의 비트코인 거래소 설립**
비트코인 거래를 위한 최초의 거래소인 The Bitcoin Market이 개설되었다. 이는 비트코인이 실제 금융 시장에서 거래될 수 있는 기반을 마련하는 중요한 전환점이 되었다.

❽ **2010년 5월 22일 – 비트코인 피자데이**

라즐로 한예츠(Laszlo Hanyecz)라는 개발자는 10,000BTC를 주고 피자 두 판을 구입했다. 이 거래는 비트코인이 실제 상품과 교환될 수 있음을 보여주었으며, 매년 5월 22일은 '비트코인 피자데이'로 기념된다.

❾ **2010년 7월 11일 – Slashdot에서 비트코인 보도**
기술 커뮤니티인 Slashdot에서 비트코인을 소개하는 기사가 게재되었다. 이 보도 이후 개발자 및 기술 애호가들의 관심이 급격히 증가하며 비트코인의 커뮤니티가 확대되기 시작했다.

❿ **2010년 7월 17일 – Mt. Gox 거래소 설립**

마크 카펠레스가 일본에서 비트코인 거래소 Mt. Gox를 설립했다. 이는 이후 몇 년간 세계 최대 규모의 비트코인 거래소로 성장했으며, 2014년 파산 전까지 전체 비트코인 거래의 70% 이상을 차지했다.

---

124) 출처: https://www.blockmedia.co.kr
125) 출처: token.unlocks.app

태동기 (2008-2010) : 혁명의 서막

2008
- ❶ 2008년 10월 31일 – 비트코인 백서 발표
- ❷ 2008년 11월 9일 – 비트코인 프로젝트 공개 토론 시작

2009
- ❸ 2009년 1월 3일 – 제네시스 블록 생성
- ❹ 2009년 1월 9일 – 비트코인 소프트웨어 최초 배포
- ❺ 2009년 1월 12일 – 첫 비트코인 거래
- ❻ 2009년 10월 5일 – 비트코인 최초의 환율 형성

2010
- ❼ 2010년 2월 6일 – 최초의 비트코인 거래소 설립
- ❽ 2010년 5월 22일 – 비트코인 피자데이
- ❾ 2010년 7월 11일 – Slashdot에서 비트코인 보도
- ❿ 2010년 7월 17일 – Mt. Gox 거래소 설립

● 성장기 (2011-2013) : 가능성의 확장

비트코인이 실험적 단계를 지나 본격적으로 글로벌 금융 시장에서 논의되기 시작했다. 기술적 진보, 채택 증가, 그리고 시장 내 주요 사건들이 연달아 발생하며 비트코인은 점점 더 강력한 경제적 도구로 자리 잡아갔다. 하지만 동시에 첫 번째 거품과 규제 당국의 개입이라는 커다란 도전에 직면했다.

⑪ **2011년 1월 - 실크로드 개설, 비트코인의 검열 저항성 부각**
비트코인을 기반으로 운영되는 다크넷 마켓 '실크로드(Silk Road)'가 개설되었다. 이 플랫폼은 익명 거래를 가능하게 했으며, 비트코인이 검열 저항적인 디지털 화폐로 주목받는 계기가 되었다.

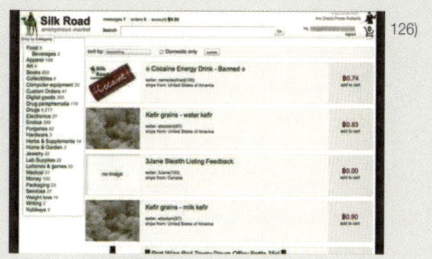
126)

⑫ **2011년 2월 - 비트코인, 1달러 돌파**
비트코인의 가격이 사상 처음으로 1달러를 넘어섰다. 이는 비트코인이 디지털 자산으로서 실제 경제적 가치를 인정받는 첫 번째 신호로 해석되었다.

⑬ **2011년 6월 - 첫 번째 가격 버블, 32달러 도달 후 폭락**
비트코인은 불과 몇 개월 만에 32달러까지 상승했지만, 이후 2달 만에 2달러대까지 급락했다. 이는 비트코인 시장의 첫 번째 대규모 가격 변동이었으며, 투자자들에게 높은 변동성을 인지시키는 계기가 되었다.

⑭ **2011년 7월 - Mt. Gox 해킹 사건 발생**
당시 세계 최대 비트코인 거래소였던 Mt. Gox가 해킹당하며 약 8만 개의 비트코인이 도난당했다. 이는 거래소의 보안 문제를 부각시키는 계기가 되었고, 이후 수년간 거래소의 보안이 핵심 이슈로 떠오르게 된다.

---
126) 출처 : https://en.wikipedia.org

⑮ **2011년 10월 – 라이트코인(Litecoin) 출시**
비트코인을 보완하기 위한 최초의 주요 알트코인인 라이트코인이 출시되었다. 이는 블록체인 기술이 다양화되는 계기가 되었으며, 향후 수많은 암호화폐 프로젝트의 출현을 촉진했다.

⑯ **2012년 6월 – BitPay, 1,000개 이상의 가맹점 확보**

비트코인 결제 시스템을 제공하는 BitPay가 전 세계 1,000개 이상의 가맹점을 확보했다. 이는 비트코인이 단순한 투자 상품을 넘어 결제 수단으로 자리 잡아가는 중요한 지표가 되었다.

⑰ **2012년 9월 – 비트코인 재단(Bitcoin Foundation) 설립**
비트코인의 발전과 표준화를 위한 비트코인 재단이 설립되었다. 이 단체는 비트코인 네트워크의 지속적 발전과 대중화를 위한 연구와 로비 활동을 수행하게 된다.

⑱ **2012년 11월 – 첫 번째 비트코인 반감기 (50 → 25BTC)**
비트코인의 채굴 보상이 절반으로 줄어드는 첫 번째 반감기가 발생했다. 이는 공급 감소로 인해 향후 가격 상승 요인이 될 수 있는 중요한 경제적 이벤트였다.

⑲ **2013년 3월 – 키프로스 금융위기, 비트코인 수요 급증**
유럽 키프로스의 금융위기 발생으로 인해 은행 예금 인출이 제한되었고, 이에 대한 대안으로 비트코인이 주목받기 시작했다. 비트코인은 처음으로 '디지털 금'이라는 별명을 얻으며 글로벌 경제 불안 속에서 안전자산 역할을 수행하는 사례로 기록되었다.

⑳ **2013년 4월 – 비트코인, 200달러 돌파**

---

127) 출처: https://www.paymentscardsandmobile.com
128) 출처: https://wiki1.kr
129) 출처: https://bitomakase.com

키프로스 사태 이후 비트코인은 200달러를 돌파하며 전 세계적인 주목을 받게 되었다. 이는 기관 투자자들까지 비트코인을 투자 대상으로 고려하기 시작하는 계기가 되었다.

㉑ 2013년 5월 – 중국 BTC China, 세계 최대 거래소 등극

중국의 비트코인 거래소 BTC China가 세계 최대 거래소로 성장하며 중국 내 비트코인 채택이 급증했다. 이후 중국 정부의 규제 움직임이 시작되는 계기가 되었다.

㉒ 2013년 7월 – 독일, 비트코인을 사적 화폐로 공식 인정

[130]

독일 정부는 비트코인을 '사적 화폐'로 인정하며, 암호화폐에 대한 공식적 법적 지위를 부여한 첫 번째 유럽 국가가 되었다.

㉓ 2013년 10월 – FBI, 실크로드 폐쇄

미국 FBI가 다크넷 마켓 실크로드를 폐쇄하고 운영자인 로스 울브리히트를 체포했다. 이는 비트코인이 범죄 금융과 관련된 이미지를 가지는 계기가 되었지만, 이후 합법적인 사용 사례가 증가하는 계기가 되었다.

㉔ 2013년 11월 – 비트코인, 1,000달러 돌파

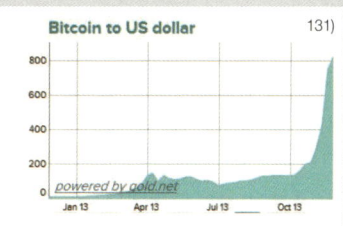
[131]

비트코인 가격이 처음으로 1,000달러를 돌파하며 글로벌 투자자들의 주목을 받았다. 기관 투자자들이 비트코인 시장을 본격적으로 연구하기 시작했다.

㉕ 2013년 12월 – 중국 정부, 금융기관의 비트코인 거래 금지 발표

중국 인민은행이 금융기관이 비트코인 거래에 개입하는 것을 금지하는 첫 번째 규제를 발표했다. 이후 비트코인은 중국에서 여러 차례 규제 압력을 받게 된다.

㉖ 2014년 1월 – 비트코인 ATM 등장

[132]

세계 최초의 비트코인 ATM이 캐나다 밴쿠버에 설치되었다. 이는 비트코인의 대중화와 오프라인 채택을 확장하는 데 중요한 역할을 했다.

---

130) 출처: 독일 금융감독청(BaFin)/ⓒ디지털투데이(DigitalToday)
131) 출처: Scutify.com
132) 출처: https://techrecipe.co.kr

㉗ 2014년 2월 – Mt. Gox 거래소 파산
당시 세계 최대 거래소였던 Mt. Gox가 대규모 해킹으로 인해 파산했다. 85만 개 이상의 비트코인이 도난당하며 암호화폐 시장에 큰 충격을 주었다.

133)

㉘ 2014년 3월 – IRS, 비트코인을 자산으로 과세 분류
미국 국세청(IRS)이 비트코인을 '자산(Property)'으로 간주하여 과세 대상에 포함한다고 발표했다. 이는 이후 글로벌 세금 정책의 방향을 설정하는 중요한 전환점이 되었다.

㉙ 2014년 6월 – 실크로드 비트코인 경매, 벤처캐피털리스트 팀 드레이퍼 낙찰
FBI가 실크로드에서 압수한 3만 BTC를 공개 경매에 부쳤고, 벤처캐피털리스트 팀 드레이퍼가 이를 낙찰받았다. 이는 비트코인이 점점 제도권 금융으로 흡수되는 과정의 한 부분이었다.

㉚ 2014년 7월 – 뉴욕주 비트라이센스(BitLicense) 초안 발표
뉴욕 금융서비스국(NYDFS)이 암호화폐 관련 기업을 규제하기 위한 비트라이센스 초안을 발표했다. 이는 미국 내 첫 번째 암호화폐 규제 프레임워크로, 이후 전 세계 여러 국가의 규제 모델에 영향을 미쳤다.

133) 출처: https://photo.znews.vn

성장기 (2011-2014) : 가능성의 확장

2011
- ⑪ 2011년 1월 – 실크로드 개설, 비트코인의 검열 저항성 부각
- ⑫ 2011년 2월 – 비트코인, 1달러 돌파
- ⑬ 2011년 6월 – 첫 번째 가격 버블, 32달러 도달 후 폭락
- ⑭ 2011년 7월 – Mt. Gox 해킹 사건 발생
- ⑮ 2011년 10월 – 라이트코인(Litecoin) 출시

2012
- ⑯ 2012년 6월 – BitPay, 1,000개 이상의 가맹점 확보
- ⑰ 2012년 9월 – 비트코인 재단(Bitcoin Foundation) 설립
- ⑱ 2012년 11월 – 첫 번째 비트코인 반감기 (50 → 25BTC)

2013
- ⑲ 2013년 3월 – 키프로스 금융위기, 비트코인 수요 급증
- ⑳ 2013년 4월 – 비트코인, 200달러 돌파
- ㉑ 2013년 5월 – 중국 BTC China, 세계 최대 거래소 등극
- ㉒ 2013년 7월 – 독일, 비트코인을 사적 화폐로 공식 인정
- ㉓ 2013년 10월 – FBI, 실크로드 폐쇄
- ㉔ 2013년 11월 – 비트코인, 1,000달러 돌파
- ㉕ 2013년 12월 – 중국 정부, 금융기관의 비트코인 거래 금지 발표

2014
- ㉖ 2014년 1월 – 비트코인 ATM 등장
- ㉗ 2014년 2월 – Mt. Gox 거래소 파산
- ㉘ 2014년 3월 – IRS, 비트코인을 자산으로 과세 분류
- ㉙ 2014년 6월 – 실크로드 비트코인 경매, 벤처캐피털리스트 팀 드레이퍼 낙찰
- ㉚ 2014년 7월 – 뉴욕주 비트라이센스(BitLicense) 초안 발표

제도화기 (2014-2017): 주류 금융으로의 편입

비트코인은 점차 글로벌 금융 시스템의 일부로 편입되기 시작했다. 정부와 규제 당국은 암호화폐 시장에 대한 본격적인 대응을 준비하며, 초기 규제 프레임워크를 도입했다. 이 과정에서 기관투자자들의 참여가 확대되고, 비트코인의 신뢰성과 안정성이 점진적으로 강화되었다.

㉛ 2014년 9월 – PayPal, 비트코인 결제 지원 발표
페이팔(PayPal)이 비트코인 결제를 지원한다고 발표했다. 이는 암호화폐가 전통적인 온라인 결제 시스템과 통합될 수 있음을 보여준 중요한 사건이었다.

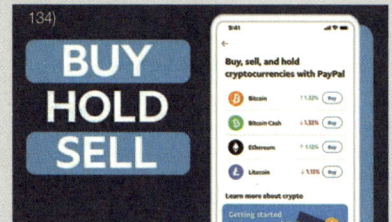
134)

㉜ 2014년 12월 – 마이크로소프트, 비트코인 결제 도입
마이크로소프트(Microsoft)가 비트코인을 결제 수단으로 수용하며 Xbox, Windows Store에서 비트코인으로 결제가 가능해졌다.

㉝ 2015년 1월 – 코인베이스(Coinbase), 비트코인 거래소 공식 출범
미국의 주요 암호화폐 거래소인 코인베이스가 정식 거래소를 출범하며, 미국 내 기관 및 개인 투자자들을 대상으로 본격적인 서비스를 시작했다.

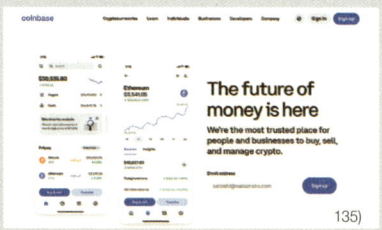
135)

㉞ 2015년 6월 – 뉴욕 비트라이센스(BitLicense) 도입
뉴욕주 금융서비스국(NYDFS)이 암호화폐 기업 운영을 위한 라이선스 제도(BitLicense)를 도입했다. 이는 미국 내 최초의 암호화폐 규제 프레임워크였다.

---
134) 출처: https://www.blockmedia.co.kr
135) 출처: 코인베이스 홈페이지

㉟ 2015년 10월 – EU, 비트코인 거래 VAT 면제 결정
유럽사법재판소(ECJ)가 비트코인을 '화폐'로 간주하고, 비트코인 거래에 대한 부가가치세(VAT)를 면제한다고 판결했다.

㊱ 2016년 2월 – 일본, 비트코인을 결제 수단으로 인정하는 법안 통과
일본 정부가 비트코인을 공식적인 결제 수단으로 인정하는 법안을 통과시켰다. 이는 비트코인이 법적 지위를 획득하는 데 중요한 계기가 되었다.

㊲ 2016년 7월 – 두 번째 비트코인 반감기 (25 → 12.5 BTC)
비트코인의 두 번째 반감기가 발생하며, 블록 보상이 12.5 BTC로 감소했다. 이는 비트코인의 희소성을 더욱 강화시키는 경제적 이벤트였다.

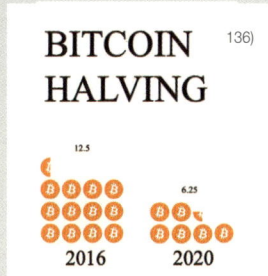

㊳ 2016년 8월 – Bitfinex 해킹, 12만 BTC 도난
암호화폐 거래소 Bitfinex가 해킹당하며 12만 개 이상의 비트코인이 도난당했다. 이는 거래소 보안 문제를 다시 한번 부각시킨 사건이었다.

㊴ 2017년 3월 – 미국 증권거래위원회(SEC), 최초의 비트코인 ETF 신청 거부
윙클보스 형제의 비트코인 ETF 신청이 미국 SEC에 의해 거부되었다. 이는 제도권 금융 시장에서 비트코인의 수용 가능성을 두고 중요한 논쟁을 불러일으켰다.

㊵ 2017년 4월 – 일본, 비트코인을 법적 결제 수단으로 공식 인정
일본이 비트코인을 정식으로 법적 결제 수단으로 인정하면서, 글로벌 규제 흐름이 비트코인을 수용하는 방향으로 변화하기 시작했다.

㊶ 2017년 5월 – 비트코인 시장 가치 1,000억 달러 돌파
비트코인의 총 시장 가치가 처음으로 1,000억 달러를 돌파하며, 암호화폐가 전 세계 금융 시장에서 점점 더 중요한 역할을 하게 되었다.

---

136) 출처: https://bitomakase.com/
137) 출처: https://localsegye.co.kr/news/data/

㊷ **2017년 6월 – 시카고 옵션거래소(CBOE), 비트코인 선물 출시 발표**
CBOE가 비트코인 선물 거래 상품을 출시하겠다고 발표했다. 이는 비트코인이 제도권 금융 상품으로 본격 편입되는 과정의 신호탄이었다.

㊸ **2017년 8월 – 비트코인 캐시 (BCH) 하드포크 발생**
비트코인 블록 크기 확장 논쟁 끝에 비트코인 캐시(BCH)가 비트코인 블록체인에서 분리되어 새로운 암호화폐로 탄생했다.

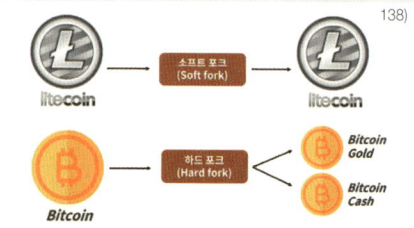
138)

㊹ **2017년 10월 – 골드만삭스, 비트코인 거래 데스크 설립 계획 발표**
세계적인 투자은행 골드만삭스가 비트코인 거래 데스크 설립 계획을 발표하며, 전통 금융권에서도 비트코인에 대한 관심이 높아지고 있음을 시사했다.

㊺ **2017년 12월 – 비트코인 가격, 2만 달러 돌파**
비트코인 가격이 사상 처음으로 2만 달러를 돌파하며, 역사적인 강세장이 절정에 달했다.

139)

㊻ **2017년 12월 – 시카고상품거래소 (CME), 비트코인 선물 출시**
CME가 비트코인 선물 거래를 출시하며, 기관 투자자들이 비트코인 시장에 본격적으로 참여하는 계기가 되었다. 이는 비트코인이 기존 금융 시장과 더욱 긴밀하게 연결되는 계기가 되었다.

㊼ **2017년 12월 – 미국 최초의 비트코인 선물 거래 개시**
CME에 이어 시카고옵션거래소(CBOE)도 비트코인 선물 거래를 개시하며, 비트코인이 월가의 주요 금융상품으로 자리 잡기 시작했다.

140)

---
138) 출처: https://blog.btcc.com
139) 출처: 코인데스크
140) 출처: 시카고상품거래소(CME) 홈페이지

㊽ **2017년 12월 – 비트코인 가격 최고점 기록 (약 19,700달러)**
비트코인은 역사상 가장 높은 가격인 약 19,700달러를 기록했다. 이는 기관 투자자와 일반 투자자들의 관심이 극대화된 시점이었으며, 이후 가격 조정이 시작되는 계기가 되었다.

㊾ **2018년 1월 – 비트코인 가격 급락, 시장 조정 시작**
비트코인은 2017년 말 19,000달러를 돌파한 후 급락하여 10,000달러 이하로 하락했다. 그로 인해 대규모 조정 국면이 시작되었으며, 시장의 과열이 드러나는 시점이었다.

㊿ **2018년 2월 – 미국 상원, 비트코인 및 암호화폐에 대한 청문회 개최**
미국 상원이 비트코인과 암호화폐 시장에 대한 청문회를 개최하면서, 암호화폐에 대한 정부의 규제 방향이 본격적으로 논의되기 시작했다. 이는 향후 암호화폐 산업이 법적·제도적 환경 속에서 성장할 기반을 마련하는 계기가 되었다.

제도화기 (2014-2017) : 주류 금융으로의 편입

2014
- ㉛ 2014년 9월 – PayPal, 비트코인 결제 지원 발표
- ㉜ 2014년 12월 – 마이크로소프트, 비트코인 결제 도입

2015
- ㉝ 2015년 1월 – 코인베이스(Coinbase), 비트코인 거래소 공식 출범
- ㉞ 2015년 6월 – 뉴욕 비트라이센스(BitLicense) 도입
- ㉟ 2015년 10월 – EU, 비트코인 거래 VAT 면제 결정

2016
- ㊱ 2016년 2월 – 일본, 비트코인을 결제 수단으로 인정하는 법안 통과
- ㊲ 2016년 7월 – 두 번째 비트코인 반감기 (25 → 12.5 BTC)
- ㊳ 2016년 8월 – Bitfinex 해킹, 12만 BTC 도난

2017
- ㊴ 2017년 3월 – 미국 증권거래위원회(SEC), 최초의 비트코인 ETF 신청 거부
- ㊵ 2017년 4월 – 일본, 비트코인을 법적 결제 수단으로 공식 인정
- ㊶ 2017년 5월 – 비트코인 시장 가치 1,000억 달러 돌파
- ㊷ 2017년 6월 – 시카고 옵션거래소(CBOE), 비트코인 선물 출시 발표
- ㊸ 2017년 8월 – 비트코인 캐시(BCH) 하드포크 발생
- ㊹ 2017년 10월 – 골드만삭스, 비트코인 거래 데스크 설립 계획 발표
- ㊺ 2017년 12월 – 비트코인 가격, 2만 달러 돌파
- ㊻ 2017년 12월 – 시카고상품거래소(CME), 비트코인 선물 출시
- ㊼ 2017년 12월 – 미국 최초의 비트코인 선물 거래 개시
- ㊽ 2017년 12월 – 비트코인 가격 최고점 기록 (약 19,700달러)

2018
- ㊾ 2018년 1월 – 비트코인 가격 급락, 시장 조정 시작
- ㊿ 2018년 2월 – 미국 상원, 비트코인 및 암호화폐에 대한 청문회 개최

대중화기 (2017-2020): 금융 시스템의 충격

비트코인은 이제 기관 투자자뿐만 아니라 대중에게도 널리 알려지며, 암호화폐 시장이 본격적인 성장기에 접어들었다. 그러나 이 과정에서 극심한 가격 변동과 규제 강화, 대형 해킹 사건이 연이어 발생하며 시장이 큰 변화를 겪었다.

(51) 2018년 6월 – SEC, 윙클보스 형제의 비트코인 ETF 승인 거부

미국 증권거래위원회(SEC)가 윙클보스 형제의 비트코인 ETF 신청을 거부하면서, 비트코인의 제도권 금융 편입 과정이 더디게 진행되었다.

(52) 2018년 11월 – 비트코인 캐시 하드포크, 비트코인 SV 등장

비트코인 캐시(BCH) 커뮤니티 내부에서 분열이 발생하며, 새로운 체인인 비트코인 SV(BSV)가 탄생했다. 이는 암호화폐 커뮤니티 내 거버넌스 갈등을 드러낸 사건이었다.

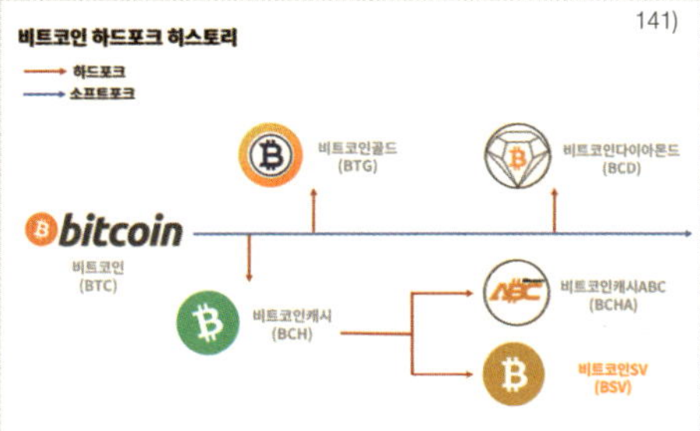

141)

(53) 2019년 4월 – 비트코인 가격 5,000달러 회복

2018년 대폭락 이후, 2019년 들어 비트코인이 서서히 회복세를 보이며 5,000달러를 돌파했다. 이는 시장이 새로운 성장 국면에 진입할 수 있음을 시사했다.

(54) 2019년 6월 – 페이스북, 리브라(Libra) 프로젝트 발표

페이스북이 자체 스테이블코인 프로젝트 '리브라'를 발표하며, 글로벌 결제 시스템에 블록체인 기술을 접목하려는 시도가 본격화되었다.

142)

---

141) 출처: https://static.upbitcare.com
142) 출처: https://atozmarkets.com

㊹ **2019년 10월 – 중국 시진핑 주석, 블록체인 기술 육성 강조**
중국 정부가 공식적으로 블록체인 기술의 중요성을 강조하며, 국가 차원의 연구 및 도입을 발표했다. 이는 블록체인 기술이 글로벌 정책 이슈로 부각되는 계기가 되었다.

㊺ **2020년 3월 – 코로나19 팬데믹, 금융시장 충격과 비트코인의 급락**
코로나19 팬데믹으로 글로벌 금융 시장이 급락하며, 비트코인도 하루 만에 50% 이상 하락하는 등 극심한 변동성을 보였다.

㊻ **2020년 5월 – 세 번째 비트코인 반감기 (12.5 → 6.25 BTC)**
비트코인의 세 번째 반감기가 발생하며, 블록 보상이 6.25 BTC로 감소했다. 이는 장기적인 공급 감소로 인한 가격 상승 기대감을 높였다.

143)

㊼ **2020년 6월 – 페이팔, 암호화폐 서비스 준비 발표**
페이팔이 자사 플랫폼에서 비트코인을 포함한 암호화폐 거래를 지원할 계획이라고 발표했다. 이는 암호화폐의 대중적 채택을 가속화하는 계기가 되었다.

㊽ **2020년 9월 – 마이크로스트래티지, 비트코인 대량 매입 발표**
미국 기업 마이크로스트래티지가 4억 2,500만 달러 상당의 비트코인을 매입하며, 기업들이 비트코인을 준비 자산으로 고려하기 시작했다.

㊾ **2020년 12월 – 비트코인 가격 2만 달러 돌파, 사상 최고치 경신**
비트코인 가격이 2017년 기록했던 최고점을 돌파하며 2만 달러를 넘어섰다. 이는 기관 투자자들의 본격적인 시장 참여와 함께 비트코인이 새로운 강세장에 진입했음을 나타냈다.

㊿ **2021년 1월 – 비트코인 가격 4만 달러 돌파**
비트코인 가격이 처음으로 4만 달러를 돌파하며 기관투자자들의 본격적인 유입이 시작되었다.

---

143) 출처: https://cryptonews.com

㉒ **2021년 2월 – 테슬라, 15억 달러 상당의 비트코인 매입 발표**
일론 머스크가 이끄는 테슬라가 15억 달러 상당의 비트코인을 매입했다고 발표하며, 기업들이 비트코인을 자산으로 보유하기 시작하는 계기가 되었다.

㉓ **2021년 3월 – 모건스탠리, 고객을 위한 비트코인 투자 상품 출시**
모건스탠리가 기관 및 고액 자산가 고객을 위해 비트코인 투자 상품을 출시하며, 월가의 주요 금융 기관들이 암호화폐 시장에 진입하기 시작했다.

㉔ **2021년 4월 – 코인베이스, 나스닥 상장**
미국 최대 암호화폐 거래소인 코인베이스가 나스닥에 상장하며, 암호화폐 시장의 성숙도를 보여주는 중요한 지표가 되었다.

㉕ **2021년 5월 – 중국, 비트코인 채굴 단속 발표**
중국 정부가 비트코인 채굴 단속을 공식 발표하면서, 채굴 산업이 다른 지역으로 이전하기 시작했다.

㉖ **2021년 6월 – 엘살바도르, 비트코인을 법정화폐로 지정**
엘살바도르가 세계 최초로 비트코인을 공식 법정화폐로 지정하며, 국가 단위의 암호화폐 채택 시대를 열었다.

---

144) 출처: https://www.sisajournal.com
145) 출처: https://news.nateimg.co.kr
146) 출처: https://blog.btcc.com

㊻ 2021년 8월 – 비트코인 네트워크, 탭루트(Taproot) 업그레이드 승인
비트코인 네트워크의 확장성과 보안을 개선하는 탭루트(Taproot) 업그레이드가 승인되며, 스마트 컨트랙트 기능이 강화되었다.

㊽ 2021년 10월 – 미국 첫 비트코인 ETF 승인 (ProShares BITO)
미국 증권거래위원회(SEC)가 비트코인 선물 ETF(ProShares BITO)를 승인하며, 비트코인이 전통 금융시장과 더욱 밀접하게 연결되었다.

㊾ 2021년 11월 – 비트코인 사상 최고가 69,000달러 기록
비트코인 가격이 사상 최고치인 69,000달러를 기록하며 강세장이 정점을 찍었다.

㊿ 2021년 12월 – 비트코인 가격 조정 시작, 50% 이상 하락
비트코인 가격이 2021년 말부터 급락하며, 약 50% 이상의 조정을 거쳤다. 이는 글로벌 거시 경제 요인과 기관들의 매도세로 인해 발생했다.

---

147) 출처: https://i0.wp.com/drwealth.com

대중화기 (2017-2020) : 금융 시스템의 충격

2018	(51) 2018년 6월 – SEC, 윙클보스 형제의 비트코인 ETF 승인 거부 (52) 2018년 11월 – 비트코인 캐시 하드포크, 비트코인 SV 등장
2019	(53) 2019년 4월 – 비트코인 가격 5,000달러 회복 (54) 2019년 6월 – 페이스북, 리브라(Libra) 프로젝트 발표 (55) 2019년 10월 – 중국 시진핑 주석, 블록체인 기술 육성 강조
2020	(56) 2020년 3월 – 코로나19 팬데믹, 금융시장 충격과 비트코인의 급락 (57) 2020년 5월 – 세 번째 비트코인 반감기 (12.5 → 6.25 BTC) (58) 2020년 6월 – 페이팔, 암호화폐 서비스 준비 발표 (59) 2020년 9월 – 마이크로스트래티지, 비트코인 대량 매입 발표 (60) 2020년 12월 – 비트코인 가격 2만 달러 돌파, 사상 최고치 경신
2021	(61) 2021년 1월 – 비트코인 가격 4만 달러 돌파 (62) 2021년 2월 – 테슬라, 15억 달러 상당의 비트코인 매입 발표 (63) 2021년 3월 – 모건스탠리, 고객을 위한 비트코인 투자 상품 출시 (64) 2021년 4월 – 코인베이스, 나스닥 상장 (65) 2021년 5월 – 중국, 비트코인 채굴 단속 발표 (66) 2021년 6월 – 엘살바도르, 비트코인을 법정화폐로 지정 (67) 2021년 8월 – 비트코인 네트워크, 탭루트(Taproot) 업그레이드 승인 (68) 2021년 10월 – 미국 첫 비트코인 ETF 승인 (ProShares BITO) (69) 2021년 11월 – 비트코인 사상 최고가 69,000달러 기록 (70) 2021년 12월 – 비트코인 가격 조정 시작, 50% 이상 하락

● 제도권 진입기 (2021-2024): 금융의 주류화

비트코인은 더 이상 변방의 자산이 아니라, 제도권 금융 시스템의 일부로 자리 잡으며 글로벌 경제 질서에 영향을 미치기 시작했다. 기관 투자자와 국가 차원의 도입이 증가하며 암호화폐의 법적·정책적 환경이 급변하는 시기였다.

㉑ 2022년 1월 – 러시아, 비트코인 채굴 세계 3위로 부상
중국의 채굴 금지 이후 러시아가 비트코인 채굴 시장의 3대 강국으로 자리 잡으며, 채굴 산업의 지정학적 변화가 발생했다.

㉒ 2022년 2월 – 캐나다 트럭 시위, 비트코인 기부 활용
캐나다의 트럭 운전자 시위에서 정부의 금융 차단 조치에 대응하여 비트코인을 기부금으로 활용하는 사례가 등장했다.

㉓ 2022년 3월 – 우크라이나 전쟁과 비트코인 기부 확대
러시아-우크라이나 전쟁이 발발하며, 우크라이나 정부와 NGO가 비트코인을 포함한 암호화폐로 기부를 받기 시작했다.

㉔ 2022년 5월 – 테라(LUNA)와 UST 붕괴
테라 생태계의 알고리즘 스테이블코인 UST가 페깅을 유지하지 못하며 붕괴, 암호화폐 시장 전반에 큰 충격을 주었다.

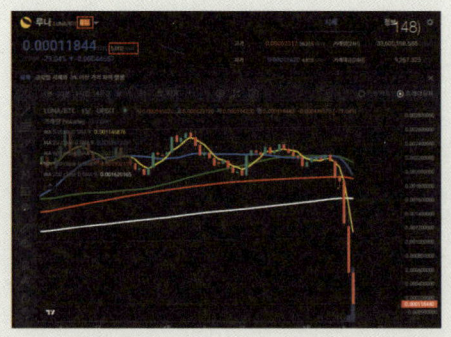

㉕ 2022년 6월 – 셀시우스(Celsius) 파산, 중앙화 금융 플랫폼 위기
암호화폐 대출 플랫폼 셀시우스가 유동성

---
148) 출처: https://nomadsdream.tistory.com/141

문제로 출금 중단을 선언하고 파산 절차를 밟으며, 중앙화 금융(CeFi)의 리스크가 대두되었다.

㉗ **2022년 9월 – 이더리움 머지(Merge) 완료, PoS 전환**

이더리움이 작업증명(PoW)에서 지분증명(PoS)으로 전환하며, 블록체인 에너지 소비 감소와 네트워크 효율성이 강조되었다.

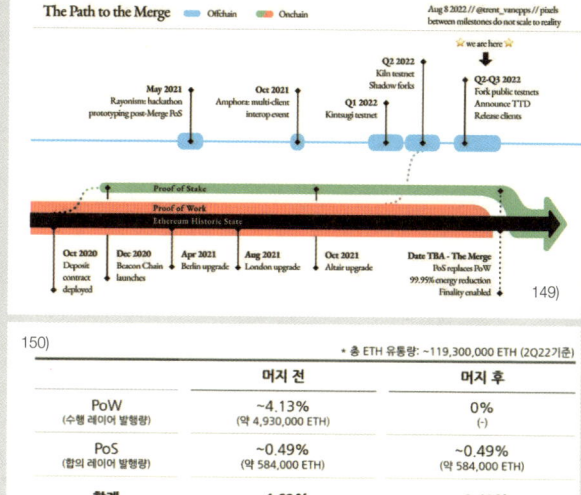

㉗ **2022년 11월 – FTX 파산, 시장 신뢰 위기**

세계 2위 규모의 암호화폐 거래소였던 FTX가 유동성 문제로 붕괴하며, 암호화폐 업계 전반에 충격을 주었다.

㉘ **2023년 3월 – 실리콘밸리은행(SVB) 파산, 비트코인의 가치 재평가**

미국 실리콘밸리은행(SVB)의 파산 이후, 비트코인이 금융위기 속 안전자산으로 재조명되며 가격이 급등했다.

㉙ **2023년 6월 – 블랙록(BlackRock), 비트코인 현물 ETF 신청**

세계 최대 자산운용사 블랙록이 미국 증권거래위원회(SEC)에 비트코인 현물 ETF를 신청하며, 기관 투자자들의 암호화폐 수용이 본격화되었다.

㉚ **2024년 1월 – 미국 SEC, 비트코인 현물 ETF 최종 승인**

미국 증권거래위원회(SEC)가 블랙록 등 주요 금융사의 비트코인 현물 ETF를 승인하며, 암호화폐 시장이 제도권 금융과 완전히 융합되는 계기가 마련되었다.

---

149) 머지 업그레이드 절차 [출처: ethereum.org]
150) 출처: ethereum.org/en/upgrades/merge/issuance/

⑧ **2024년 2월 – 비트코인 ETF 자금 유입 본격화**
미국 SEC의 현물 ETF 승인 이후 기관 자금이 대규모로 유입되며, 비트코인 시장의 안정성이 강화되었다.

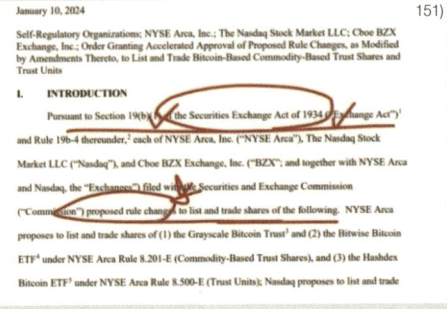

⑧ **2024년 3월 – 반감기 기대감, 시장 상승세 지속**
2024년 4월 예정된 비트코인 반감기를 앞두고 공급 감소에 대한 기대감이 커지며 가격 상승세가 지속되었다.

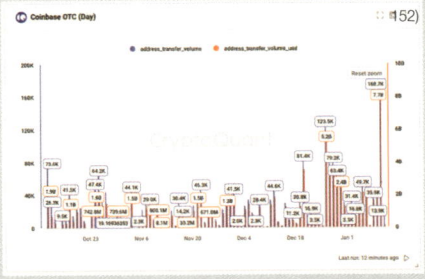

⑧ **2024년 4월 – 네 번째 비트코인 반감기 (6.25 → 3.125 BTC)**
비트코인의 네 번째 반감기가 도래하며, 채굴 보상이 3.125 BTC로 감소했다. 이는 공급 감소로 인해 장기적인 가격 상승 요인이 될 가능성이 크다.

⑧ **2024년 5월 – 글로벌 주요 은행, 비트코인 보유 공식 발표**
JP모건, 골드만삭스, UBS 등 주요 글로벌 은행들이 포트폴리오에 비트코인을 포함한다고 발표하며, 금융 시장 내 비트코인의 역할이 강화되었다.

⑧ **2024년 6월 – 브라질과 UAE, 중앙은행 비트코인 보유 개시**
브라질과 UAE 중앙은행이 외환보유고 일부를 비트코인으로 전환하며, 국가 차원의 자산 다변화 전략이 현실화되었다.

---

151) 출처: 미 증권거래위원회 비트코인 현물 ETF 승인 문서
152) 출처: 코인베이스
153) 출처: BTC.com

㊆ **2024년 7월 – G20 정상회담, 비트코인 규제 논의 본격화**
G20 회의에서 비트코인의 법적 지위와 국제적 규제 프레임워크에 대한 논의가 심화되었다.

㊇ **2024년 9월 – 아시아 시장의 비트코인 채택 가속화**
일본과 한국이 비트코인을 국가 공인 디지털 자산으로 인정하는 법안을 통과시키며, 아시아 시장의 제도권 편입이 강화되었다.

㊈ **2024년 10월 – 미국 정부, 연방 차원의 비트코인 규제 발표**
미국 정부가 비트코인에 대한 연방 차원의 명확한 법적 규제를 발표하며, 암호화폐 시장의 불확실성이 줄어들었다.

154)

㊉ **2024년 11월 – 비트코인, 글로벌 금융 시장 내 새로운 가치 저장 수단으로 확립**
전통적인 금(Gold)과 함께 비트코인이 글로벌 금융 시장에서 가치 저장 수단으로 본격적으로 인정받기 시작했다.

⑩ **2024년 12월 – 비트코인 네트워크, 사상 최대 해시레이트 기록**
비트코인 네트워크의 보안성과 분산성이 더욱 강화되며, 사상 최대 해시레이트를 기록하였다.

⑪ **2025년 1월 – 주요 글로벌 기업, 비트코인 결제 전면 도입**
아마존, 애플, 테슬라 등 글로벌 대기업들이 비트코인 결제를 공식 지원하며, 실물 경제에서의 비트코인 활용도가 폭발적으로 증가했다.

155)

⑫ **2025년 3월 – 미국 연방 준비제도, 비트코인을 디지털 금으로 공식 분류**

---

154) 출처: 코인디피아
155) 출처: https://img.blockstreet.co.kr)

미국 연준 이 비트코인을 디지털 금으로 공식 지정하며, 금융 시장 내 비트코인의 위상이 더욱 강화되었다.

● 향후 미래 전망

❾❸ 2025년 5월 – 비트코인 기반 디지털 자산 보험 상품 출시
대형 보험사들이 비트코인을 기반으로 한 디지털 자산 보험 상품을 출시하며, 투자자 보호가 한층 강화되었다.

❾❹ 2025년 7월 – 중국, 디지털 위안화와 비트코인의 공존 정책 발표
중국 정부가 디지털 위안화와 비트코인이 공존할 수 있는 새로운 규제 프레임워크를 발표하며, 암호화폐 시장의 제도권 편입이 본격화되었다.

❾❺ 2025년 9월 – 비트코인 가격 10만 달러 돌파
기관 및 국가 차원의 대규모 매입으로 인해 비트코인 가격이 처음으로 10만 달러를 돌파하며, 새로운 시장 국면을 맞이했다.

❾❻ 2026년 1월 – 글로벌 무역 결제의 20% 이상이 비트코인 기반으로 전환
국제 무역에서 비트코인을 결제 수단으로 활용하는 비율이 급증하며, 기존 금융 시스템의 중심이 암호화폐로 이동하기 시작했다.

❾❼ 2026년 4월 – 비트코인, 법정화폐보다 안정적인 가치 저장 수단으로 인정
세계은행과 IMF가 비트코인을 법정화폐보다 더 안정적인 가치 저장 수단으로 인정하며, 국가별 준비 자산으로서의 역할이 더욱 커졌다.

❾❽ 2026년 7월 – 인공지능(AI)과 블록체인의 융합, 금융 자동화 혁신
AI 기술과 블록체인이 결합된 금융 시스템이 도입되며, 자동화된 글로벌 결제 네트워크가 본격적으로 운영되기 시작했다.

❾❾ 2027년 1월 – 미국과 EU, 비트코인 기반 중앙은행 디지털 화폐(CBDC) 도입 검토
미국과 유럽연합(EU)이 비트코인 네트워크를 기반으로 한 중앙은행 디지털 화폐(CBDC)의 도입을 검토하며, 법정화폐와의 본격적인 경쟁이 시작되었다.

⑩ **2027년 12월 – 비트코인, 글로벌 금융 시스템의 중심으로 자리 잡다**
비트코인이 전통 금융 시스템과의 융합을 마치고, 글로벌 금융의 필수 인프라로 자리 잡으며, 디지털 금융 시대가 완전히 도래하였다.

제도권 진입기 (2021-2027): 금융의 주류화

2022
- ㊆ 2022년 1월 – 러시아, 비트코인 채굴 세계 3위로 부상
- ㊇ 2022년 2월 – 캐나다 트럭 시위, 비트코인 기부 활용
- ㊈ 2022년 3월 – 우크라이나 전쟁과 비트코인 기부 확대
- ㊉ 2022년 5월 – 테라(LUNA)와 UST 붕괴
- ㊎ 2022년 6월 – 셀시우스(Celsius) 파산, 중앙화 금융 플랫폼 위기
- ㊍ 2022년 9월 – 이더리움 머지(Merge) 완료, PoS 전환
- ㊌ 2022년 11월 – FTX 파산, 시장 신뢰 위기

2023
- ㊋ 2023년 3월 – 실리콘밸리은행(SVB) 파산, 비트코인의 가치 재평가
- ㊊ 2023년 6월 – 블랙록(BlackRock), 비트코인 현물 ETF 신청

2024
- ⑳ 2024년 1월 – 미국 SEC, 비트코인 현물 ETF 최종 승인
- ㊛ 2024년 2월 – 비트코인 ETF 자금 유입 본격화
- ㊜ 2024년 3월 – 반감기 기대감, 시장 상승세 지속
- ㊝ 2024년 4월 – 네 번째 비트코인 반감기
  (6.25 → 3.125 BTC)
- ㊞ 2024년 5월 – 글로벌 주요 은행, 비트코인 보유 공식 발표
- ㊟ 2024년 6월 – 브라질과 UAE, 중앙은행 비트코인 보유 개시
- ㊠ 2024년 7월 – G20 정상회담, 비트코인 규제 논의 본격화
- ㊡ 2024년 9월 – 아시아 시장의 비트코인 채택 가속화
- ㊢ 2024년 10월 – 미국 정부, 연방 차원의 비트코인 규제 발표
- ㊣ 2024년 11월 – 비트코인, 글로벌 금융 시장 내 새로운 가치 저장 수단으로 확립
- ㊤ 2024년 12월 – 비트코인 네트워크, 사상 최대 해시레이트 기록

▼ 미래 전망(2025-2027) ▼

2025
- ㉛ 2025년 1월 – 주요 글로벌 기업, 비트코인 결제 전면 도입
- ㉜ 2025년 3월 – 미국 연방 준비제도, 비트코인을 디지털 금으로 공식 분류
- ㉝ 2025년 5월 – 비트코인 기반 디지털 자산 보험 상품 출시
- ㉞ 2025년 7월 – 중국, 디지털 위안화와 비트코인의 공존 정책 발표
- ㉟ 2025년 9월 – 비트코인 가격 10만 달러 돌파

2026
- ㊱ 2026년 1월 – 글로벌 무역 결제의 20% 이상이 비트코인 기반으로 전환
- ㊲ 2026년 4월 – 비트코인, 법정화폐보다 안정적인 가치 저장 수단으로 인정
- ㊳ 2026년 7월 – 인공지능(AI)과 블록체인의 융합, 금융 자동화 혁신

2027
- ㊴ 2027년 1월 – 미국과 EU, 비트코인 기반 중앙은행 디지털 화폐(CBDC) 도입 검토
- ㊵ 2027년 12월 – 비트코인, 글로벌 금융 시스템의 중심으로 자리 잡다

● 결론: 디지털 금융 시대, 새로운 질서의 완성

비트코인은 15년 동안 끊임없는 논쟁과 도전을 거치며 혁신적인 금융 패러다임의 중심으로 자리 잡았다. 초기에는 소수의 기술 애호가와 투자자들에 의해 연구되었지만, 점차 글로벌 금융 시스템에 융합되면서 대중적 자산으로 성장했다. 특히, 2024년 이후의 변화들은 비트코인이 단순한 투자 수단이 아니라 법정화폐와 함께 공존하는 경제 구조의 필수 요소가 되었음을 보여준다.

비트코인의 가치는 가격 변동에 있는 것이 아니다. 탈중앙화된 금융 모델, 검열 저항성, 그리고 희소성을 기반으로 한 가치 저장 수단으로써의 역할이 시간이 지날수록 더욱 강화되었다. 국가와 기업들이 비트코인을 수용하면서 법정화폐와 디지털 자산이 함께 운영되는 하이브리드 금융 시스템이 형성되었다.

그러나 이 혁신에는 여전히 과제가 남아 있다. 규제 불확실성, 에너지 소비 문제, 그리고 글로벌 금융 정책과의 조화는 앞으로 해결해야 할 중요한 요소들이다. 비트코인이 금융 시스템의 중심으로 자리 잡기 위해서는 지속적인 기술 발전과 제도적 정비가 필수적이다.

그런데도 명확한 미래는, 비트코인은 결코 사라지지 않는다는 점이다. 오히려 금융 질서의 근본적인 재구성을 이끌며, 새로운 경제 시대를 여는 도구로 자리매김할 것이다.

우리는 지금, 디지털 금융의 새로운 질서가 형성되는 역사적 순간을 목격하고 있다. 비트코인은 단순한 자산이 아니라 **'금융의 미래'**다. 비트코인이 그려가는 미래, 이제 당신의 선택이 필요하다.

part2. 비트코인 용어 사전

비트코인 [Bitcoin] ▶ 탈중앙화된 디지털 화폐로, 사토시 나카모토가 2008년 발표한 백서를 기반으로 탄생했다. 중앙은행이나 정부의 개입 없이 P2P 네트워크에서 작동하며, 총 발행량은 2,100만 개로 제한된다.

블록체인 [Blockchain] ▶ 분산 원장 기술(DLT, Distributed Ledger Technology)의 한 형태로, 거래 기록을 블록 단위로 묶고, 암호학적 방식으로 연결하여 불변성을 확보한 데이터 구조.

작업증명 [Proof of Work (PoW)] ▶ 네트워크의 보안을 유지하고 합의를 도출하기 위한 알고리즘으로, 노드가 연산 능력을 활용해 문제를 해결하면 보상을 받는 방식. 비트코인 채굴에서 사용됨.

지분증명 [Proof of Stake (PoS)] ▶ 비트코인과 달리, 채굴자의 연산력 경쟁 대신 보유한 코인의 양과 기간에 따라 블록 검증 권한을 부여하는 합의 알고리즘.

채굴 [Mining] ▶ 비트코인 네트워크에서 거래를 검증하고 블록을 생성하는 과정. 이를 수행하는 참여자는 전력과 연산 자원을 투입하여 보상으로 비트코인을 획득함.

반감기 [Halving] ▶ 약 4년마다 블록 보상이 절반으로 줄어드는 이벤트. 이는 비트코인의 희소성을 증가시키는 주요 경제적 메커니즘이다.

해시 [Hash] ▶ 임의의 데이터를 고정된 길이의 문자열로 변환하는 암호화 알고리즘. 비트코인은 SHA-256 해시 알고리즘을 사용한다.

비트코인 주소 [Bitcoin Address] ▶ 비트코인을 송수신하기 위한 고유한 식별자. 일반적으로 26~35자의 문자열로 구성된다.

지갑 [Wallet] ▶ 비트코인을 보관하고 관리하는 소프트웨어 또는 하드웨어 장치. 개인 키를 저장하며, 핫월렛(온라인)과 콜드월렛(오프라인)으로 구분됨.

개인 키 [Private Key] ▶ 비트코인을 소유하고 송금할 수 있도록 하는 비밀 키. 개인 키를 잃어버리면 자산을 영구적으로 잃을 수 있음.

공개 키 [Public Key] ▶ 개인 키와 짝을 이루는 암호화 키. 이를 해싱하여 비트코인 주소를 생성할 수 있으며, 거래 검증에 활용됨.

P2P 네트워크 [Peer-to-Peer Network] ▶ 중앙 서버 없이 개별 참여자들이 직접 데이터를 주고받는 네트워크 구조. 비트코인은 P2P 방식을 사용해 분산 원장을 유지한다.

라이트닝 네트워크 [Lightning Network]
▶ 비트코인의 확장성을 개선하기 위해 개발된 레이어2 솔루션. 오프체인 거래를 통해 속도를 높이고 수수료를 줄인다.

스마트 계약 [Smart Contract] ▶ 특정 조건이 충족되면 자동으로 실행되는 계약 코드. 이더리움에서 주로 사용되지만 비트코인에서도 확장 기능이 연구 중이다.

탈중앙화 금융 [Decentralized Finance (DeFi)] ▶ 중개자 없이 블록체인을 통해 운영되는 금융 시스템. 대출, 예금, 보험 등의 금융 서비스가 스마트 계약을 통해 자동화됨.

스테이블코인 [Stablecoin] ▶ 미국 달러(USD)나 금(Gold) 등의 실물 자산과 연동된 암호화폐. 변동성이 큰 비트코인과 달리 가치가 안정적이다.

중앙은행 디지털 화폐 [Central Bank Digital Currency (CBDC)] ▶ 정부 및 중앙은행이 발행하는 디지털 화폐. 기존 법정화폐와 연동되며, 탈중앙화 암호화폐와 대비되는 개념이다.

토큰화 [Tokenization] ▶ 부동산, 예술품, 주식 등 실물 자산을 블록체인에서 거래 가능한 디지털 토큰으로 변환하는 과정.

비트코인 ETF [Bitcoin Exchange-Traded Fund (ETF)] ▶ 비트코인의 가격을 추종하는 상장지수펀드로, 기존 금융시장에서 비트코인에 투자할 수 있도록 설계된 금융상품.

클라우드 마이닝 [Cloud Mining] ▶ 사용자가 직접 채굴 장비를 운영하지 않고, 채굴 기업의 연산력을 임대하는 방식으로 비트코인 채굴에 참여하는 방법.

비트코인 거버넌스 [Bitcoin Governance] ▶ 비트코인 네트워크의 정책 및 업그레이드 방향을 결정하는 탈중앙화된 의사결정 프로세스. BIP(Bitcoin Improvement Proposal) 제안서를 통해 개선이 논의됨.

디지털 희소성 [Digital Scarcity] ▶ 비트코인의 총 공급량이 2,100만 개로 고정되어 있어, 시간이 지날수록 그 희소성이 증가하는 특성.

검열 저항성 [Censorship Resistance] ▶ 정부나 기관이 특정 거래를 차단할 수 없는 비트코인의 특성. P2P 네트워크와 암호학적 보안이 이를 보장한다.

사이퍼펑크 [Cypherpunk] ▶ 개인의 프라이버시 보호와 중앙 통제에 대한 저항을 강조하는 운동. 비트코인은 사이퍼펑크 철학에서 비롯된 개념이다.

코드 이즈 로우 [Code is Law] ▶ 블록체인 네트워크에서 실행되는 코드는 곧 법과 같은 역할을 한다는 개념. 스마트 계약을 통해 중앙 권력 없이도 신뢰를 형성하는 원칙이다.

비트코인 네트워크 [Bitcoin Network] ▶ 전 세계에서 운영되는 비트코인 노드(Node)들이 형성하는 탈중앙화 P2P 네트워크. 각 노드는 거래 내역을 검증하고, 블록체인을 유지한다.

풀 노드 [Full Node] ▶ 비트코인 블록체인의 전체 데이터를 저장하고, 모든 거래를 검증하는 역할을 수행하는 노드. 탈중앙화 네트워크에서 신뢰를 보장하는 핵심 요소다.

라이트 노드 [Light Node (SPV, Simplified Payment Verification)] ▶ 전체 블록체인을 저장하지 않고, 거래 검증을 위해 블록 헤더만 다운로드 하는 방식. 모바일 지갑이나 경량 클라이언트에서 활용된다.

BIP [Bitcoin Improvement Proposal] ▶ 비트코인 프로토콜 개선을 위한 공식적인 제안서 시스템. 새로운 기능 추가나 네트워크 업그레이드를 논의하는 과정에서 사용됨.

소프트 포크 [Soft Fork] ▶ 기존 블록체인과 하위 호환성을 유지하면서 네트워크 규칙을 강화하는 업그레이드. 〈예 : 세그윗(SegWit)〉

하드 포크 [Hard Fork] ▶ 네트워크 규칙이 완전히 변경되어 기존 체인과 호환되지 않는 블록체인이 형성되는 경우. 〈예 : 비트코인 캐시(Bitcoin Cash, BCH)의 출현〉

세그윗 [Segregated Witness (SegWit)] ▶ 비트코인의 확장성을 높이기 위해 도입된 업그레이드로, 거래의 서명 데이터를 블록에서 분리하여 더 많은 거래를 저장할 수 있도록 한다.

탭루트 [Taproot] ▶ 2021년 도입된 비트코인 네트워크 업그레이드로, 프라이버시 개선 및 스마트 계약 기능 향상을 목표로 함.

멀티시그 [Multi-Signature (Multisig)] ▶ 하나의 비트코인 주소에서 두 개 이상의 개인 키가 필요하도록 설정하는 방식. 보안성과 기업용 자금 관리를 강화하는 데 사용됨.

비잔틴 장애 허용 [Byzantine Fault Tolerance (BFT)] ▶ 블록체인 네트워크에서 악의적인 행위자가 일부 존재하더라도 시스템이 정상적으로 운영될 수 있도록 보장하는 특성.

51% 공격 [51% Attack] ▶ 비트코인 네트워크의 해시파워(연산력) 중 51% 이상을 단일 주체가 장악하면, 거래를 조작할 수 있는 보안 위협.

더블 스펜딩 [Double Spending] ▶ 동일한 비트코인을 두 번 사용하는 것을 의미하는 문제. 비트코인의 POW(작업증명) 구조는 이를 방지하는 역할을 한다.

비트코인 해시레이트 [Bitcoin Hash Rate] ▶ 비트코인 네트워크에서 초당 실행되는 해시 연산의 총량. 해시레이트가 높을수록 네트워크 보안성이 강화된다.

난이도 조정 [Difficulty Adjustment] ▶ 비트코인 네트워크에서 블록 생성 속도를 일정하게 유지하기 위해 2016블록(약 2주)마다 난이도를 자동 조정하는 메커니즘.

UTXO [Unspent Transaction Output] ▶ 비트코인 거래에서 사용되지 않은 출력값으로, 사용자가 보유하고 있는 코인의 총량을 결정하는 방식.

라이트닝 채널 [Lightning Channel] ▶ 라이트닝 네트워크에서 사용하는 2차 레이어 기술로, 소규모 거래를 오프체인에서 수행하여 처리 속도를 높인다.

사이드체인 [Sidechain] ▶ 메인 블록체인의 보안을 유지하면서도 독립적인 거래를 가능하게 하는 블록체인. 〈예: Rootstock(RSK), Liquid Network〉

비트코인 도미넌스 [Bitcoin Dominance] ▶ 전체 암호화폐 시장에서 비트코인이 차지하는 시가총액 비율. 비트코인의 시장 우위를 측정하는 지표.

P2P 거래 [Peer-to-Peer Trading] ▶ 중개자 없이 사용자 간 직접 암호화폐를 거래하는 방식. 거래소나 스마트 계약 없이 거래할 수 있다.

DEX [Decentralized Exchange] ▶ 중앙화된 운영자가 없는 탈중앙화 거래소. 사용자는 자신의 개인 키를 직접 관리하며, 스마트 계약을 통해 거래가 이루어진다.

비트코인 선물 [Bitcoin Futures] ▶ 비트코인의 미래 가격을 예측하고 계약을 체결하는 금융상품. CME, Binance 등에서 제공된다.

토네이도 캐시 [Tornado Cash] ▶ 비트코인과 이더리움의 익명성을 강화하는 믹싱 서비스. 사용자의 프라이버시 보호를 돕지만 규제 기관의 감시 대상이 되기도 한다.

사토시 [Satoshi (sats)] ▶ 비트코인의 최소 단위(0.00000001 BTC). 비트코인의 창시자 사토시 나카모토의 이름에서 유래.

법정화폐 온·오프 램프 [Fiat On/Off Ramp] ▶ 법정화폐(USD, KRW 등)와 비트코인을 교환하는 서비스. 거래소를 통해 현금과 암호화폐 간 변환이 이루어진다.

비트코인 결제 게이트웨이 [Bitcoin Payment Gateway] ▶ 기업이 비트코인을 결제 수단으로 받을 수 있도록 지원하는 서비스. 〈예: BTCPay Server, BitPay〉

온체인 거래 [On-chain Transaction] ▶ 블록체인에 기록되는 공식적인 거래. 네트워크의 검증을 거쳐야 하며, 수수료가 부과됨.

오프체인 거래 [Off-chain Transaction] ▶ 블록체인에 기록되지 않고 별도의 네트워크에서 처리되는 거래. 라이트닝 네트워크와 같은 레이어-2 기술에서 활용됨.

디지털 서명 [Digital Signature] ▶ 개인 키를 사용해 생성된 암호화된 데이터로, 비트코인 거래의 무결성을 보장하는 역할을 한다.

BRC-20 토큰 [BRC-20 Token] ▶ 비트코인 네트워크에서 실행되는 대체 가능한 토큰 표준으로, 이더리움의 ERC-20과 유사한 기능을 수행.

암호화폐 믹싱 서비스 [Cryptocurrency Mixing Service] ▶ 여러 사용자의 코인을 섞어 거래 내역을 숨기는 기술. 프라이버시 보호에 사용되지만, 일부 국가에서는 불법으로 간주됨.

사토시 나카모토 [Satoshi Nakamoto] ▶ 비트코인의 창시자로 알려진 가명. 2008년 비트코인 백서를 발표했으며, 이후 정체를 감춘 인물.

다크넷 마켓 [Darknet Market] ▶ 비트코인 및 익명성을 활용하여 운영되는 온라인 마켓. 합법적 거래뿐만 아니라 불법 거래도 포함될 수 있음.

ERC-20 [Ethereum Request for Comment 20] ▶ 이더리움 블록체인에서 대체 가능한 토큰을 발행하는 표준. 비트코인과는 별개의 스마트 계약 기반 토큰 시스템.

NFT [NonFungible Token] ▶ 대체 불가능한 디지털 자산을 의미하며, 블록체인에서 소유권을 증명하는 역할을 한다.

탈중앙화 오라클 [Decentralized Oracle] ▶ 블록체인 외부 데이터를 스마트 계약으로 가져오는 역할을 하는 시스템. 〈예 : 체인링크(Chainlink)〉

MEV [Maximal Extractable Value] ▶ 채굴자 또는 검증인이 블록을 생성할 때 특정 거래를 우선순위로 배치하여 추가 수익을 창출하는 방식.

레이어1 블록체인 [Layer1 Blockchain] ▶ 독립적인 블록체인 네트워크로, 비트코인과 이더리움이 대표적인 예시.

레이어2 솔루션 [Layer2 Solution] ▶ 레이어 1 블록체인의 확장성을 개선하기 위해 별도로 구축된 네트워크. 〈예 : 라이트닝 네트워크, 폴리곤〉

멀티 체인 [Multi Chain] ▶ 여러 개의 블록체인이 서로 연결되어 상호 운용성을 갖춘 생태계를 의미한다.

웹3.0 [Web3.0] ▶ 탈중앙화된 인터넷을 지향하는 개념으로, 블록체인 및 스마트 계약을 활용한 애플리케이션이 포함된다.

플라즈마 [Plasma] ▶ 이더리움에서 개발된 레이어-2 확장 솔루션으로, 대규모 데이터 처리를 가능하게 함.

롤업 [Rollup] ▶ 이더리움 및 기타 블록체인에서 트랜잭션을 압축하여 확장성을 높이는 기술. 옵티미스틱 롤업과 ZK 롤업으로 나뉜다.

ZK 롤업 [Zero-Knowledge Rollup (ZK-Rollup)] ▶ 영지식 증명을 사용하여 트랜잭션의 신뢰성을 보장하면서도 데이터 크기를 줄이는 확장 기술.

옵티미스틱 롤업 [Optimistic Rollup] ▶ 트랜잭션을 오프체인에서 처리한 후, 일정 기간 내 검증이 이루어지도록 설계된 확장 솔루션.

디앱 [Decentralized Application (DApp)] ▶ 중앙 서버가 아닌 블록체인에서 실행되는 탈중앙화 애플리케이션.

토큰 이코노미 [Token Economy] ▶ 블록체인 네트워크 내에서 토큰을 활용한 경제 모델.

리퀴디티 마이닝 [Liquidity Mining] ▶ 사용자가 암호화폐를 예치하여 유동성을 제공하고 보상을 받는 방식.

플래시 론 [Flash Loan] ▶ 담보 없이 즉시 빌리고 갚을 수 있는 탈중앙화 금융(DeFi) 대출 방식.

노드 운영자 [Node Operator] ▶ 블록체인을 유지하고 트랜잭션을 검증하는 역할을 수행하는 개인 또는 기관.

사이드체인 브릿지 [Sidechain Bridge] ▶ 서로 다른 블록체인 간에 자산을 전송할 수 있도록 연결하는 기술.

CBDC vs 비트코인 ▶ 중앙은행 디지털 화폐(CBDC)는 정부 발행 디지털 화폐로, 비트코인과는 중앙화 여부 및 발행 방식에서 차이를 보인다.

FUD [Fear, Uncertainty, and Doubt] ▶ 암호화폐 시장에서 부정적인 뉴스나 루머를 퍼뜨려 투자자들의 불안을 조장하는 전략.

HODL [Hold On for Dear Life] ▶ 비트코인을 장기 보유하는 투자 전략을 의미하는 속어.

백서 [White Paper] ▶ 비트코인 및 기타 블록체인 프로젝트에서 기술적 개념과 비전을 설명하는 공식 문서.

사기코인 [Scam Coin] ▶ 특정 프로젝트가 투자자들에게 피해를 주기 위해 의도적으로 개발한 암호화폐.

거래소 상장 [Exchange Listing] ▶ 암호화폐가 공식적으로 거래소에서 매매할 수 있도록 등록되는 과정.

프라이빗 체인 [Private Blockchain] ▶ 제한된 참여자만 이용할 수 있는 블록체인 네트워크.

컨소시엄 체인 [Consortium Blockchain] ▶ 여러 기관이 공동으로 운영하는 블록체인으로, 금융 및 기업용 솔루션에 활용됨.

기술적 분석 [Technical Analysis (TA)] ▶ 가격 차트와 지표를 이용해 암호화폐 시장을 예측하는 분석 기법.

온체인 분석 [On-chain Analysis] ▶ 블록체인의 데이터를 분석하여 시장 동향을 예측하는 기법.

비트코인 맥시멀리스트 [Bitcoin Maximalist] ▶ 비트코인이 가장 우수한 블록체인 프로젝트이며, 다른 암호화폐는 불필요하다고 믿는 사람들.

비트코인 채택률 [Bitcoin Adoption Rate] ▶ 비트코인이 글로벌 경제에서 얼마나 널리 사용되고 있는지를 나타내는 지표.

가스비 [Gas Fee] ▶ 블록체인 네트워크에서 거래를 처리하는 데 필요한 수수료.

바이낸스 스마트 체인 [Binance Smart Chain (BSC)] ▶ 바이낸스에서 운영하는 블록체인 네트워크로, 스마트 계약 기능을 지원한다.

금융 패러다임 전환 [Financial Paradigm Shift] ▶ 비트코인이 기존 금융 시스템을 변화시키는 과정.

해시 함수 [Hash Function] ▶ 데이터를 일정한 길이의 고유한 코드로 변환하는 암호학적 함수. 비트코인은 SHA-256 해시 함수를 사용하여 거래 내역을 안전하게 보호한다.

메르클 트리 [Merkle Tree] ▶ 블록체인의 데이터 무결성을 유지하기 위해 사용되는 트리 구조. 모든 트랜잭션의 해시값이 하나의 루트 해시로 연결된다.

SPV [Simplified Payment Verification (간이 결제 검증)] ▶ 풀 노드를 실행하지 않고도 비트코인 거래를 검증하는 방식. 모바일 지갑에서 주로 사용된다.

UTXO 모델 [Unspent Transaction Output Model] ▶ 비트코인의 계정 모델로, 사용되지 않은 트랜잭션 출력값을 기준으로 잔액을 계산하는 방식.

BIP 32/39/44 [Bitcoin Improvement Proposals (BIP) 32/39/44] ▶ BIP 32: 계층적 결정적 지갑(HD Wallet) 구조를 정의하는 표준. BIP 39: 니모닉 단어(12~24개 단어)로 개인 키를 생성하는 표준. BIP 44: 다중 계정 구조를 지원하는 주소 생성 방식.

리플레이 공격 [Replay Attack] ▶ 하드포크 이후 동일한 서명을 사용하여 중복 거래가 발생하는 문제. 일부 블록체인은 리플레이 방지 메커니즘을 추가하여 해결한다.

비트코인 시드 문구 [Bitcoin Seed Phrase] ▶ 개인 키를 복구할 수 있도록 하는 12~24개의 니모닉 단어. 분실 시 복구가 불가능하기 때문에 안전하게 보관해야 한다.

암호화폐 노드 [Cryptocurrency Node] ▶ 블록체인 네트워크에서 거래를 검증하고 블록을 유지하는 소프트웨어 또는 하드웨어.

블록 리워드 [Block Reward] ▶ 채굴자가 블록을 생성할 때 얻는 보상. 현재 비트코인 블록 리워드는 6.25 BTC이며, 반감기 이후 절반으로 줄어든다.

비트코인 컨센서스 [Bitcoin Consensus] ▶ 네트워크 참여자들이 동일한 거래 내역을 공유하고, 유효한 블록을 승인하는 합의 과정.

블록 높이 [Block Height] ▶ 블록체인에서 특정 블록이 위치하는 순서. 블록 높이가 클수록 더 많은 블록이 체인에 추가되었음을 의미한다.

거래 검증 [Transaction Validation] ▶ 비트코인 네트워크에서 트랜잭션이 유효한지 검증하는 과정. 개인 키 서명과 UTXO 사용 여부가 확인된다.

비트코인 반감기 주기 [Bitcoin Halving Cycle] ▶ 비트코인의 블록 보상이 약 4년(210,000 블록)마다 절반으로 줄어드는 이벤트.

체인 리오그 [Chain Reorganization (Chain Reorg)] ▶ 비트코인 네트워크에서 두 개 이상의 블록이 동시에 채굴될 때, 더 긴 체인이 선택되고 짧은 체인은 버려지는 현상.

해시 충돌 [Hash Collision] ▶ 서로 다른 입력값이 동일한 해시값을 생성하는 현상. SHA-256에서는 이론적으로 불가능한 수준으로 낮다.

P2SH [Pay to Script Hash] ▶ 비트코인 스크립트의 한 방식으로, 다중 서명과 같은 복잡한 조건을 설정할 수 있도록 지원하는 주소 형식.

RBF [Replace-by-Fee] ▶ 비트코인 거래의 수수료를 높여 이전 거래를 취소하고 새로운 거래를 우선 처리할 수 있도록 하는 기능.

CPFP [Child Pays for Parent] ▶ 부모 거래의 수수료가 낮을 경우, 자식 거래에서 추가 수수료를 내어 함께 처리되도록 하는 방식.

컨펌 [Confirmation] ▶ 비트코인 거래가 블록체인에 기록된 횟수. 일반적으로 6번 이상의 컨펌을 받으면 안전한 거래로 간주된다.

비트코인 거래 메모리풀 [Bitcoin Mempool] ▶ 아직 블록체인에 기록되지 않은 트랜잭션이 대기하는 공간. 수수료가 높은 거래부터 먼저 처리된다.

비트코인 난이도 폭탄 [Bitcoin Difficulty Bomb] ▶ 비트코인의 난이도가 지속적으로 상승하여 채굴이 점점 어려워지는 구조. 이더리움이 PoS로 전환하면서 제거한 개념.

UTXO 압축 [UTXO Compression] ▶ 비트코인 네트워크의 데이터 크기를 줄이기 위해 불필요한 UTXO 데이터를 삭제하거나 최적화하는 과정.

HD 월렛 [Hierarchical Deterministic Wallet (HD Wallet)] ▶ 니모닉 문구를 사용하여 여러 개의 주소를 생성할 수 있는 지갑. 하나의 키로 여러 계정을 관리할 수 있다.

오프라인 서명 [Offline Signing] ▶ 인터넷에 연결되지 않은 상태에서 비트코인 거래에 서명한 후, 온라인으로 전송하는 방식. 콜드월렛 보안 강화에 사용된다.

콜드 스토리지 [Cold Storage] ▶ 인터넷에 연결되지 않은 환경에서 암호화폐를 저장하는 방식. 하드웨어 지갑, 종이 지갑 등이 포함된다.

온체인 거버넌스 [On-chain Governance] ▶ 블록체인 네트워크에서 투표와 같은 의사결정을 코드 기반으로 자동 실행하는 방식.

오프체인 거버넌스 [Off-chain Governance] ▶ 커뮤니티 회의, 개발자 논의 등 블록체인 외부에서 의사결정을 수행하는 방식.

유동성 풀 [Liquidity Pool] ▶ 탈중앙화 금융(DeFi)에서 스마트 계약을 통해 자산을 공급하고 거래를 원활하게 하는 시스템.

플래시 크래시 [Flash Crash] ▶ 암호화폐 시장에서 단기간 내 급격한 가격 하락이 발생하는 현상.

스마트 계약 감사 [Smart Contract Audit] ▶ 블록체인 프로젝트의 스마트 계약 코드가 보안 취약점을 가지지 않도록 검토하는 과정.

샤딩 [Sharding] ▶ 블록체인의 확장성을 개선하기 위해 데이터를 여러 개의 작은 체인으로 분할하는 기술.

위임지분증명 [Delegated Proof of Stake (DPoS)] ▶ 사용자들이 대표 검증인을 선출하여 블록 검증을 수행하는 방식. EOS, 트론 등의 블록체인에서 사용됨.

다중 체인 운영 [Multi-Chain Operations] ▶ 하나의 프로젝트가 여러 개의 블록체인에서 동시에 운영되는 방식.

스테이킹 [Staking] ▶ 코인을 보유한 상태에서 네트워크 보안 및 검증에 참여하고 보상받는 방식.

채굴 풀 [Mining Pool] ▶ 여러 채굴자가 연합하여 연산력을 공유하고, 채굴된 비트코인을 나누는 방식.

메타버스 경제 [Metaverse Economy] ▶ 블록체인 기술과 디지털 자산을 활용한 가상 세계에서의 경제 활동.

소셜 토큰 [Social Token] ▶ 개인이나 커뮤니티가 발행하는 토큰으로, 브랜드 가치 및 커뮤니티 활동을 기반으로 함.

분산식 신원 [Decentralized Identity (DID)] ▶ 블록체인을 활용하여 개인이 자신의 신원을 스스로 관리하는 개념.

하드웨어 월렛 [Hardware Wallet] ▶ 물리적인 장치에서 개인 키를 보관하여 보안을 강화하는 암호화폐 지갑.

비트코인 미세 결제 [Bitcoin Micropayment] ▶ 소량의 비트코인을 송금하는 거래 방식. 라이트닝 네트워크와 같은 기술로 지원됨.

코인베이스 거래 [Coinbase Transaction] ▶ 블록의 첫 번째 거래로, 채굴자가 블록 보상과 거래 수수료를 수령하는 거래.

비트코인 클라이언트 [Bitcoin Client] ▶ 비트코인 네트워크에 연결할 수 있는 소프트웨어. 〈예 : 비트코인 코어(Bitcoin Core), 일렉트럼(Electrum)〉

SHA-256 [Secure Hash Algorithm 256-bit] ▶ 비트코인의 작업증명(POW) 알고리즘으로, 거래 데이터를 암호화하고 블록체인 보안을 유지하는 데 사용됨.

블록 탐색기 [Block Explorer] ▶ 비트코인 블록체인의 트랜잭션, 블록, 주소 등을 조회할 수 있는 웹사이트. 〈예 : Blockchain.com, Blockchair〉

비트코인 크립토그래피 [Bitcoin Cryptography] ▶ 공개 키 암호 방식과 해시 함수를 활용하여 비트코인 네트워크의 보안을 유지하는 기술.

가짜 블록 [Orphan Block] ▶ 두 개의 블록이 거의 동시에 채굴되었을 때, 긴 체인에 포함되지 못하고 버려진 블록.

블록 보류 상태 [Stale Block] ▶ 동일한 높이에서 두 개 이상의 블록이 생성되었을 때, 네트워크가 하나의 체인을 선택하고 다른 블록이 무효화되는 현상.

미확인 거래 [Unconfirmed Transaction] ▶ 아직 블록에 포함되지 않은 트랜잭션. 수수료가 낮으면 승인까지 시간이 오래 걸릴 수 있다.

채굴 난이도 [Mining Difficulty] ▶ 새로운 블록을 생성하는 데 필요한 연산량을 결정하는 값. 비트코인 네트워크는 약 2주마다 난이도를 자동 조정한다.

하드웨어 채굴기 [ASIC Miner] ▶ 비트코인 채굴에 최적화된 전문적인 연산 장치. GPU보다 높은 연산 성능을 제공한다.

클라우드 노드 [Cloud Node] ▶ 물리적 서버가 아닌 클라우드 환경에서 운영되는 블록체인 노드.

검증자 [Validator] ▶ 지분증명(PoS) 네트워크에서 트랜잭션을 검증하고 블록을 생성하는 역할을 하는 노드.

비트코인 테스트넷 [Bitcoin Testnet] ▶ 개발자와 연구자들이 비트코인 네트워크를 실험할 수 있도록 제공되는 테스트용 블록체인.

레거시 주소 [Legacy Address (P2PKH, Pay-to-PubKey Hash)] ▶ 비트코인의 초기 주소 형식으로, '1'로 시작한다. 〈예 : 1A1zP1eP5QGefi2DMPTfTL5SLmv7DivfNa〉

세그윗 주소 [SegWit Address (P2SH-P2WPKH, Pay-to-Script Hash)] ▶ 거래 수수료 절감 및 네트워크 확장을 위해 도입된 비트코인 주소 형식. '3'으로 시작하는 P2SH와 'bc1'로 시작하는 비크론 주소가 포함됨.

비크론 주소 [Bech32 Address] ▶ 세그윗 도입 이후 사용되는 비트코인 주소 형식으로, 'bc1'로 시작하며, 기존 주소보다 길이가 짧고 오류 검출 기능이 향상됨.

비트코인 뇌지갑 [Brain Wallet] ▶ 사용자가 직접 기억할 수 있는 패스프레이즈를 기반으로 생성하는 비트코인 지갑. 보안성이 낮아 해킹에 취약할 수 있다.

비트코인 페이퍼 월렛 [Bitcoin Paper Wallet] ▶ 개인 키를 종이에 출력하여 보관하는 방식의 콜드 스토리지 지갑.

멀티팩터 인증 [Multi-Factor Authentication (MFA)] ▶ 거래소 로그인 및 지갑 접근 시 보안 강화를 위해 2FA(이중 인증) 등의 추가 보안 절차를 요구하는 방식.

블록체인 브릿지 [Blockchain Bridge] ▶ 서로 다른 블록체인 간에 자산을 이동할 수 있도록 연결하는 기술. 〈예 : BTC → WBTC(Wrapped Bitcoin)〉

랩트 비트코인 [Wrapped Bitcoin (WBTC)] ▶ 이더리움 블록체인에서 사용할 수 있도록 ERC-20 토큰으로 변환된 비트코인.

디지털 명함 [Decentralized Identity (DID)] ▶ 블록체인을 활용하여 중앙화된 기관 없이 개인 신원을 증명하는 기술.

프라이버시 코인 [Privacy Coin] ▶ 트랜잭션 내역을 익명화하여 금융 프라이버시를 강화하는 암호화폐. 〈예 : 모네로(XMR), 지캐시(ZEC)〉

믹서 서비스 [Coin Mixing Service] ▶ 여러 트랜잭션을 섞어 거래 기록을 추적하기 어렵게 만드는 기술. 프라이버시 보호와 불법 거래 방지를 위해 논란이 있음.

사기 방지 시스템 [Anti-Fraud System] ▶ 거래소 및 블록체인 네트워크에서 이상 거래를 감지하고 사기 행위를 방지하는 기술.

비트코인 재분배 [Bitcoin Rebalancing] ▶ 투자자가 포트폴리오 내 비트코인의 비중을 조정하는 과정.

고래 매매 [Whale Trading] ▶ 비트코인을 대량으로 보유한 투자자(고래, Whale)가 시장에 영향을 미치는 거래 행위.

거래소 김치 프리미엄 [Kimchi Premium] ▶ 한국의 비트코인 가격이 해외보다 높게 형성되는 현상. 국내 규제 및 원화 환전 제한이 원인.

비트코인 선물 미결제 약정 [Open Interest in Bitcoin Futures] ▶ 선물 시장에서 아직 청산되지 않은 계약의 총량으로, 시장 유동성을 측정하는 지표.

채굴 에너지 효율 [Mining Energy Efficiency] ▶ 채굴에 사용되는 에너지를 줄이고 효율성을 높이기 위한 기술 연구.

비트코인 문명의 개척자들
클라우드 마이닝으로 다시 쓰는 자본주의 연대기

초판인쇄　2025년 05월 28일

지 은 이　박한일
발 행 인　오효진
편 집 인　원승종, 김웅기
디 자 인　백미숙

펴 낸 곳　출판사 북새바람
문　　의　050-4866-1015
팩　　스　0507-090-0447
이 메 일　hj3733@naver.com
등록번호　제2017-000014호
신고일자　2017년 8월 22일

ISBN　979-11-988825-3-0 (03300)

※ 이 책의 무단전재와 무단복제를 금하며, 책 내용의 전부 또는 일부를 이용하려면
　반드시 저자의 동의를 받아야 합니다.
※ 이 책의 판매처는 온오프라인 서점 및 저자에게서 바로 구매하실 수 있습니다.